Stanisław Mędak

POLSKI MEGATEST

Polish in Exercises

Redakcja i konsultacja: Ewa Optołowicz, professeur agrégé, INALCO Paris

Projekt graficzny okładek Lingo: 2arts, Marcin Rojek
Zdjęcie na okładce: © asiln – Fotolia.com

Producent wydawniczy: Marek Jannasz

www.jezykinieobce.pl

ISBN: 978-83-7892-447-0

Skład i łamanie: Jacek Drobniak, Igor Nowaczyk

SPIS TREŚCI

IV. IDIOMY ORAZ KONSTRUKCJE SKŁADNIOWE Z PODRĘCZNIKÓW DLA POZIOMU PODSTAWOWEGO

V. LISTA WYBRANYCH KONSTRUKCJI SKŁADNIOWYCH Z PODRĘCZNIKÓW DLA POZIOMU PODSTAWOWEGO

Wstęp

Język jest materią żywą, a więc trzeba go oswajać
różnymi sposobami; często nie bez trudu.

Zbiór zadań testowych *POLSKI* **MEGA***TEST* w założeniu autora został przygotowany jako uzupełniająca pomoc dydaktyczna dla obcokrajowców uczących się języka polskiego. Zeszyt pierwszy przeznaczamy dla tych, którzy zapoznali się w trakcie zajęć językowych z podstawami programowymi dla poziomów **A1, A2, B1**.

POLSKI **MEGA***TEST* adresujemy do:
- studentów początkujących, pragnących sprawdzić swą wiedzę z zakresu gramatyki języka polskiego oraz potwierdzić umiejętności z zakresu składni czasowników polskich (tzw. łączliwości składniowej), słownictwa tematycznego oraz frazeologii,
- studentów średnio zaawansowanych, którzy chcą ugruntować wiedzę językową, lepiej zrozumieć zależności w systemie języka polskiego i uświadomić sobie własne braki,
- perfekcjonistów, dla których bezbłędne rozwiązanie całego zadania testowego oznaczać będzie kolejny, ważny krok w powolnym procesie oswajania polszczyzny.

W trakcie przygotowywania niniejszego zeszytu byliśmy głęboko przeświadczeni, że język ma wartość użytkową i jest najcenniejszym narzędziem porozumiewania, komunikowania się z innymi.

Koncepcja tego zeszytu zasadza się na:
a. wykorzystaniu korpusu słownictwa, konstrukcji składniowych, dorobku intelektualnego polskich i zagranicznych autorów podręczników, słowników specjalistycznych, pomocy dydaktycznych i zbiorów ćwiczeń,
b. metodycznym wykorzystaniu doświadczeń lektorów języka polskiego jako obcego pracujących zarówno w kraju, jak i za granicą,
c. próbie zaprezentowania systemu języka polskiego w konkretnej rzeczywistości językowej, czyli w tzw. akcie porozumiewania się.

---

* Odwołujemy się tutaj do słynnej serii podręczników do nauki języków obcych wydawanych przez francuskie wydawnictwo Assimil: *Le polonais sans peine, Le japonais sans peine, Le hongrois sans peine, Le russe sans peine* oraz *Le chinois sans peine.*

Organizację materiału przeznaczonego do niniejszego zeszytu oparto prawie w całości na tzw. interakcji zdaniowej.

Większość zadań testowych w tym zeszycie — to odpowiednio dobrane i przemyślane **segmenty kreatywne**. Zgodnie z założeniami powinny one wspomagać konstrukcję solidnego językowego pomostu między wiedzą nabytą a umiejętnością praktycznego jej zastosowania.

W zeszycie pierwszym zawarto zadania testowe dotyczące fleksji polskiej (rozdział I). Rozdział trzeci poświęcony słownictwu obejmuje zadania testowe związane z antonimami, synonimami, homonimami, nazwami nadrzędnymi i podrzędnymi, polami syntaktycznymi itd. Nowością zbioru jest rozdział II dotyczący łączliwości składniowej czasowników. Warto również zwrócić uwagę na rozdział czwarty, w którym odnajdziemy idiomatykę, konstrukcje składniowe i wyrażenia zaczerpnięte z podręczników do nauczania języka polskiego jako obcego na poziomie dla początkujących i średnio zaawansowanych.

W 374 zadaniach testowych przygotowanych zgodnie ze standardami europejskimi, wykorzystaliśmy różne typy zadań z użyciem obiektywnych i zróżnicowanych technik testowych.

Przez zadanie testowe rozumiemy odrębną całość składającą się z jednego polecenia, wzoru uzupełniającego polecenie (wzór jest wskazówką dla rozwiązującego zadanie testowe) i zestawu kilku lub kilkunastu jednostek współgrających z poleceniem.

Zadania testowe zawarte w zbiorze *POLSKI MEGATEST* mogą stanowić materiał wyjściowy do zajęć z gramatyki funkcjonalnej, słownictwa, składni, a także służyć jako wzór do opracowywania przez lektora własnych ćwiczeń i testów.

Zbiór ten uważamy za małe kompendium wiedzy językowej dla każdego studenta, który przygotowuje się do egzaminów różnego typu.

Oddajemy go do rąk użytkownika z nadzieją, że będzie skuteczną pomocą dydaktyczną oraz niezawodnym przewodnikiem zarówno dla studenta, jak i dla lektora.

Wszystkim życzymy wyników 100/100!

Stanisław Mędak

WZORY TESTÓW DLA POZIOMU PODSTAWOWEGO

TEST 1

Copyright by S. Mędak

poziom A1 — wprowadzenie do języka

Opracowano na podstawie następujących podręczników:

A. Janowska, M. Pastuchowa, *Dzień dobry*, Wydawnictwo Naukowe Śląsk, Katowice 1999.

M. Kowalska, *Polish in 4 weeks*, Wydawnictwo REA, Warszawa, 2003.

M. Małolepsza, A. Szymkiewicz, *Hurra!!! po polsku 1*, Szkoła Języków Obcych PROLOG, Kraków 2005.

OCENY ZA ROZWIĄZANIE TESTU

LOŚĆ PUNKTÓW	OCENY		
94–100	A	5	**bardzo dobra**
87–93,9	B+	4,5	**+ dobra**
78–86,9	B	4	**dobra**
69–77,9	C+	3,5	**+ dostateczna**
60–68,9	C	3	**dostateczna**
0–59,9	F	2	**niedostateczna**

Wydawnictwo Lingo

DYKTANDO

ZADANIE 1   10 punktów

1 brakująca / niewłaściwa litera (dźwięk) — 0,30 punku

Proszę wpisać brakujące litery lub dźwięki. Zdanie oznaczone symbolem zero (0) jest przykładem.

(0) Zwykły dzień.

(1) John od 2008 roku (dwa tysi_ce ósmego) mieszka w Warszaw_e, w Pols_e.

(2) Chce zało_yć tu firmę, chce też odwi_dzić w_jka Adama.

(3) John ca_y dzień jest bardzo zaj_ty.

(4) Zw_kle rano czyta gaz_ty, potem załatw_a r_żne sprawy.

(5) W poł_dnie je obiad, a po południu ma spotkan_a z kli_ntami.

(6) Wie_orami ogl_da telewizj_.

(7) Jego kolega te_ mie_ka w stol_cy.

(8) Tera_ mie_ka sam, bo jego żona j_st za gran_cą.

(9) Sam m_si sp_ątać mie_kanie, robić zak_py, pranie.

(10) Ale nie na_eka, bo szy_ko i dob_e got_je.

na podstawie *Polish in 4 weeks*, str. 78

GRAMATYKA

ZADANIE 2   10 punktów

Proszę wybrać odpowiednie formy wyrazów i wpisać je w miejsce kropek.

WZÓR

Jest środa. Waldemar rozmawia przez telefon z Alicją. *(Alicja, Alicją, Alicję)*

Waldemar: (1) Wiesz, pojadę do .... *(Kraków, Krakowie, Krakowa)*.

Alicja: (2) Kiedy? Jutro? Nic .... *(ja, mnie, mi)* o tym nie mówiłeś?!

W.: (3) Wiesz, że jutro nie .... *(móc, może, mogę)*. Pojadę dopiero za tydzień.

A.: (4) Pojedziesz w środę? W .... *(środa, środę, środą)*. Tak?

W.: (5) Tak. Na .... *(dwie, dwa, dwaj)* dni.

A:.   (6) A więc wrócisz .... *(o, w, od)* piątek?

W.:   (7) Chciałabyś pojechać ze .... *(ja, mną, mnie)?*

A.:   (8) Muszę .... nad tym .... *(zastanawiać, postanawiać, zastanowić się).* Teraz mam dużo pracy.

W.:   (9) Zwiedzimy najpierw Kraków, a potem pojedziemy .... *(w, do, o)* Zakopanego.

A.:   (10) Czy mogę .... *(dawać, daję, dać)* ci odpowiedź za kilka dni?

W.:   Oczywiście.

na podstawie *Polish in 4 weeks*, str. 170

ZADANIE 3   12 punktów

1 odpowiedź = 0,5 punktu

Proszę przeczytać poniższy tekst zredagowany w czasie przeszłym, a następnie wpisać właściwe formy podkreślonych czasowników w czasie teraźniejszym.

Cześć Jacku,

(1) Przepraszam, że tak długo <u>nie pisałam</u>, ale <u>byłam</u> bardzo zajęta. (2) <u>Miałam</u> dużo pracy. (3) Najpierw <u>musiałam</u> napisać roczny raport z działalności szkoły. (4) A poza tym mój ojciec <u>był</u> bardzo chory. (5) <u>Leżał</u> w szpitalu. (6) Codziennie <u>chodziłam</u> do niego z wizytami. (7) <u>Przygotowywałam się</u> również do egzaminu z języka angielskiego.

tydzień temu

(8) <u>Byliśmy</u> w górach. (9) Często <u>chodziliśmy</u> na wycieczki w góry. (10) <u>Rozmawiałam</u> z kolegami, <u>śpiewałam</u> razem z nimi, <u>tańczyłam</u>. (11) Od czasu do czasu wieczorem <u>graliśmy</u> w karty i <u>oglądaliśmy</u> górskie pejzaże z tarasu. (12) <u>Było</u> pięknie! (13) Wiem, że <u>uczyłeś się</u> do egzaminu z ekonomii. (14) Kiedy <u>miałeś</u> ten egzamin? (15) Co więcej? <u>Spotykałam się</u> czasami z twoją koleżanką z liceum. (16) Ona <u>szukała</u> pracy. (17) Ostatnio z nikim więcej się <u>nie spotykałam</u>. <u>Pracowałam</u>, <u>rozmyślałam</u> i <u>marzyłam</u>.

Pozdrawiam serdecznie,

Marta

na podstawie *Hurra!!! Po polsku 1*, str. 84

Cześć Jacku,

(1) *Przepraszam, że tak długo* ...., *ale* .... *bardzo zajęta.* (2) .... *dużo pracy.* (3) *Najpierw* .... *napisać roczny raport z działalności szkoły.* (4) *A poza tym mój ojciec* .... *bardzo chory.* (5) .... *w szpitalu.* (6) *Codziennie* .... *do niego z wizytami.* (7) .... *również do egzaminu z języka angielskiego.*

teraz:

(8) .... *w górach.* (9) *Często* .... *na wycieczki w góry.* (10) .... *z kolegami,* .... *razem z nimi,* .... (11) *Od czasu do czasu wieczorem* .... *w karty i* .... *górskie pejzaże z tarasu.* (12) .... *pięknie!* (13) *Co więcej? Wiem, że* .... *do egzaminu z ekonomii.* (14) *Kiedy* .... *ten egzamin?* (15) .... *czasami z twoją koleżanką z liceum.* (16) *Ona* .... *pracy.* (17) *Ostatnio z nikim więcej się* .... *.* (18)................, ... *i* .... *.*

Pozdrawiam serdecznie,

Marta

ZADANIE 4   5 punktów

Proszę wpisać w miejsce kropek właściwe formy stopnia wyższego podkreślonych przysłówków.

WZÓR

Siedzisz <u>blisko</u> mnie, ale chciałbym, żebyś siedziała jeszcze <u>bliżej</u>.

1. Jedziesz <u>prędko</u>, ale chciałabym, żebyś jechał jeszcze ....
2. Mówisz <u>głośno</u>, ale chciałbym, żebyś mówiła jeszcze ....
3. Słuchasz muzyki <u>cicho</u>, ale chciałbym żebyś słuchała jej jeszcze ....
4. Mówię już <u>dobrze</u> po polsku, ale chciałbym mówić jeszcze ....
5. Zarabiam <u>dużo</u>, ale chciałbym zarabiać jeszcze ....

ZADANIE 5 12 punktów

1 odpowiedź = 0,5 punktu

Proszę wpisać w miejsce kropek właściwe formy czasowników w czasie przeszłym. Pierwsze zdanie (w części A1) jest przykładem.

A.

(1) Piotr codziennie <u>wraca</u> z pracy punktualnie. (2) <u>Otwiera</u> drzwi i <u>wita się</u> ze swoim psem. (3) <u>Przechodzi</u> przez długi korytarz i <u>idzie</u> do swojego ulubionego pokoju. (4) <u>Siada</u> zmęczony w fotelu. (5) Pies też <u>wchodzi</u> za nim do pokoju. (6) <u>Dzwoni</u> telefon. (7) Piotr <u>wychodzi</u> do przedpokoju i <u>odbiera</u> telefon. (8) <u>Rozmawia</u> krótko. (9) Potem <u>zaczyna</u> szukać psa. (10) Nigdzie go <u>nie ma</u>. (11) <u>Myśli</u>: „Puma <u>lubi</u> czekać na mnie w kuchni". (12) <u>Otwiera</u> drzwi do kuchni. (13) Ale znowu <u>słyszy</u> dzwonek telefonu. (14) <u>Mówi</u> do siebie: „Mam dość tego telefonu!" (15) <u>Zamyka</u> drzwi do kuchni. (16) <u>Bierze</u> smycz i <u>woła</u> psa. (17) Razem z Pumą szybko <u>wybiega</u> na spacer.

wczoraj

A 1

(1) Piotr <u>wrócił</u> z pracy punktualnie. .... drzwi i .... ze swoim psem. (2) .... przez długi korytarz i .... do swojego ulubionego pokoju. (3) ....zmęczony w fotelu. (4) Pies też .... za nim do pokoju. (5) .... telefon. (6) Piotr .... do przedpokoju i .... telefon. (7) .... krótko. (8) Potem .... szukać psa. (9) Nigdzie go .... (10) ....: (11) „Puma zawsze .... czekać na mnie w kuchni". (12) .... drzwi do kuchni. (13) Ale znowu .... dzwonek telefonu. (14) .... do siebie: „Mam dość tego telefonu!" (15)........................ drzwi do kuchni. (16)........................ smycz i .... psa. (17) Razem z Pumą szybko .... na spacer.

ZADANIE 6 5 punktów

1 odpowiedź = 0,5 punktu

Proszę wpisać w miejsce kropek właściwe formy zaimków osobowych zaznaczonych w tekście kursywą.

WZÓR

Chciałbym pomóc mojej siostrze Ewie. Chciałbym <u>jej</u> *(ona; Ewa)* naprawdę pomóc.

Moja siostra Ewa ciągle szuka pracy. Była już w wielu miejscach. Najpierw poszła do agencji, o której mówił jej Piotr. (1) Niczego w .... *(ona; agencja)* nie załatwiła.

(2) Potem była w szkole prywatnej, gdzie dyrektor zaproponował .... *(ona; Ewa)* jedynie kilka lekcji tygodniowo. (3) Prosiła .... *(on; dyrektor)* o więcej. (4) Powiedział, że pomyśli o tym i zadzwoni do .... *(ona; Ewa)* za tydzień. (5) Było .... *(ona; Ewa)* smutno. (6) Na szczęście, kiedy szła ulicą, spotkała dobrą znajomą i poszła z .... *(ona; dobra znajoma)* do kawiarni. Podczas rozmowy doszła do wniosku, że może dawać koleżance korepetycje z języka francuskiego. W tym momencie do kawiarni wszedł Piotr. (7) Natychmiast powiedziała .... *(on; Piotr)* o nowym pomyśle. (8) Piotr popatrzył na .... *(ona; Ewa)* z radością. (9) Powiedział: "Stawiam .... *(wy; Ewa i jej znajoma)* dwie duże porcje lodów, a potem zapraszam .... *(wy; Ewa i jej znajoma)* na obiad.

na podstawie tekstu — *Dzień dobry*, str. 158.

SŁOWNICTWO

ZADANIE 7   10 punktów

Proszę połączyć rzeczowniki z kolumny A z podanymi w kolumnie B uproszczonymi definicjami. Połączenie oznaczone symbolem 0 (zero) jest przykładem.

A.

0. latarka

1. kalendarz
2. kraj
3. łyżka
4. niedziela

5. poczta

6. szpital
7. tajemnica
8. talerz
9. urodziny
10. wakacje

B.

0. potrzebujesz jej, kiedy jest ciemno

a. ty go masz, ja go mam; każdy ma swój ojczysty
b. używasz go, kiedy chcesz zjeść zupę
c. coś, o czym nikt nie powinien, nie może się dowiedzieć
d. wszyscy na nie czekamy, a potem wyjeżdżamy nad morze, w góry, nad jeziora, do dziadków, do odległych krajów
e. zamknięty zakład opieki przeznaczony dla ciężkochorych, w którym odwiedzasz np. chorą babcię
f. dzień wolny od pracy, dzień świąteczny
g. zwykle mała książka z wykazem dni i miesięcy
h. obchodzisz je raz na rok w tym samym dniu
i. potrzebujesz jej, kiedy jesz zupę
j. instytucja, w której nadaje się przesyłki pocztowe

na podstawie tekstu — *Dzień dobry*, str. 88

Miejsce do wpisania właściwych połączeń:

[1 ....]   [2 ....]   [3 ....]   [4 ....]   [5 ....]   [6 ....]   [7 ....]   [8 ....]   [9 ....]   [10 ....]

ZADANIE 8   10 punktów

Proszę podkreślić właściwe synonimy lub definicje do wyrazów podanych w kolumnie A.

WZÓR

banan   <u>owoc</u>, warzywa, napoje

A.   **B.**

1. ciekawy   nudny, zajęty, interesujący
2. codziennie   co dzień, tylko rano, od czasu do czasu
3. danie   potrawa, danie czegoś, dawanie czegoś
4. kolacja   posiłek spożywany wieczorem, poranny posiłek, lunch
5. narzekać   być zadowolonym, skarżyć się, skarżyć na kogoś
6. odwiedzić   zwiedzić, składać wizytę, widzieć coś
7. przystawka   potrawa, stały element, urządzenie hamujące
8. woleć   preferować, lecieć, wylecieć
9. załatwiać   dokuczać, niszczyć, doprowadzać coś do końca
10. zwykle   zwykły, zazwyczaj, zwyczajnie

opracowano na podstawie zasobu leksykalnego zawartego
w lekcji numer 7 — *Polish in 4 weeks*, str. 81–82

ROZUMIENIE TEKSTU, DIALOGU

ZADANIE 9   10 punktów

Proszę przeczytać poniższy dialog, a następnie podkreślić jedną właściwą odpowiedź w każdym zestawie (od 1 do 10). Połączenia oznaczone symbolem 0 (zero) są przykładem.

DIALOG

Piotr: Cześć Beato!
Beata: Cześć Piotrze! Co słychać?
Piotr: Dziękuję. Wszystko po staremu.
Beata: Dawno się nie widzieliśmy.
Piotr: Widziałem cię tydzień temu w Café Internet.

Beata:	A tak. Szukam pracy przez Internet.
Piotr:	Rozumiem, że masz dużo wolnego czasu. Mam pomysł. Może pójdziemy do kina.
Beata:	Dobry pomysł, ale nie wiem, co ciekawego grają w kinach.
Piotr:	W Cinema City jest festiwal filmów japońskich.
Beata:	Ale ja nie przepadam za japońskimi filmami.
Piotr:	Co możesz zaproponować?
Beata:	Może teatr?
Piotr:	Teatry w czasie wakacji są zamknięte.
Beata:	Może pójdziemy na kawę do kawiarni?
Piotr:	Dobrze, idziemy do Rynku. Tam jest moja ulubiona kawiarnia „Smacznego".
Beata:	Ale nie teraz. Dopiero po południu. Jest pierwsza. Za trzy godziny, dobrze?
Piotr:	O szesnastej będę tam na ciebie czekał.
Beata:	Dobrze. Cześć.
Piotr:	Pa. Pamiętaj, Rynek 24. Naprzeciwko Kościoła Mariackiego. *(myśli przez chwilę, potem mówi do siebie)* „Jak to dobrze, wyjść na krótki spacer, na miasto".

na podstawie tekstu — *Hurra!!!*, str. 69

WZÓR

0. Ta rozmowa odbyła się:

⬜ w kawiarni „Smacznego";

⬜ na Rynku;

⬜ <u>w dużym mieście.</u>

0. Kto pierwszy użył formuły powitania:

⬜ <u>Piotr;</u>

⬜ Beata;

⬜ nikt.

1. Piotr powiedział Beacie, że:

⬜ czuje się staro;

⬜ nie ma żadnych kłopotów;

⬜ ma ciągle kłopoty.

2. Piotr nie widział Beaty:

⬜ od tygodnia;

⬜ za tydzień;

⬜ kilka tygodni temu.

3. Beata:

⬜ pracuje w firmie internetowej;

⬜ ma bardzo dobrą pracę;

⬜ nie pracuje.

4. Filmy japońskie można zobaczyć:

⬜ we wszystkich kinach w mieście;

⬜ tylko w jednym kinie;

⬜ być może w teatrze.

5. Filmów japońskich nie lubi:

⬜ Beata;

⬜ Piotr;

⬜ ani Piotr, ani Beata.

6. Beata i Piotr:

⬜ spotkali się w kawiarni „Smacznego" rano;

⬜ być może spotkają się po południu;

⬜ umówili się na godzinę czwartą po południu.

7. Kawiarnia „Smacznego”:

⌷ znajduje się po środku rynku;

⌷ blisko kościoła Mariackiego;

⌷ daleko od Kościoła Mariackiego.

8. Piotr musi czekać na spotkanie z Beatą:

⌷ trzy godziny;

⌷ od (godziny) trzeciej;

⌷ kwadrans.

9. Beat i Piotr są:

⌷ kolegami z pracy;

⌷ przyjaciółmi;

⌷ wrogami.

10. Po zakończeniu rozmowy:

⌷ Beata i Piotr rozchodzą się bez pożegnania;

⌷ mówią sobie do widzenia;

⌷ Beata odchodzi bez pożegnania.

ZADANIE 10   8 punktów

Proszę przeczytać poniżej zamieszczone informacje, a następnie podkreślić jedną właściwą odpowiedź w każdym zestawie (od 1 do 10). Wzór jak w ćwiczeniu 9.

sobota, 2 listopada

Michale,

Ponieważ zostałeś sam w domu, bo tak sam zdecydowałeś:

1. Jeżeli będzie padał deszcz, musisz zamknąć wszystkie okna.

2. Kiedy wychodzisz z domu, musisz zamykać drzwi na klucz.

    Nie jesteśmy jeszcze pewni, gdzie będziemy.

1. Jeżeli będzie ładna pogoda, będziemy w namiocie nad jeziorem.

2. Jeżeli dołączy do nas ciocia Marta, pojedziemy z nią do Zakopanego.

3. Jeżeli będzie cały czas padać, wynajmiemy pokój w hotelu „Pod Wierzbą”.

4. Jeżeli będziemy się nudzić, wrócimy za tydzień.

5. Jeżeli nie, to będziemy w domu za trzy tygodnie.

6. Jeżeli chcesz, możesz do nas zadzwonić albo przyjechać na dwa dni.

RODZICE

na podstawie tekstu — *Dzień dobry*, str. 124

1. Rodzice Michała są:

⌷ już pod namiotem;

⌷ jeszcze w domu;

⌷ w drodze na wakacje.

2. Michał został w domu, bo:

⌷ sam tego chciał;

⌷ nie lubi nudzić się z rodzicami;

⌷ tak zdecydowali rodzice.

3. Jeśli będzie słonecznie, Michał:

⌷ nie będzie musiał zamykać okien;

⌷ powinien korzystać ze słońca;

⌷ będzie siedział ciągle w domu.

4. Pod nieobecność rodziców Michał musi:

⌷ odwiedzić rodziców;

⌷ zająć się ciocią Martą;

⌷ jedynie pamiętać o zamykaniu drzwi na klucz.

5. Rodzice Michała już:

☐ zamówili pokój w hotelu;

☐ kupili namiot;

☐ podali Michałowi swój adres.

6. Plan rodziców dotyczący wakacji jest:

☐ precyzyjny;

☐ dokładny;

☐ niesprecyzowany.

7. Michał po przeczytaniu tych informacji:

☐ musi zadzwonić do rodziców;

☐ szybko dołączy do nich;

☐ będzie się długo zastanawiał.

8. Michał pod nieobecność rodziców może zapraszać swoje koleżanki i kolegów:

☐ przez trzy tygodnie;

☐ tylko przez tydzień;

☐ tylko przez 14 dni.

9. Rodzice Michała spędzą urlop:

☐ sami;

☐ z ciocią Martą;

☐ albo sami, albo z ciocią Martą.

10. Na wakacje:

☐ wyjechała tylko mama Michała;

☐ wyjechał ojciec wraz z mamą;

☐ wyjechała cała rodzina wraz z ciocią Martą.

INTERAKCJA JĘZYKOWA

ZADANIE 11   10 punktów

Proszę zareagować w odpowiedni sposób na wypowiedzi ułożone alfabetycznie w kolumnie A.

Odpowiedzi do wyboru: *Dwa piwa i koreczki z sera. || Kartą. || Na kanapie w salonie. || Nad morzem, albo w górach. || Nazywam się Wacław Sznurek. || Nie. Teraz mam ćwiczenia. || O niczym. || Od roku nie mam pracy. || Proszę, oto mój paszport. || Z docentem Wacławem Sznurkiem.*

A.

Ewo, bardzo ciebie / cię lubię!

  1. Co państwo zamawiają?
  2. Czym pan płaci?
  3. Dokumenty do kontroli!
  4. Gdzie pracujesz?
  5. Gdzie spędzisz wakacje?
  6. Gdzie zwykle odpoczywasz?
  7. Jaka jest pana godność?
  8. Masz teraz wykłady?
  9. O czym myślisz?
10. Z kim masz zajęcia?

B.

Stanisławie, ja też ciebie / cię lubię!

....

....

....

....

....

....

....

....

....

....

OCEŃ SAM SIEBIE

Punktacja i oceny				MÓJ TEST
94–100	A	5	bardzo dobra	ilość punktów .... || ocena ....
87–93,9	B+	4,5	+ dobra	ilość punktów .... || ocena ....
78–86,9	B	4	dobra	ilość punktów .... || ocena ....
69–77,9	C+	3,5	+ dostateczna	ilość punktów .... || ocena ....
60–68,9	C	3	dostateczna	ilość punktów .... || ocena ....
0–59,9	F	2	niedostateczna	ilość punktów .... || ocena ....

TEST 2

Copyright by S. Mędak

poziom A2 — poziom wstępny

Opracowano na podstawie podręcznika:

S. Mędak, *Polski raz a dobrze*, Wydawnictwo LINGO, Warszawa 2011

OCENY ZA ROZWIĄZANIE TESTU

LOŚĆ PUNKTÓW	OCENY		
94–100	A	5	**bardzo dobra**
87–93,9	B+	4,5	**+ dobra**
78–86,9	B	4	**dobra**
69–77,9	C+	3,5	**+ dostateczna**
60–68,9	C	3	**dostateczna**
0–59,9	F	2	**niedostateczna**

DYKTANDO

ZADANIE 1   10 punktów

1 brakująca / niewłaściwa litera (dźwięk) — 0,40 punktu

Proszę wpisać brakujące litery lub dźwięki. Zdanie oznaczone symbolem zero (0) jest przykładem.

(0) MIŁE ZASKOCZENIE

Marta	(1)	Kto to jest? Mo_e to Bogdan? Tw_j internetowy znajomy? *(patrzą w kierunku biura Lot-u)*
Edgar	(2)	Ten m_ody chłopiec? Obok bi_ra LOT– u. To chyba on... *(podchodzą do biura Lot– u)*
Marta	(3)	Jestem Polką z USA. Tam jest m_j kolega.
Bogdan	(4)	O, właśnie czekam na was. Dzi_ń dobry. Cie_ę się, że już jeste_cie w Krakowie. Mam na imię Bogdan.
Edgar	(5)	Edgar Betraff. A to moja kole_anka Marta.
Marta	(6)	Ciesz_my się, że czekasz na nas.
Bogdan	(7)	Tam mam samoch_d. Widzę, że nie jesteście zm_czeni podr_żą. Czy jesteście głodni?
Edgar	(8)	Nie. W *Locie* robią dobre kanapki i sma_ne kotlety schabowe.
Marta	(9)	Polskie stewardesy dbają o podr_żnych.
Edgar	(10)	Jedna z nich mia_a na imię Marta. Tak jak ty.
Bogdan	(11)	Mam jedno ma_e mieszkanie. W centr_m Podgórza.
Edgar	(12)	Chcę mie_kać w Podgórzu. Tam, gdzie Polański.
Marta	(13)	Polański teraz mieszka w Paryżu, w najdro_szej dzielnicy miasta.
Bogdan	(14)	Jaki Polański? Roman? Ten znany re_yser?
Marta	(15)	Nasz Polański. Polak. Sły_ny tw_rca filmów.
Edgar	(16)	Teraz muszę zapami_tać imię mojej ulicy w Krakowie.
Marta	(17)	Nie imię, ale na_wę.
Edgar	(18)	Dob_e. Zapamiętam jeszcze jedną nową na_wę.
Marta	(19)	Od przyby_ku głowa nie boli!

Polski raz a dobrze, lekcja numer 4

GRAMATYKA

ZADANIE 2   11 punktów

Proszę wybrać odpowiednie formy wyrazów i wpisać je w miejsce kropek. Zdanie oznaczone symbolem 0 (zero) jest przykładem.

Opowiadanie babci

(0) Kiedy byłam <u>mała</u> *(mały, mała, małe)*, mieszkaliśmy z rodzicami nad pięknymi jeziorami na Litwie. Już nie pamiętam, jak one się nazywały. Potem przyszła jedna wojna, a potem druga. (1) Już nie pamiętam, ile razy musieliśmy .... *(uciekali, uciekli, uciekać)* z walizkami. (2) Przeprowadzaliśmy się kilka .... *(raz, razy, razem)*. Nie skończyłam żadnej szkoły. (3) Rodzina z roku na rok stawała się coraz .... *(mniejsza, mała, mniej)*. Wszyscy dokądś wyjeżdżali albo emigrowali z Polski. (4) Ostatni dom, który .... *(kupował, kupił, kupię)* dziadek Piotrusia, zabrali komuniści. (5) To było blisko .... *(Poznań, Poznaniem, Poznania)*. W Wielkopolsce. Zrobili w naszym domu jakąś gminę, czy wspólnotę. (6) Mieszkaliśmy w barakach przez wiele .... *(lat, lata, rok)*. (7) Edgarze, twoja babcia .... *(wyjechała, przejechała, najechała)* chyba w 1963 roku, do jakiegoś New Jersey. (8) Pisała do .... *(my, nami, nas)* na początku, a potem ślad po niej zaginął. (9) Nie dostawaliśmy .... *(żadnego, nic, żadnych)* listów. (10) Popatrz, to jest zdjęcie twojego .... *(dziadka, dziadek, dziadkowi)* i babci z dziećmi na rękach. (11) Żegnają się z wioską, z ludźmi i .... *(rodziny, rodzina, rodziną)*. Płaczą jak bobry.

Opowiadanie babci — lekcja 16, *Polski raz a dobrze*

ZADANIE 3   3 punkty

1 odpowiedź = 0,5 punktu

Proszę dokończyć wypowiedzi Marty oraz Edgara według podanego wzoru.

WZÓR:

Edgar: Pakujesz się i <u>pakujesz</u>.   → Musisz <u>się</u> wreszcie <u>spakować</u>!

1. Marta: Kupujesz ten rower i <u>kupujesz</u>... → Musisz wreszcie go ....!

2. **Edgar:** Zapraszasz go i <u>zapraszasz</u>... → Musisz go wreszcie .... do restauracji!

3. **E.:** Robisz te pierogi i <u>robisz</u>... → Musisz w końcu je ....!

4. **M.:** Jesz ten rosół i <u>jesz</u>... → Musisz wreszcie go ....!

5. **E.:** Zamawiasz tę pizzę i <u>zamawiasz</u>... → Musisz ją w końcu ....!

6. **E.:** Czytasz ten artykuł i <u>czytasz</u>... → Musisz wreszcie go .... !

ZADANIE 4   5 punktów

Proszę przekształcić zdania z czasownikami ruchu według wzoru.
Czasowniki: *iść, jechać || chodzić, jeździć.*

WZÓR:

Teraz *(ja)* idę do szkoły.   Codziennie *(ja)* chodzę do szkoły.

1. Teraz jadę do supermarketu.   Zawsze w soboty *(ja)* .... do super-
                                                 marketu.

2. Dziś jest środa. On idzie do kina.   Zawsze w środy *(on)* ....
                                                 do kina.

3. Jedziemy do Centrum Handlowego.   Często *(my)* tam ....
                                                 na zakupy.

4. Oni teraz idą do restauracji.   Oni lubią .... do tej
                                                 restauracji.

5. Czy jedziecie na wycieczkę?   Tak. Zwykle w niedziele *(my)* ....
                                                 na wycieczki.

ZADANIE 5   6 punktów

Proszę wybrać odpowiedni czasownik i wstawić w miejsce kropek właściwą formę trybu przypuszczającego wybranego czasownika.
Czasowniki: *jechać / jeździć, mieszkać, móc, uczyć się, uczyć, zatrzymać, zostać.*

WZÓR:

Edgar do Marty: Gdybym miał czas, zostałbym dłużej w górach.

Edgar do Andrzeja: 1. Gdybym był Polakiem, nie .... języka polskiego.
Andrzej do Edgara: 2. Gdybym był góralem, ... w górach.
Edgar do Marty: 3. Gdybyśmy mieli lepszy samochód, *(ja)* ....
                              szybciej.
Marta do Edgara: 4. Gdybym dobrze znała angielski, ... angielskiego
                              w szkole.
Edgar do Marty: 5. Gdyby policjant nie miał radaru, nie .... nas.
Marta do Andrzeja: 6. Gdybym nie miała prawa jazdy, nie .... prowadzić
                              samochodu.

Polski raz a dobrze, lekcja numer 22

ZADANIE 6   5 punktów

1 odpowiedź = 0,5 punktu

Proszę wpisać w miejsce kropek właściwe formy przysłówków w stopniu wyższym.

WZÓR:

Marta   Jest g̲o̲r̲z̲e̲j̲, niż myślałam. To już drugi objazd. *[źle]*

Edgar   (1) Ale gorąco! A będzie jeszcze .... *[gorąco]*.

Marta   (2) Ładna trasa. Tutaj jest .... *[pięknie]* niż w USA.

Edgar   (3) Za Myślenicami będzie jeszcze .... *[ładnie]*.

Marta   (4) Andrzej mi mówił, że w piątki turyści wyjeżdżają o wiele ....
            [wcześnie] niż ty to zaplanowałeś. Albo kupują bilety na pociąg.

Edgar   (5) Pociągiem jedzie się chyba .... *[szybko]*.

Marta   (6) Z okien samochodu można .... *[dużo]* zobaczyć.

Edgar   (7) Bardzo lubię jeździć samochodem. Czuję się .... *[pewnie]*
            niż podczas jazdy na rowerze.

Marta   (8) Ja .... *[bardzo]* lubię jeździć na rowerze niż samochodem.

            (9) Czuję się wtedy o wiele .... *[bezpiecznie]*.

Marta   (10) Ja mimo wszystko, czuję się zdecydowanie .... *[dobrze]*
            w samochodzie niż na rowerze.

Polski raz a dobrze, lekcja numer 21

ZADANIE 7   9 punktów

Proszę wpisać w miejsce kropek właściwe formy liczebników.

WZÓR:

a. Ile masz sióstr?   Mam *(2)* d̲w̲i̲e̲ siostry.

b. Ile masz lat?   Mam *(25)* dwadzieścia p̲i̲ę̲ć̲ lat.

c. Ile kosztuje jedno piwo?   Jedno piwo kosztuje *(3)* t̲r̲z̲y̲ złote.

d. Ilu masz braci?   Mam *(2)* d̲w̲ó̲c̲h̲ braci.

1. Ile kosztuje karta telefoniczna?   Karta telefoniczna kosztuje .... *(10)* złotych.

2. Ile kosztuje znaczek pocztowy?   Znaczek do krajów UE kosztuje .... *(2)* złote.

3. Ile masz sióstr?   Mam .... *(3)* siostry.

4. Ile ona ma lat?   Ona ma .... *(31)* lat.

5. Ile płacisz za pokój w hotelu?   Za jedną dobę płacę .... *(100)* złotych.

6. Ile to kosztuje?   To kosztuje .... *(5)* złotych.

7. Ilu masz braci?   Mam .... *(1)* brata.

8. Jaki jest kurs euro?   Za jedno euro płacimy .... *(4)* złote.

9. Który tramwaj jeździ do centrum?   Do centrum jeździ tramwaj numer ....

.... *(13)*.

Polski raz a dobrze, lekcja numer 25

ZADANIE 8   3punkty

1 odpowiedź = 0,5 punktu

Proszę wpisać w miejsce kropek formy 2. osoby liczby pojedynczej trybu rozkazującego podkreślonych czasowników.

WZÓR:

Już nie chce mi się <u>spać</u>.   To nie <u>śpij</u>!

1. *Już nie chce mi się <u>czekać</u>.*   *To nie ....!*

2. *Już nie chce mi się <u>czytać</u>.*   *To nie ....!*

3. *Już nie chce mi się <u>leżeć</u> w łóżku.*   *To nie ....!*

4. *Nie mam już ochoty <u>mówić</u>.*   *To nie ....!*

5. *Nie mam ochoty <u>dzwonić</u> do niego.*   *To nie ....!*

6. *Nie mam ochoty <u>wstawać</u>.*   *To nie ....!*

SŁOWNICTWO

ZADANIE 9   7 punktów

Proszę wpisać nazwy narodowości w liczbie mnogiej.

WZÓR:

USA   W Stanach Zjednoczonych mieszkają <u>Amerykanie</u> i <u>Amerykanki.</u>

1. **PL**   W Polsce mieszkają .... i ....

2. **F**   We Francji mieszkają .... i ....

3. **E**   W Hiszpanii mieszkają .... i ....

4. **D**   W Niemczech mieszkają .... i ....

5. **CH**   W Szwajcarii mieszkają .... i ....

6. **H**   Na Węgrzech mieszkają .... i ....

7. **I**   We Włoszech mieszkają .... i ....

Polski raz a dobrze, lekcja numer 27

ZADANIE 10   3 punkty

1 odpowiedź = 0,5 punktu

Proszę połączyć niepełne zdania z kolumny A z odpowiednimi nazwami zawodów (kolumna B).

WZÓR:

0. W bufecie pracuje   → **a. bufetowa.**

A.   **B.**

1. Na lotnisku bagaże sprawdza   → a. kelnerka
2. W restauracji pracuje   → b. nauczyciel
3. W supermarkecie pracuje   → c. wykładowca
4. W szkole uczy   → d. pielęgniarka
5. W szpitalu pracuje   → e. celnik
6. W uniwersytecie wykłada   → f. sprzedawca

Polski raz a dobrze, lekcja numer 28

Miejsce do wpisania właściwych połączeń:

[1 ....]   [2 ....]   [3 ....]   [4 ....]   [5 ....]   [6 ....]

ZADANIE 11   10 punktów

Proszę podkreślić w każdej jednostce zadania testowego (od 1 do 10) jeden wyraz, który nie mieści się w polu tematycznym.

WZÓR

pole tematyczne: ZWIERZĘTA LEŚNE: mysz, wilk, żubr, jeleń

  1. *pole tematyczne:* CIAŁO LUDZKIE: kostka, pośladek, pierś, szyja, oddech
  2. *pole tematyczne:* DOM I JEGO URZĄDZENIE: dach, komin, sznurek, okno
  3. *pole tematyczne:* MAPA: brzeg, nizina, półwysep, rzeka
  4. *pole tematyczne:* NARZĄDY WEWNĘTRZNE: krew, płuca, nerki, serce
  5. *pole tematyczne:* POKÓJ: papieros, fotel, kominek, kanapa
  6. *pole tematyczne:* PRZYBORY DO SZYCIA: guzik, nici, igła, maszyna do szycia
  7. *pole tematyczne:* RESTAURACJA: barman, zapałka, kelner, stolik
  8. *pole tematyczne:* UBRANIE MĘSKIE: marynarka, koszula, podeszwa, spodnie
  9. *pole tematyczne:* WARZYWA: cebula, kalafior, groch, pomidor
10. *pole tematyczne:* ZWIERZĘTA: delfin, antylopa, małpa, żyrafa, mapa

na podstawie: A. Seretny, *A co to takiego? Obrazkowy słownik języka polskiego*, UJ Kraków, 1993.

ROZUMIENIE TEKSTU, DIALOGU

ZADANIE 12   10 punktów

Proszę przeczytać poniższy dialog *Chłopskie Jadło — A co to takiego?*, a następnie zdecydować, które informacje są prawdziwe, a które nieprawdziwe.

CHŁOPSKIE JADŁO© — A CO TO TAKIEGO?

Pierwsza kolacja w polskiej restauracji. Zamawianie posiłków, jedzenie. Nazwy potraw polskich. Bogdan jest gościem Marty.

Marta	Zaprosiłam Bogdana do restauracji. Jest przekonany, że *Chłopskie Jadło* przy ul. Agnieszki to najlepsza restauracja w mieście, chociaż nigdy w niej nie był.
Edgar	Myślę, że on najlepiej wie, która restauracja jest dobra.
Marta	Być może. Zobaczymy. Czy lubisz pierogi?
Edgar	Uwielbiam. Najlepsze są pierogi z mięsem i kapustą.
Marta	O, Bogdan! Zapraszamy. Co słychać? Jak się czujesz?
Bogdan	Dzisiaj czuję się świetnie. A ty? Jak się masz?!
Marta	Znakomicie.
Edgar	(*przed wejściem do restauracji czyta tekst reklamy*): **Welcome! Chłopskie Jadło (Peasant Food) real Polish country cuisine served in authentic interiors; Home–baked bread and traditional Polish dishes such as hand made *pierogi*, roasts, *bigos* and all sorts of soups. (...)**
Edgar	(*w restauracji — przegląda jadłospis*) Coś dobrego i ciepłego na ten miły wieczór. Od tygodnia jem tylko kanapki.
Bogdan	Najlepsza jest zupa Szwejka. Po tej zupie każdy czuje się dobrze. Jak legendarny Szwejk.
Marta	Proponuję zamówić to danie: (*Marta czyta*) „Prosię pieczone w całości z kaszą i jabłkiem, jak również bejcowane jagnię podawane w drewnianej misce".
Edgar	To chyba za dużo. Jedno jagnię wystarczy dla wszystkich.
Bogdan	Radzę zamówić gołąbki i kurki duszone w śmietanie.
Edgar	Ja wolę kopytka. Moja babcia robi pyszne kopytka.
Bogdan	Są jeszcze ryby: śledź w oleju, węgorz wędzony, flądra cała i jesiotr.
Marta	Chcę jesiotra. To słowo brzmi pięknie.
Edgar	Ja zamawiam, a ty płacisz. Proszę pani... (*Edgar zwraca się do kelnerki*). Proszę panią o jedno małe prosię dla trzech osób, trzy zupy Szwejka, jedne kopytka, jednego jesiotra i trzy piwa *Żywiec*. (*zwraca się do Marty i Bogdana*) Czy wszyscy piją piwo?

Bogdan	Czuję się syty. Czuję się dobrze. Wspaniała kolacja. W sobotę zapraszam was na domowe gołąbki i na kurki duszone w śmietanie.
Edgar	A co z rachunkiem?
Marta	Wszystko w porządku.
Edgar	Zapraszam teraz na grzaniec. Ten typowo krakowski trunek najlepiej smakuje we wrześniu. Tym razem ja płacę.
Bogdan	Prawdziwe życie zaczyna się dopiero po dwudziestej czwartej.
Edgar	Jak przyjemnie! Czuję się jak w siódmym niebie.

dialog z lekcji numer 8 — *Polski raz a dobrze*

WZÓR

0. Bogdan został zaproszony do restauracji:

- ☐ <u>przez Martę;</u>
- ☐ przez Edgara;
- ☐ przez Martę i Edgara.

0. Bogdan, Marta i Edgar:

- ☐ byli już w tej restauracji;
- ☐ <u>są w niej po raz pierwszy;</u>
- ☐ są w niej stałymi bywalcami.

1. W restauracji Chłopskie Jadło są:

- ☐ Marta i Bogdan;
- ☐ Marta, Edgar i jego babcia;
- ☐ Edgar, Marta i Bogdan.

2. Marta, Edgar i Bogdan jedzą:

- ☐ pierogi z mięsem i kapustą;
- ☐ kanapki;
- ☐ małe prosię, zupę, kopytka i jesiotra.

3. Marta, Edgar i Bogdan piją:

- ☐ amerykańską coca colę;
- ☐ polskie piwo;
- ☐ śmietanę.

4. Jeśli jesz zupę Szwejka, czujesz się:

- ☐ dobrze;
- ☐ źle;
- ☐ baśniowo.

5. Edgar uwielbia jeść:

- ☐ pierogi z mięsem i kapustą;
- ☐ flądrę;
- ☐ piwo Żywiec.

6. Z kelnerką rozmawia:

- ☐ Edgar;
- ☐ Marta;
- ☐ Bogdan.

7. Chłopskie Jadło — Co to takiego?

- ☐ dobra restauracja w Krakowie;
- ☐ amerykańska restauracja w Krakowie;
- ☐ najlepsza restauracja w mieście.

8. Marta, Edgar i Bogdan są w restauracji:

- ☐ we wrześniu;
- ☐ w lutym;
- ☐ w maju.

9. We wrześniu (w Polsce) jest:

- ☐ wiosna;
- ☐ lato;
- ☐ zima.

10. Edgar czuje się jak w siódmym niebie:

- ☐ Edgar czuje się dobrze;
- ☐ on czuje się wspaniale;
- ☐ nasz znajomy Amerykanin czuje się źle.

ZADANIE 13   8 punktów

Proszę przeczytać poniższy tekst *Szkoły i szkolnictwo*, a następnie zaznaczyć, które z podanych informacji są prawdziwe, a które nieprawdziwe.

SZKOŁY I SZKOLNICTWO

Rok szkolny (szkoły podstawowe i ponadpodstawowe) w Polsce rozpoczyna się 1 września, a kończy się w każdy pierwszy piątek po 18 czerwca. Trwa 10 miesięcy i jest podzielony na dwa semestry. Rok akademicki (szkoły wyższe) rozpoczyna się inauguracją w pierwszych dniach października. Jest podzielony na dwa 15–tygodniowe semestry, zakończone sesją egzaminacyjną. Semestr zimowy kończy się pod koniec stycznia. Po dziesięciodniowej sesji egzaminacyjnej następuje 10–dniowa przerwa semestralna. Semestr letni rozpoczyna się pod koniec lutego i trwa do 30 czerwca. Zajęcia dydaktyczne semestru letniego kończą się w połowie czerwca. Ostatnie dwa tygodnie czerwca — to letnia sesja egzaminacyjna. Studenci wyższych uczelni mają w tym semestrze jedynie krótką przerwę w okresie Świąt Wielkanocnych. Święta państwowe i uniwersyteckie:

3 października — inauguracja roku akademickiego,
1 listopada — Wszystkich Świętych,
11 listopada — Święto Niepodległości,
1 maja — Dzień Pracy,
3 maja — Dzień Konstytucji,
Boże Ciało (święto ruchome).

Ciekawostki, lekcja 19 — Polski raz a dobrze

PTYANIA

	PRAWDA	NIEPRAWDA
1. Rok szkolny w Polsce kończy się zawsze 18 czerwca.	[ ]	[ ]
2. Uczniowie szkół podstawowych mają system dwusemestralny.	[ ]	[ ]
3. Rok szkolny oraz rok akademicki zaczynają się równocześnie.	[ ]	[ ]
4. Każdy semestr w szkołach wyższych to 15 tygodni zajęć.	[ ]	[ ]
5. Semestr zimowy zaczyna się na początku stycznia.	[ ]	[ ]
6. Studenci uczelni mają zajęcia do 30 czerwca.	[ ]	[ ]
7. Przerwa z okazji Wielkanocy jest zawsze w I semestrze.	[ ]	[ ]
8. Dzień Pracy — to święto uniwersyteckie.	[ ]	[ ]

INTERAKCJA JĘZYKOWA

ZADANIE 14   10 punktów

Proszę połączyć sytuacje z tabeli A z właściwymi odpowiedziami zamieszczonymi w tabeli B, a następnie podkreślić w każdym zestawie jedną wybraną odpowiedź. Interakcja oznaczona symbolem 0 (zero) jest przykładem.

A.

sytuacja:

0. Nauczyciel wchodzi do klasy:

B.

reakcja:

a. Wszystkiego najlepszego!

b. Dzień dobry panu!

c. Miłego dnia!

1. Podnosisz słuchawkę telefoniczną:

a. Proszę. Słucham.

b. Do widzenia. Do jutra.

c. Serdecznie zapraszam!

2. Jest ci zimno w pokoju:

a. Proszę wejść!

b. Jest mi smutno!

c. Ale zmarzłem!

3. Ktoś cię woła:

a. Smacznego!

b. Sto lat!

c. Już idę!

4. Ktoś wyjeżdża na zawsze:

a. Na zdrowie!

b. Proszę zamknąć okno!

c. Natychmiast daj znać!

5. Twoja babcia obchodzi urodziny:

a. Słucham! Co się dzieje?

b. Oszalała pani!

c. Sto lat! Sto lat! ...

6. Ktoś idzie na egzamin:

a. Złamania karku!

b. Powodzenia!

c. Nie łamcie nóg!

7. Ktoś puka do drzwi:

a. Nie ma mnie w domu!

b. Zaraz wychodzę.

c. Proszę wejść!

8. Zaczynasz jeść z kimś wspólny posiłek:
    a. Smacznego!
    b. Do zobaczenia!
    c. Niechże tobą się nacieszę!

9. Wznosisz toast z jakiejś okazji:
    a. Na zdrowie!
    b. Serdecznie współczuję!
    c. Miło mi panią poznać!

10. Ktoś wyjeżdża gdzieś daleko:
    a. Komu w drogę, temu czas!
    b. Szczęśliwej drogi!
    c. Hurra!!!

OCEŃ SAM SIEBIE

Punktacja i oceny				MÓJ TEST
94–100	A	5	**bardzo dobra**	**ilość punktów** .... || **ocena** ....
87–93,9	B+	4,5	**+ dobra**	**ilość punktów** .... || **ocena** ....
78–86,9	B	4	**dobra**	**ilość punktów** .... || **ocena** ....
69–77,9	C+	3,5	**+ dostateczna**	**ilość punktów** .... || **ocena** ....
60–68,9	C	3	**dostateczna**	**ilość punktów** .... || **ocena** ....
0–59,9	F	2	**niedostateczna**	**ilość punktów** .... || **ocena** ....

TEST 3

Copyright by S. Mędak

poziom B1 — poziom progowy

Opracowano na podstawie podręczników:

P. Lewiński, *Oto polska mowa*, Wydawnictwo Uniwersytetu Wrocławskiego, Wrocław, 2001.

S. Mędak, B. Biela, C. Bruley-Meszaros, *Apprendre le polonais par les textes*, L'Harmattan, Paris, 2005.

OCENY ZA ROZWIĄZANIE TESTU

ILOŚĆ PUNKTÓW	OCENY		
94–100	A	5	**bardzo dobra**
87–93,9	B+	4,5	**+ dobra**
78–86,9	B	4	**dobra**
69–77,9	C+	3,5	**+ dostateczna**
60–68,9	C	3	**dostateczna**
0–59,9	F	2	**niedostateczna**

DYKTANDO

ZADANIE 1

5 punktów

1 brakująca / niewłaściwa litera (dźwięk) — 0,4 punku

Proszę wpisać brakujące litery lub dźwięki. Zdanie oznaczone symbolem zero (0) jest przykładem.

(0) Co two_i_m zdaniem, jest najważniejsze dla zdrowia.

A. (1) Ut_ymywanie prawidłowe_ wagi.
B. (2) Reg_larne ćwiczen_a i upraw_anie sport_.
C. (3) Jedz_nie zdrowej _ywności.
D. (4) Niepicie alko_olu.
E. (5) Niepalenie t_toniu.
F. (6) Reg_larne wiz_ty u leka_a.

na podstawie *Oto polska mowa*, str. 128

GRAMATYKA

ZADANIE 2

10 punktów

Proszę wpisać w miejsce kropek właściwe formy wyrazów w nawiasach.

WZÓR

(bar, piwo)   Jesteśmy spragnieni, a więc idziemy do baru na piwo.

(Adam, imieniny)   1. Adam miał wczoraj imieniny! Zapomnieliśmy o ....

(wycieczka, Amsterdam)   2. Organizujemy .... do ....

(koncert, Berlin)   3. Jutro wylatujemy na .... do ....

(sklep, kawa)   4. Brakło mi kawy, a więc wybieram się do .... po ....

(kino, „Obywatel Kane")*   5. Idę po raz czwarty do ....

na ....

(mecz, stadion)   6. Skąd te krzyki? Znowu rozgrywają jakiś ....

na ....

(muzeum, wystawa)   7. Zapraszam cię do ....

na ....

(Nowy Jork, konferencja)   8. Dostałem zaproszenie, więc jadę do ....

na ....

(Paryż, zakupy)   9. Wróciła z ...., gdzie była

na ....

(szkoła, lekcje)   10. Synku, musisz codziennie chodzić do ....

na ....

na podstawie ćwiczenia 8, *Oto polska mowa*, str. 29–31

ZADANIE 3   7 punktów

1 odpowiedź = 0,5 punktu

Proszę wpisać w miejsce kropek właściwe formy zaimków osobowych.

WZÓR

To wspaniali przyjaciele. Nie chciałbym ich *(oni)* utracić.

(1) Moi rodzice są wspaniali. Kocham .... *(oni)* bardzo. (2) Mamę kocham za wyrozumiałość. (3) Nigdy się nie denerwuje na .... *(my)*. (4) Do .... *(ja)* zawsze się zwraca tak: „Syneczku, zrób to kochanie, chodź ze .... *(ja)* na zakupy, pomóż .... *(ja)* w sprzątaniu, pomyśl o .... *(ja)* chociaż przez chwilę!". (5) Patrzy na .... *(ja)* tak słodkim wzrokiem, że zaraz chce .... *(ja)* się płakać. Tata jest zupełnie inny. (6) Wychowuje .... *(my)*, jak przystoi na oficera. (7) Jeśli coś .... *(my)* każe zrobić, musimy to wykonać. Moim zdaniem jest to bardzo słuszne podejście do dzieci. (8) Nie należy .... *(one)* prosić, nie warto .... *(one)* ulegać. (9) Trzeba żądać od .... *(one)* posłuszeństwa i pracowitości. Z moją mamą i z tatą nie mam żadnych problemów. (10) Po prostu — przepadam za .... *(oni)*.

*   Tytuł filmu w reż. Orsona Wellesa, scenariusz H. J. Mankiewicz, 1941, USA (tytuł oryginału *Citizen Kane*).

ZADANIE 4   10 punktów

Proszę wpisać w miejsce kropek właściwe formy czasowników w czasie przeszłym. Uwaga — W PONIŻSZYM TEKŚCIE NARRATOR WSKAZUJE NA CZYNNOŚCI JEDNOKROTNE WYKONANE PRZEZ JACKA W ŚRODĘ.

WZÓR:

Była środa. Jacek <u>wyszedł</u> *(wychodzić, wyjść)* wczoraj z domu o godzinie ósmej.

Szybko .... *(schodzić, zejść)* po schodach i .... *(biec / biegnąć, pobiec / pobiegnąć)* w kierunku przystanku autobusowego. Miał szczęście, ponieważ tramwaj już .... *(najeżdżać, nadjechać)*. Zadowolony i uśmiechnięty .... *(wsiadać, wsiąść)* do drugiego wagonu. Na trzecim przystanku .... *(wysiadać, wysiąść)* i zobaczył swoje koleżanki, Krysię i Jolę. Jacek .... *(podchodzić, podejść)* do nich na chwilę. .... *(mówić, powiedzieć)* im dzień dobry. Krysia i Jola .... *(odpowiadać, odpowiedzieć)* mu na pozdrowienie, a potem .... *(rozchodzić się, rozejść się)* każda w swoją stronę. Jacek .... *(rzucać, rzucić)* okiem na przebiegające przez ulicę niezwykle zgrabną i wysportowaną Krysię i głęboko westchnął.

na podstawie tekstu, Oto polska mowa, str. 25

ZADANIE 5   3 punkty

1 odpowiedź = 1 punkt

Proszę wybrać jeden właściwy wyraz i przekształcić zdania numer 1–3.

WZÓR

	będzie / była / było
Cioci nie ma dzisiaj na obiedzie.	<u>Wczoraj jej też nie było.</u>
	przestanie / zastanie / stanie
1. Cały dzień dzisiaj pada deszcz.	Może jutro ....
	od, do, od ... do
2. Język japoński jest trudniejszy niż język polski.	Język polski ....
	byli, byłymi, będą
3. Maria i Józef to moi byli znajomi.	Oni są ....

ZADANIE 6   5 punktów

Proszę wpisać w miejsce kropek właściwe formy 2. osoby liczby pojedynczej trybu rozkazującego.

WZÓR

Bałagan bardzo mnie denerwuje.   *(robić, zrobić)*   → A więc zrób porządek!

1. Jest strasznie skąpy.   *(liczyć, policzyć)*   → Nie .... na niego!
2. Oszukujesz wszystkich.   *(oszukiwać, oszukać)* → Nie .... chociaż mnie!
3. Robisz to bardzo szybko.   *(być)*   → .... ostrożny!
4. Wszyscy płaczą.   *(płakać)*   → Proszę cię, nie ....!
5. Zawsze płacisz za niego.   *(płacić, zapłacić)*   → Nie .... za jego mieszkanie!

ZADANIE 7   5 punktów

Proszę wpisać w miejsce kropek właściwe formy podkreślonych wyrazów.

WZÓR

Jestem już stary.   Wszyscy jesteśmy coraz starsi.

Zbliża się jesień. Jestem smutny.   1. Jesienią wszyscy ludzie stają się coraz ....

Dzisiaj jest chłodno.   2. Kolejne dni będą jeszcze ....

Zarabiam bardzo mało.   3. Inni zarabiają jeszcze ....

Dni są już bardzo krótkie.   4. Zimą dni są jeszcze .... niż teraz.

On jest wciąż piękna.   5. Dawniej była jeszcze ....

ZADANIE 8   5 punktów

Proszę przekształcić zdania, używając wyrazów *że* albo *żeby* zgodnie z poniżej podanym wzorem.

WZÓR

a. Janek powiedział: „*Wczoraj byłem w górach*" || Janek powiedział, że wczoraj był w górach.

b. Prosiłem Marię: „*Mario, pożycz mi trochę pieniędzy!*" || Prosiłem Marię, żeby pożyczyła mi trochę pieniędzy.

1. Ewa poprosiła: „*Marku, kup mi sok jabłkowy i pączki!*" || Ewa poprosiła Marka, ...

....

2. <u>Mama powiedziała</u>: „*Jestem zmęczona*" || Mama powiedziała, ...

....

3. <u>Powiedziała</u>: „*Nikogo nie chciałam obrazić*" || Powiedziała, ...

....

4. <u>Zawsze mówiłem mamie</u>: „*Mamo, nie martw się o mnie!*" || Zawsze mówiłem mamie,

....

5. <u>On powiedział</u>: „*Ja też chcę iść do kina!*" || On powiedział, ...

....

na podstawie ćwiczenia numer 9, Oto polska mowa, str. 108

SŁOWNICTWO

ZADANIE 9   10 punktów

Proszę podkreślić we wszystkich jednostkach zadania testowego jedną odpowiedź, której nie powstydziłby się rozsądny obywatel Unii Europejskiej.

WZÓR

Można się opalać	<u>na plaży</u>, pod parasolem, w zaciemnionym pokoju
1. Można chodzić po wysokich górach:	w eleganckich butach na szpilkach, z ręką na temblaku, w wygodnych adidasach
2. Można jeździć rowerem:	po chodnikach, po ścieżce rowerowej, po trawnikach
3. Można kąpać się w morzu:	kiedy jest sztorm, kiedy powiewa czarna flaga, kiedy ratownik wywiesił zieloną flagę
4. Można pływać małą żaglówką:	w wannie, na jeziorach, po oceanie
5. Można popłynąć statkiem oceanicznym:	do Budapesztu, do Marsylii, do Paryża
6. Można poznawać obyczaje innych:	podróżując, marząc, kłócąc się z kolegami
7. Można uczyć się języków obcych:	na bezludnej wyspie, z niemym kolegą, w centrum lingwistyki stosowanej
8. Można uprawiać wspinaczkę:	na nizinach, na pustyni, w górach
9. Można zarobić na wakacje:	pracując przy zbiorze truskawek, spędzając wieczory na dyskotekach, opalając się nad jeziorami
10. Można zwiedzać stolice świata:	w muzeum, pieszo, statkiem handlowym

na podstawie Oto polska mowa, str. 190

ZADANIE 10 *razem:* 10 punktów

UWAGA: To jest zadanie dwustopniowe.

1. Proszę połączyć wyrazy z kolumny A z wyrazami z kolumny B. 5 punktów

2. Po dokonaniu właściwych połączeń proszę je wpisać w miejsce 5 punktów
kropek (kolumna C) zgodnie z poniżej podanym wzorem.

WZÓR

A. **B.** **C.**

0. sklep papierniczy 0. zeszyt 0. W sklepie papierniczym można kupić zeszyty.

1. antykwariat a. biurko 1. ....
2. apteka b. książki 2. ....
3. cukiernia c. pierścionek 3. ....
4. jubiler d. kiełbasa 4. ....
5. kiosk e. gazety 5. ....
6. piekarnia f. buty 6. ....
7. sklep meblowy g. aspiryna 7. ....
8. sklep mięsny h. pączki 8. ....
9. sklep obuwniczy i. chleb i bułki 9. ....
10. zegarmistrz j. budzik 10. ....

na podstawie: *Oto polska mowa*, str. 34

Miejsce do wpisania właściwych połączeń:

[0 / o]   [1 ....]   [2 ....]   [3 ....]   [4 ....]   [5 ....]   [6 ....]   [7 ....]   [8 ....]   [9 ....]   [10 ....]

ROZUMIENIE TEKSTU, DIALOGU

ZADANIE 11 10 punktów

Proszę przeczytać tekst listu *Ja i ojczym*, a następnie podkreślić właściwą odpowiedź w każdym zestawie od 1 do 10.

JA I OJCZYM

Zrozpaczona Mariola z Kielc: *Jeżeli nie uzyskam od was pomocy, to nie wiem, czy nie stanie się coś strasznego. Moja matka, wieloletnia rozwódka, ponownie wyszła za mąż. Jej mąż, Andrzej, jest o 10 lat od niej młodszy i od początku wzbudził moją ogromną sympatię. Matka jest kobietą interesu i często wyjeżdża w delegacje. Mniej więcej pół roku temu zostaliśmy z Andrzejem przez trzy dni sami i stało się..., zakochaliśmy się w sobie. Skrzętnie ukrywali-*

śmy to przed matką (a żoną Andrzeja), ale niestety, zaszłam w ciążę. Boję się matki, nawet nie wiecie, jak bardzo jej boi się również Andrzej. Co mam zrobić? Przecież jestem w sytuacji bez wyjścia!

„Naj" — przedruk z: *Oto polska mowa*, str. 183

WZÓR

0. Powyższy list jest:
- [ ] pismem urzędowym;
- [ ] prośbą o pomoc;
- [ ] tekstem dziennikarza.

0. Zrozpaczona Mariola mieszka:
- [ ] w Kielcach;
- [ ] blisko Kielc;
- [ ] gdzieś w Polsce.

1. Autorka listu jest:
- [ ] załamana;
- [ ] zła na siebie;
- [ ] pewna siebie.

2. Mariola pisze do redakcji gazety „*Naj*",:
- [ ] informując redakcję, że stało się coś nieprzewidzianego;
- [ ] informując ją, że z wszystkim sobie sama poradzi;
- [ ] prosząc redakcję o pomoc.

3. Ojczym:
- [ ] to jest ojciec ojca;
- [ ] to mąż matki;
- [ ] to pierwszy mąż matki Marioli.

4. Jeśli jej matka ma 40 lat:
- [ ] to jej mąż ma ponad 50 lat;
- [ ] to Andrzej ma 50 lat;
- [ ] to jej ojczym ma 30 lat.

5. Mariola polubiła Andrzeja:
- [ ] po kilku miesiącach, kiedy lepiej go poznała;
- [ ] od razu;
- [ ] pół roku temu.

6. Matka Marioli jest:
- [ ] kobietą bezrobotną;
- [ ] gospodynią domową;
- [ ] kobietą pracującą.

7. Matka Marioli:
- [ ] już wie o zdradzie męża;
- [ ] pogodziła się z jego zdradą;
- [ ] żyje w zupełnej nieświadomości.

8. Andrzej:
- [ ] jest człowiekiem interesu;
- [ ] ma więcej wolnego czasu niż matka Marioli;
- [ ] zajmuje się domem.

9. Mariola jest zrozpaczona, bo:
- [ ] zrozumiała swój błąd;
- [ ] odczuwa strach przed matką;
- [ ] wyrządziła matce krzywdę.

10. Podobne sytuacje rodzinne:
- [ ] są wymyślane przez czytelniczki gazet;
- [ ] są czymś do zaakceptowania;
- [ ] są rzadkością.

ZADANIE 12   10 punktów

Proszę przeczytać tekst reportażu Ryszarda Kapuścińskiego, a następnie wykonać polecenia A, B i C.

HEBAN

*„**Słoń** jest naprawdę duży, ma przenikliwe, świdrujące spojrzenie i milczy. Nie wiemy, co się w jego potężnym łbie dzieje, co zrobi za sekundę. Stoi chwilę, a potem zaczyna się przechadzać między stołami. Przy stołach martwa cisza, wszyscy siedzą znieruchomiali, sparaliżowani. Nie można się ruszyć, bo a nuż wyzwoli to jego furię, a jest szybki, przed słoniem się nie ucieknie. Z drugiej strony, siedząc nieruchomo, człowiek wystawia się na jego atak: ginie się zmiażdżonym nogami olbrzyma. Więc słoń przechadza się, patrzy na zastawione stoły, na światło, na zmartwiałych ludzi. Widać po jego ruchach, po kołysaniu głowy, że waha się, ciągle nie może podjąć decyzji. Trwa to i trwa w nieskończoność, całą lodowatą wieczność. W pewnym momencie chwytam jego spojrzenie. Patrzył na nas uważnie, ciężko, była w tych oczach jakaś głęboka, nieruchoma posępność. (...) W ciszy wszyscy rozeszli się do lepianek, a chłopcy pogasili na stołach światło. Była jeszcze noc, ale zbliżała się najbardziej olśniewająca chwila w Afryce — moment świtu".*

R. Kapuściński, *Heban*, Warszawa 1998, p. 341.

A.

OGÓLNE ZROZUMIENIE TEKSTU   4 punkty

1 prawidłowa odpowiedź = 0,5 punktu

Proszę podkreślić jedną właściwą odpowiedź w każdym zestawie (od 1 do 8).

1. Wyraz oczu słonia jest:

☐ badawczy, ostry i czujny;

☐ niewyraźny, rozmazany i mało przejrzysty;

☐ ukryty, zamaskowany i trudny do uchwycenia ludzkim wzrokiem.

2. Rekcję słonia można:

☐ z góry przewidzieć, wyczuwać lub jej się domyślać;

☐ określać po ruchach jego łba;

☐ definiować po sposobie chodzenia między stołami.

3. Kiedy słoń wykonuje swoje pierwsze kroki, siedzący przy stołach:

☐ zaczynają szybko gestykulować i próbują go odstraszyć;

☐ pozostają przy stołach bez ruchu;

☐ zaczynają przeraźliwie krzyczeć i wykonują obronne gesty rękami.

4. W obronie przed atakiem słonia najlepiej:

☐ nie podejmować żadnych decyzji;

☐ uciekać;

☐ oczekiwać spokojnie na jego atak;

☐ zdać się na łaskę losu.

5. Słoń przechadzający się między zastawionymi stołami:

☐ decyzję ataku podejmuje natychmiast;

☐ nie może się zdecydować na atak;

☐ niczego złego nikomu nie robi.

6. Obecność i zachowanie słonia są:

☐ obserwowane przez wszystkich chłopców;

☐ lekceważone przez uczestników biesiady;

☐ ignorowane przez wszystkich;

☐ śledzone z wyjątkową uwagą przez narratora.

7. Słoń „ma / miał zamiar" zaatakować:

☐ o świcie;

☐ w nocy;

☐ o zmierzchu.

8. Uczestnicy biesiady w obecności posępnego słonia to:

☐ mieszkańcy jednej z dzielnic wielkiego afrykańskiego miasta;

☐ miejscowi wieśniacy zamieszkujący ubogie afrykańskie chatki;

☐ polujący na słonie amatorzy kości słoniowej.

B.

ROZUMIENIE SŁÓW   2 punkty

1 prawidłowa odpowiedź = 0,5 punktu

Proszę wybrać i podkreślić jeden z synonimów (jedną z definicji) w każdej jednostce zadania testowego korespondujący z treścią fragmentu utworu R. Kapuścińskiego *Heban*.

1. kołysać czymś

a. < zmieniać położenie czegoś >

b. < dotykać czegoś, uruchamiać coś, wywoływać jakieś emocje >

c. < ruszać czymś jednostajnie, powtarzać jakiś ruch, bujać czymś, huśtać czymś >

2. przechadzać się

a. < spacerować, chodzić powoli, odbywać przechadzkę >

b. < obserwować, próbować coś zauważyć, podejmować próbę nawiązania z kimś kontaktu >

c. < włóczyć się, łazikować *(pot.)*, wieść życie włóczęgi >

3. rozchodzić się / rozejść się dokądś (do czegoś)

a. < być przekazywanym, szerzyć się >

b. < odzyskiwać wcześniejszą sprawność w chodzeniu >

c. < idąc w różnych kierunkach, oddalać się od siebie, rozpraszać się, rozstawać się >

4. uciekać przed kimś / przed czymś

a. < odwoływać się do czegoś / do kogoś >

b. < umykać przed kimś, uchodzić przed kimś, unikać kogoś wydostając się skądś >

c. < korzystać z czegoś, posunąć się do czegoś >

C.

ROZUMIENIE KONSTRUKCJI SKŁADNIOWYCH   4 punkty

Proszę wybrać, a potem podkreślić (jedną) właściwą definicję w każdym zestawie konstrukcji składniowych od 1 do 4.

1. coś trwa całą wieczność

a. < coś trwa sto lat >

b. < coś trwa bardzo, bardzo długi czas >

c. < coś dzieje się tylko wieczorem >

2. coś trwa w nieskończoność

a. < coś nigdy się nie kończy >

b. < coś jest bardzo nudne >

c. < coś istnieje przez pewien czas >

3. wystawiać się na czyjś atak

a. < zgłaszać kogoś na kandydata >

b. < atakować innych >

c. < swoim działaniem narażać się na coś >

4. z drugiej strony

a. < z kierunku południowego >

b. < po tej samej stronie czegoś >

c. < uwzględniając, biorąc pod uwagę inny aspekt danego problemu, inne okoliczności >

opracowano na podstawie *Apprendre le polonais par les textes*, op. cit., str 29–33

INTERAKCJA JĘZYKOWA

ZADANIE 13   10 punktów

Proszę wpisać w rubryce po prawej stronie (część A) błyskotliwe odpowiedzi człowieka sceptycznego z części B zamieszczonej poniżej.

Część A:

STWIERDZENIA: MIEJSCE NA WPISANIE ODPOWIEDZI

1. Cywilizację ziemską zapoczątkowały istoty
   przybyłe z Kosmosu.   ....

2. Duchy są to dusze ludzi zmarłych powracające
   na ziemię.   ....

3. Horoskopy dokładnie określają charakter
   oraz predyspozycje człowieka.   ....

4. Język polski jest językiem, który można
   opanować w ciągu kilku lat.   ....

5. Możliwe jest poruszanie przedmiotów siłą woli.   ....

6. Niektóre zdarzenia przynoszą pecha.   ....

7. Niektórzy ludzie potrafią przewidywać przyszłość. ....

8. Przypadki opętania przez szatana zostały
   potwierdzone przez uczonych.   ....

9. Uczenie się języków przez sen jest czymś
   oczywistym.   ....

10. Wielu ludzie miewa prorocze sny.   ....

Część B:

ODPOWIEDZI: a. Być może to prawda.

                b. Nonsens.

                c. Nie mam zdania na ten temat.

                d. Nie wiem, co o tym myśleć.

                e. Nie wierzę w to.

                f. Oczywiście, że tak.

                g. To absurdalne.

                h. To bardzo prawdopodobne.

                i. To możliwe.

                j. To wykluczone.

na podstawie ćwiczenia numer 1, *Oto polska mowa*, str. 138

OCEŃ SAM SIEBIE

45

Punktacja i oceny				MÓJ TEST
94–100	A	5	bardzo dobra	ilość punktów .... ‖ ocena ....
87–93,9	B+	4,5	+ dobra	ilość punktów .... ‖ ocena ....
78–86,9	B	4	dobra	ilość punktów .... ‖ ocena ....
69–77,9	C+	3,5	+ dostateczna	ilość punktów .... ‖ ocena ....
60–68,9	C	3	dostateczna	ilość punktów .... ‖ ocena ....
0–59,9	F	2	niedostateczna	ilość punktów .... ‖ ocena ....

ZADANIA TESTOWE À LA CARTE

OCEŃ SAM SIEBIE!

Zacznij od numeru 1, skończ na numerze 374.

Oceń siebie po wykonaniu każdego zadania testowego.

	ocena	wpisz ocenę
pod każdym zadaniem testowym		
więcej niż dziewięć prawidłowych odpowiedzi	bardzo dobra	>[9] bdb
dziewięć prawidłowych odpowiedzi	+ dobra	[9] + db
osiem prawidłowych odpowiedzi	dobra	[8] db
siedem prawidłowych odpowiedzi	+ dostateczna	[7] +dst
więcej niż sześć prawidłowych odpowiedzi	dostateczna	>[6] dst
mniej niż sześć prawidłowych odpowiedzi	niedostateczna	<[6] ndst

Schemat samooceny zamieszczony pod każdym zadaniem testowym:

>[9] bdb • [9] + db • [8] db • [7] +dst • >[6] dst • <[6] ndst

I. POPRAWNOŚĆ GRAMATYCZNA

Zadania testowe 1 — 286

RZECZOWNIKI I PRZYMIOTNIKI

ZADANIE 1

Copyright by S. Mędak

Proszę wpisać poniżej podane wyrazy do właściwej kolumny A, B, C lub D wraz z przynależnymi im zaimkami wskazującymi *ten / ta / to || te.*

WZÓR	**A.** rodzaj męski* (ten) zeszyt	**B.** rodzaj żeński (ta) tablica	**C.** rodzaj nijaki (to) okno	**D.** plurale tantum (te) okulary
1. *Chiny*				
2. *chłop*				
3. *Czechy*				
4. *drzwi*				
5. *dzieje*				
6. *dżinsy*				
7. *gospodyni*				
8. *gość*				
9. *idiota*				
10. *imieniny*				
11. *imię*				
12. *jesień*				
13. *Karpaty*				
14. *Katowice*				
15. *kierowca*				
16. *kość*				
17. *lato*				

* Rodzaj męski — dla wszystkich podrodzajów: męskoosobowego, męskonieżywotnego oraz męskożywotnego.

18. *liść* ....

19. *marzenie* ....

20. *mężczyzna* ....

21. *miłość* ....

22. *muzeum* ....

23. *myszka* ....

24. *nienawiść* ....

25. *noc* ....

SAMOOCENA

>[9] bdb • [9] + db • [8] db • [7] +dst • >[6] dst • <[6] ndst

Jeśli w zadaniu testowym jest więcej niż dziesięć jednostek — przelicz sam!

ZADANIE 2

Copyright by S. Mędak

Proszę wpisać poniżej podane wyrazy do właściwej kolumny A, B, C lub D wraz z wyrazami *jeden / jedna / jedno || jedne* w znaczeniu 'jakiś, bliżej nieokreślony'.

WZÓR	A. rodzaj męski* (jeden) zeszyt	B. rodzaj żeński (jedna) tablica	C. rodzaj nijaki (jedno) okno	D. plurale tantum (jedne) drzwi
1. *nożyce*	....	....	....	....
2. *oko*	....	....	....	....
3. *ojciec*	....	....	....	....
4. *ość*	....	....	....	....
5. *pani*	....	....	....	....
6. *papryka*	....	....	....	....
7. *podróż*	....	....	....	....
8. *poeta*	....	....	....	....
9. *ramię*	....	....	....	....
10. *sanie*	....	....	....	....
11. *sól*	....	....	....	....
12. *spodnie*	....	....	....	....
13. *spotkanie*	....	....	....	....
14. *sprzedawca*	....	....	....	....

* Rodzaj męski — dla wszystkich podrodzajów: męskoosobowego, męskonieżywotnego oraz męskożywotnego.

15. *dozorczyni* ....

16. *Sudety* ....

17. *tato* ....

18. *tata* ....

19. *urodziny* ....

20. *wiadomość* ....

21. *wieś* ....

22. *Węgry* ....

23. *Włochy* ....

24. *zebra* ....

25. *zwierzę* ....

SAMOOCENA

>[9] bdb • [9] + db • [8] db • [7] +dst • >[6] dst • <[6] ndst

Jeśli w zadaniu testowym jest więcej niż dziesięć jednostek — przelicz sam!

ZADANIE 3

Copyright by S. Mędak

Proszę wpisać w miejsce kropek właściwe formy dopełniacza liczby mnogiej.

WZÓR

(banany) Kupiłam jeden kilogram bananów.

(ćwiczenia) 1. Zrobiłem już wiele trudnych .... z tego podręcznika.

(kanapki) 2. Na kolację zjadłem kilka dobrych ....

(kina) 3. W Krakowie jest coraz więcej dużych ....

(kobiety) 4. Niewiele jest tak pięknych ...., jak moja żona.

(koleżanki) 5. Muszę napisać listy do moich ....

(listy) 6. Powinieneś dopisać do swoich .... kilka miłych słów.

(nauczyciele) 7. W tej szkole pracuje wielu znakomitych ....

(przyjaciele) 8. Chciałbym mieć dużo wiernych ....

(studenci) 9. Nigdy nie pamiętam imion nowych ....

(teatry) 10. W Paryżu jest dużo dobrych ....

SAMOOCENA

>[9] bdb • [9] + db • [8] db • [7] +dst • >[6] dst • <[6] ndst

Jeśli w zadaniu testowym jest więcej niż dziesięć jednostek — przelicz sam!

ZADANIE 4

Copyright by S. Mędak

Proszę wpisać w miejsce kropek właściwe formy dopełniacza liczby mnogiej w zdaniach z negacją czasownika.

WZÓR

Czy są dzisiaj zajęcia?   Niestety, nie ma dzisiaj zajęć.

1. Czy są dzisiaj grzyby na obiad?   Niestety, ... dzisiaj .... na obiad.
2. Czy są dzisiaj ryby na obiad?   Niestety, ... dzisiaj .... na obiad.
3. Czy będą dzisiaj lody na deser?   Niestety, ... dzisiaj .... na deser.
4. Czy będą dzisiaj pierogi na kolację?   Niestety, ... dzisiaj .... na kolację.
5. Czy były wczoraj egzaminy?   Niestety, ... wczoraj ....
6. Czy były wczoraj strajki w mieście?   Niestety, ... wczoraj .... w mieście.
7. Czy są dzisiaj spotkania filmowe?   Niestety, ... dzisiaj .... filmowych.
8. Czy są dzisiaj zawody sportowe?   Niestety, ... dzisiaj .... sportowych.
9. Czy są dzisiaj są wykłady z gramatyki?   Niestety, ... dzisiaj .... z gramatyki.
10. Czy są dzisiaj ćwiczenia z fonetyki?   Niestety, ... dzisiaj .... z fonetyki.

SAMOOCENA

>[9] bdb   •   [9] + db   •   [8]   db   •   [7] +dst   •   >[6] dst   •   <[6] ndst

Jeśli w zadaniu testowym jest więcej niż dziesięć jednostek — przelicz sam!

ZADANIE 5

Copyright by S. Mędak

Proszę wpisać w miejsce kropek właściwe formy dopełniacza liczby mnogiej.

WZÓR

(samotny mężczyzna)   → Nie lubię samotnych mężczyzn, kręcących się wieczorem po parku.

(dobry artysta)   1. Mamy w zespole wielu ....
(europejski technokrata)   2. Bruksela jest stolicą ....
(młody przestępca)   3. Nigdy nie rozumiałem ....
(niedoświadczony dentysta)   4. Boję się ....
(nieostrożny kierowca)   5. Nie lubię ....

(śmiejący się rowerzysta)   6. Na chodniku stało dziewięciu ....

(świetny akrobata)   7. W cyrku podziwiałem pięciu ....

(uczciwy komunista)   8. W moim życiu znałem tylko dwóch ....

....

(współczesny poeta)   9. Nigdy nie czytam ....

(znakomity tenisista)   10. W klubie mamy już kilku ....

SAMOOCENA

> [9] bdb • [9] + db • [8] db • [7] + dst • > [6] dst • < [6] ndst

Jeśli w zadaniu testowym jest więcej niż dziesięć jednostek — przelicz sam!

ZADANIE 6

Copyright by S. Mędak

Proszę wpisać w miejsce kropek właściwe formy dopełniacza.

WZÓR

(godzina)   Ile godzin dzisiaj spałeś?

(dziecko)   1. Ile .... w tej szkole uczy się francuskiego?

(dzień)   2. Ile .... uczyłeś się do egzaminu?

(kobieta)   3. Ile .... wsiadło do tego małego fiata?

(miesiąc)   4. Ile .... studiowałeś w Polsce?

(nauczyciel)   5. Ilu .... pracuje w waszym instytucie?

(osoba)   6. Ile .... było na spotkaniu?

(pieniądze; pl.)   7. Ile .... wydałeś w ciągu miesiąca?

(przyjaciel)   8. Ilu .... poznałeś w Polsce?

(rok)   9. Ile .... ma twoja córka?

(tydzień)   10. Ile .... byłeś w szpitalu?

SAMOOCENA

> [9] bdb • [9] + db • [8] db • [7] + dst • > [6] dst • < [6] ndst

Jeśli w zadaniu testowym jest więcej niż dziesięć jednostek — przelicz sam!

ZADANIE 7

Copyright by S. Mędak

Proszę wpisać w miejsce kropek właściwe formy dopełniacza liczby mnogiej.

WZÓR

(mój kolega)	Nie lubię <u>moich kolegów</u> z podwórka.

(duża mrówka) — 1. Boję się ....

(dziwna osoba) — 2. Nie znam tych ....

(jadowity wąż) — 3. Nie boję się ....

(język obcy) — 4. Nie znam wielu ....

(kwaśne jabłko) — 5. Nie lubię ....

(mała żmija) — 6. Nie boję się ....

(mały krokodyl) — 7. Nie boję się ....

(miękka gruszka) — 8. Nie lubię ....

(nieuleczalna choroba) — 9. Boję się ....

(pikantna potrawa) — 10. Nie lubię ....

SAMOOCENA

> [9] bdb • [9] + db • [8] db • [7] +dst • >[6] dst • <[6] ndst

Jeśli w zadaniu testowym jest więcej niż dziesięć jednostek — przelicz sam!

ZADANIE 8

Copyright by S. Mędak

Proszę wpisać w miejsce kropek właściwe formy podkreślonych wyrazów oraz właściwe formy czasu teraźniejszego (A; p. 1–7) lub przeszłego (B; p. 8–10) czasownika *być*.

WZÓR

Na dyskotece są moi przyjaciele.   Na dyskotece jest kilku <u>moich przyjaciół</u>.

A.

1. Tutaj są <u>moi koledzy</u>.   Tutaj .... kilku ....

2. W czytelni są <u>moi uczniowie</u>.   W czytelni .... niewielu ....

3. W tym tekście są <u>błędy składniowe</u>.   W tym tekście .... trochę ....

4. W parku są <u>stare kobiety</u>.   W parku .... kilka ....

5. W sklepie są <u>młode kasjerki</u>.   W sklepie .... wiele ....

6. W szkole są <u>młodzi profesorowie</u>.   W szkole .... kilku ....

7. Na podwórku są <u>roześmiane dzieci</u>.   Na podwórku .... kilkoro ....

B.

8. W tym lesie były <u>piękne drzewa</u>.   W lesie .... dużo ....

9. W lodówce były <u>czeskie piwa</u>.   W lodówce .... kilka ....

10. W teatrze byli <u>zaproszeni widzowie</u>.   W teatrze .... paru ....

SAMOOCENA

>[9] bdb   •   [9] + db   •   [8]   db   •   [7] +dst   •   >[6] dst   •   <[6] ndst

Jeśli w zadaniu testowym jest więcej niż dziesięć jednostek — przelicz sam!

ZADANIE 9

Copyright by S. Mędak

Proszę wpisać w miejsce kropek właściwe formy podkreślonych wyrazów.

WZÓR

(Czy) jest jeszcze <u>zupa</u>?   Daj mi trochę <u>zupy</u>!

(Czy) jest jeszcze <u>kawa</u>?   1. Daj mi trochę ....!

(Czy) jest jeszcze <u>czekolada</u>?   2. Podaj mi tabliczkę ....!

(Czy) jest jeszcze <u>szynka</u>?   3. Podaj mi plasterek ....!

(Czy) jest jeszcze <u>sałatka</u>?   4. Dołóż mi więcej ....!

(Czy) jest jeszcze <u>wódka</u>?   5. Nalej mi kieliszek ....!

(Czy) jest jeszcze <u>sernik</u>?   6. Daj mi trochę ....!

(Czy) jest jeszcze <u>chleb</u>?   7. Podaj mi kromkę ....!

(Czy) jest jeszcze <u>wino</u>?   8. Nalej mi szklankę ....!

(Czy) jest jeszcze <u>mleko</u>?   9. Nalej mi kubek ....!

(Czy) jest jeszcze <u>śmietana</u>?   10. Daj mi łyżkę ....!

SAMOOCENA

>[9] bdb   •   [9] + db   •   [8]   db   •   [7] +dst   •   >[6] dst   •   <[6] ndst

Jeśli w zadaniu testowym jest więcej niż dziesięć jednostek — przelicz sam!

ZADANIE 10

Copyright by S. Mędak

Proszę wpisać w miejsce kropek właściwe formy liczby mnogiej podkreślonych wyrazów.

WZÓR

Kochanie, czy wypijesz tę <u>bawarkę</u>?   Nie. Nie cierpię tych twoich <u>bawarek</u>.

Czy widzisz tę <u>żmiję</u>?   1. Nie. Tutaj nie ma żadnych ....

Czy masz <u>papierosa</u>?   2. Nie. W ogóle nie palę ....

Czy masz <u>kota</u>?   3. Nie. Nie lubię .... w domu.

Czy masz <u>psa</u>?   4. Nie. Od dawna nie lubię ....

Czy codziennie jesz <u>zupę</u>?   5. Nie. Nie lubię żadnych ....

Czy zjesz to <u>jabłko</u>?   6. Nie. Nie lubię twardych ....

Czy zjesz choć jedną <u>gruszkę</u>?   7. Nie. Nie lubię niedojrzałych ....

Czy masz <u>papugę</u>?   8. Nie. Nie lubię ...., które mówią.

Czy wiesz, co to jest <u>mrówka</u>?   9. Nie. Nigdy nie widziałem żywych ....

Czy skończyłaś jakiś <u>kurs</u>?   10. Nie. Nie skończyłam żadnych ....

SAMOOCENA

>[9] bdb   •   [9] + db   •   [8]   db   •   [7] +dst   •   >[6] dst   •   <[6] ndst

Jeśli w zadaniu testowym jest więcej niż dziesięć jednostek — przelicz sam!

ZADANIE 11

Copyright by S. Mędak

Proszę wpisać w miejsce kropek właściwe formy wyrazów w nawiasach.

WZÓR

(chleb) Proszę mi podać bochenek → <u>chleba</u>.

(cukier)   1. Daj mi trochę → ....!

(fiołki; pl.)   2. Dostałam dzisiaj bukiecik → ....

(karty; pl.)   3. To jest nowa talia → ....

(lody; pl.)   4. Ona zjadła na deser porcję → ....

(mleko)   5. Dlaczego kupiłeś tylko jeden litr → ....?!

(piwo)   6. Chętnie wypiłbym kufel → ....

(sól)   7. Dodaj do tej zupy odrobinę → ....!

(wino)   8. Po obiedzie wypijam zawsze kieliszek → ....

(ziemia)   9. Mój dziadek miał 20 hektarów → ....

(marchew)   10. Proszę kilogram → ....

SAMOOCENA

>[9] bdb   •   [9] + db   •   [8]   db   •   [7] +dst   •   >[6] dst   •   <[6] ndst

Jeśli w zadaniu testowym jest więcej niż dziesięć jednostek — przelicz sam!

ZADANIE 12

Copyright by S. Mędak

Proszę uzupełnić poszczególne przykłady, podając ilość żądanego towaru w sklepie, na targu, w kiosku lub zamawianych w kawiarni lub restauracji potraw.

Wyrazy do wyboru: *burgund, chleb, czosnek, dorsz, dżem, fiołki (pl.), jedwab, karty (pl.), konfitury (pl), margaryna, mąka, mocna kawa bez cukru, piwo z beczki, ryba, świeże jaja (pl.), wino, wódka, zapałki (pl.).*

WZÓR

Muszę kupić papierosy. || Proszę paczkę papierosów.

1. Będziemy dzisiaj grać w karty. || Proszę jedną talię ....

2. Jestem ciągle zaspana. || Proszę filiżankę ....

3. Może coś kupię na śniadanie? || Proszę słoiczek ....

4. Muszę kupić jakieś wino. || Proszę butelkę ....

5. Muszę kupić pieczywo. || Proszę bochenek ....

6. Muszę kupić dzisiaj ryby. || Proszę pięć ....

7. Muszę kupić jakiś alkohol. || Proszę pół litra ....

8. Muszę kupić kwiaty. || Proszę jeden bukiet ....

9. Muszę kupić masło do ciasta. || Proszę kostkę ....

10. Muszę się czegoś napić. || Proszę kufel ....

11. Nie mam czym zapalić papierosa. || Proszę paczkę ....

12. Uszyję sobie chustkę. || Proszę jeden metr ....

13. Uwielbiam czosnek. || Proszę główkę ....

14. Zrobię dziś pyszny omlet. || Potrzebuję tuzin ....

15. Zrobię naleśniki z dżemem. || Proszę torebkę .... i słoiczek ....

SAMOOCENA

>[9] bdb   •   [9] + db   •   [8]   db   •   [7] +dst   •   >[6] dst   •   <[6] ndst

Jeśli w zadaniu testowym jest więcej niż dziesięć jednostek — przelicz sam!

ZADANIE 13

Copyright by S. Mędak

Proszę wstawić w miejsce kropek odpowiednie formy dopełniacza liczby mnogiej.

WZÓR

(okno)   W tym pokoju jest tylko jedno <u>okno</u>? — Ależ skąd! Jest w nim wiele <u>okien</u>!

(oni)   1. Podobno znienawidziłeś Jana i Marię? — Tak. Nienawidzę .... od dawna!

(choroba)   2. Angina to nie choroba! — Ale on boi się wszelkich ....!

(dziecko)   3. Podobno masz kolejne dziecko? — Żartujesz. Nie mam żadnych ....

(głupiec)   4. Jej kolejny znajomy to znowu głupiec. — Ona ma szczęście do ....

(kartka)   5. Czy wydarłeś z książki tę kartkę? — Nie wydarłem żadnych ....!

(mucha)   6. Zobacz tę okropną muchę! — Nie będę patrzył, bo nie lubię ....!

(pomidor)   7. Kupiłeś pomidory? — Tak. Kupiłem trzy kilogramy ....

(tydzień)   8. Nie widziałam Anny od wczoraj. — A ja nie widziałem jej od ....!

(turysta)   9. Do Krakowa przybył milionowy turysta. — Nigdy nie mieliśmy tak dużej ilości .... w tym mieście.

(miesiąc)   10. Podobno pracujesz już tydzień!? — Nie. Pracuję już od dwóch ....

SAMOOCENA

>[9] bdb • [9] + db • [8] db • [7] +dst • >[6] dst • <[6] ndst

Jeśli w zadaniu testowym jest więcej niż dziesięć jednostek — przelicz sam!

ZADANIE 14

Copyright by S. Mędak

Proszę wpisać w miejsce kropek właściwe formy wyrazów w nawiasach.

WZÓR

(czarna, mocna kawa) || *(mocna herbata)*
Lubię <u>czarną, mocną kawę</u>, ale nie lubię <u>mocnej herbaty</u>.

(język polski) || *(język duński)*
1. Lubię ...., ale nie lubię ....

(młoda kapusta) || *(kapusta kiszona)*
2. Lubię ...., ale nie znoszę ....

(polska poezja) || *(poezja amerykańska)*
3. Uwielbiam ...., ale nie lubię ....

(literatura hiszpańska) || *(literatura norweska)*
4. Lubię ...., ale nie lubię ....

(piwo niemieckie) || *(piwo francuskie)*

5. Piję ...., ale nigdy nie piję ....

(poranna toaleta) || *(poranne golenie się)*

6. Lubię ...., ale nie lubię ....

(słodkie truskawki) || *(słodkie jabłka)*

7. Lubię ...., ale nie lubię ....

(sok pomidorowy) || *(sok wiśniowy)*

8. Lubię ...., ale nie lubię ....

(długie spacery) || *(długie rozmowy telefoniczne)*

9. Uwielbiam ...., ale nie znoszę ....

(polskie potrawy) || *(potrawy orientalne)*

10. Lubię ...., ale nie lubię ....

SAMOOCENA

>[9] bdb • [9] + db • [8] db • [7] +dst • >[6] dst • <[6] ndst

Jeśli w zadaniu testowym jest więcej niż dziesięć jednostek — przelicz sam!

ZADANIE 15

Copyright by S. Mędak

Proszę wpisać w miejsce kropek właściwe formy podkreślonych wyrazów.

WZÓR

W pokoju są <u>młodzi mężczyźni</u>. → W pokoju jest kilku <u>młodych mężczyzn</u>.

1. Na parkingu są <u>różne samochody</u>. → Na parkingu jest mnóstwo ....
2. Na stadionie są <u>agresywni kibice</u>. → Na stadionie jest kilku ....
3. Na tej jabłoni są <u>piękne jabłka</u>. → Na tej jabłoni jest tylko kilka ....
4. W agencji są <u>nowi klienci</u>. → W agencji jest coraz więcej ....
5. W gabinecie są <u>nieprzekupni sędziowie</u>. → W gabinecie jest paru ....
6. W laboratorium są <u>wybitni naukowcy</u>. → W laboratorium jest kilku ....
7. W restauracji są <u>głodni turyści</u>. → W restauracji jest kilku ....
8. W sali są <u>znani profesorowie</u> a. <u>profesorzy</u>. → W sali jest kilku ....
9. W pociągu są <u>zmęczeni pasażerowie</u>. → W pociągu jest wielu ....
10. W tym lesie są <u>piękne prawdziwki</u>. → W tym lesie jest mnóstwo ....

SAMOOCENA

>[9] bdb • [9] + db • [8] db • [7] +dst • >[6] dst • <[6] ndst

Jeśli w zadaniu testowym jest więcej niż dziesięć jednostek — przelicz sam!

ZADANIE 16

Proszę wpisać w miejsce kropek właściwe formy podkreślonych wyrazów.

WZÓR

W pokoju są <u>młode kobiety</u>. → W pokoju jest kilka <u>młodych kobiet</u>.

  1. Na balu są <u>młode</u> i <u>piękne panienki</u>. → Na balu jest dużo .... i ....

  2. Na dyskotece są <u>młode dziewczęta</u>. → Na dyskotece jest parę ....

  3. W autobusie są <u>zmęczone robotnice</u>. → W autobusie jest wiele ....

  4. W basenie są <u>nowe pływaczki</u>. → W basenie jest parę ....

  5. W garderobie są <u>piękne śpiewaczki</u>. → W garderobie jest kilka ....

  6. W restauracji są <u>głodne turystki</u>. → W restauracji jest dużo ....

  7. W sali są <u>wybitne tenisistki</u>. → W sali jest pięć ....

  8. W sali są <u>znane artystki</u>. → W sali jest kilka ....

  9. W tym filmie grają <u>zdolne amatorki</u>. → W tym filmie jest parę ....

10. Tutaj uczą <u>dobre nauczycielki</u>. → W tej szkole jest kilka ....

SAMOOCENA

>[9] bdb • [9] + db • [8] db • [7] +dst • >[6] dst • <[6] ndst

Jeśli w zadaniu testowym jest więcej niż dziesięć jednostek — przelicz sam!

ZADANIE 17

Proszę wpisać w miejsce kropek właściwe formy dopełniacza liczby mnogiej podkreślonych wyrazów.

WZÓR

Pracuję już <u>tydzień</u>. → Moim zdaniem, nic nie robisz od <u>tygodni</u>.

1. To jest <u>okropny błąd</u>! → Ja nigdy nie robię takich ....

2. To był <u>genialny brat</u>. → Miałem pięciu ....

3. To był <u>złośliwy człowiek</u>. → Nie cierpię ....

4. Wspaniały, <u>upalny dzień</u>! → A ja nie znoszę ....

5. To był <u>dobroduszny ksiądz</u>. → Znałem wielu takich ....

6. To był <u>mroźny miesiąc</u>. → W Afryce nie ma ....

7. To jest <u>polskie muzeum</u>. → Znam wiele ....

8. To był <u>alzacki pies</u>. → Miałem pięciu ....

9. To był <u>wierny przyjaciel</u>.   → Straciłem wielu ....

10. To był <u>fatalny wypadek</u>.   → Widziałem już kilka tak ....

SAMOOCENA

>[9] bdb • [9] + db • [8]   db • [7] +dst • >[6] dst • <[6] ndst

Jeśli w zadaniu testowym jest więcej niż dziesięć jednostek — przelicz sam!

ZADANIE 18

Copyright by S. Mędak

Proszę wpisać w miejsce kropek odpowiednie formy: a. czasowników w czasie gramatycznym wynikającym z sensu pytań, b. liczby pojedynczej lub mnogiej przymiotników oraz rzeczowników.

WZÓR

(bać się || śmierć)   Czego się boisz? — <u>Boję się śmierci.</u>

(chcieć || spokój)   1. Czego chcesz ode mnie? — .... wyłącznie ....!

(domyślać się || zdrada)   2. Czego się domyślasz? — ....

(dostarczać || witaminy)*   3. Czego dostarczają owoce? — Owoce ....

(dowiadywać się || plotki)   4. Czego dowiadujesz się od niej? — Od niej ....

(oczekiwać || dziewczyna)   5. Kogo oczekujesz? — ....

(odmawiać || przyjęcie)   6. Czego on odmawia? — On .... jałmużny.

(pilnować || wnuczka)   7. Kogo mam pilnować? — Masz ....

(pragnąć || szczęście)   8. Czego pragniesz? — .... tylko ....

(próbować || ta zupa)   9. Czego próbujesz już trzeci raz? — ....

(skąpić || hołdy)   10. Czego oni skąpili? — Oni .... wielkim twórcom.

(słuchać || koncert)   11. Czego oni słuchają w skupieniu? — Oni ....

(starczać || zapał)   12. Czego jej nie starcza w pracy? — Nie .... jej ....

*(szukać || drobne**)*   13. Czego szukasz? — Szukam .... w kieszeni.

(uczyć się || język japoński)   14. Czego się uczysz? — ....

(unikać || twoja sąsiadka)   15. Kogo unikasz? — ....

(używać || drogi krem)   16. Czego używasz do twarzy? — ....

(zabraniać || picie)   17. Czego ona ci zabrania? — Ona .... mi .... alkoholu.

(zakazywać || palenie)   18. Czego ci zakazuje ojciec? — On .... mi .... papierosów.

* Czasownik *dostarczać* — tu: w zn. 'być źródłem czegoś".

** Drobne — 'drobne pieniądze, monety o małej wartości, bilon' — rzeczownik niemęskoosobowy; odmieniany jak przymiotnik.

(*zazdrościć || powodzenie*)   19. Czego mi zazdrościsz? — .... ci .... u kobiet.

(*żądać || posłuszeństwo*)   20. Czego żądasz ode mnie? — .... od ciebie ....!

Ćwiczenie zostało przygotowane zgodnie z listą czasowników łączących się z dopełniaczem zawartą w podręczniku *Chcę mówić po polsku* (wersja francuska), op. cit., s. 112.

SAMOOCENA

> [9] bdb   •   [9] + db   •   [8]   db   •   [7] + dst   •   > [6] dst   •   < [6] ndst

Jeśli w zadaniu testowym jest więcej niż dziesięć jednostek — przelicz sam!

ZADANIE 19

Copyright by S. Mędak

Proszę wpisać właściwe formy liczby pojedynczej rzeczowników rodzaju męsko-osobowego, męskożywotnego lub rodzaju męskonieżywotnego zgromadzonych w kolumnie A.

WZÓR

(*Bóg*)   Kiedy nam się coś uda zrobić, mówimy często: Dzięki Bogu, udało się nam!

A.	B.
(*brat*)	1. Pomagam .... już od lat.
(*chłop*)	2. Przyglądałem się .... pracującemu na polu.
(*chłopiec*)	3. Pożyczyłem jednemu .... z klasy swój rower.
(*diabeł*)	4. Mówiono, że ten człowiek służył .... swoją polityką.
(*kat*)	5. Nie warto pochlebiać .... przed wykonaniem wyroku.
(*kot*)	6. Muszę dać .... trochę mleka.
(*ksiądz*)	7. Opowiedziałem .... wszystkie moje grzechy.
(*książę*)	8. Królowa wybaczyła .... wszystkie jego błędy.
(*lew*)	9. Nie można ufać .... tak, jak nie można ufać ludziom.
(*łeb*)	10. Przyglądaliśmy się olbrzymiemu .... tego zwierzęcia.
(*ojciec*)	11. Przyrzekłem ...., że będę się dobrze uczył.
(*orzeł*)	12. Rzuciliśmy .... kawałek mięsa do jedzenia.
(*osioł*)	13. Nie dziw się ...., że czasami jest uparty.
(*pan*)	14. Przysłuchiwałem się .... Mędakowi, który coś opowiadał.
(*pies*)	15. Daj .... spokój, a pies da ci dwa.*
(*telewidz*)	16. Nie można przedstawiać .... samych katastrof.

SAMOOCENA

> [9] bdb   •   [9] + db   •   [8]   db   •   [7] + dst   •   > [6] dst   •   < [6] ndst

Jeśli w zadaniu testowym jest więcej niż dziesięć jednostek — przelicz sam!

* Popularny zwrot frazeologiczny w zn. 'nie drażnij innych, nie dokuczaj innym; oni pozostawią cię w spokoju'.

ZADANIE 20

Proszę wpisać w miejsce kropek właściwe formy wyrazów do poniższych wypowiedzi bez gramatycznego podmiotu w mianowniku.

WZÓR

(ojciec)   Ojcu chce się pić i jeść.

(Joanna)   1. .... jest smutno bez narzeczonego.

(biedny człowiek) 2. .... zawsze wiatr wieje w twarz.

(to dziecko)   3. .... pozwalano na wszystko.

(każdy młodzieniec) 4. .... przybywa lat.

(nasz dyrektor)   5. .... zależało na każdym pracowniku.

(on)   6. .... nie zależy na ukończeniu studiów.

(ona)   7. .... śniło się coś niesamowitego.

(siostra)   8. .... powodzi się zupełnie nieźle.

(Staszek)   9. .... idzie nauka angielskiego w szkole jak po maśle.

(Wacek)   10. .... marzy się wielka kariera w Unii Europejskiej.

SAMOOCENA

>[9] bdb • [9] + db • [8] db • [7] +dst • >[6] dst • <[6] ndst

Jeśli w zadaniu testowym jest więcej niż dziesięć jednostek — przelicz sam!

ZADANIE 21

Proszę wpisać w miejsce kropek odpowiednie formy: a. czasowników w czasie gramatycznym wynikającym z sensu pytań, b. liczby pojedynczej lub mnogiej przymiotników, zaimków oraz rzeczowników.

WZÓR

(dawać || swoja, dziewczyna)   Komu dajesz kwiaty? — Kwiaty daję swojej dziewczynie.

(dziękować || twoja mama)   1. Komu dziękujesz? — ....

(dziwić się || Staszek)   2. Komu się dziwisz? — ....

(kłaniać się || sąsiedzi)   3. Komu się kłaniasz? — ....

(mówić || mama)   4. Komu mówisz prawdę? — .... prawdę.

(nudzić się || dziecko)   5. Komu się nudzi? — ...., bo zostało samo.

(obiecywać || synek)   6. Komu to obiecałeś? — .... to ....

(odmawiać || koledzy)   7. Komu odmawiasz pomocy? — .... pomocy ....

(odpowiadać | | babcia)   8. Komu odpowiadasz na listy? — Zawsze .... na listy ....

(opowiadać | | rodzeństwo)   9. Komu opowiadasz bajki? — .... bajki ....

(otwierać | | klienci)   10. Komu portier otwiera drzwi? — On .... drzwi ....

(płacić | | właściciel)   11. Komu płacisz za mieszkanie? — .... za mieszkanie ....

(pochlebiać | | swoja narzeczona)   12. Komu pochlebiasz? — ....

(powtarzać | | córka)   13. Komu powtarzałaś to już sto razy? — .... to ....

(pozwalać | | mój braciszek)   14. Komu rodzice pozwalają na wszystko? — Oni .... na wszystko ....

(pożyczać | | przyjaciele)   15. Komu nie pożyczasz pieniędzy? — Nie .... pieniędzy ani ...., ani dobrym znajomym.

(przedstawiać się | | Jola)   16. Komu się przedstawiłeś? — ....

(przeszkadzać | | ojciec)   17. Komu zawsze przeszkadzasz? — Zawsze ....

(przydawać się | | każdy)   18. Komu się przydają takie rzeczy!? — To ....

(przyglądać się | | wróble)   19. Czemu się przyglądacie? — .... na dachu.

(przysłuchiwać się | | szum)   20. Czemu się przysłuchujesz? — .... strumyka.

(radzić | | wnuczkowie)   21. Komu babcia lubi radzić? — Babcia lubi ....

(robić | | teściowa)   22. Komu on lubi robić na złość? — On lubi .... na złość ....

(składać | | solenizant)   23. Komu składamy życzenia? — Życzenia ....

(służyć | | pan)   24. Komu służyłeś wiernie przez ćwierć wieku? — Przez ćwierć wieku .... wiernie swojemu ....

(smakować | | dziadek)   25. Komu smakował ten bigos? — Ten bigos .... tylko ....

(sprzeciwiać się | | wszyscy)   26. Komu lubisz się sprzeciwiać? — Lubię ....

(sprzedawać | | bogacze)   27. Komu sprzedajecie te brylanty? — .... je ....

(szkodzić | | wszyscy)   28. Komu szkodzi palenie? — Palenie papierosów szkodzi ....

(tłumaczyć | | koleżanka)   29. Komu tłumaczysz ten tekst? — Ten tekst ....

(uciekać || spóźnialscy)   30. Komu ucieka w ostatniej chwili każdy autobus? — Oczywiście, każdy autobus .... zawsze ....

(ufać || swoja, matka)   31. Komu ufasz? — .... tylko ....

(ustępować || starsi ludzie)   32. Komu należy ustępować miejsca w tramwajach? — Na pewno należy .... miejsca .... i kobietom w ciąży.

(wierzyć || pan Bóg)   33. Komu wierzysz? — .... tylko ....

(wybaczać || żona)   34. Komu wybaczyłbyś zdradę? — Zdradę .... tylko ....

(życzyć || moi wrogowie)   35. Komu życzysz sukcesów? — .... sukcesów wszystkim ....!

Ćwiczenie zostało przygotowane zgodnie z listą czasowników łączących się z celownikiem zawartą w podręczniku *Chcę mówić po polsku* (wersja francuska), op. cit., s. 148.

SAMOOCENA

>[9] bdb • [9] + db • [8]   db • [7] +dst • >[6] dst • <[6] ndst

Jeśli w zadaniu testowym jest więcej niż dziesięć jednostek — przelicz sam!

ZADANIE 22

Copyright by S. Mędak

Proszę wpisać w miejsce kropek właściwe formy podkreślonych wyrazów.

WZÓR

Miesiąc temu byłem na <u>Karaibach</u>.   → Za rok znowu pojadę na <u>Karaiby</u>.

1. Dzisiaj byliśmy na <u>cmentarzu</u>.   → Za tydzień idziemy na ....
2. Moi dziadkowie mieszkają na <u>Litwie</u>.   → W maju jadę na ....
3. Jedziemy na <u>Majorkę</u>.   → Znakomicie spędzimy wakacje na ....
4. Nigdy nie byłem na <u>Malcie</u>.   → Wreszcie pojadę na ....
5. Nasz pociąg stoi już na <u>peronie</u>.   → Musimy szybko biec na ....
6. Marzę o wycieczce na <u>Słowację</u>.   → Nigdy wcześnie nie byłem na ....
7. Wczoraj byłem na <u>spotkaniu</u>.   → Dzisiaj jadę na kolejne ....
8. Będzie ciekawy mecz na <u>stadionie</u>.   → Za chwilę pójdę na ....
9. W marcu byliśmy na <u>Syberii</u>.   → Za miesiąc znowu pojedziemy na ....
10. Chcę jechać na <u>Ukrainę</u>.   → Nigdy jeszcze nie byłam na ....

SAMOOCENA

>[9] bdb • [9] + db • [8]   db • [7] +dst • >[6] dst • <[6] ndst

Jeśli w zadaniu testowym jest więcej niż dziesięć jednostek — przelicz sam!

ZADANIE 23

Proszę wpisać w miejsce kropek właściwe formy wyrazów w nawiasach.

WZÓR

(prawdziwy przyjaciel)   Mam wreszcie <u>prawdziwego przyjaciela.</u>

(prawdziwy antyk)   Mam wreszcie <u>prawdziwy antyk.</u>

1. (amerykański prezydent)   Znam osobiście ....
2. (amerykański pogląd)   Znam dobrze .... dotyczący tej kwestii.
3. (mały dom)   Muszę wkrótce kupić ....
4. (mały kot)   Synek chce, żeby mu kupić ....
5. (piękny pies irlandzki)   Mam wreszcie ....
6. (piękny obraz irlandzki)   Kupiłem wczoraj ....
7. (polski aktor)   Znam tego ....!
8. (polski film)   Mam w swoich zbiorach tylko jeden ....
9. (szwajcarski ambasador)   Znam osobiście .... w Polsce.
10. (szwajcarski ser)   Uwielbiam ....

SAMOOCENA

>[9] bdb   •   [9] + db   •   [8]   db   •   [7] +dst   •   >[6] dst   •   <[6] ndst

Jeśli w zadaniu testowym jest więcej niż dziesięć jednostek — przelicz sam!

ZADANIE 24

Proszę uzupełnić poszczególne przykłady, podając ilość żądanego towaru w sklepie, na targu, w kiosku lub zamawianych potraw w kawiarni lub restauracji.

<u>Wyrazy do wyboru:</u> *bochenek, bukiecik, butelka, filet, filiżanka, główka, kostka, kufel, litr, metr, osełka, paczka, słoiczek, talia, tuzin.*

WZÓR

Muszę kupić papierosy. || Proszę <u>paczkę</u> papierosów.

1. Będziemy dzisiaj grać w karty. || Proszę jedną .... kart.
2. Jestem ciągle zaspana. || Proszę .... mocnej kawy bez cukru.
3. Może coś kupię na śniadanie? || Proszę .... dżemu.
4. Muszę kupić jakieś wino. || Proszę .... wina.
5. Muszę kupić chleb. || Proszę .... chleba.

6. Muszę kupić dzisiaj ryby. || Proszę jeden .... z tej tłustej ryby.

7. Muszę kupić jakiś alkohol. || Proszę .... wódki.

8. Muszę kupić kwiaty. || Proszę jeden .... fiołków.

9. Muszę kupić margarynę do ciasta. || Proszę .... margaryny.

10. Muszę napić się piwa. || Proszę .... piwa z beczki.

11. Nie mam już zapałek. || Proszę .... zapałek.

12. Zrobię dziś olbrzymi omlet. || Proszę .... świeżych jajek.

13. Uszyję sukienki lalkom. || Proszę jeden .... materiału.

14. Uwielbiam czosnek. || Proszę .... czosnku.

15. Uwielbiam wiejskie masło. || Proszę .... masła.

SAMOOCENA

>[9] bdb • [9] + db • [8] db • [7] +dst • >[6] dst • <[6] ndst

Jeśli w zadaniu testowym jest więcej niż dziesięć jednostek — przelicz sam!

ZADANIE 25

Copyright by S. Mędak

Proszę wpisać w miejsce kropek właściwe formy podkreślonych wyrazów.

WZÓR

Mieszkam na Kazimierzu. → Jadę na Kazimierz.

1. Wczoraj byłem na basenie. → Jutro znowu wybieram się na ....

2. Byłaś już na dyskotece? → Nie byłaś? — A więc zapraszam cię na ....

3. Dziś byliśmy na grzybach. → W niedzielę wybieramy się znowu na ....

4. Byłeś już na kolacji? → Jeśli nie byłeś, zapraszam cię na ....

5. Byłaś na naszej konferencji? → Nie byłaś? — A więc zapraszam cię na ....

6. Byłeś już na obiedzie? → Jeśli nie byłeś, zapraszam cię na ....

7. Dzisiaj rano byłem na poczcie. → Po południu muszę jeszcze raz iść na ....

8. Byłeś już na spacerze? → Nie byłeś? — Czy wybrałbyś się ze mną na ....?

9. Ona mieszka na Węgrzech. → W tym roku jadę do niej na ....

10. Czy byłeś już na tej wystawie? → Jeśli nie, zapraszam cię na tę ....

SAMOOCENA

>[9] bdb • [9] + db • [8] db • [7] +dst • >[6] dst • <[6] ndst

Jeśli w zadaniu testowym jest więcej niż dziesięć jednostek — przelicz sam!

ZADANIE 26

Copyright by S. Mędak

Proszę wpisać w miejsce kropek odpowiednie formy: a. czasowników w czasie gramatycznym wynikającym z sensu pytań, b. liczby pojedynczej lub mnogiej przymiotników, zaimków oraz rzeczowników.

WZÓR

(pić | | herbata)   Co pijesz? — Piję dobrą, angielską herbatę.

	formy czasownika	*formy biernika*
(badać || chora pacjentka)	1. Kogo badasz? —	....
(budzić || brat)	2. Kogo budzisz? —	....
(całować || moja babcia)	3. Kogo całujesz? —	....
(chcieć || mocna kawa)	4. Co chcesz? —	....
(czekać na || przyjaciółka)	5. Na kogo czekasz? —	na ....
(czytać || powieść)	6. Co czytasz? —	.... Tołstoja.
(dostawać || pieniądze)	7. Co dostajesz od niego? —	od niego ....
(gotować || zupa rybna)	8. Co gotujesz? —	....
(grać || piłka nożna)	9. W co grasz? —	w ....
(jeść || bigos)	10. Co jesz? —	....
(kochać || matka, ojciec)	11. Kogo kochasz? —	.... i ....
(kupować || warzywa)	12. Co kupujesz? —	....
(lubić || najstarsza siostra)	13. Kogo lubisz? —	....
(malować || pejzaż)	14. Co malujesz? —	....
(myć || brudne okno)	15. Co myjesz? —	....
(oglądać || retransmisja)	16. Co oglądacie? —	.... meczu.
(prosić || starszy brat)	17. Kogo prosisz o pomoc? —	o pomoc ....
(przygotowywać || wykład)	18. Co przygotowujesz? —	....
(pytać || uczniowie)	19. Kogo pytasz? —	.... (pot.)
(rozumieć || ojciec)	20. Kogo rozumiesz? —	....
(sprzedawać || owoce)	21. Co sprzedajesz? —	....
(widzieć || piękne wzgórze)	22. Co widzicie? —	....
(witać || prezydent)	23. Kogo witacie? —	....
(wybierać || nowy dyrektor)	24. Kogo wybieracie? —	....
(wysyłać || paczka)	25. Co wysyłasz? —	....

(zapraszać || narzeczony)	26. Kogo zapraszasz? —	często .... na kolację.
(zbierać || stare znaczki)	27. Co zbierasz? —	....
(znać || miły pan)	28. Kogo znasz? —	tego ....
(znajdować || ładne grzyby)	29. Co znajdujesz tutaj? —	tutaj ....
(żegnać || rodzina)	30. Kogo żegnacie? —	.... męża.

Ćwiczenie zostało przygotowane zgodnie z listą czasowników łączących się z biernikiem zawartą w podręczniku *Chcę mówić po polsku* (wersja francuska), op. cit., s. 108.

SAMOOCENA

>[9] bdb • [9] + db • [8] db • [7] +dst • >[6] dst • <[6] ndst

Jeśli w zadaniu testowym jest więcej niż dziesięć jednostek — przelicz sam!

ZADANIE 27

Copyright by S. Mędak

Proszę wpisać w miejsce kropek właściwe formy wyrazów w nawiasach.

WZÓR

(polska jesień)	Lubię <u>polską jesień</u>.

(cała, złość)	1. Wyładowała .... na mnie.
(jedwabna nić)	2. Pająk trzymał w swoich łapkach ....
(piękna łódź rybacka)	3. Kupiłem dość tanio ....
(ta nieznana postać)	4. Lubię .... nikomu .... literacką.
(ta ciemna noc polarna)	5. Lubię ....
(nowa baśń)	6. Kupiłem wczoraj .... dla syna.
(ostra ość)	7. Nagle poczułem .... w gardle.
(stara przystań)	8. Pojechaliśmy nad ...., aby zobaczyć flisaków.
(twoja szaleńcza miłość)	9. Znam .... do muzyki.
(sztuczna kość)	10. Kupiłem .... dla psa.

SAMOOCENA

>[9] bdb • [9] + db • [8] db • [7] +dst • >[6] dst • <[6] ndst

Jeśli w zadaniu testowym jest więcej niż dziesięć jednostek — przelicz sam!

ZADANIE 28

Copyright by S. Mędak

Proszę wpisać w miejsce kropek właściwe formy podkreślonych wyrazów.

WZORY

a. Chciałem kupić <u>pięć zeszytów</u>.   → To niemożliwe. Mamy tylko dwa <u>zeszyty</u>.

b. Chciałem zamówić <u>pięć książek</u>.   → To niemożliwe. Mamy tylko dwie <u>książki</u>.

c. Chciałem zamówić <u>pięć okien</u>.   → To niemożliwe. Mamy tylko dwa <u>okna</u>.

1. Chciałem kupić <u>osiem bukietów</u>.   → To niemożliwe. Mamy tylko trzy ....

2. Chciałem zamówić <u>sześć róż</u>.   → To niemożliwe. Mamy tylko cztery ....

3. Chciałem zamówić <u>pięć piór</u>.   → To niemożliwe. Mamy tylko jedno ....

4. Chciałem zamówić <u>dziesięć rowerów</u>.   → To niemożliwe. Mamy tylko jeden ....

5. Chciałem zamówić <u>sześć komputerów</u>.   → To niemożliwe. Mamy tylko trzy ....

6. Chciałem zamówić <u>siedem maszyn</u>.   → To niemożliwe. Mamy tylko jedną ....

7. Chciałem zamówić <u>osiem kanap</u>.   → To niemożliwe. Mamy tylko cztery ....

8. Chciałem zamówić <u>dziewięć biurek</u>.   → To niemożliwe. Mamy tylko trzy ....

9. Chciałem wypożyczyć <u>sześć samochodów</u>.   → To niemożliwe. Mamy tylko dwa ....

10. Chciałem zamówić <u>dziesięć ciężarówek</u>.   → To niemożliwe. Mamy tylko dwie ....

na podstawie: *Język polski à la carte*, cz. III.

SAMOOCENA

>[9] bdb   •   [9] + db   •   [8]   db   •   [7] +dst   •   >[6] dst   •   <[6] ndst

Jeśli w zadaniu testowym jest więcej niż dziesięć jednostek — przelicz sam!

ZADANIE 29

Copyright by S. Mędak

Proszę wpisać w miejsce kropek właściwe formy liczbie mnogiej podkreślonych wyrazów.

WZÓR

To jest <u>mój brat</u>.   To są <u>moi bracia</u>.

1. To jest <u>mój nauczyciel</u>.   To są ....

2. To jest <u>moje ćwiczenie</u>.   To są ....

3. To jest moje <u>imię</u>.   A to są .... moich koleżanek.

4. To jest <u>ważny</u> dla mnie <u>rok</u>.   To były .... dla mnie ....

5. To jest <u>duży kosz</u>.   To są ....

6. To jest <u>nasza pani</u> z liceum.   To są .... z liceum.

7. To jest <u>prawdziwy mężczyzna</u>.   To są ....

8. To jest <u>moja ręka</u>.   To są ....

9. To jest <u>cenna rzecz</u>.   To są ....

10. To jest <u>moje ucho</u>.   To są ....

SAMOOCENA

>[9] bdb • [9] + db • [8] db • [7] +dst • >[6] dst • <[6] ndst

Jeśli w zadaniu testowym jest więcej niż dziesięć jednostek — przelicz sam!

ZADANIE 30

Copyright by S. Mędak

Proszę wpisać w miejsce kropek właściwe formy liczby mnogiej wyrazów w nawiasach.

WZÓR

(Polak)   Kopernik i Chopin to są wybitni <u>Polacy</u>.

(Anglik)   1. Byron i Churchill to są znani ....

(Czech)   2. Havel i Janaček to są znani ....

(Francuz)   3. Napoleon i Wolter to są słynni ....

(Grek)   4. Platon i Sokrates to są znani ....

(Hiszpan)   5. Velazquez i Goya to są wybitni ....

(Holender)   6. Van Gogh i Rembrandt to są wielcy ....

(Niemiec)   7. Schiller i Goethe to są genialni ....

(Norweg)   8. Ibsen i Hamsun to są prawdziwi ....

(Rosjanin)   9. Dostojewski i Tołstoj to są znani ....

(Włoch)   10. Puccini i Verdi to są kongenialni ....

SAMOOCENA

>[9] bdb • [9] + db • [8] db • [7] +dst • >[6] dst • <[6] ndst

Jeśli w zadaniu testowym jest więcej niż dziesięć jednostek — przelicz sam!

ZADANIE 31

Copyright by S. Mędak

Proszę wpisać w miejsce kropek właściwe formy mianownika liczby mnogiej podkreślonych wyrazów.

WZÓR

Jacek to twój <u>syn</u> i Marek to twój <u>syn</u>.

→ To są moi <u>synowie</u>.

1. Na salę wszedł najpierw jeden <u>ambasador</u>, potem pojawił się kolejny <u>ambasador</u>.

   → Na salę weszli dwaj ....

2. <u>Dziadek</u> jest w ogrodzie i <u>babcia</u> też jest w ogrodzie.

   → Tak. Moi .... są jak zwykle razem w ogrodzie.

3. Zmarł jeden <u>mąż</u> stanu. W tym samym czasie zmarł kolejny <u>mąż</u> stanu.

   → Tak. W ciągu tygodnia zmarli dwaj .... stanu.

4. To jest <u>mąż</u> pani Anny, a to jest <u>mąż</u> pani Barbary.

   → Tak. To są ich ....

5. *(Mnich)* <u>Ojciec</u> Ambroży jest moim znajomym i *(mnich)* <u>ojciec</u> Jan też jest moim znajomym.

   → Tak. To są moi znajomi ....

6. Do klubu wszedł jakiś przystojny <u>pan</u>. Po chwili pojawił się przy bufecie drugi <u>pan</u>.

   → Dwaj .... zasiedli przy bufecie w bezpiecznej od siebie odległości.

7. Na konferencji najpierw zabrał głos jeden <u>profesor</u>, potem drugi.

   → Ci dwaj .... wypowiadali się przez ponad godzinę.

8. Najpierw zasiadł do stołu pan <u>Skowronek</u>, dopiero potem zasiadła pani <u>Skowronek</u>.

   → Państwo .... po krótkiej rozmowie zabrali się do jedzenia.

9. Najstarszy <u>syn</u> jest w wojsku. Młodszy <u>syn</u> tydzień temu poszedł do wojska.

   → Obaj .... służą w wojsku polskim.

10. <u>Wujek</u> Jacek jest w pokoju i <u>wujek</u> Marek jest też w pokoju.

    → Tak. Moi .... są w pokoju.

SAMOOCENA

>[9] bdb • [9] + db • [8] db • [7] +dst • >[6] dst • <[6] ndst

Jeśli w zadaniu testowym jest więcej niż dziesięć jednostek — przelicz sam!

ZADANIE 32

Copyright by S. Mędak

Proszę zamienić zdania w liczbie pojedynczej na zdania w liczbie mnogiej.

WZÓRY

a. Mój kolega jest młody i sympatyczny.

→ Moi koledzy są młodzi i sympatyczni.

b. Moja koleżanka jest młoda i sympatyczna.

→ Moje koleżanki są młode i sympatyczne.

1. Ten dziennikarz jest inteligentny i doświadczony.

→ ....

2. Mój brat jest wysoki i przystojny.

→ ....

3. Nasz profesor jest mądry i dowcipny.

→ ....

4. Mój dziadek jest serdeczny i gościnny.

→ ....

5. Ten student jest zdolny i pracowity.

→ ....

6. Ten aktor jest utalentowany i przystojny.

→ ....

7. Ta dziewczyna jest ładna i zgrabna.

→ ....

8. Moja kuzynka jest wysoka i szczupła.

→ ....

9. Ta aktorka jest zdolna i piękna.

→ ....

10. Moja koleżanka jest serdeczna i uprzejma.

→ ....

SAMOOCENA

>[9] bdb • [9] + db • [8] db • [7] +dst • >[6] dst • <[6] ndst

Jeśli w zadaniu testowym jest więcej niż dziesięć jednostek — przelicz sam!

ZADANIE 33

Copyright by S. Mędak

Proszę wpisać w miejsce kropek właściwe formy liczby mnogiej przymiotników rodzaju męskoosobowego.

WZÓR

Wszystkie były <u>mądre, inteligentne i rozsądne</u>.

→ Wszyscy byli <u>mądrzy, inteligentni i rozsądni</u>.

1. Wszystkie były <u>stare, głupie i brzydkie</u>.

    → Wszyscy byli ...., ... i ....

2. Wszystkie były <u>głuche, chore i nieszczęśliwe</u>.

    → Wszyscy byli ...., ... i ....

3. Wszystkie były <u>obce, dziwne i nieprzystępne</u>.

    → Wszyscy byli ...., ... i ....

4. Wszystkie były <u>wesołe, zadowolone i uśmiechnięte</u>.

    → Wszyscy byli ...., ... i ....

5. Wszystkie były <u>grube, niezgrabne i źle ubrane</u>.

    → Wszyscy byli ...., ... i ....

6. Wszystkie były <u>zadowolone, wyzwolone i szczęśliwe</u>.

    → Wszyscy byli ...., ... i ....

7. Wszystkie były <u>kochane, lubiane i pożądane</u>.

    → Wszyscy byli ...., ... i ....

8. Wszystkie były <u>otyłe, powolne i ślamazarne</u>.

    → Wszyscy byli ...., ... i ....

9. Wszystkie były <u>zazdrosne, mściwe i niedouczone</u>.

    → Wszyscy byli ...., ... i ....

10. Wszystkie były <u>wykształcone, zadbane i błyskotliwe</u>.

    → Wszyscy byli ...., ... i ....

na podstawie: *Język polski à la carte*, cz. III

SAMOOCENA

>[9] bdb • [9] + db • [8] db • [7] +dst • >[6] dst • <[6] ndst

Jeśli w zadaniu testowym jest więcej niż dziesięć jednostek — przelicz sam!

ZADANIE 34

Copyright by S. Mędak

Proszę zamienić zdania w liczbie pojedynczej na zdania w liczbie mnogiej zgodnie z podanym wzorem.

WZÓR

To jest Francuz i Francuzka. On jest <u>sympatyczny</u>. Ona jest też <u>sympatyczna</u>.

→ To są <u>sympatyczni Francuzi</u>.

1. To jest Amerykanin i Amerykanka. On jest <u>inteligentny</u>. Ona jest też <u>inteligentna</u>.
   → To są ....

2. To jest Niemiec. To jest Niemka. On jest <u>ambitny</u>. Ona jest też <u>ambitna</u>.
   → To są ....

3. To jest Polak. To jest Polka. On jest <u>kłótliwy</u>. Ona jest też <u>kłótliwa</u>.
   → To są ....

4. To jest Rosjanin. To jest Rosjanka. On jest <u>miły</u>. Ona jest też <u>miła</u>.
   → To są ....

5. To jest Hiszpan. To jest Hiszpanka. On jest <u>pracowity</u>. Ona jest też <u>pracowita</u>.
   → To są ....

6. To jest Brazylijczyk. To jest Brazylijka. On jest <u>piękny</u>. Ona jest też <u>piękna</u>.
   → To są ....

7. To jest Włoch. To jest Włoszka. On jest <u>krzykliwy</u>. Ona jest też <u>krzykliwa</u>.
   → To są ....

8. To jest Belg. To jest Belgijka. On jest <u>dumny</u>. Ona jest też <u>dumna</u>.
   → To są ....

9. To jest Szwajcar. To jest Szwajcarka. On jest <u>dokładny</u>. Ona jest też <u>dokładna</u>.
   → To są ....

10. To jest Czech. To jest Czeszka. On jest <u>zdolny</u>. Ona jest też <u>zdolna</u>.
    → To są ....

Język polski à la carte, cz. III

SAMOOCENA

>[9] bdb • [9] + db • [8] db • [7] +dst • >[6] dst • <[6] ndst

Jeśli w zadaniu testowym jest więcej niż dziesięć jednostek — przelicz sam!

ZADANIE 35

Copyright by S. Mędak

Proszę wpisać w miejsce kropek właściwe formy liczby mnogiej podkreślonych przymiotników.

WZÓR

To jest <u>skąpy</u> człowiek. || Ludzie <u>skąpi</u> mają dużo pieniędzy.

1. Mój dziadek jest <u>stary</u>.
   Twój dziadek jest też <u>stary</u>. || Mój i twój dziadek są ....
2. Mój syn jest <u>mały</u>. || Twoi synowie też są jeszcze ....
3. On był <u>biedny</u>.
   Ja też byłem <u>biedny</u>. || Obydwaj byliśmy bardzo ....
4. On jest bardzo <u>pracowity</u>.
   Ona też. || Oni są bardzo ....
5. Ona była <u>zarozumiała</u>. On też. || Oboje byli bardzo ....
6. To był <u>zły</u> człowiek. || To byli .... ludzie.
7. To jest <u>gruby</u> mężczyzna. || To są .... mężczyźni.
8. To jest <u>młody</u> chłopiec. || To są .... chłopcy.
9. W orkiestrze jest <u>wyjątkowy</u>
   skrzypek. || W orkiestrze są dwaj .... skrzypkowie.
10. Zawsze w grupie jest jeden
    <u>zdolny</u> student. || Czasami studenci są bardzo ....

SAMOOCENA

>[9] bdb • [9] + db • [8] db • [7] +dst • >[6] dst • <[6] ndst

Jeśli w zadaniu testowym jest więcej niż dziesięć jednostek — przelicz sam!

ZADANIE 36

Copyright by S. Mędak

Proszę wpisać w miejsce kropek właściwe formy wyrazów w nawiasach.

WZÓR

(kolacja)   Wrócę do domu dopiero po <u>kolacji</u>.

(Afganistan)   1. Przyjechałem tutaj aż z ....

(kawa)   2. Proszę cię o filiżankę ....

(kolega)	3. Nie zastaliśmy naszego .... w domu.
(koleżanka)	4. Umówiłem się z .... w kawiarni.
(lodówka)	5. Wyjmij zimne napoje z ....!
(miesiąc)	6. Wrócę tutaj za ....
(ojciec)	7. Synku, nie przeszkadzaj .... w pracy!
(przyszłość)	8. Rozmawialiśmy na lekcji o .... młodzieży.
(spotkanie)	9. Idę wieczorem na .... z prezydentem Polski.
(znajomy)	10. Wczoraj dostałam prezent od .... z wakacji.

SAMOOCENA

\>[9] bdb • [9] + db • [8] db • [7] +dst • >[6] dst • <[6] ndst

Jeśli w zadaniu testowym jest więcej niż dziesięć jednostek — przelicz sam!

ZADANIE 37

Copyright by S. Mędak

Proszę wpisać w miejsce kropek właściwe formy podanych rzeczowników.

WZÓR

(Londyn)	Nigdy nie byłem w <u>Londynie</u>.

(aktorka)	1. Patrzę z zachwytem na ...., która gra staruszkę.
(Japonia)	2. Koleżanka ze studiów pochodzi z ....
(Japonka)	3. Ona jest mądrą ....
(pies)	4. Zobaczyłem zbłąkanego .... przed domem.
(praca)	5. Od miesiąca nie mam żadnej ....
(samochód)	6. Kolega przyjechał do mnie swoim ....
(szkoła)	7. Przed południem byłem w mojej ....
(tablica)	8. Nauczyciel zbliża się do dużej ....
(wazon)	9. Kwiaty stały w kryształowym ....
(wino)	10. Kupiłem dwie butelki wytrawnego ....

SAMOOCENA

\>[9] bdb • [9] + db • [8] db • [7] +dst • >[6] dst • <[6] ndst

Jeśli w zadaniu testowym jest więcej niż dziesięć jednostek — przelicz sam!

ZADANIE 38

Copyright by S. Mędak

Proszę wpisać w miejsce kropek właściwe formy liczby mnogiej podanych rzeczowników.

WZÓR

(góry)   Nigdy nie byłem w górach.

(aktorki)   1. Patrzę na te piękne .... z podziwem.

(Japonki)   2. One są uroczymi ....

(Katowice)   3. On pochodzi ze znanych mi ....

(pieniądze)   4. Od miesiąca nie mam żadnych ....

(psy)   5. Zobaczyłem dwa zbłąkane .... przed domem.

(samochody) 6. Koledzy przyjechali do mnie swoimi ....

(sklepy)   7. Przed południem byłem w kilku .... obuwniczych.

(uczniowie)   8. Nie mogę sobic poradzić z kilkoma *a.* kilku ....

(wazony)   9. Bukiety jesiennych kwiatów stały w wielkich ....

(wina)   10. Kupiłem wiele gatunków .... do degustacji.

SAMOOCENA

>[9] bdb • [9] + db • [8] db • [7] +dst • >[6] dst • <[6] ndst

Jeśli w zadaniu testowym jest więcej niż dziesięć jednostek — przelicz sam!

ZADANIE 39

Copyright by S. Mędak

Proszę wpisać w miejsce kropek właściwe formy podkreślonych rzeczowników.

WZÓR

Jeden samochód stoi przed bankiem.   → Drugi samochód podjeżdża pod bank.

1. Jeden kot stoi przed krzesłem.   → Drugi kot wchodzi pod ....

2. Jakieś krzesła stoją przed domem.   → Ktoś ciągle wynosi stare krzesła przed ....

3. On mieszka nad Balatonem.   → Juro pojadę do niego nad ....

4. Spędziłem wakacje nad morzem.   → Za rok znowu pojadę nad ....

5. Wczoraj byłem za Krakowem.   → W następną sobotę znowu wyjadę za ....

6. Jedni mężczyźni stali przed budynkiem. → Inni mężczyźni wychodzili przed ....

7. On mieszka pod Warszawą.   → Często wyjeżdżam za .... na odpoczynek.

8. Samochód stał między <u>blokami</u>. → Po chwili samochód wjechał między ....

9. Stałem przed <u>sklepem.</u> → Ktoś nagle wjechał samochodem przed ....

10. Byłem nad <u>jeziorem.</u> → Znowu jadę nad ....

SAMOOCENA

>[9] bdb • [9] + db • [8] db • [7] +dst • >[6] dst • <[6] ndst

Jeśli w zadaniu testowym jest więcej niż dziesięć jednostek — przelicz sam!

ZADANIE 40

Copyright by S. Mędak

Proszę wpisać w miejsce kropek właściwe formy liczby mnogiej podkreślonych wyrazów.

WZÓR

Obejrzałem <u>ciekawy film</u>. || Obejrzeliśmy <u>ciekawe filmy</u>.

1. Język polski jest <u>trudnym językiem</u>. || Języki słowiańskie są ....

2. On jest bardzo <u>przystojnym mężczyzną</u>. || Oni są ....

3. Ona jest <u>piękną kobietą.</u> || One są ....

4. Spotykała się nieraz z <u>tym panem</u>. || Jej koleżanki spotykały się też z ....

5. Poszedłem po <u>niego</u> na dworzec. || Poszliśmy po .... na dworzec.

6. Spotkałem <u>szczęśliwego Cygana.</u> || Spotkaliśmy ....

7. To jest <u>zły człowiek.</u> || To są ....

8. To jest <u>zły pies.</u> || To są ....

9. Wspinam się na <u>kolejną skałę.</u> || Wspinamy się na ....

10. Zwiedziłem w Alpach <u>wspaniałe miejsce</u>. || Zwiedziłem w Alpach ....

SAMOOCENA

>[9] bdb • [9] + db • [8] db • [7] +dst • >[6] dst • <[6] ndst

Jeśli w zadaniu testowym jest więcej niż dziesięć jednostek — przelicz sam!

ZADANIE 41

Proszę wpisać w miejsce kropek właściwe formy liczby pojedynczej lub mnogiej przymiotników z kolumny A.

WZÓR

rodzaj męski

(*duży*)   Nigdy nie widziałem tak dużego mieszkania.

A.	B.
(*daleki*)	1. Marzę o .... podróży.
(*drogi*)	2. Idę na obiad do .... restauracji.
(*najmłodszy*)	3. Idę na spacer z .... dzieckiem.
(*olbrzymi*)	4. Kupiłem jedną .... gruszkę.
(*ostry*)	5. Potrzebuję trochę .... papryki.
(*smakowity*)	6. Zjadłem jeden .... banan.
(*szybki*)	7. Lubię jeździć .... samochodami.
(*tani*)	8. W tym sklepie nie ma .... butów.
(*ulubiony*)	9. Dziecko bawi się swoją .... zabawką.
(*zielony*)	10. Proszę kilogram .... pomidorów.

SAMOOCENA

> [9] bdb • [9] + db • [8] db • [7] +dst • >[6] dst • <[6] ndst

Jeśli w zadaniu testowym jest więcej niż dziesięć jednostek — przelicz sam!

ZADANIE 42

Proszę wpisać w miejsce kropek właściwe formy nazw miesięcy oraz pór roku.

WZÓR

(*II/III*)   Przyjechaliśmy do Polski w lutym albo w marcu.

(*VI*)	1. Egzamin zdaliśmy w ....
(*VII*)	2. Na wakacje jedziemy w ....
(*VIII*)	3. Z wakacji wracamy w ....
(*IX*)	4. W Krakowie powinienem być we ....
(*X*)	5. Odwiedzę rodziców dopiero w ....
(*XI*)	6. Swoją powieść ukończę w ....

(XII)	7. Święta Bożego Narodzenia są w ....
(I)	8. Wybieram się za granicę w ....
(IV)	9. Czy zawsze wyjeżdżasz do Egiptu w ....?
(V)	10. Zakochasz się na pewno w ....
(zima)	11. W Alpy pojedziemy w ....
(lato)	12. Nad morze pojedziemy w ....
(jesień)	13. Na Słowację pojedziemy w ....
(wiosna)	14. W Karkonosze pojedziemy na ....
(przedwiośnie)	15. Nie brakowało nam zajęć w polu na ....

SAMOOCENA

>[9] bdb • [9] + db • [8] db • [7] +dst • >[6] dst • <[6] ndst

Jeśli w zadaniu testowym jest więcej niż dziesięć jednostek — przelicz sam!

ZADANIE 43

Copyright by S. Mędak

Proszę wpisać w miejsce kropek właściwe wyrazy wprowadzające zdania pytajne.

WZÓR

Rozmawialiśmy na zajęciach
o literaturze polskiej.   → O czym rozmawialiście na zajęciach?

1. Byliśmy u kolegi na urodzinach.   → .... byliście na urodzinach?
2. Jadę do Paryża na konferencję.   → .... jedziesz na konferencję?
3. Mieszam poza miastem.   → .... mieszkasz?
4. Pożyczyłem od kolegi znakomitą powieść. → .... pożyczyłeś tę powieść?
5. Przykro mi proszę pana, ale pójdziemy
   na policję!   → .... pójdziemy?
6. Spotkamy się wieczorem.   → .... się spotkamy?
7. To są zabawki moich dzieci.   → .... to są zabawki?
8. Wydałam dzisiaj 100 euro.   → .... pieniędzy dzisiaj wydałaś?
9. Wyjeżdżam do Polski jesienią.   → .... wyjeżdżasz do Polski?
10. Zatrzymaliśmy się przed skrzyżowaniem. → .... zatrzymaliście się?

SAMOOCENA

>[9] bdb • [9] + db • [8] db • [7] +dst • >[6] dst • <[6] ndst

Jeśli w zadaniu testowym jest więcej niż dziesięć jednostek — przelicz sam!

ZADANIE 44

Copyright by S. Mędak

Proszę wpisać w miejsce kropek właściwe formy liczby mnogiej wyrazów z kolumny A.

WZÓR

(mój brat)   Od wielu lat nie rozmawiam z <u>moimi braćmi</u>.

A.	B.
(ten człowiek)	1. Pojechałem z .... na mecz do Berlina.
(łatwy pieniądz)	2. Nigdy nie interesowałem się ....
(serdeczny przyjaciel)	3. Najlepiej czuję się między ....
(polski ksiądz)	4. Byłem na pielgrzymce z ....
(posiwiała skroń)	5. Lubiła mężczyzn z ....
(pożółkły liść)	6. Jesienią jest wiele drzew z ....
(stary koń)	7. Ten pan opiekuje się ....
(ważny gość)	8. Dyrektor rozmawiał z ....
(najgrzeczniejsze dzieci)	9. Pojechała na wycieczkę z ....
(wszystkie kości)	10. Pies zjadł całego kurczaka z ....

SAMOOCENA

\>[9] bdb • [9] + db • [8] db • [7] +dst • >[6] dst • <[6] ndst

Jeśli w zadaniu testowym jest więcej niż dziesięć jednostek — przelicz sam!

ZADANIE 45

Copyright by S. Mędak

Proszę wpisać w miejsce kropek odpowiednie formy: a. czasowników w czasie gramatycznym wynikającym z sensu pytań, b. liczby pojedynczej lub mnogiej przymiotników, zaimków oraz rzeczowników.

WZÓR

(interesować się || astrologia)   Czym się interesujesz? — Interesuję się <u>astrologią</u>.

(bawić || rozmowa)	1. Czym bawisz gości? — Gości ....
(bawić się || lalki)	2. Czym ona lubi się bawić? — Ona lubi ....
(chodzić || ta sama trasa)	3. Którędy chodzisz do szkoły? — ....
(chwalić się || powodzenie)	4. Czym on się chwali? — On .... u kobiet.
(cieszyć się || dziecko)	5. Czym się tak cieszycie? — ...., które przyszło wczoraj na świat.
(cieszyć się || popularność)	6. Czym on się cieszy? — On .... dużą ....

(czesać się | | grzebień)	7. Czym się czeszesz? — Zawsze ....
(częstować | | ciasto)	8. Czym nas częstujesz? — Dzisiaj .... was ....
(czuć się | | kobieta)	9. Kim ona się czuje? — Ona już ....
(czyścić | | gąbka)	10. Czym czyścisz buty? — Buty ....
(ćwiczyć | | baty)	11. Czym oni ćwiczą zwierzęta w cyrku? — .... je ....
(przejmować się | | złośliwe uwagi)	12. Czym się przejmujesz? — ....
(denerwować się | | plotki)	13. Kochanie, czym się denerwujesz? — ....
(dojeżdżać | | auto)	14. Czym dojeżdżasz do pracy? — Do pracy ....
(dopomagać | | rady)	15. Czym on ci dopomaga? — On .... mi ....
(dorabiać | | stolarstwo)	16. Czym dorabia dziadek do tak małej emerytury? — On ....
(dotykać | | uszczypliwe słowa)	17. Czym go ciągle dotykasz? — .... go ciągle ....
(dowozić | | mikrobus)	18. Czym dowozicie dzieci do szkoły? — Dzieci .... do szkoły .... gminy.
(dyrygować | | zespół)	19. Czym on dyryguje? — On .... dużym ....
(gardzić | | egoiści)	20. Kim gardzisz? — *(Ja)* ....

Wyboru czasowników łączących się z narzędnikiem dokonano na podstawie podręcznika *W świecie polszczyzny*, Wydawnictwo Pedagogiczne ZNP, Kielce 2006 autorstwa S. Mędaka.

SAMOOCENA

>[9] bdb • [9] + db • [8] db • [7] +dst • >[6] dst • <[6] ndst

Jeśli w zadaniu testowym jest więcej niż dziesięć jednostek — przelicz sam!

ZADANIE 46

Copyright by S. Mędak

Proszę wpisać w miejsce kropek odpowiednie formy: a. czasowników w czasie gramatycznym wynikającym z sensu pytań, b. liczby pojedynczej lub mnogiej przymiotników oraz rzeczowników.

WZÓR

jak w zadaniu testowym numer 45

(dziękować | | uśmiech)	1. Czym można dziękować? — Można ....
(golić się | | francuskie żyletki)	2. Czym się golisz? — ....
(hamować | | narty)	3. Czym mam hamować? — Masz .... obiema ....

(handlować || świeże owoce)

4. Czym oni handlują? — Oni ....
....

(jeść || drewniana łyżka)

5. Czym lubisz jeść? — Lubię ....
....

(kopać || lewa noga)

6. Czym on kopie piłkę? — On .... piłkę
....

(kroić || ostry nóż)

7. Czym kroisz kiełbasę? — .... ją ....
....

(latać || samolot)

8. Czym lata twój ojciec? — Mój ojciec ....
....

(lecieć || prywatny helikopter)

9. Czym lecisz do stolicy? — .... tam ....
....

(leczyć || antybiotyki)

10. Czym teraz leczą grypę? — Teraz wszystko ....
....

(łamać się || opłatek)

11. Czym łamiecie się w wigilię? — W Polsce w wigilię
....

(machać || chusteczka)

12. Czym ona machała na pożegnanie? — Ona ....
....

(malować || pastele)

13. Czym malujesz? — .... (pl.) ....

(martwić || zachowanie)

14. Czym on cię martwi? — On mnie ....
swoim ....

(martwić się || ciężka choroba)

15. Czym się tak martwisz? — ....
.... ojca.

(martwić się || najmłodsza córka)

16. Kim się martwisz? — ....

(mierzyć || taśma miernicza)

17. Czym mierzysz okna? — Zawsze .... okna
....

(myć się || tanie mydło)

18. Czym się myjesz? — ....

(naprawiać || klucz francuski)

19. Czym naprawiasz usterki? — Usterki ....
....

(niepokoić się || ciągłe długi)

20. Czym się tak niepokoisz? — ....
....

Wyboru czasowników łączących się z narzędnikiem dokonano na podstawie podręcznika *W świecie polszczyzny*, Wydawnictwo Pedagogiczne ZNP, Kielce 2007, op. cit.

SAMOOCENA

>[9] bdb • [9] + db • [8] db • [7] +dst • >[6] dst • <[6] ndst

Jeśli w zadaniu testowym jest więcej niż dziesięć jednostek — przelicz sam!

ZADANIE 47

Proszę wpisać w miejsce kropek odpowiednie formy: a. czasowników w czasie gramatycznym wynikającym z sensu pytań, b. liczby pojedynczej lub mnogiej przymiotników oraz rzeczowników.

WZÓR

jak w ćwiczeniu numer 45

(notować | | wieczne pióro)   1. Czym lubisz notować? — Lubię ....
....

(nudzić się | | monotonne życie)   2. Czym się nudzisz? — ....
....

(objadać się | | słodycze)   3. Czym ona się objada? — Ona ....
....

(objeżdżać | | rower)   4. Czym objeżdżasz swoją posiadłość? — ....
ją ....

(oddychać | | usta)   5. Czym teraz oddychasz? — ....
....

(odkurzać | | nowy odkurzacz)   6. Czym odkurzasz? — ....
.... marki Dison.

(odlatywać | | samolot)   7. Czym odlatuje ten kontener? — Ten kontener
....

(odróżniać się | | usposobienie)   8. Czym ona odróżnia się od innych? — Ona
.... od innych swoim ....

(opiekować się | | chora babcia)   9. Kim teraz się opiekujesz? — ....
....

(opiekować się | | zwierzęta)   10. Czym się opiekujecie? — ....

(osiągać się | | ciężka praca)   11. Czym osiąga się coś w życiu? — W życiu wszystko
....

(otwierać | | szwajcarski nożyk)   12. Czym otwierasz konserwy? — .... je
....

(pasjonować się | | piłka nożna)   13. Czym się pasjonujesz? — ....
....

(pisać | | tępy ołówek)   14. Czym on pisze? — On ....
....

(płacić | | gotówka)   15. Czym ona płaci za towary? — Zawsze ....
....

(podróżować || pociągi TGV)	16. Czym lubisz podróżować? — Lubię .... TGV.
(pokazywać || palec)	17. Czym dzieci lubią pokazywać rzeczy, przedmioty, ludzi? — Dzieci lubią ....
(poprawiać || czerwony długopis)	18. Czym poprawiasz prace uczniów? — Wszystkie prace uczniów ....
(porozumiewać się || gesty)	19. Czym oni się porozumiewają? — Oni ....
(posyłać || specjalny kurier)	20. Czym posyłacie ważne dokumenty? — Wszystkie ważne dokumenty ....

Wyboru czasowników łączących się z narzędnikiem dokonano na podstawie podręcznika *W świecie polszczyzny*, Wydawnictwo Pedagogiczne ZNP, Kielce 2006, op. cit.

SAMOOCENA

>[9] bdb • [9] + db • [8] db • [7] +dst • >[6] dst • <[6] ndst

Jeśli w zadaniu testowym jest więcej niż dziesięć jednostek — przelicz sam!

ZADANIE 48

Proszę wpisać w miejsce kropek odpowiednie formy: a. czasowników w czasie gramatycznym wynikającym z sensu pytań, b. liczby pojedynczej lub mnogiej przymiotników oraz rzeczowników.

WZÓR

jak w ćwiczeniu numer 45

(pracować || ręce)	1. Czym pracował całe życie? — Całe życie ....
(prać || szare mydło)	2. Czym pierzesz te tkaniny? — .... je ....
(prasować || gorące żelazko)	3. Czym prasujesz ten materiał? — .... go ....
(przejmować się || kalectwo)	4. Czym się przejmujesz? — .... syna.

(przesyłać || poczta)

5. Czym przesyłacie dokumenty? — ....
je ....

(przyjeżdżać || drogie
samochody)

6. Czym przyjeżdżają tutaj klienci? — ....
....

(przyjmować || wystawne
obiady)

7. Czym ich przyjmujesz? .... ich
....

(pukać się || palec wskazujący)

8. Czym on się puka w czoło? — On zawsze ....
w czoło ....

(ratować się || szybka ucieczka)

9. Czym się ratowali? — ....
....

(robić || szydełko)

10. Czym to robisz? — .... to ....

(rozczarowywać się || wyniki)

11. Czym się rozczarowujesz? — Często ....
.... moich uczniów.

(rysować || węgiel)

12. Czym rysował słynny profesor Zin? — On ....
....

(rządzić || zadłużony kraj)

13. Czym oni rządzą? — Od lat ....
....

(rzeźbić || ostre dłuto)

14. Czym rzeźbisz? — ....
....

(rzucać || małe kamienie)

15. Czym oni rzucali do przechodniów? — Oni
.... do przechodniów ....
....

(służyć || dobra rada)

16. Czym mogę panu służyć? — Może mi pan ....
....

(smucić się || kłopoty)

17. Kochanie, czym się smucisz? — ....
....

(straszyć || kara)

18. Czym straszysz swoje dziecko? — .... je
....

(tłumaczyć się || brak)

19. Czym on się tłumaczy? — On ....
.... czasu.

(trzymać się || ręka)

20. Czym mogę się trzymać? — (Ty) ....
........................!

(uderzać || pięść)

21. Czym on uderza w stół? — On zawsze ....
....

(walczyć || miecze)

22. Czym oni walczyli? — Oni ....

(wjeżdżać || szybka winda) 23. Czym wjeżdżasz na 20 piętro? — ....
....

(wypływać || kajaki) 24. Czym wypływacie na jezioro? — ....
....

(wracać || autostop) 25. Czym wracasz z wakacji? — Zawsze ....
....

(wychodzić || małe okno) 26. Którędy wychodzi kot? — On ....
....

(wycierać || ściereczka) 27. Czym wycierasz okulary? — .... je
....

(wysyłać || poczta elektroniczna) 28. Czym wysyłacie reklamę? .... ją
....

(zabawiać || śmieszne dowcipy) 29. Czym ją zabawiasz? — .... ją
....

(zabawiać się || dowcipna rozmowa) 30. Czym się zabawiacie? — ....
....

(zachęcać || obietnice) 31. Czym on cię zachęca? — On .... mnie
swoimi ....

(zajmować się || wielki dom) 32. Czym zajmuje się ta pani? — Ona ....
tym ....

(zarządzać || olbrzymi majątek) 33. Czym zarządzasz? — ....
....

(zwracać uwagę || uroda) 34. Czym ona zwraca uwagę wszystkich? — Ona
.... uwagę wszystkich swoją ....

(żyć || teatr) 35. Czym on żyje?! — On .... wyłącznie
....

Wyboru czasowników łączących się z narzędnikiem dokonano na podstawie podręcznika *W świecie polszczyzny*, Wydawnictwo Pedagogiczne ZNP, Kielce 2007, op. cit.

SAMOOCENA

>[9] bdb • [9] + db • [8] db • [7] +dst • >[6] dst • <[6] ndst

Jeśli w zadaniu testowym jest więcej niż dziesięć jednostek — przelicz sam!

ZADANIE 49

Copyright by S. Mędak

Proszę przekształcić zdania w liczbie mnogiej na zdania w liczbie pojedynczej.

WZÓR

Jacyś mężczyźni szli ulicą.

→ Jakiś mężczyzna szedł ulicą.

1. Ci panowie zachowują się arogancko.

   → .... arogancko.

2. Jacyś panowie patrzyli na mnie dziwnie.

   → .... na mnie dziwnie.

3. Oni śmieją się z tego, że jestem nieśmiały.

   → .... z tego, że jestem nieśmiały.

4. Moi bracia są jeszcze mali.

   → .... jeszcze ....

5. Niejedni ludzie żyją w biedzie.

   → .... w biedzie.

6. Odnieśli swoje bagaże do przechowalni.

   → On też .... do przechowalni.

7. Te dzieci krzyczą głośno.

   → .... głośno.

8. Te panie zachowują się niekulturalnie.

   → .... niekulturalnie.

9. Twoje siostry są piękne.

   → ....

10. Wybitni naukowcy pracowali nad tym projektem.

    → .... nad tym projektem.

SAMOOCENA

>[9] bdb • [9] + db • [8] db • [7] +dst • >[6] dst • <[6] ndst

Jeśli w zadaniu testowym jest więcej niż dziesięć jednostek — przelicz sam!

ZADANIE 50

Copyright by S. Mędak

Proszę ustalić właściwy szyk przymiotników w połączeniu z podkreślonymi rzeczownikami.

WZÓR

pociąg: długi, osobowy   → długi pociąg osobowy

1. dworzec: nowoczesny, kolejowy   → ....
2. jesień: piękna, polska   → ....
3. lampka: ładna, nocna   → ....
4. mężczyzna: przystojny, zdrowy   → ....
5. przystanek: odległy, tramwajowy → ....
6. rozmowa: krótka, telefoniczna   → ....
7. sklep: nocny, spożywczy   → ....
8. sok: kwaśny, grejpfrutowy   ⟩ ....
9. sos: gęsty, pieczarkowy   → ....
10. waluta: „twarda", amerykańska   → ....

SAMOOCENA

>[9] bdb • [9] + db • [8] db • [7] +dst • >[6] dst • <[6] ndst

Jeśli w zadaniu testowym jest więcej niż dziesięć jednostek — przelicz sam!

ZADANIE 51

Copyright by S. Mędak

Proszę wpisać w miejsce kropek właściwe formy wyrazów w nawiasach.

WZÓR

(język polski)   → Nie znam jeszcze dobrze języka polskiego.

(ciekawy artykuł)   1. Czytam .... na temat nietolerancji Polaków.

(dobre licea)   2. W tym mieście jest kilka ....

(język rosyjski)   3. Chciałbym nauczyć się dobrze ....

(męcząca podróż)   4. Odbyłem .... do Jerozolimy.

(mili bracia)   5. Pozdrów swoich .... !

(pierwsi chrześcijanie) 6. Przeczytałem książkę o ....

(piękny Amerykanin)   7. Ciągle opowiadała o ....

(polski bigos)   8. Uwielbiam .... z grzybami.

(tani samochód)   9. Kupiłem .... na giełdzie.

(wspaniali ludzie)   10. Poznałam w swoim życiu wielu ....

SAMOOCENA

>[9] bdb • [9] + db • [8]   db • [7] +dst • >[6] dst • <[6] ndst

Jeśli w zadaniu testowym jest więcej niż dziesięć jednostek — przelicz sam!

ZADANIE 52

Copyright by S. Mędak

Proszę wpisać w miejsce kropek właściwe formy wyrazów w nawiasach.

WZÓR

(piękna kartka pocztowa)   Dziękuję ci za piękną kartkę pocztową z Krynicy Górskiej.

Drogi Piotrze!

Pytasz, czy wszystko w porządku. Odpowiadam: tak. (1) Nadal mieszkam w ....
.... *(tani hotel)*, ale szukam .... *(małe mieszkanie)* do wynajęcia.
(2) Wieczorami uczę się .... *(język polski)* w ....
(szkoła prywatna). (3) Ostatnio poznałem w .... *(mój ulubiony
pub)* .... *(wspaniała dziewczyna)* z podkrakowskiej .... *(wieś)*,
która przygotowuje .... *(licencjat)* z bilingwizmu. (4) Ma na imię Katarzyna.
Piękne imię! (5) Ona studiuje w .... *(katedra)* lingwistyki stosowanej i należy
do .... *(studencki zespół)* pieśni i tańca. (6) Często jeździmy do
.... *(pobliskie wsie)*, aby razem tańczyć i patrzeć, jak inni tańczą ....
.... *(polskie tańce ludowe)*. (7) Nie wiem, czy kiedykolwiek będę umiał
tańczyć .... *(oberek)*, ... *(polka)* i .... *(krakowiak)*.

     (8) Jeszcze jedna ważna informacja — Katarzyna ma .... *(śliczny
pies)*. (9) Jak wiesz, uwielbiam wszystkie .... *(pies)*. (10) Natomiast nie lubię .... *(koty)*.
(11) Pytasz, czy znam .... *(właściciel)* pensjonatu „Marzenie". (12) Niestety, nikt
w .... *(to miasto)* nie słyszał o takim .... *(pensjonat)*. (13) Być może
jest taki pensjonat, gdzieś poza .... *(miasto)*. (14) Być może jego ....
(właściciel) zbankrutował. (15) Wkrótce przyślę .... *(ci, ciebie, mi)* zdjęcie Katarzyny.
Ona jest naprawdę piękna!

     Serdeczności — Edgar.

SAMOOCENA

>[9] bdb • [9] + db • [8]   db • [7] +dst • >[6] dst • <[6] ndst

Jeśli w zadaniu testowym jest więcej niż dziesięć jednostek — przelicz sam!

ZADANIE 53

Proszę wpisać w miejsce kropek właściwe formy liczby mnogiej wyrazów zawartych w nawiasach.

WZÓR

Na imieniny znanego w regionie biznesmena przyjechali zaproszeni goście. *(zaproszony gość)*

(1) Na przyjęciu byli obecni .... *(znany minister)* i ....
.... *(popularny dziennikarz).* (2) Byli też .... *(szef)* najważniejszych dzienników i tygodników. (3) Wszyscy .... *(przybysz)* pojawili się punktualnie o godzinie dziewiętnastej w .... *(elegancki strój).* (4) Wszystkie .... *(pani)* miały na głowach .... *(drogi kapelusz)*, a w rękach .... *(najmodniejsza torebka)* ze skór zamordowanych krokodyli. (5) Ich .... *(elegancki mąż)* oraz .... *(narzeczony)* dźwigali .... *(olbrzymi bukiet)* kwiatów. (6) Przed bramą stali .... *(niecierpliwy fotograf)*, którzy czekali na najodpowiedniejszy moment. (7) Kiedy pojawił się solenizant, ... *(cyfrowy aparat fotograficzny)* rozpoczęły swoją pracę. (8) Z dali dobiegły dźwięki dziesiątek .... *(trąbka myśliwska).* (9) Wtórowało im pianie ....
.... *(wiejski kogut).* (10) Po chwili zamieszania i szukania w przestrzeni domniemanego winowajcy — solenizant wraz z małżonką rozpoczęli polonezem bal na sto .... *(para).* (11) W tym samym momencie ucichły wszystkie ....
.... *(wiejski kogut).* (12) Zewsząd słychać było ....
(dźwięk) tonacji durowej.

SAMOOCENA

>[9] bdb • [9] + db • [8] db • [7] +dst • >[6] dst • <[6] ndst

Jeśli w zadaniu testowym jest więcej niż dziesięć jednostek — przelicz sam!

ZADANIE 54

Copyright by S. Mędak

Proszę zamienić zdania w liczbie pojedynczej na zdania w liczbie mnogiej.

WZÓR

To jest jedna (sympatyczna) Amerykanka, a to jest druga (sympatyczna) Amerykanka.

→ To są dwie <u>sympatyczne Amerykanki</u>.

1. To jest jedna (zdolna) Francuzka, a to jest kolejna (zdolna) Francuzka.

   → To są dwie ....

2. To jest jedna (wybitna) Niemka, a to jest następna (wybitna) Niemka.

   → To są dwie ....

3. To jest jedna (wyjątkowa) Polka, a to jest druga, również (wyjątkowa) Polka.

   → To są dwie ....

4. To jest jedna (nieśmiała) Rosjanka, a to jest druga (nieśmiała) Rosjanka.

   → To są dwie ....

5. To jest jedna (energiczna) Hiszpanka, a to jest następna (energiczna) Hiszpanka.

   → To są dwie ....

6. To jest jedna (piękna) Brazylijka, a to jest kolejna (piękna) Brazylijka.

   → To są dwie ....

7. To jest jedna (rozmowna) Włoszka, a to jest następna (rozmowna) Włoszka.

   → To są dwie ....

8. To jest jedna (bezpretensjonalna) Chinka. Ta pani to również (bezpretensjonalna) Chinka.

   → To są dwie ....

9. To jest jedna (genialna) Szwajcarka, a to jest następna (genialna) Szwajcarka.

   → To są dwie ....

10. To jest jedna (miła) Czeszka, a to jest jeszcze jedna (miła) Czeszka.

   → To są dwie ....

SAMOOCENA

>[9] bdb • [9] + db • [8] db • [7] +dst • >[6] dst • <[6] ndst

Jeśli w zadaniu testowym jest więcej niż dziesięć jednostek — przelicz sam!

ZADANIE 55

Copyright by S. Mędak

Proszę zamienić zdania w liczbie pojedynczej na zdania w liczbie mnogiej.

WZÓR

To jest dobry nauczyciel.   → To są <u>dobrzy nauczyciele.</u>

 1. To jest wspaniałe paryskie muzeum.   To są ....
 2. To jest doskonały profesor.   To są ....
 3. To jest doświadczony lekarz.   To są ....
 4. To jest nieznośne dziecko.   To są ....
 5. To jest genialna zabawka.   To są ....
 6. To jest znany obywatel miasta.   To są .... miasta.
 7. To jest zdolny uczeń.   To są ....
 8. To jest przystojny mężczyzna.   To są ....
 9. To jest beznadziejny piosenkarz.   To są ....
10. To jest najlepszy sąsiad.   To są .... w całej kamienicy.

SAMOOCENA

>[9] bdb • [9] + db • [8] db • [7] +dst • >[6] dst • <[6] ndst

Jeśli w zadaniu testowym jest więcej niż dziesięć jednostek — przelicz sam!

ZADANIE 56

Copyright by S. Mędak

Proszę zamienić zdania (pytania) w liczbie pojedynczej na zdania (pytania) w liczbie mnogiej.

WZÓR

Miła chwila szybko mija.   → Miłe chwile szybko <u>mijają.</u>

1. To jest mój ulubiony pisarz.   → To są ....
2. Przyjechał nasz najlepszy
   przyjaciel.   → Przyjechali ....
3. Mój syn jest jeszcze mały.   → .... są jeszcze ....
4. Twoja decyzja była słuszna.   → ....
5. Który chłopiec gra w piłkę?   → .... w piłkę?

6. Twój brat jest gościnny. → .... są ....

7. Jaki piękny widok przed nami! → .... przed nami!

8. Jaki jest ten nowy klient? → .... są ....?

9. Jaka ładna dziewczyna! → ....!

10. Jakie łatwe ćwiczenie! → ....!

SAMOOCENA

>[9] bdb • [9] + db • [8] db • [7] +dst • >[6] dst • <[6] ndst

Jeśli w zadaniu testowym jest więcej niż dziesięć jednostek — przelicz sam!

ZADANIE 57

Copyright by S. Mędak

Proszę wpisać w miejsce kropek właściwe formy wyrazów w nawiasach.

WZÓR

(biała mysz)   Chciałbym mieć białą mysz w domu.

(były opiekun)   1. Zaprosimy na przyjęcie .... grupy.

(kolor czarny)   2. Spodnie Piotra są ....

(dworzec kolejowy)   3. Bilety na pociąg kupuje się na ....

(filmy kryminalne)   4. Ona bardzo lubi oglądać ....

(masło orzechowe)   5. Lubię jeść pieczywo z ....

(przystanek autobusowy) 6. Spotkamy się na ....

(szybka pomoc)   7. Chora prosi o ....

(świeży chleb)   8. Muszę kupić bochenek ....

(ulewny deszcz)   9. Czekałem na ciebie dwie godziny w ....

(ulica Floriańska) 10. Przepraszam, jak dojechać na ....?

SAMOOCENA

>[9] bdb • [9] + db • [8] db • [7] +dst • >[6] dst • <[6] ndst

Jeśli w zadaniu testowym jest więcej niż dziesięć jednostek — przelicz sam!

ZADANIE 58

Copyright by S. Mędak

Proszę wpisać właściwe formy wyrazów w nawiasach zgodnie z podanym wzorem.

WZÓR

(wybitny) || (wybitny uczony)
→ On jest wybitny. || On jest wybitnym uczonym.

1. *(biedny) || (biedny emigrant)*
   → On jest .... || On jest ....

2. *(chory) || (chory staruszek)*
   → On jest .... || On jest ....

3. *(dumny) || (dumny Białorusin)*
   → On jest .... || On jest ....

4. *(mądra) || (mądra asystentka)*
   → Ona jest .... || Ona jest ....

5. *(pracowity) || (pracowity student)*
   → On jest .... || On jest ....

6. *(samotna) || (samotna staruszka)*
   → Ona jest .... || Ona jest ....

7. *(troskliwy) || (troskliwy ojciec)*
   → On jest .... || On jest ....

8. *(trudny) || (trudny język)*
   → Język polski jest .... || Język polski jest ....

9. *(zazdrosna) || (zazdrosna kobieta)*
   → Ewa jest .... || Ewa jest ....

10. *(zdolny) || (zdolny uczeń)*
    → Mój brat jest .... || Mój brat jest ....

SAMOOCENA

>[9] bdb • [9] + db • [8] db • [7] +dst • >[6] dst • <[6] ndst

Jeśli w zadaniu testowym jest więcej niż dziesięć jednostek — przelicz sam!

ZADANIE 59

Copyright by S. Mędak

Proszę wpisać w miejsce kropek właściwe formy wyrazów w zdaniach określających czas (dni tygodnia, nazwy miesięcy, nazwy pór roku) w połączeniu z przyimkiem *w*, *na* lub bez przyimka.

WZÓR

Kiedy się spotkamy?

pierwszy dzień tygodnia: (poniedziałek) →	Spotkamy się w <u>poniedziałek</u>.
numer miesiąca: I (styczeń) →	Spotkamy się w <u>styczniu</u>.
pora roku: zima →	Spotkamy się w <u>zimie / zimą</u>.

1. Kiedy się spotkamy?

drugi dzień tygodnia:	Spotkamy się w(e) ....
numer miesiąca: II (luty)	Spotkamy się w ....
pora roku: zima	Spotkamy się (w) ....

2. Kiedy się zobaczymy?

trzeci dzień tygodnia:	Zobaczymy się w(e) ....
numer miesiąca: VI (czerwiec)	Zobaczymy się w ....
pora roku: wiosna	Zobaczymy się na ....

3. Kiedy się spotkamy?

czwarty dzień tygodnia:	Spotkamy się w(e) ....
numer miesiąca: VII (lipiec)	Spotkamy się w ....
pora roku: lato	Spotkamy się (w) ....

4. Kiedy się zobaczymy?

piąty dzień tygodnia:	Zobaczymy się w(e) ....
numer miesiąca: VIII (sierpień)	Zobaczymy się w ....
pora roku: lato	Zobaczymy się ....

5. Kiedy się zaręczymy?

szósty dzień tygodnia:	Zaręczymy się w(e) ....
numer miesiąca: IX (wrzesień)	Zaręczymy się w ....
pora roku: jesień	Zaręczymy się ....

6. Kiedy się stąd wyprowadzimy?

siódmy dzień tygodnia:	Wyprowadzimy się w(e) ....
numer miesiąca: XII (grudzień)	Wyprowadzimy się w ....
pora roku: zima	Wyprowadzimy się na ....

7. Kiedy się urodziłeś /–aś?

dzień tygodnia: (wtorek)	Urodziłam się we ....
miesiąc: (styczeń)	Urodziłam się w ....
pora roku: (zima)	Urodziłam się (w) ....

8. **Kiedy zaczyna się kalendarzowa(– e) | astronomiczna (–e)**

zima?: (22. XII)   Zima zaczyna się ....

wiosna?: (21. III)   Wiosna zaczyna się ....

lato?: (22. VI)   Lato zaczyna się ....

jesień?: (23. IX)   Jesień zaczyna się ....

9. **Kiedy kończy się kalendarzowa(– e) | astronomiczna (–e)**

zima?: (21. III)   Zima kończy się ....

wiosna?: (22. VI)   Wiosna kończy się ....

lato?: (23. IX)   Lato kończy się ....

jesień?: (22. XII)   Jesień kończy się ....

10. **Który miesiąc w Polsce jest**

najcieplejszy?: (VII)   .... jest ....

najbrzydszy?:(II)   .... jest ....

najpiękniejszy?: (V)   .... jest ....

SAMOOCENA

>[9] bdb • [9] + db • [8] db • [7] +dst • >[6] dst • <[6] ndst

Jeśli w zadaniu testowym jest więcej niż dziesięć jednostek — przelicz sam!

ZADANIE 60

Proszę wpisać w miejsce kropek właściwe formy podkreślonych wyrazów.

WZÓR

(Czy) jedziesz <u>do Wrocławia?</u>   → Nie jadę. We Wrocławiu byłem wczoraj.

1. (Czy) jedziesz <u>do Krakowa?</u>   → Nie jadę. .... byłem dwa dni temu.

2. (Czy) jedziesz <u>do Francji?</u>   → Nie jadę. .... byłem tydzień temu.

3. (Czy) jedziesz <u>do Niemiec?</u>   → Nie jadę. .... byłem rok temu.

4. (Czy) jedziecie <u>do Budapesztu?</u> → Nie jedziemy. .... byliśmy jesienią.

5. (Czy) jedziesz <u>do Chin?</u>   → Nie jadę. .... byłem już dwa razy.

6. (Czy) państwo jadą <u>do Pragi?</u>   → Nie jedziemy. .... spędziliśmy dwa lata.

7. (Czy) jedziesz <u>do Paryża?</u>   → Nie jadę. .... spędziłem kilka lat.

8. (Czy) jedziesz <u>do Kairu?</u>   → Nie jadę. .... byłam wielokrotnie.

9. (Czy) ona jedzie <u>do Katowic?</u>   → Nie. Ona nie jedzie. Ona była już ....

10. (Czy) jedziemy <u>do Berna?</u>   → Nie jedziemy. Przecież byliśmy już ....

SAMOOCENA

>[9] bdb • [9] + db • [8] db • [7] +dst • >[6] dst • <[6] ndst

Jeśli w zadaniu testowym jest więcej niż dziesięć jednostek — przelicz sam!

PRZYMIOTNIKI — STOPNIOWANIE

ZADANIE 61

Copyright by S. Mędak

Proszę podkreślić (w każdym zestawie) jedną, prawidłową konstrukcję składniową zawierającą przymiotnik w stopniu wyższym lub najwyższym.

WZÓR

To piwo jest zimne niż to, które piłem przed chwilą.

<u>To piwo jest zimniejsze niż to, które piłem przed chwilą.</u>

To piwo jest zimniejszy niż to, które piłem przed chwilą.

1.

a. Wczoraj wybrałem krótką trasę powrotną niż dwa dni temu.

b. Wczoraj wybrałem krótszą trasę powrotną niż dwa dni temu.

c. Wczoraj wybrałem krótki trasę powrotną niż dwa dni temu.

2.

a. Motorówka jest szybszy niż kajak.

b. Motorówka jest najszybsza niż kajak.

c. Motorówka jest szybsza niż kajak.

3.

a. Dania w dobrej restauracji są lepiej niż dania domowe.

b. Dania w dobrej restauracji są lepsza niż dania domowe.

c. Dania w dobrej restauracji są lepsze niż dania domowe.

4.

a. Mój dorobek jest duży niż twój dorobek.

b. Mój dorobek są większy niż twój dorobek.

c. Mój dorobek jest większy niż twój dorobek.

5.

a. Ojciec był mi zawsze bliski niż pozostali członkowie rodziny.

b. Ojciec był mi zawsze bliższy niż pozostali członkowie rodziny.

c. Ojciec był mi najbliższy niż pozostali członkowie rodziny.

6.

a. Zbyszek to był mój ukochany brat ze wszystkich braci.

b. Zbyszek był moim ukochańszym bratem.

c. Zbyszek był moim najbardziej ukochanym bratem z wszystkich braci.

7.

a. Jestem bardziej dorosły od ciebie.

b. Jestem doroślejszy niż ty.

c. Jestem najbardziej dorosły niż inni koledzy.

8.

a. Czy ten podręcznik jest mniej interesujący od tamtego podręcznika?

b. Czy ten podręcznik jest mniej interesujący niż tamtego podręcznika?

c. Czy ten podręcznik jest najmniej interesujący niż tamte podręczniki?

9.

a. On jest zdrowy? — Tak. On jest zdrowy. Zdrowszy niż ty.

b. On jest zdrowy? — Tak. On jest zdrowy. Zdrowszy od ty.

c. On jest zdrowy? — Tak. On jest zdrowy. Więcej zdrowy od ciebie.

10.

a. Co jest bielsze? Śnieg czy mąka? — Mąka jest bielsze od śniegu.

b. Co jest bielsze? Śnieg czy mąka? — Śnieg jest bielsze od mąki.

c. Co jest bielsze? Śnieg czy mąka? — Śnieg jest bielszy od mąki.

SAMOOCENA

> [9] bdb • [9] + db • [8] db • [7] +dst • >[6] dst • <[6] ndst

Jeśli w zadaniu testowym jest więcej niż dziesięć jednostek — przelicz sam!

ZADANIE 62

Copyright by S. Mędak

Proszę wpisać w miejsce kropek właściwe formy wyrazów w nawiasach.

WZÓR

(zdolny brat)   Mój brat jest <u>zdolny</u>.

On jest <u>zdolniejszy niż ja</u>.

On jest <u>zdolniejszy ode mnie</u>.

On jest <u>najzdolniejszy z nas wszystkich / z wszystkich braci</u>.

1.

(dokładna kasjerka)   Maria jest <u>dokładna</u> w pracy.

Tak. Ale Agata jest .... niż Maria.

Tak. Agata jest .... od ....

Agata jest .... z ....

2.

(drogi komputer)	Mam <u>drogi</u> komputer.

Tak. Ale Maria ma .... komputer niż ty.

Tak. Maria ma .... komputer od ....

Maria ma .... komputer z .... w naszej klasie.

3.

(duży kraj)	Polska to <u>duży</u> kraj.

Tak. Ale mój kraj jest .... niż Polska.

Czy wiesz, że mój kraj jest .... od ....?

Tak. Tak. Twój kraj jest .... z .... na świecie.

4.

(łatwy język)	Esperanto to <u>łatwy</u> język?

Myślę, że esperanto jest .... niż język polski.

Myślisz, że esperanto jest .... od ....?

Jestem przekonany, że esperanto jest .... językiem z .... świata.

5.

(mądra matka)	Moja córka jest bardzo <u>mądrą</u> matką.

Myślę, że moja córka jest .... matką niż twoja.

Wszyscy mówią, że moja córka jest .... matką od ....

Wydaje ci się, że twoja córka jest .... z .... na świecie.

6.

(piękny obraz)	To naprawdę <u>piękny</u> obraz!

Ale, ten drugi obraz jest .... niż tamten.

Tak. Ten drugi obraz jest .... od ....

Drugi obraz jest .... z ....

7.

(szybki samochód)	Twój samochód jest <u>szybki</u>?

Oczywiście. Mój samochód jest .... niż twój.

Mój samochód jest na pewno .... od ....

Mój samochód jest .... z ....

8.

(trudny język)	Myślisz, że język polski jest <u>trudny</u>?

Nie. Wcale tak nie myślę. Litewski jest .... niż polski.

Litewski jest .... od ....

Myślę, że chiński jest .... z .... świata.

9.

(zły człowiek)   Uważaj na mojego dyrektora! To <u>zły</u> człowiek.

Mój szef jest .... niż twój dyrektor.

Jestem przekonany, że mój szef jest .... od ....

Mój szef jest .... z ....

10.

(znany pisarz)   Ignacy Kraszewski to <u>znany</u> w całej Europie pisarz.

Chyba żartujesz! Bruno Schulz jest .... niż Kraszewski.

Tak. Myślę, że Bruno Schulz jest .... od ....

Mylisz się! Bruno Schulz jest .... z .... polskich.

SAMOOCENA

>[9] bdb • [9] + db • [8] db • [7] +dst • >[6] dst • <[6] ndst

Jeśli w zadaniu testowym jest więcej niż dziesięć jednostek — przelicz sam!

ZADANIE 63

Copyright by S. Mędak

Proszę wpisać w miejsce kropek właściwe formy przymiotników w stopniu wyższym.

WZÓR

(dobry)   Niektórzy mówią, że <u>lepszy</u> żywy lis, niż martwy lew.

(biała)   1. Ze strachu i przerażenia jej twarz była .... niż śnieg.

(ciężka)   2. Praca nauczyciela jest .... niż praca w handlu.

(głupia)   3. Ona była .... niż jej się wydawało.

(krótki)   4. Dotarliśmy na szczyt góry .... szlakiem.

(łatwe)   5. To ćwiczenie jest .... niż poprzednie ćwiczenie.

(mały)   6. Ten samochód jest znacznie .... od tamtego.

(mądra)   7. Ona jest zdecydowanie .... niż niejeden profesor.

(piękne)   8. Mówią, że miasto Kolbuszowa jest .... niż Nowy Jork.

(trudny)   9. Język polski jest .... niż język francuski.

(zły)   10. Ten nowy samochód jest .... niż nasze stare auto.

SAMOOCENA

>[9] bdb • [9] + db • [8] db • [7] +dst • >[6] dst • <[6] ndst

Jeśli w zadaniu testowym jest więcej niż dziesięć jednostek — przelicz sam!

ZADANIE 64

Proszę przekształcić poniższe zdania według załączonego wzoru.

WZÓR

Tokio to chyba <u>największe miasto</u> na świecie.

→ Tokio jest chyba <u>jednym z największych miast</u> na świecie.

1. Jabłko to <u>najsmaczniejszy owoc</u>.

   → Jabłko jest chyba ....

2. Chopin to <u>najsłynniejszy kompozytor</u>.

   → Chopin jest ....

3. Wenecja to <u>najpiękniejsze miasto</u>.

   → Wenecja jest ....

4. Mrówka to <u>najpracowitszy owad</u>.

   → Mrówka jest ....

5. Wawel to <u>najcenniejszy zabytek</u> kultury polskiej.

   → Wawel jest chyba .... kultury polskiej.

6. Język chiński to <u>najtrudniejszy język</u>.

   → Język chiński jest chyba ....

7. Chiny to <u>największe państwo</u>.

   → Chiny są ....

8. Luty to <u>najkrótszy miesiąc</u> w roku.

   → Luty na pewno jest .... w roku.

9. Śmierć rodziców to <u>najtragiczniejszy moment</u> życia.

   → Śmierć rodziców jest .... w życiu każdego człowieka.

10. Rozstanie to <u>najgorsza chwila</u> w życiu.

    → Rozstanie jest chyba .... w życiu zakochanych.

SAMOOCENA

\>[9] bdb   •   [9] + db   •   [8]   db   •   [7] +dst   •   >[6] dst   •   <[6] ndst

Jeśli w zadaniu testowym jest więcej niż dziesięć jednostek — przelicz sam!

Wydawnictwo Lingo

ZADANIE 65

Copyright by S. Mędak

Proszę przekształcić poniższe zdania według załączonego wzoru.

WZÓR

Katowice są <u>najpiękniejszym</u> miastem w Polsce.

→ To chyba przesada. Katowice są <u>najbrzydszym</u> miastem w Polsce.

1. Ten język jest <u>najłatwiejszym</u> językiem.

   → To chyba przesada. Ten język jest .... językiem, jaki znam.

2. Berno jest <u>największą</u> stolicą świata.

   → To chyba przesada. Berno jest chyba .... stolicą w Europie.

3. Japonia jest <u>najbiedniejszym</u> krajem w Azji.

   → To chyba przesada. Japonia jest chyba .... krajem na kontynencie azjatyckim.

4. Język duński jest <u>najbardziej melodyjnym</u> językiem na świecie.

   → To chyba przesada. Język duński — moim zdaniem — jest .... językiem.

5. Ronald Reagan był <u>najlepszym</u> amerykańskim aktorem.

   → To chyba przesada. Moim zdaniem R. Reagan był .... aktorem, jakiego znam.

6. Zima w Afryce jest <u>najdłuższą</u> porą roku.

   → To chyba przesada. Zima w Afryce jest chyba .... porą roku.

7. Polska jest <u>najbardziej tolerancyjnym</u> krajem w Unii Europejskiej.

   → To chyba przesada. Z moich doświadczeń wynika, że Polska jest .... krajem w europejskiej wspólnocie.

8. Twój brat jest <u>najgorszym</u> uczniem w szkole.

   → To chyba przesada. Mój brat jest .... uczniem w klasie!

9. Węgry są <u>najbardziej górzystym</u> krajem w Europie.

   → To chyba przesada. Węgry chyba są .... krajem w Europie.

10. Wojna w Zatoce Perskiej była <u>najdłuższą</u> wojną w historii ludzkości.

    → To chyba przesada. Ta wojna była chyba .... wojną.

Język polski à la carte, cz. III, op. cit.

SAMOOCENA

>[9] bdb • [9] + db • [8] db • [7] +dst • >[6] dst • <[6] ndst

Jeśli w zadaniu testowym jest więcej niż dziesięć jednostek — przelicz sam!

ZADANIE 66

Copyright by S. Mędak

Proszę wpisać w miejsce kropek właściwe dla poniżej podanych przymiotników ich formy w stopniu wyższym.

WZÓR

(inteligentny) Kto jest <u>bardziej inteligentny</u> *a. rzad.* <u>inteligentniejszy</u>: Adam czy ty?

(bogaty) 1. Kto jest ....: on czy ona?

(ciepły) 2. Czy ten sweter jest .... od tamtego?

(długa) 3. Czy Wisła jest .... od Odry?

(dobre) 4. Co jest ....: lody, galaretka czy tort?

(jasne) 5. Czy Krystyna ma .... włosy od włosów Kasi?

(lekka) 6. Która walizka jest ....: moja czy twoja?

(ładny) 7. Czy Kraków jest .... od Warszawy?

(pilny) 8. Czy twój syn jest .... od mojego syna?

(młody) 9. Kto jest ....: on czy jego brat?

(piękny) 10. Kto jest ....: Maria czy Iwona?

(smaczne) 11. Czy to danie jest .... niż poprzednie?

(wesoła) 12. Czy Helena jest .... od Anny?

(ważny) 13. Czy on jest .... niż ja?

(wysoki) 14. Czy Janek jest .... od twojego kuzyna?

(zły) 15. Czy mój tekst był .... od twojego tekstu?

SAMOOCENA

>[9] bdb • [9] + db • [8] db • [7] +dst • >[6] dst • <[6] ndst

Jeśli w zadaniu testowym jest więcej niż dziesięć jednostek — przelicz sam!

ZADANIE 67

Copyright by S. Mędak

Proszę wpisać w miejsce kropek właściwe formy przymiotników zaznaczonych kursywą (w zdaniu numer 6 i 8 — formę przysłówka) w stopniu najwyższym.

WZÓR

(dobry) <u>Najlepszym</u> sposobem na odszukanie właściwych odpowiedzi na dręczące nas pytania jest systematyczne wertowanie słowników, przewodników i innych publikacji.

Księga Rekordów Guinnessa to najciekawsza książka świata. (1) Jeśli chcesz dowiedzieć jaka jest .... *(gruba)* kobieta na świecie, ... *(długa)* rzeka na naszej planecie, ... *(stary)* żyjący człowiek, *(bogaty)* .... Amerykanin, ... *(wielki)* żółw, ... *(mały)* mężczyzna — otwórz tę księgę. (2) Księga ta jest pełna .... *(dziwne)* rekordów świata w różnych dziedzinach oraz najbardziej zaskakujących informacji.

(3) Czy wiesz, że .... *(długa)* operacja trwała 96 godzin? (4) Podczas tej operacji Gertrude Levandowski usunięto .... *(niebezpieczna)* torbiel świata. (5) .... *(wysoki)* budynek świata ma nazwę Taipei (Japonia, 101 pięter). (6) .... *(dużo)* zadanych pytań on–line otrzymał w 1997 roku Paul McCartney podczas promowania swojego albumu „Flaming Pie" (3 miliony pytań od fanów w ciągu 30 minut). (7) .... *(szybka)* na krótkich odległościach jest żeglica (Istiophorus platypterus). (8) .... *(długo)* żyjący kot nazywa się Kataleena Lady i nikt nie wie, ile ma lat. (9) .... *(długi)* most nosi nazwę Akshi Kaikyo (Japonia, 1991 metrów długości, 30 metrów wysokości). (10) .... *(krótki)* alfabet miał tylko 11 liter.

Powyższe informacje podano na podstawie Wikipedii 2006. Strona internetowa: pl.wikipedia.org.

SAMOOCENA

>[9] bdb • [9] + db • [8] db • [7] +dst • >[6] dst • <[6] ndst

Jeśli w zadaniu testowym jest więcej niż dziesięć jednostek — przelicz sam!

ZADANIE 68

Copyright by S. Mędak

Proszę wpisać w miejsce kropek właściwe formy stopnia najwyższego podkreślonych przymiotników (kolumna) A.

WZÓR

On jest <u>sympatyczny</u>?   → On jest <u>najsympatyczniejszy</u> z wszystkich.

A.	B.
1. On jest <u>życzliwy</u>?	→ On jest .... z wszystkich.
2. On jest <u>zaangażowany</u>?	→ On jest .... z wszystkich.
3. Ona jest <u>leniwa</u>?	→ Ona jest .... z wszystkich.
4. Ona jest <u>miła</u>?	→ Ona jest .... z wszystkich.
5. Czy Piotr jest <u>odważny</u>?	→ Piotr jest .... z wszystkich.
6. Ten kwiat jest <u>piękny</u>?	→ Ten kwiat jest .... z wszystkich.

7. Ten owoc jest <u>smaczny</u>? → Ten owoc jest .... z wszystkich.

8. To dziecko jest <u>spokojne</u>? → Ono jest .... z wszystkich.

9. Twój ojciec jest <u>uczciwy</u>? → Mój ojciec jest .... z wszystkich.

10. Czy ty jesteś <u>szczery</u>? → *(Ja)* jestem .... z wszystkich.

SAMOOCENA

>[9] bdb • [9] + db • [8] db • [7] +dst • >[6] dst • <[6] ndst

Jeśli w zadaniu testowym jest więcej niż dziesięć jednostek — przelicz sam!

ZADANIE 69

Copyright by S. Mędak

Proszę wpisać w miejsce kropek właściwe formy stopnia wyższego podkreślonych przymiotników.

WZÓR

a. To jest <u>normalne</u>!? → Nie ma niczego <u>bardziej normalnego</u>.

b. To jest <u>smaczne</u>!? → Nie ma niczego <u>smaczniejszego</u>.

1. To jest <u>brzydkie</u>!? → Nie ma niczego ....!

2. To jest <u>fenomenalne</u>!? → Nie ma niczego ....!

3. To jest <u>gorzkie</u>!? → Nie ma niczego ....!

4. To jest <u>mocne</u>!? → Nie ma niczego ....!

5. To jest <u>obskurne</u>!? → Nie ma niczego ....!

6. To jest <u>przyjemne</u>!? → Nie ma niczego ....!

7. To jest <u>słodkie</u>!? → Nie ma niczego ....!

8. To jest <u>świeże</u>!? → Nie ma niczego ....!

9. To jest <u>twarde</u>!? → Nie ma niczego ....!

10. To jest <u>znakomite</u>!? → Nie ma niczego ....!

SAMOOCENA

>[9] bdb • [9] + db • [8] db • [7] +dst • >[6] dst • <[6] ndst

Jeśli w zadaniu testowym jest więcej niż dziesięć jednostek — przelicz sam!

WYRAZY: *MÓJ, MOJA, MOJE* || *MOI, MOJE; SWÓJ, SWOJA, SWOJE* || *SWOI, SWOJE*

ZADANIE 70

Copyright by S. Mędak

Proszę wpisać w miejsce kropek właściwe formy następujących wyrazów: *swój | swoja / swoje* || *swoi, swoje.*

WZÓR

On myśli wyłącznie o swojej karierze, o swoich przyjemnościach i o swoich sprawach.

1. Miał .... sprawy, ... przyjaciół i .... przyjemności.
2. Miała .... konto w banku, ... szofera i .... tajemnice.
3. Mówiła wyłącznie o .... mężu i .... dzieciach.
4. Myślę o .... dziecku, ... problemach i .... obowiązkach.
5. Najbardziej kochał .... dziadka, ... babcię i .... synka.
6. Nigdy nie rozstawał się ze .... pistoletem oraz .... portfelem.
7. On interesuje się tylko .... życiem, ... sportem i .... zdrowiem.
8. On szuka od godziny .... zeszytu, ... książki i .... pióra.
9. Pomagał .... rodzicom, ... sąsiadce i .... kolegom.
10. Sprzedał .... majątek, ... samochód i .... udziały w banku.

SAMOOCENA

>[9] bdb • [9] + db • [8] db • [7] +dst • >[6] dst • <[6] ndst

Jeśli w zadaniu testowym jest więcej niż dziesięć jednostek — przelicz sam!

ZADANIE 71

Copyright by S. Mędak

Proszę wpisać w miejsce kropek właściwe formy wyrazów: *swój | swoja / swoje* || *swoi, swoje* **uzupełniające poniższe (wycieniowane w tekście) wyrażenia frazeologiczne.**

WZÓR

Pilnowała własnego bezpieczeństwa, więc wszyscy mówili, że boi się o swoją skórę.

1. Była do przesady ostrożna, więc mąż mówił o niej jako kobiecie, która boi się .... cienia.
2. Była zawsze odpowiedzialna, a więc wzięła na .... barki ciężar utrzymania całej rodziny.
3. Ponieważ był zawodowym wędkarzem, w rozmowach z początkującymi kolegami, które dotyczyły łowienia ryb, czuł się w .... żywiole.

4. Kiedy policja ujęła groźnego mordercę, mieszkańcy miasteczka wykrzyknęli: Wreszcie dostali go w .... ręce.

5. Nie obawiała się ataku dziennikarzy, którzy byli jej sojusznikami, i wiedziała, że od lat ma ich po .... stronie.

6. Pora się żenić synu! Wkrótce twoje trzydzieste urodziny. Masz .... lata!

7. Ona nie ma żadnych układów z kadrą kierowniczą, a więc zawsze może mieć .... zdanie.

8. W tym dziwnym świecie, tylko najsilniejsi wychodzą na ...., osiągając zyski z wszystkiego.

9. Nie wtrącała się do niczego, nie mieszała się do cudzych spraw; jednym słowem pilnowała .... nosa.

10. Realizowała swoją wolę wbrew sprzeciwom rodziny i zawsze stawiała na ....

SAMOOCENA

>[9] bdb • [9] + db • [8] db • [7] +dst • >[6] dst • <[6] ndst

Jeśli w zadaniu testowym jest więcej niż dziesięć jednostek — przelicz sam!

ZADANIE 72

Copyright by S. Mędak

Proszę wpisać w miejsce kropek właściwe formy wyrazów: *mój | moja | moje || moi, moje; swój | swoja | swoje || swoi, swoje.*

WZÓR

Czy napisałeś już wypracowanie?   Tak. — A więc pokaż mi to swoje wypracowanie!

1. Czy jeszcze tego nie zrozumiałeś?   Nie wszystko, ale zrozumiem to w .... czasie.

2. Czy masz kalendarz na ten rok?   Nie mam przy sobie .... kalendarza.

3. Czy on pojechał do rodziców?   Tak. Pojechał do .... rodziców, bo oni są chorzy.

4. Czy ona jest egoistką?   Tak. Ona myśli tylko o .... sprawach.

5. Czy ona ma dzieci?   Tak. I w dodatku bardzo kocha .... dzieci.

6. Czy posprzątałeś w pokoju?   Tak. Wszystko leży na .... miejscu.

7. Czy przyjechał do niej ukochany?   Nie. Ona nie widziała .... ukochanego od tygodnia.

8. Czy to są twoje książki?   Nie. Wszystkie .... książki już spakowałem.

9. Czy to są twoje rzeczy?   Tak. Zaraz zabiorę wszystkie .... rzeczy.

10. Czy ty pijesz moje piwo?   Ależ nie! Piję .... ukochane czeskie piwo.

SAMOOCENA

>[9] bdb • [9] + db • [8] db • [7] +dst • >[6] dst • <[6] ndst

Jeśli w zadaniu testowym jest więcej niż dziesięć jednostek — przelicz sam!

ZADANIE 73

Proszę wpisać w miejsce kropek właściwe formy wyrazów: *mój | moja / moje || moi, moje; swój | swoja / swoje || swoi, swoje.*

WZÓR

Masz mój parasol w walizce?   Nie. Mam tylko swój parasol.

1. Interesuje cię moje życie?   Nie. Interesuje mnie wyłącznie .... życie.
2. Jesz moje kanapki?   Nie. Jem na pewno .... kanapki.
3. Macie moje dokumenty?   Nie. Mamy wyłącznie .... dokumenty.
4. On walczy o nasze prawa?   Nie. On walczy o .... prawa.
5. Piszesz moim piórem?   Nie. Piszę .... wiecznym piórem.
6. Przedstawił mój projekt do oceny?   Nie. Przedstawił tylko .... projekt do oceny.
7. Przejmujesz się jej synem?   Nie. Przejmuję się wyłącznie .... synem.
8. Wziąłeś moje skarpetki?   Nie. Wziąłem .... grube skarpetki.
9. Zajmujesz się jego dzieckiem?   Nie. Zajmuję się .... dzieckiem.
10. Załatwiłaś moją sprawę?   Nie. Na razie załatwiłam .... sprawę.

SAMOOCENA

>[9] bdb • [9] + db • [8] db • [7] +dst • >[6] dst • <[6] ndst

Jeśli w zadaniu testowym jest więcej niż dziesięć jednostek — przelicz sam!

ZADANIE 74

Proszę wpisać w miejsce kropek właściwe formy wyrazów: *mój | moja / moje || moi, moje; swój | swoja / swoje || swoi, swoje.*

WZÓR

Matka:	Syneczku, umyłeś rączki przed obiadem?
Syn:	Tak. Umyłem.
Matka:	A więc pokaż mi te swoje umyte rączki.

1. *Maria:*   Czyj jest ten piękny dom?
   Józef: Chyba żartujesz! Przecież wiesz, że to jest .... własny dom.
2. *Maria:*   Czy masz kalendarz na ten rok?
   Józef: Nie mam przy sobie .... kalendarza.

3. *Maria:* Czy wujek Jacek już pojechał do rodziców?

   Józef: Tak. Pojechał do .... rodziców, bo są chorzy.

4. *Maria:* Czy *(ja)* jestem egoistką?

   Józef: Tak. Ty myślisz tylko o .... sprawach.

5. *Maria:* Czy Krystyna ma jeszcze dziadków?

   Józef: Tak. I w dodatku bardzo kocha .... dziadków.

6. *Maria:* Czy dalej obstajesz przy tym, co powiedziałeś?

   Józef: Zdecydowanie obstaję przy .... zdaniu.

7. *Maria:* Czy przyjechał do niej ukochany?

   Józef: Nie. Ona nie widziała .... ukochanego od tygodnia.

8. *Maria:* Czyje to książki, które leżą na stole w kuchni?

   Józef: Dlaczego pytasz?! Przecież wiesz, że to są .... książki.

9. *Maria:* Czy to są twoje rzeczy?

   Józef: Tak. Zaraz zabiorę wszystkie .... rzeczy.

10. *Maria:* Czy chciałbyś wrócić do ojczyzny?

    Józef: Tak. Chciałbym wrócić na .... śmieci.

SAMOOCENA

>[9] bdb • [9] + db • [8] db • [7] +dst • >[6] dst • <[6] ndst

Jeśli w zadaniu testowym jest więcej niż dziesięć jednostek — przelicz sam!

ZADANIE 75

Copyright by S. Mędak

Proszę wpisać w miejsce kropek właściwe formy następujących wyrazów: *mój / moja / moje; swój / swoja / swoje; jego / jej / ich.*

WZÓR

Sytuacja:

Są trzy parasole: czerwony, czarny i niebieski.

→ Parasol czerwony należy do Janka.

→ Parasol czarny należy do Krzysztofa.

→ Parasol niebieski należy do Piotra.

Rozmawiają: Janek i Krzysztof.

Janek: Krzysztofie! Czy ten czarny parasol jest **twój**?

Krzysztof: Tak. Czarny parasol jest **mój**.

Janek: Dlaczego wziąłeś niebieski parasol? To jest parasol Piotra. To jest **jego** parasol.

Krzysztof: Wziąłem **swój** parasol. Czarny. Czy nie widzisz, że to jest czarny parasol?

Janek: A Piotr? Który parasol wziął?

Krzysztof: Piotr wziął **swój** parasol. Niebieski. To jest **jego** parasol.

Janek: Ja też wziąłem **swój** parasol. Czerwony. To jest **mój** parasol.

Sytuacja:

Są trzy walizki: mała, średnia i duża.

→ Syn powinien rozpakować małą walizkę, bo to jest jego walizka.

→ Matka powinna rozpakować średnią walizkę, bo to jej walizka.

→ Ojciec powinien rozpakować dużą walizkę, bo to jest jego walizka.

Ojciec: (1) Czy rozpakowałaś już .... dużą walizkę?

Matka: (2) To nie jest .... walizka. To jest .... walizka. Ja nie będę rozpakowywać .... walizki. Mam .... do rozpakowania.

Ojciec: A może rozpakowałabyś walizkę syna?

Matka: (3) .... walizkę?

Matka: (4) Synku, dlaczego nie rozpakowałeś .... walizki?

Syn: (5) Nie będę rozpakowywał .... walizki. (6) Tato rozpakuje i .... i ....

Ojciec: (7) Ja nie będę rozpakowywać ani .... (←*on*) walizki, ani .... (←*ty*) walizki. (8) Każdy ma .... walizkę do rozpakowania.

Matka: Masz rację kochanie. (9) Najlepiej będzie, jeśli każdy rozpakuje .... walizkę. (10) Ja rozpakuję .... (←*ja*) walizkę, ty (*mówi do męża*) rozpakujesz ...., a nasz synek rozpakuje .... walizkę. Zrozumiałeś?! Jasne?!

Syn: (11) Ostatecznie mogę rozpakować (*pokazuje na ojca*) .... walizkę. (12) Mogę również rozpakować (*pokazuje na matkę*) .... walizkę.

Syn: (*zostaje sam w przedpokoju i mówi do siebie*) (13) Ta mała walizka (*patrzy na stojące walizki*) jest .... (←*ja*), ta średnia chyba .... (←*ona*), ta duża jest .... (←*on*). Tak. (14) Ta najmniejsza jest ...., a duża i średnia to ...... (←*oni*) walizki. (15) Zacznę więc od .... walizki, tej najmniejszej.

na podstawie: *Język polski à la carte*, cz. III

SAMOOCENA

>[9] bdb   •   [9] + db   •   [8]   db   •   [7] +dst   •   >[6] dst   •   <[6] ndst

Jeśli w zadaniu testowym jest więcej niż dziesięć jednostek — przelicz sam!

ZADANIE 76

Copyright by S. Mędak

polecenie i wzór jak w zadaniu testowym 75

Sytuacja:

W warsztacie samochodowym są trzy samochody:

1. → mały samochód Adama.

2. → średni samochód Piotra.

3. → oraz największy samochód należący do osoby, której nie znamy.

Pytania zadaje właściciel warsztatu samochodowego oraz osoba nieznana:

a.

Właściciel: Gdzie jest samochód Adama?

Piotr: (1) Adam wziął .... mały samochód i wyjechał.

b.

Właściciel: Gdzie jest samochód Piotra?

Adam: (2) Piotr wziął .... średni samochód i wyjechał.

c.

Osoba nieznana: (3) Gdzie jest .... największy samochód?

Właściciel: Adam, gdzie jest samochód tego pana?

Adam: (4) Chyba Piotr wziął .... samochód i pojechał.

Właściciel: (5) Dlaczego Piotr nie wziął .... samochodu?

Adam: (6) Pewnie .... samochód jest taki sam, jak samochód tego pana. Może się pomylił?

(po upływie dwóch godzin)

d.

Adam: (7) Piotrze, czy ty wziąłeś .... średni samochód?

Piotr: (8) Tak. To był .... średni samochód.

Osoba nieznana: (9) Nie. To nie był pana samochód. To był .... samochód.

Właściciel: (10) .... samochód jest takiej samej marki, ale jest większy.

Piotr (11) Przepraszam, ale nie wziąłem dzisiaj ze sobą .... okularów.

SAMOOCENA

>[9] bdb • [9] + db • [8] db • [7] +dst • >[6] dst • <[6] ndst

Jeśli w zadaniu testowym jest więcej niż dziesięć jednostek — przelicz sam!

ZADANIE 77

Copyright by S. Mędak

Proszę wpisać w miejsce kropek właściwe formy następujących wyrazów: *swój /*
swoja / swoje ... || *mój / moja / moje ... .*

WZÓR

Czy skończyłeś już pisać swoje ćwiczenie? → Moje ćwiczenie już zostało napisane.

swój / swoja / swoje ...	*mój / moja / moje ...*
1. Czy jeździsz już .... samochodem?	→ Nie. .... samochód jest wciąż w naprawie.
2. Czy naprawiłeś .... samochód?	→ .... samochód został już naprawiony.
3. Czy posprzątasz w .... pokoju?	→ .... pokój już posprzątała babcia.
4. Czy spotkałeś się ze .... promotorem?	→ Nie, ponieważ ...... promotor już nie żyje.
5. Czy weźmiesz .... dzieci na wycieczkę?	→ Nie wezmę. .... dzieci są u babci.
6. Czy widziałeś .... sekretarkę w kinie?	→ .... sekretarka nigdy nie chodzi do kina.
7. Czy widziałeś się ze .... szefem?	→ Nie. .... szef jest w szpitalu.
8. Czy wychowałaś właściwie .... dzieci?	→ Tak. .... dzieci są dobrze wychowane.
9. Czy wyprałeś .... koszule?	→ .... koszule wiszą już w szafie.
10. Czy wziąłeś .... dokumenty?	→ .... dokumenty są w samochodzie.

SAMOOCENA

>[9] bdb • [9] + db • [8] db • [7] +dst • >[6] dst • <[6] ndst

Jeśli w zadaniu testowym jest więcej niż dziesięć jednostek — przelicz sam!

ZADANIE 78

Copyright by S. Mędak

**Proszę wpisać w miejsce właściwe (punkty: b, c) wyrazy według poniżej załączo-
nego wzoru.**

WZÓR

Czy to jest twój parasol?

    a. Nie. To jest parasol sąsiadki.

    b. To jest jej parasol.

    c. Mój parasol jest w piwnicy.

1. Czy to jest twój syn?

    a. Nie. To jest syn tego pana.

    b. To jest .... syn.

    c. .... syn jest na wakacjach.

2. Czy to jest wasz dom?

   a. Nie. To jest dom babci i dziadka.

   b. To jest .... dom.

   c. .... dom stoi trochę dalej.

3. Czy to jest twoja dziewczyna?

   a. Nie. To jest dziewczyna tego chłopca.

   b. To jest .... dziewczyna.

   c. .... dziewczyna tutaj nie mieszka.

4. Czy twój ojciec jest inżynierem?

   a. Nie. Ojciec Tomasza jest inżynierem.

   b. .... ojciec jest inżynierem.

   c. .... ojciec jest kucharzem.

5. Czy twoja matka jest śpiewaczką?

   a. Nie. Matka Tomasza jest śpiewaczką.

   b. .... matka jest śpiewaczką.

   c. .... matka jest sprzątaczką.

SAMOOCENA

>[9] bdb • [9] + db • [8]   db • [7] +dst • >[6] dst • <[6] ndst

Jeśli w zadaniu testowym jest więcej niż dziesięć jednostek — przelicz sam!

ZADANIE 79

Copyright by S. Mędak

Proszę wpisać w miejsce kropek właściwe formy następujących wyrazów: *mój / moja / moje ... || twój / twoja, twoje ... || swój / swoja / swoje || jej / jego, ich.*

WZÓR

On przyszedł na spotkanie ze swoją dziewczyną.

Przedstawiając ją, powiedział: → To jest moja dziewczyna.

Ktoś potem powiedział: → Jego dziewczyna jest bardzo sympatyczna.

1. Ona przyszła na imieniny ze swoim chłopcem.

Przedstawiając go, powiedziała. To jest .... chłopiec.

Ktoś potem powiedział: .... chłopiec jest bardzo sympatyczny.

2. Matka przyszła do szkoły z młodszym synem i ze starszym synem.

Prezentując chłopców, powiedziała: To są .... synowie.

Ktoś potem powiedział: .... synowie są bardzo przystojni.

3. Dyrektor wszedł do sali konferencyjnej ze swoją żoną, która była księgową.

Przedstawiając ją, powiedział: To jest .... księgowa.

Ktoś potem powiedział: .... księgowa jest jednocześnie .... żoną?!

4. Wziął wszystkie rzeczy i wyszedł z domu.

Wychodząc, powiedział: Wziąłem tylko .... podręczne rzeczy.

Jego żona odpowiedziała: .... drogi! Weź również .... brudne rzeczy, które leżą w łazience.

5. Wczoraj przyjechała do nas ciocia z trojgiem dzieci na weekend.

Wchodząc do mieszkania, powiedziała: Oto troje .... dzieci.

Po wyjeździe cioci z dziećmi najstarszy syn powiedział: Mamo, ... dzieci są bardzo mądre.

SAMOOCENA

>[9] bdb • [9] + db • [8] db • [7] +dst • >[6] dst • <[6] ndst

Jeśli w zadaniu testowym jest więcej niż dziesięć jednostek — przelicz sam!

ZADANIE 80

Copyright by S. Mędak

Proszę wpisać w miejsce kropek właściwe formy wyrazów *mój / swój; jego / jej / ich.*

WZÓR

Janek:	*Maria:*	*trzecia osoba:*
Masz **moją** książkę?	Nie. Mam **swoją**.	Kto ma **jego** książkę? [książka Janka]
Masz **moją** książkę?	Nie. Mam **swoją**.	Kto ma **jej** książkę? [książka Marii]
Krystyna i Janek:	*Piotr:*	*trzecia osoba:*
Masz **naszą** książkę?	Nie. Mam **swoją**.	Kto ma **ich** książkę? [książka Janka i Marii]

1. Masz moje pióro?	Nie. Mam	Kto ma .... pióro? [pióro Janka]
2. Pijesz moje piwo?	Nie. Piję	Kto pije .... piwo? [piwo Janka]
3. Jesz moją kanapkę?	Nie. Jem	Kto je .... kanapkę? [kanapka Janka]
4. Masz mój test?	Nie. Mam	Kto ma .... test? [test Janka]
5. Masz moje radio?	Nie. Mam	Kto ma .... radio? [radio Marii]
6. Jesz moją sałatkę?	Nie. Jem	Kto je .... sałatkę? [sałatka Marii]
7. Masz mój ołówek?	Nie. Mam	Kto ma .... ołówek? [ołówek Marii]
8. Masz nasze auto?	Nie. Mam	Kto ma .... auto? [auto Janka i Marii]
9. Masz nasz kod?	Nie. Mam	Kto ma .... kod? [kod Janka i Marii]
10. Lubisz nasze dziecko?	Nie. Lubię	Kto lubi .... dziecko? [dziecko J. i M.]

SAMOOCENA

>[9] bdb • [9] + db • [8] db • [7] +dst • >[6] dst • <[6] ndst

Jeśli w zadaniu testowym jest więcej niż dziesięć jednostek — przelicz sam!

ZADANIE 81

Copyright by S. Mędak

Proszę wpisać w miejsce kropek właściwe formy następujących wyrazów: *mój / moja / moje ...* || *swój / swoja / swoje ...* **zgodnie z podanym wzorem.**

WZÓR

Chcesz moją zupę pomidorową? → Nie. Wolę swoją zupę pieczarkową.

mój / moja / moje ...   *swój / swoja / swoje ...*

1. Chcesz .... parasolkę? → Nie. Wolę .... parasolkę.
2. Czy czytałeś .... wiersze? → Nie. Czytam tylko .... wiersze.
3. Naprawisz mi .... auto? → Nie. Najpierw muszę naprawić .... auto.
4. Odniesiesz do pralni .... bieliznę? → Nie. Najpierw muszę odnieść .... bieliznę.
5. Pocałujesz .... chłopca? → Nie. Całuję wyłącznie .... chłopca.
6. Pójdziesz na spacer z .... synem? → Nie. Wolę iść na spacer ze .... synem.
7. Rozmawiałeś z .... kolegą? → Nie. Wolę rozmawiać ze .... kolegą.
8. Wyrzuciłeś .... buty do śmietnika? → Nie. Wyrzuciłem .... stare buty do śmietnika.
9. Zajmiesz się .... dziećmi? → Nie. Wolę zająć się .... dziećmi.
10. Zajmiesz się .... sprawami? → Nie. Najpierw muszę się zająć .... sprawami.

SAMOOCENA

>[9] bdb • [9] + db • [8] db • [7] +dst • >[6] dst • <[6] ndst

Jeśli w zadaniu testowym jest więcej niż dziesięć jednostek — przelicz sam!

ZADANIE 82

Copyright by S. Mędak

Proszę wpisać w miejsce kropek właściwe formy wyrazów *mój / moja / moje ...* || *swój / swoja / swoje ...* **w liczbie pojedynczej lub mnogiej.**

WZÓR

To jest **moja** matka, a to jest **jego** matka.   → On lubił **moją** matkę, a kochał **swoją**.

                                            mój / moja / moje ... || *swój / swoja / swoje ...*

1. To jest moja sąsiadka, a to jego sąsiadka. → Rozmawiał długo z .... sąsiadką,
                                                         a potem ze ....
2. To jest moje dziecko, a to jest jej dziecko. → Ona bawiła się z .... dzieckiem i ze ....
3. To jest mój kolega, a to jest jej kolega. → Ona rozmawiała z .... kolegą i ze ....
4. To jest mój rower, a to jest jego rower. → Najpierw jechał .... rowerem, a potem ....

5. To jest mój brat, a to jest jego brat. → Ona bawiła się z .... bratem i ze ....

6. To są moi dziadkowie, a to jego. → On lubił .... dziadków, a kochał ....

7. To są moje dzieci, a to są jej dzieci. → Ona krzyczała na .... dzieci i na ....

8. To są moje sanki, a to są ich sanki. → Oni jeździli na .... sankach i na ....

9. To są moje dokonania, a to są ich. → Oni nigdy nie mówią o .... dokonaniach, ale wyłącznie o ....

10. To są moje artykuły, a to są jego. → On nie czyta .... artykułów, tylko ....

SAMOOCENA

>[9] bdb • [9] + db • [8] db • [7] +dst • >[6] dst • <[6] ndst

Jeśli w zadaniu testowym jest więcej niż dziesięć jednostek — przelicz sam!

ZADANIE 83

Proszę wpisać w miejsce kropek właściwe formy wyrazów *swój / swoja / swoje ...* w liczbie pojedynczej lub mnogiej (kolumna A). W miejsce kropek (kolumna B) proszę wpisać właściwe formy zaimków dzierżawczych *jego, jej, ich.*

WZÓR

On kochał swoją matkę. → Jego matka była wspaniałą matką.

A.   **B.**

1. Ona spacerowała ze .... chłopcem. → .... chłopiec był marynarzem.

2. On rozmawiał ze .... starszym synem. → .... syn był maturzystą.

3. Oni szli ze .... dziećmi na spacer. → .... dzieci były jeszcze bardzo małe.

4. On lubił .... psa. → .... pies był rasowym i mądrym psem.

5. Bardzo lubił .... pracę w UJ. → .... praca dawała mu wiele satysfakcji.

6. Dziadkowie kochali .... wnuków. → A dziadków uwielbiali .... wnukowie.

7. Zakochał się w .... sąsiadce. → .... sąsiadka była naprawdę piękna.

8. Uwielbiała .... rodzinę. → .... rodzina była naprawdę wspaniała.

9. One lubiły opowiadać sobie .... tajemnice. → .... tajemnice dotyczyły chłopców.

10. Ci panowie zajmują się .... sprawami. → .... sprawy dotyczą głównie handlu.

SAMOOCENA

>[9] bdb • [9] + db • [8] db • [7] +dst • >[6] dst • <[6] ndst

Jeśli w zadaniu testowym jest więcej niż dziesięć jednostek — przelicz sam!

ZAIMKI

ZADANIE 84

Copyright by S. Mędak

Proszę wpisać w miejsce kropek właściwe formy zaimków osobowych.

WZÓR

(wy)   Czekam na was już od godziny.

(ja)   1. Lubisz ...., kochanie?

(my)   2. Bez .... nie dałby sobie rady.

(on)   3. Zaprośmy również .... na nasz jubileusz.

(on)   4. Myślę całymi dniami tylko o ....

(on)   5. Pójdę do .... jutro wieczorem.

(ona)   6. Dzięki .... jestem kimś.

(one)   7. Spotkałem .... w mojej ulubionej kawiarni.

(oni)   8. Pożyczyłem od .... dużo pieniędzy.

(oni)   9. Nigdy nie mogłem polegać na ....

(oni)   10. Przed chwilą spotkałem .... na ulicy.

(one)   11. Kto pójdzie po .... na dworzec?

(oni)   12. Serdecznie .... nie lubię!

(ty)   13. Kocham tylko ...., Janie!

(wy)   14. Zapraszamy .... na nasze wesele.

(wy)   15. Nienawidzę ...., bo jesteście złośliwi!

SAMOOCENA

>[9] bdb • [9] + db • [8] db • [7] +dst • >[6] dst • <[6] ndst

Jeśli w zadaniu testowym jest więcej niż dziesięć jednostek — przelicz sam!

ZADANIE 85

Copyright by S. Mędak

Proszę wpisać w wolne miejsca oznaczone nawiasem kwadratowym odpowiednie formy zaimków wskazujących do poniżej podanych wyrazów.

WZÓR

[ten] **stół**   [ta] **tablica**   [to] **okno**   [te] **książki**   [ci] **panowie**   [te] **panie**

	1.	2.	3.	4.	5.	6.
1.	[ ] poeta	[ ] muzeum	[ ] chłopcy	[ ] dzieci	[ ] kot	[ ] dziecko
2.	[ ] sól	[ ] maj	[ ] bracia	[ ] Węgry	[ ] Indie	[ ] ćwiczenie
3.	[ ] pani	[ ] tydzień	[ ] zwierzęta	[ ] okulary	[ ] jabłka	[ ] danie
4.	[ ] kolega	[ ] dzień	[ ] studentki	[ ] ptaki	[ ] siostry	[ ] pisanie
5.	[ ] noc	[ ] miesiąc	[ ] kierowcy	[ ] dziadek	[ ] Szwedzi	[ ] picie
6.	[ ] lato	[ ] rok	[ ] aktorzy	[ ] lekarze	[ ] Szwedki	[ ] jedzenie
7.	[ ] oko	[ ] lata	[ ] kwiat	[ ] Polki	[ ] rodzice	[ ] Kowalski
8.	[ ] zadanie	[ ] człowiek	[ ] imię	[ ] język	[ ] rodzina	[ ] Kowalska
9.	[ ] jesień	[ ] ludzie	[ ] Polacy	[ ] pies	[ ] synowie	[ ] Chiny
10.	[ ] podróż	[ ] Czesi	[ ] Węgrzy	[ ] Czechy	[ ] Litwa	[ ] Katowice

SAMOOCENA

>[9] bdb • [9] + db • [8] db • [7] +dst • >[6] dst • <[6] ndst

Jeśli w zadaniu testowym jest więcej niż dziesięć jednostek — przelicz sam!

ZADANIE 86

Copyright by S. Mędak

Proszę wpisać w miejsce kropek właściwe formy zaimków osobowych.

WZÓR

(on)   Widziałem go wczoraj w programie telewizyjnym.

(ja)   1. Nigdy nie rozmawiałeś ze .... na ten temat.

(ja)   2. Powiedz .... głośno, że mnie kochasz.

(on)   3. Marzę o .... całymi dniami.

(ona)   4. Wspominam często moją ojczyznę, bo tęsknię za ....

(ona)   5. Lepiej to powiedzieć .... niż mnie.

(one)   6. Spotykam .... w każdą sobotę w klubie dla intelektualistek.

(one)   7. Krystyna i Zosia?! — Miałem zawsze z .... dużo kłopotów!

(oni)   8. Nie spotykam się z .... już od wielu lat.

(ty)   9. Nie mogę płakać przed .... I tak tego nie zrozumiesz!

(ty)   10. Zawsze kiedy potrzebuję ...., jesteś zajęty.

SAMOOCENA

\>[9] bdb • [9] + db • [8]   db • [7] +dst • >[6] dst • <[6] ndst

Jeśli w zadaniu testowym jest więcej niż dziesięć jednostek — przelicz sam!

ZADANIE 87

Copyright by S. Mędak

Proszę wpisać w miejsce kropek właściwe formy zaimków osobowych.

WZÓR

(oni)   Przyjeżdżają koledzy. Muszę wyjść naprzeciwko nim.

(ja)   1. Spaliłem wszystkie mosty za sobą. Przede .... nie ma żadnej przyszłości.

(on)   2. Miała wspaniałego męża. Kochała ...., jak nikogo innego.

(on)   3. Zawdzięczam to Piotrowi. Dzięki .... rzuciłem palenie.

(on)   4. To był wyjątkowy chłopiec. Zakochała się w .... na śmierć.

(on)   5. To on wyrzucił ją z pracy. Przez .... nie zrobiła kariery.

(ona)   6. Stała się narkomanką. Lekarz powiedział, że nic z .... już nie będzie.

(oni)   7. Są młodzi i zdolni. Przed .... jeszcze całe długie życie.

(ty)   8. Mam tylko ciebie w życiu. Poza .... nie mam już nikogo.

(ty)   9. ...., Staszku, wierzę. Ty nigdy nie kłamiesz.

(wy)   10. Bardzo was lubię. Przy .... czuję się naprawdę dobrze.

SAMOOCENA

\>[9] bdb • [9] + db • [8]   db • [7] +dst • >[6] dst • <[6] ndst

Jeśli w zadaniu testowym jest więcej niż dziesięć jednostek — przelicz sam!

ZADANIE 88

Copyright by S. Mędak

Proszę wpisać w miejsce kropek właściwe formy wyrazów *tamten / tamta / tamto; tamci / tamte* w liczbie pojedynczej lub mnogiej.

WZÓR

Ten student jest wysoki.   Tamten student też jest wysoki.

1. Ten budynek jest ładny.   .... budynek też jest ładny.
2. Ten pan jest przystojny.   .... panowie też są przystojni.
3. Ta kobieta jest zgrabna.   .... kobieta też jest zgrabna.
4. Ta książka jest znakomita.   .... książka też jest znakomita.
5. To dziecko jest grzeczne.   .... dziecko też jest grzeczne.
6. To okno jest brudne.   .... okno jest też brudne.
7. To imię jest ładne.   .... imiona też były ładne.
8. To ćwiczenie jest trudne.   .... ćwiczenie też było trudne.
9. Te domy są nowoczesne.   .... domy też są nowoczesne.
10. Te dziewczyny są młode.   .... dziewczyny też są młode.
11. Te czekolady są drogie.   .... czekolady też są drogie.
12. Te schody są czyste.   .... schody też są czyste.
13. Te okulary są brzydkie.   .... okulary też są brzydkie.
14. Ci lekarze są wyjątkowi.   .... lekarze też byli wyjątkowi.
15. Ci panowie są eleganccy.   .... panowie też byli eleganccy.

SAMOOCENA

>[9] bdb   •   [9] + db   •   [8]   db   •   [7] +dst   •   >[6] dst   •   <[6] ndst

Jeśli w zadaniu testowym jest więcej niż dziesięć jednostek — przelicz sam!

ZADANIE 89

Copyright by S. Mędak

Proszę przekształcić zdania w liczbie pojedynczej na zdania w liczbie mnogiej.

WZÓR

Ten człowiek jest biedny.   → Ci ludzie też są biedni.

1. Ta aktorka jest zdolna.   → .... też ....
2. Ta sałatka jest smaczna.   → .... też ....

3. Ten chłopiec jest grzeczny. → .... też ....

4. Ten koń jest silny. → .... też ....

5. Ten liść jest pożółkły. → .... też ....

6. Ten pies jest zły. → .... też ....

7. Ten przyjaciel jest serdeczny. → .... również ....

8. Ten starzec jest chory. → .... również ....

9. To dziecko jest spokojne. → .... również ....

10. To imię jest ładne. → .... również ....

SAMOOCENA

>[9] bdb • [9] + db • [8] db • [7] +dst • >[6] dst • <[6] ndst

Jeśli w zadaniu testowym jest więcej niż dziesięć jednostek — przelicz sam!

ZADANIE 90

Copyright by S. Mędak

Proszę wpisać w miejsce kropek właściwe formy wyrazu *to*.

WZÓR

Długo myślałem o tym, co mi wczoraj powiedziałaś.

1. Czy możesz mi podać .... pióro, które bezczynnie leży na biurku?

2. Czytam wyłącznie ...., co jest ważne dla mnie.

3. Długo rozmawialiśmy o ...., co się wydarzyło na Bałkanach.

4. Kup mi ...., co najbardziej lubię.

5. Nie czyń drugiemu ...., co tobie niemiłe.

6. Tęsknię za ...., co utraciłem na zawsze.

7. Uczę się ...., co mnie najbardziej interesuje.

8. Zastanawiałem się nad ...., co nam przyniesie przyszłość.

9. Zastanowiło mnie ...., o czym ona mówiła wczoraj.

10. Zawsze wystrzegam się ...., co prowadzi do złego.

SAMOOCENA

>[9] bdb • [9] + db • [8] db • [7] +dst • >[6] dst • <[6] ndst

Jeśli w zadaniu testowym jest więcej niż dziesięć jednostek — przelicz sam!

ZADANIE 91

Copyright by S. Mędak

Proszę wpisać w miejsce kropek właściwe formy zaimków osobowych.

WZÓR

(ja)   Czy zaprosisz mnie na twój jubileusz?

(wy)   1. Czy zaprosili .... wreszcie na to przyjęcie?

(on)   2. Katarzyno, napisz do .... wreszcie list!

(on)   3. Podoba mi się .... malarstwo z okresu wiedeńskiego.

(ona)   4. Studenci rozmawiali z .... ponad dwie i pół godziny.

(ona)   5. Zaprosiliśmy .... do restauracji na urodzinową kolację.

(one)   6. Pojedziemy z .... na wycieczkę do Zakopanego.

(oni)   7. Napisałam o .... interesującą rozprawę.

(oni)   8. Spotkałem .... wczoraj zupełnie niespodziewanie.

(ty)   9. Ewo, w trudnych chwilach będę zawsze przy ....

(wy)   10. Mam dla .... nową propozycję występów za granicą.

SAMOOCENA

>[9] bdb • [9] + db • [8]   db • [7] +dst • >[6] dst • <[6] ndst

Jeśli w zadaniu testowym jest więcej niż dziesięć jednostek — przelicz sam!

ZADANIE 92

Copyright by S. Mędak

Proszę wpisać w miejsce kropek właściwe formy zaimków osobowych.

WZÓR

(on)   → To jest jego książka.

(on)   → 1. Wiesz, że .... matka jest Portugalką?

(on)   → 2. Nigdy nie poznałem .... przyjaciół.

(on)   → 3. Nie znam .... możliwości intelektualnych.

(ona)   → 4. Wiesz, że .... ojciec jest Hiszpanem?

(ona)   → 5. Nie lubię .... sposobu mówienia.

(ona)   → 6. Nigdy nie widziałem .... znajomych.

(one)   → 7. .... rodzice mieszkają w Lizbonie.

(one) → 8. Nie znam .... przyzwyczajeń.

(oni) → 9. To jest wyłącznie .... decyzja.

(oni) → 10. Nie znoszę .... zachowania podczas zajęć.

SAMOOCENA

\>[9] bdb • [9] + db • [8] db • [7] + dst • >[6] dst • <[6] ndst

Jeśli w zadaniu testowym jest więcej niż dziesięć jednostek — przelicz sam!

ZADANIE 93

Proszę użyć odpowiednich zaimków osobowych i form grzecznościowych w wyrażeniach: *nie ma, nie będzie, nie było* **(kolumny B, C i D).**

WZÓR

zanegowanie obecności:	*czas teraźniejszy*	*czas przyszły*	*czas przeszły*
(Ja) jestem tu.	Nie ma mnie tu.	Nie będzie mnie tu.	Nie było mnie tu.

A.	**B.**	**C.**	**D.**
	forma negatywna	*czas przyszły*	*czas przeszły*
1. *(Ty)* Jesteś w klasie.	.......................,	.......................,	.... w klasie.
2. On jest w pracy.	.......................,	.......................,	.... w pracy.
3. Ona jest w kuchni.	.......................,	.......................,	.... w kuchni.
4. Ono jest w żłobku.	.......................,	.......................,	.... w żłobku.
5. Pan jest w łazience.	.......................,	.......................,	.... w łazience.
6. *(My)* Jesteśmy tu.	.......................,	.......................,	.... tu.
7. *(Wy)* Jesteście tam.	.......................,	.......................,	.... tam.
8. Oni są w sali.	.......................,	.......................,	.... w sali.
9. One są w biurze.	.......................,	.......................,	.... w biurze.
10. Panowie są na plaży.	.......................,	.......................,	.... na plaży.
11. Panie są w barze.	.......................,	.......................,	.... w barze.
12. Państwo są na balu.	.......................,	.......................,	.... na balu.

SAMOOCENA

\>[9] bdb • [9] + db • [8] db • [7] + dst • >[6] dst • <[6] ndst

Jeśli w zadaniu testowym jest więcej niż dziesięć jednostek — przelicz sam!

BUDOWA ZDAŃ PYTAJNYCH

ZADANIE 94

Copyright by S. Mędak

Proszę wpisać w miejsce kropek właściwe wyrazy wprowadzające zdania pytajne.

WZÓR

Widziałem na ulicy <u>znanego aktora</u>. → <u>Kogo</u> widziałeś na ulicy?

1. Chciałbym pojechać <u>nad jeziora</u>. → .... chciałabyś jechać?
2. Czekaliśmy <u>na tatę</u> przed teatrem. → .... czekaliście przed teatrem?
3. Kupiłam <u>dwa kilogramy mąki</u>. → .... kilogramów mąki kupiłaś?
4. Lubię jeździć <u>na nartach</u>. › .... lubisz jeździć?
5. Lubił gawędzić <u>o sporcie</u>. → .... lubił gawędzić?
6. Nie lubię jeździć <u>rowerem</u>. → .... nie lubisz jeździć?
7. Nie lubię <u>bigosu</u>. → .... nie lubisz?
8. Nie mam <u>butów</u> na zimę. → .... nie masz na zimę?
9. On interesuje się <u>kobietami</u>. → .... on się interesuje?
10. On jest <u>ze Stanów Zjednoczonych</u>. → .... on jest?
11. Patrzyła <u>na niego</u> bez przerwy. → .... patrzyła bez przerwy?
12. Prowadzisz samochód <u>za szybko</u>. → .... prowadzę samochód!?
13. Przyjadę z Warszawy <u>o siódmej</u>. → .... przyjedziesz?
14. Rower <u>Jacka</u> stoi na podwórku. → .... rower stoi na podwórku?
15. Myślę <u>o wyjeździe</u> do Afryki. → .... myślisz?
16. Rozmawiałem <u>z nim</u> o przyszłości. → .... rozmawiałeś o przyszłości?
17. Spotkamy się <u>po południu</u>. → .... się spotkamy?
18. Ten sweter jest <u>z bawełny</u>. → .... jest ten sweter?
19. Wciąż <u>o niej</u> rozmyślam. → .... wciąż rozmyślasz?
20. Wyszłam z opresji <u>dzięki niemu</u>. → .... wyszłaś z opresji?

SAMOOCENA

>[9] bdb • [9] + db • [8] db • [7] +dst • >[6] dst • <[6] ndst

Jeśli w zadaniu testowym jest więcej niż dziesięć jednostek — przelicz sam!

ZADANIE 95

Copyright by S. Mędak

Proszę skonstruować pytania do podkreślonych części zdań, używając wyrazu *czyj* i jego form rodzajowych.

WZÓR

To jest <u>mój samochód</u>. → Czyj to jest samochód?

1. To jest <u>ich odpowiedź</u>. → ....?
2. To jest <u>jego brat</u>. → ....?
3. To jest <u>jej powieść</u>. → ....?
4. To jest <u>nasza sprawa</u>. → ....?
5. To są <u>moi studenci</u>. → ....?
6. To są <u>moi synowie</u>. → ....?
7. To są <u>moje rzeczy</u>. → ....?
8. To są <u>moje siostry</u>. → ....?
9. To są <u>moje słowniki</u>. → ....?
10. To są <u>jego dzieci</u>. → ....?

SAMOOCENA

>[9] bdb • [9] + db • [8] db • [7] +dst • >[6] dst • <[6] ndst

Jeśli w zadaniu testowym jest więcej niż dziesięć jednostek — przelicz sam!

ZADANIE 96

Copyright by S. Mędak

Proszę skonstruować pytania za pomocą wyrazów *który* lub *jaki*.

WZÓR

Weź ten talerz! Który talerz?

1. Daj mi parasolkę! → .... parasolkę?
2. Kup kawę! → .... kawę?
3. Napij się wina! → .... wina?
4. Otwórz okno! → .... okno?
5. Poczekaj na studentkę! → Na .... studentkę?
6. Powiedz to koledze! → .... koledze?

7. Powiedz to przyjaciółce! → .... przyjaciółce?

8. Przeczytaj artykuł! → .... artykuł?

9. Zapytaj profesora! → .... profesora?

10. Zatańcz z chłopcem! → Z .... chłopcem?

SAMOOCENA

>[9] bdb • [9] + db • [8] db • [7] +dst • >[6] dst • <[6] ndst

Jeśli w zadaniu testowym jest więcej niż dziesięć jednostek — przelicz sam!

WYRAZY: *KTÓRY, KTÓRA, KTÓRE*

ZADANIE 97

Copyright by S. Mędak

Proszę wpisać w miejsce kropek właściwe formy wyrazu *który*.

WZÓR

Studenci, którzy brali udział w zawodach sportowych wyjechali wczoraj.

1. Gdzie mieszka ten chłopiec, o .... mi tyle mówiłaś?

2. Moi przyjaciele, o .... opowiadałem ci tyle, wkrótce mnie odwiedzą.

3. Moja przyjaciółka, w .... się kochałem, wyjechała z Polski.

4. Mój przyjaciel, ... bardzo lubię, odwiedzi mnie jutro.

5. Czekam na prezent, o .... mówiłeś mi już kilka razy.

6. Te dziewczęta, o .... mowa, wchodzą do auli.

7. Ten chłopiec, ... siedzi obok ciebie, ma na imię Jan.

8. To jest jedyna rzecz, ... chciałbym mieć.

9. To jest jedyny artysta, ... chciałabym poznać.

10. To jest profesor, wobec .... mam olbrzymi szacunek.

SAMOOCENA

>[9] bdb • [9] + db • [8] db • [7] +dst • >[6] dst • <[6] ndst

Jeśli w zadaniu testowym jest więcej niż dziesięć jednostek — przelicz sam!

ZADANIE 98

Copyright by S. Mędak

Proszę skonstruować pytania do następujących zdań, uwzględniając listę następujących wyrazów.

<u>Lista wyrazów do wyboru:</u> *co, dokąd, gdzie, ile, ilu, jacy, jak, jakie, kiedy, którędy, skąd.*

WZÓR

On jest z <u>najmniejszego kraju świata</u>.   → Skąd on jest?

1. Było <u>dziesięciu kolegów</u> na przyjęciu.   .... było kolegów na przyjęciu?
2. Idziemy <u>przez park</u>.   .... idziemy?
3. On pisze <u>niewyraźnie</u>.   .... on pisze?
4. Oni są <u>wspaniali</u>.   .... oni są?
5. Przestałem kupować <u>papierosy</u>.   .... przestałeś kupować?
6. Przyszły tylko <u>dwie pacjentki</u>.   .... pacjentek dzisiaj przyszło?
7. Sprzedawczynie w RP są czasami <u>nieuprzejme</u>.   .... są sprzedawczynie w Polsce?
8. Widziałem ją <u>w klubie</u>.   .... ją widziałeś?
9. Wyjadę stąd może <u>za tydzień</u>.   .... stąd wyjedziesz?
10. Wyjeżdżamy wkrótce <u>do Kanady</u>.   .... wkrótce wyjeżdżacie?

SAMOOCENA

>[9] bdb • [9] + db • [8] db • [7] +dst • >[6] dst • <[6] ndst

Jeśli w zadaniu testowym jest więcej niż dziesięć jednostek — przelicz sam!

WYRAZY: ŻADEN, ŻADNA, ŻADNE

ZADANIE 99

Copyright by S. Mędak

Proszę skonstruować zdania, używając następujących wyrazów; sg. *żaden, żadna, żadne* || pl. *żadni, żadne* w liczbie pojedynczej lub liczbie mnogiej.

WZÓR

Jaka piękna dziewczyna!   Gdzie? Nie widzę <u>żadnej pięknej dziewczyny</u>.

1. Jaki <u>piękny kwiat</u>!   Gdzie? Nie widzę ....
2. Jaki <u>oryginalny obraz</u>!   Gdzie? Nie widzę ....

3. To jest <u>nasz student</u>. Gdzie? Nie widzę ....

4. Jak dużo <u>kandydatek</u> na casting! Gdzie? Nie widzę ....

5. Przyjechało wielu <u>gości</u>? Gdzie? Nie widzę ....

6. Zobacz, ilu <u>Polaków</u>! Gdzie? Nie widzę ....

7. Ale <u>piękny samochód</u>! Gdzie? Nie widzę ....

8. Jakie <u>śliczne dziecko</u>! Gdzie? Nie widzę ....

9. Jaki <u>duży pies</u>! Gdzie? Nie widzę ....

10. Jaki <u>przystojny mężczyzna</u>! Gdzie? Nie widzę ....

SAMOOCENA

>[9] bdb • [9] + db • [8] db • [7] +dst • >[6] dst • <[6] ndst

Jeśli w zadaniu testowym jest więcej niż dziesięć jednostek — przelicz sam!

ZADANIE 100

Copyright by S. Mędak

Proszę skonstruować pytania przy pomocy wyrazów: sg. *jaki / jaka / jakie* || pl. *jacy, jakie*.

WZÓR

Proszę <u>kawę</u>. <u>Jaką</u> kawę ? Czarną, „białą"?

1. Proszę <u>wino</u>. .... wino: słodkie, wytrawne?

2. Proszę <u>piwo</u>. .... piwo: jasne, ciemne?

3. Zamawiam <u>zupę</u>. .... zupę: pomidorową, ogórkową?

4. Proszę <u>kakao</u>. .... kakao: naturalne, z mlekiem?

5. Proszę sok <u>z winogron</u>. Z .... winogron: białych, fioletowych?

6. Kupię <u>misia</u>. .... misia: pluszowego, żywego?

7. Pokrój <u>pieczywo</u>! .... pieczywo: jasne, ciemne?

8. Kup mi <u>papierosy</u>! .... papierosy: polskie, amerykańskie?

9. Proszę <u>bilet</u>. .... bilet: normalny, zniżkowy?

10. Weź ze sobą <u>sanki</u>. .... sanki: małe, duże?

SAMOOCENA

>[9] bdb • [9] + db • [8] db • [7] +dst • >[6] dst • <[6] ndst

Jeśli w zadaniu testowym jest więcej niż dziesięć jednostek — przelicz sam!

ZADANIE 101

Proszę wpisać w miejsce kropek właściwe formy wyrazów *ile / ilu*.

WZÓR

Jest tutaj <u>dwóch panów</u> i <u>jedna pani</u>.   → <u>Ilu</u> jest tutaj panów? / <u>Ile</u> jest tutaj pań?

1. Mam <u>trzy egzaminy</u> w ciągu tygodnia.   .... egzaminów masz w ciągu tygodnia?
2. Muszę się spotkać <u>z dwoma klientami</u>.   Z .... klientami musisz się spotkać?
3. Na tym koncercie było <u>tysiąc widzów</u>.   .... widzów było na tym koncercie?
4. On ma <u>sześciu braci.</u>   .... on ma braci? To niesłychane!
5. Ona ma już <u>pięćdziesiąt lat!</u>   .... ona ma lat? Nie mogę w to uwierzyć!
6. Poznałem <u>trzech wybitnych naukowców</u>.   .... wybitnych naukowców poznałeś?
7. Ten czek opiewa <u>na tysiąc dolarów</u>.   Na .... dolarów opiewa ten czek?
8. W tej rodzinie są <u>trzy dziewczynki</u>.   .... dziewczynek jest w tej rodzinie?
9. Wspomniano tylko <u>o dwóch osobach</u>.   O .... osobach wspomniano?
10. Znam tylko <u>dwóch sławnych ludzi</u>.   .... znasz sławnych ludzi?

SAMOOCENA

>[9] bdb   •   [9] + db   •   [8] db   •   [7] +dst   •   >[6] dst   •   <[6] ndst

Jeśli w zadaniu testowym jest więcej niż dziesięć jednostek — przelicz sam!

ZADANIE 102

Proszę wpisać w miejsce kropek właściwe formy liczby mnogiej podkreślonych wyrazów.

WZÓR

<u>Ten</u> student jest pilny.   <u>Ci</u> studenci są pilni.

1. <u>Czyj</u> to jest klient?   .... to są klienci?
2. <u>Czyja</u> to jest klientka?   .... to są klientki?
3. <u>Czyje</u> to jest dziecko?   .... to są dzieci?
4. <u>Jaka</u> droga książka!   .... drogie książki!
5. <u>Jaki</u> drogi samochód!   .... drogie samochody!
6. <u>Jaki</u> zmęczony uczeń!   .... zmęczeni uczniowie!
7. <u>Jakie</u> chude dziecko!   .... chude dzieci!
8. <u>Która</u> studentka była pierwsza?   .... studentki były pierwsze?
9. <u>Które</u> dziecko zachorowało?   .... dzieci zachorowały?

10. <u>Który</u> samochód jest najszybszy? .... samochody są najszybsze?

11. <u>Który</u> student był pierwszy? .... studenci byli pierwsi?

12. <u>Moja</u> przyjaciółka jest mądra. .... przyjaciółki są mądre.

13. <u>Moje</u> ćwiczenie jest trudne. .... ćwiczenia są trudne.

14. <u>Mój</u> instruktor jest wyrozumiały. .... instruktorzy są wyrozumiali.

15. <u>Nasz</u> profesor jest wyjątkowy. .... profesorowie są wyjątkowi.

16. <u>Nasza</u> nauczycielka jest młoda. .... nauczycielki są młode.

17. <u>Nasze</u> dziecko jest kochane. .... dzieci są kochane.

18. <u>Ta</u> dziewczyna jest rozsądna. .... dziewczyny są rozsądne.

19. <u>Ten</u> budynek jest bardzo stary. .... budynki są bardzo stare.

20. <u>Ten</u> nauczyciel jest stary. .... nauczyciele są już starzy.

SAMOOCENA

>[9] bdb • [9] + db • [8] db • [7] +dst • >[6] dst • <[6] ndst

Jeśli w zadaniu testowym jest więcej niż dziesięć jednostek — przelicz sam!

WYRAZY: *NIKT / NIC*

ZADANIE 103

Copyright by S. Mędak

Proszę odpowiedzieć przecząco na poniższe pytania, używając wyrazów *nikt* i *nic* w odpowiednich przypadkach.

WZÓR

Czy <u>ktoś</u> widział dzisiaj panią dyrektor w pracy? → Nie. <u>Nikt</u> jej nie widział w pracy.

Czy zrobiłeś już <u>coś</u> z tym starym samochodem? → Nie. <u>Nic</u> *a.* <u>niczego</u> jeszcze nie zrobiłem.

1. Czy poznałeś już <u>kogoś</u> w tym mieście? → Nie. .... nie poznałem w tym mieście.

2. Czy boisz się <u>czegoś</u>? → Nie. .... się nie boję.

3. Czy rozmawiałeś <u>z kimkolwiek</u> na jej temat? → Nie. Z .... nie rozmawiałem na jej temat.

4. Czy myślisz <u>o czymś</u> ważnym? → Nie. W tej chwili nie myślę o ....

5. Czy zrozumiał <u>coś</u> z tej rozmowy? → Nie. Sądzę, że .... nie zrozumiał!

6. Czy on żyje <u>z kimś</u> w zgodzie? → Nie. Wydaje mi się, że z .... nie żyje w zgodzie.

7. Czy pożyczyła pani <u>komuś</u> tę książkę? → Nie. .... nie pożyczałam tej książki.

8. Czy pragniesz jeszcze <u>czegokolwiek</u> w życiu? → Nie. .... już nie pragnę!

9. Czy spotkałeś już <u>kogoś</u>, kto ci się podoba? → Nie. .... jeszcze nie spotkałem.

10. Czy widziałaś już <u>kogoś</u> tak pięknego? → Nie. .... tak pięknego nie widziałem.

SAMOOCENA

>[9] bdb • [9] + db • [8] db • [7] +dst • >[6] dst • <[6] ndst

Jeśli w zadaniu testowym jest więcej niż dziesięć jednostek — przelicz sam!

PRZYIMKI

ZADANIE 104

Copyright by S. Mędak

Proszę wpisać w miejsce kropek właściwe przyimki.

WZÓR

Gdzie byliście? → Przez cały dzień byliśmy <u>u</u> kolegi.

1. Chciałbym wreszcie pojechać na wakacje. Od dwóch lat nie byłem .... wakacjach.

2. Dostałem awizo. Muszę iść na pocztę .... odbiór przesyłki poleconej.

3. Podobno znajomi zaprosili nas na kolację? Tak. Dziś będziemy ...... znajomych na kolacji.

4. Samochód stał przed domem. Ktoś ukradł mi samochód .... domu.

5. Skąd masz taki piękny prezent? Dostałem ten prezent .... mojej ukochanej dziewczyny.

6. Słyszałeś tę zapowiedź! Na peron pierwszy wjechał pociąg ekspresowy .... Gdańska.

7. Ten kot nigdy nie wskakuje na szafę, ale zawsze chowa się .... szafę, albo .... szafą.

8. To jest niebezpieczne skrzyżowanie. Przechodź ostrożnie .... to skrzyżowanie!

9. Twój syn jest w przedszkolu? Tak. Idę teraz .... syna do przedszkola.

10. Zobacz te wille z drugiej strony Wisły! Jaka piękna dzielnica powstała .... Wisłą!

SAMOOCENA

>[9] bdb • [9] + db • [8] db • [7] +dst • >[6] dst • <[6] ndst

Jeśli w zadaniu testowym jest więcej niż dziesięć jednostek — przelicz sam!

ZADANIE 105

Proszę wpisać w miejsce kropek właściwe przyimki.

WZÓR

Nad miastem rozciągnęła się gęsta mgła.

1. Mam dzisiaj zajęcia od siódmej .... dziewiątej.
2. Moja szkoła znajduje się .... ulicy Czarnieckiego.
3. Nie mogę przyjąć pana przed piątą. Proszę przyjść kwadrans .... piątej.
4. Nigdy nie byłem .... Ukrainie.
5. Nudzę się .... rana do wieczora.
6. Od dwóch tygodni nie chodzę .... lekcje do szkoły.
7. Stały .... bramą wyjściową kamienicy i obmawiały przechodniów.
8. Umówiłem się z nim .... jutro.
9. Włóczyłem się prawie całą noc .... mieście.
10. Zamiast słuchać nauczyciela, rozmawiali .... lekcji.

SAMOOCENA

>[9] bdb • [9] + db • [8] db • [7] +dst • >[6] dst • <[6] ndst

Jeśli w zadaniu testowym jest więcej niż dziesięć jednostek — przelicz sam!

ZADANIE 106

Proszę wpisać w miejsce kropek właściwe przyimki.

WZÓR

Musimy robić wszelkie rozliczenia pod *a.* na koniec miesiąca.

1. Głosowałem zawsze .... prawicę.
2. Niczego dobrego nie można się .... nim spodziewać.
3. Nikt nie głosował .... przyjęciem tego wniosku.
4. Oddał mi książkę dopiero .... tygodniu.
5. Odpoczywałem nad morzem .... cały tydzień.

6. Pojedziemy .... wakacje do Brazylii.

7. Pojedziemy na weekend .... Tatry.

8. Przed zmierzchem turyści schodzili .... gór.

9. Spotkałem ją .... tygodniem.

10. Zawsze wyjeżdżam w góry .... lutym.

SAMOOCENA

>[9] bdb • [9] + db • [8] db • [7] +dst • >[6] dst • <[6] ndst

Jeśli w zadaniu testowym jest więcej niż dziesięć jednostek — przelicz sam!

ZADANIE 107

Copyright by S. Mędak

Proszę wpisać w miejsce kropek właściwe przyimki.

WZÓR

Wielu Polaków wyjeżdża w Alpy.

1. Dostałem .... ambasady zaproszenie na spotkanie.

2. Igrzyska zimowe odbyły się .... Alpach.

3. Mewy latały .... stojącymi w porcie statkami.

4. Odpoczywałem w tym roku .... jeziorami.

5. On wrócił .... zagranicy kilka dni temu.

6. Pojedziemy w tym roku .... morze.

7. Przywiozłem tę pamiątkę .... Karkonoszy.

8. Słyszeliśmy muzykę dochodzącą .... Wisły.

9. To naprawdę nie zależy .... mnie.

10. Wczoraj spacerowaliśmy ....Wisły.

SAMOOCENA

>[9] bdb • [9] + db • [8] db • [7] +dst • >[6] dst • <[6] ndst

Jeśli w zadaniu testowym jest więcej niż dziesięć jednostek — przelicz sam!

ZADANIE 108

Proszę wybrać właściwe przyimki i połączyć je z odpowiednimi formami podkreślonych rzeczowników.

Przyimki: *między, na, nad, pod, przed, za.*

WZÓR

Jeden samochód stoi przed <u>domem</u>.

→ Drugi samochód podjeżdża <u>przed dom</u>.

1. Byliśmy na pikniku za <u>Krakowem</u>.

   → W sobotę znowu wyjeżdżamy ....

2. Chore małpy siedziały pod <u>drzewem</u>.

   → Zdrowe małpy wskakiwały ....

3. Jeden samochod stał między <u>domami</u>.

   → Inny samochód wjechał ....

4. Jedni stali przed <u>kościołem</u>.

   → Inni dopiero wychodzili ....

5. Mam mały domek nad <u>Balatonem</u>.

   → Jutro wyjeżdżam ....

6. Mamy dużo miejsca parkingowego za <u>domem</u>.

   → Mogą państwo wjechać autem ....

7. Pracownicy oczekują dyrektora przed <u>biurem</u>.

   → Dyrektor w końcu wyszedł ....

8. Siedziałem pod <u>drzewem</u>.

   → Po chwili ktoś wszedł .... to samo ....

9. Siedzieliśmy pod <u>parasolem</u>.

   → Sąsiedzi też schowali się przed deszczem ....

10. W ubiegłym roku byłem nad <u>morzem</u>.

    → W tym roku wyjadę również ....

SAMOOCENA

>[9] bdb • [9] + db • [8] db • [7] +dst • >[6] dst • <[6] ndst

Jeśli w zadaniu testowym jest więcej niż dziesięć jednostek — przelicz sam!

ZADANIE 109

Proszę wpisać w miejsce kropek właściwe przyimki.

Przyimki do wyboru: *do, na, o, po, przez, w, wśród, z / ze, zamiast, zza.*

WZÓR

Pierwsze próby rozmów podczas konfliktu.

(1) Wyjechaliśmy .... dziesiątej i dopiero .... trzech godzinach jazdy dotarliśmy .... miejsce. (2) Spodziewaliśmy się, że początek rozmów .... negocjatorami będzie udany. (3) Lecz kłopoty zaczęły się już .... kilku minutach. (4) Najpierw negocjator libański wyszedł .... sali obrad, a potem dotarła .... nas wiadomość .... kolejnych atakach nieprzyjaciela .... libańskie miasteczka. (5) Od razu zauważyliśmy nerwową atmosferę .... członków jednej .... delegacji. (6) Szef europejskiej delegacji wyjmował co chwilę chusteczkę ...... kieszeni i przecierał swoje okulary. (7) Inni wyciągali .... skórzanych toreb telefony komórkowe i zerkali .... ich małe ekrany. (8) Sekundy mijały jedna ..... drugiej. (9) Słychać było tykanie zabytkowego zegara, który ktoś zawiesił .... ścianie. (10) .... szczelnie zamkniętych okien dochodziły głuche dźwięki. (11) Niektórzy rozglądali się .... sali, jakby się czegoś obawiali. (12) Wskazówka zegara wolno przesuwała się .... tarczy zegara. (13) Spojrzałem .... zegar. (14) Był kwadrans .... trzynastej. (15) Pomyślałem ...... straconym dzisiaj południowym posiłku. (16) ..... chwili zabytkowy zegar spadł .... podłogę. (17) W tej samej chwili .... sali zapanowała ciemność. (18) Spojrzałem .... kierunku okien. (19) Zauważyłem, że .... okien były metalowe atrapy. (20) Zapomniałem .... głodzie i pustym żołądku. (21) .... głowę przeleciała mi jak strzała taka oto myśl: .... pustym żołądkiem szybciej się umiera.

SAMOOCENA

> [9] bdb   •   [9] + db   •   [8]   db   •   [7] + dst   •   > [6] dst   •   < [6] ndst

Jeśli w zadaniu testowym jest więcej niż dziesięć jednostek — przelicz sam!

ZADANIE 110

Copyright by S. Mędak

Proszę wpisać w miejsce kropek następujące wyrazy: *od(e), niż, z(e).*

WZÓR

Wolę wino od wódki. || Wolę wino niż wódkę.

1. Jabłka są smaczniejsze .... pomarańcze.
2. Miłość jest cenniejsza .... złoto.
3. Najmłodszy syn różni się .... starszych synów.
4. On gra na fortepianie najlepiej .... nas wszystkich.
5. On jest najstarszy .... całej rodziny.
6. Szczęście jest ważniejsze .... pieniądze.
7. Tata wyszedł z domu wcześniej .... mnie.
8. Ten podręcznik jest lepszy .... tamten.
9. Wiem to lepiej .... ty.
10. Znał się na tym nic gorzej .... innych.

SAMOOCENA

>[9] bdb • [9] + db • [8] db • [7] +dst • >[6] dst • <[6] ndst

Jeśli w zadaniu testowym jest więcej niż dziesięć jednostek — przelicz sam!

ZADANIE 111

Copyright by S. Mędak

Proszę wpisać właściwe formy wyrazów w nawiasach w połączeniu z przyimkiem *o.*

WZÓR

(samotność)   Po śmierci męża zaczęła coraz częściej rozmyślać o samotności.

(cena)   1. Na targu często trzeba pytać o .... produktów.
(choroba)   2. Sukcesy kolegów przyprawiły ją o ....
(głowa)   3. Jestem od ciebie wyższy o ....
(mocny głos)   4. On był śpiewakiem o ....
(moje imieniny) 5. Nigdy nie pamiętał o ....
(ściana)   6. Czuła się źle i idąc opierała się o ....
(świt)   7. Latem uwielbiałem wstawać o ....
(ten człowiek)   8. Nie chcę rozmawiać dłużej o ....!
(wielkie okna)   9. Mam duży salon o .... weneckich.
(wyrozumiałość) 10. Proszę państwa! Proszę o .... dla tego człowieka!

SAMOOCENA

>[9] bdb • [9] + db • [8] db • [7] +dst • >[6] dst • <[6] ndst

Jeśli w zadaniu testowym jest więcej niż dziesięć jednostek — przelicz sam!

ZADANIE 112

Copyright by S. Mędak

Proszę wpisać w miejsce kropek właściwe formy wyrazów łączących się z przyimkami lub wyrażeniami przyimkowymi (kolumna A). W kolumnie B proszę wpisać krótkie odpowiedzi.

<u>Formy wyrazów do wpisania w kolumnie B:</u> *babci, dworca, dziadków, jezioru, koła, konsekwencje, narzeczonej, piaskownicy, pisania, pracę, rodziców, starannej opiece, swojej wychowawczyni, tobie, własnej osi, wystawy.*

UWAGA I: punkt a — dotyczy osób; punkt — przedmiotów, rzeczy itd.

UWAGA II: Niektóre pytania w kolumnie A (zaznaczone ciemniejszym kolorem) w zadaniach testowych numer 112–123 są pytaniami wyłącznie gramatycznymi.

WZÓR

	PYTANIA:	KRÓTKIE ODPOWIEDZI:
bez + D.	a. Bez czego nie moglibyśmy żyć?	‖ Bez wody.
	b. Bez kogo nie potrafiłbyś żyć?	‖ Bez ciebie.

	A.	**B.**
1. **bez względu na** + B.	a. Zrobisz to bez względu na ....?	‖ Bez względu na ....
	b. Zrobisz to bez względu na ....?	‖ Bez względu na ....
2. **blisko** + D.	a. Blisko .... mieszkasz?	‖ Mieszkam blisko ....
	b. Blisko .... mieszkasz?	‖ Blisko ....
3. **dla** + D.	a. Dla .... masz ten prezent?	‖ Dla ....
4. **do** + D.	b. Do .... jest ta maszyna?	‖ Do ....
	a. Do .... się wybierasz?	‖ Do ....
5. **dokoła** + D.	a. Dokoła .... biegają dzieci?	‖ Dokoła ....
	b. Dookoła .... biegają dzieci?	‖ Dookoła ....
6. **dookoła** + D.	b. Dookoła .... kręci się ziemia?	‖ Dookoła ....
7. **dzięki** + C.	a. Dzięki .... żyjesz?	‖ Dzięki ....
	b. Dzięki .... wyzdrowiał?	‖ Dzięki ....
8. **koło** + D.	b. Koło .... mam się zatrzymać?	‖ Koło ....
9. **ku** + C.	b. Ku .... wije się ta dróżka?	‖ Ku ....
10. **I między** + B.	b. Między .... dzielił życie?	‖ Między .... i rodzinę.
	b. Między .... się dostał?	‖ Między .... samochodu.

SAMOOCENA

>[9] bdb • [9] + db • [8] db • [7] +dst • >[6] dst • <[6] ndst

Jeśli w zadaniu testowym jest więcej niż dziesięć jednostek — przelicz sam!

ZADANIE 113

Copyright by S. Mędak

Polecenie — jak w zadaniu testowym 112. Zobacz również uwagę do zadania testowego numer 112.

UWAGA: punkt a — dotyczy osób; punkt — przedmiotów, rzeczy itd.

Formy wyrazów do wpisania w kolumnie B:
babci, donosów, miastem, miasto, narzeczoną, pomocy, rodzicom, stoiskami, stołu, szezlongu, ustawy sejmowej, wystawę, zawodnikami.

WZÓR — jak w ćwiczeniu 112

	PYTANIA: **A.**	KRÓTKIE ODPOWIEDZI: **B.**
1. II **między** + N.	a. Między .... jest ta rywalizacja? || Między	
	b. Między .... się przechadzał? || Między	
2. I **na** + B.	a. Na .... czekasz? || Czekam na	
	b. Na .... się wybierasz? || Na	
3. II **na** + Msc.	a. Na .... możesz polegać? || Mogę polegać na	
	b. Na .... siedzi babcia? || Ona siedzi na	
4. I **nad** + B.	b. Nad .... wzleciał samolot? || Nad	
5. II **nad** + N.	b. Nad .... leci samolot? || Nad	
6. **na mocy** + D.	b. Na mocy .... takie podatki?! || Na mocy	
7. **na podstawie** + D.	b. Na podstawie .... tak sądzisz? || Na podstawie	
8. **na przekór** + C.	a. Na przekór .... się żenisz? || Na przekór ....!	
9. **na rzecz** + D.	b. Na rzecz .... jest ta zbiórka? || Na rzecz .... biednym.	
10. **na środku** + D.	b. Na środku .... mam to postawić?! || Na środku	

SAMOOCENA

>[9] bdb • [9] +db • [8] db • [7] +dst • >[6] dst • <[6] ndst

Jeśli w zadaniu testowym jest więcej niż dziesięć jednostek — przelicz sam!

ZADANIE 114

Copyright by S. Mędak

Polecenie i wzór — jak w zadaniu testowym 112. Zobacz również uwagę II do zadania testowego numer 112.

UWAGA: punkt a — dotyczy osób; punkt — przedmiotów, rzeczy itd.

Formy wyrazów do wpisania w kolumnie B:

aresztu śledczego, autostrady, ciebie, cmentarza, małą jałmużnę, niej (dziewczynie), pięćdziesiątki, pomnika Adam Mickiewicza w Krakowie, poprzedniej decyzji, tego chłopca, tłumu ludzi, własne dzieci, wzajemnej współpracy, zdradzie.

	PYTANIA:	KRÓTKIE ODPOWIEDZI:
	A.	**B.**
1. **na zasadzie** + D.	b. Na zasadzie .... polega praca?	‖ Na zasadzie ....
2. **naprzeciw** + D.	b. Naprzeciw .... mieszkasz?	‖ Naprzeciw ....
3. **naprzeciwko** + D.	b. Naprzeciwko .... stoi ten dom?	‖ On stoi naprzeciwko ....
	a. Naprzeciwko .... stoisz?	‖ Naprzeciwko ....
4. **na zewnątrz** + D.	b. Na zewnątrz .... się zgromadzili?	‖ Na zewnątrz ....
5. **nie opodal** + D.	b. Zbieracie się nie opodal ....?	‖ Nie opodal ....
6. I **o** + B.	a. O .... ona nigdy nie dbała?	‖ Nie dbała o ....
	b. O .... on prosi?	‖ O ....
7. II **o** + Msc.	a. O .... marzysz od lat!	‖ O ...., o tej ....
	b. O .... jest tak powieść?	‖ Ta książka jest o ....
8. **obok** + D.	a. Obok .... lubisz siedzieć?	‖ Obok ....
	b. Obok .... jest ten klub?	‖ Obok ....
9. **odnośnie do** + D.	b. To pismo jest odnośnie do .... ?	‖ Odnośnie do ....
10. **około** + D.	b. Około .... lat ona ma?	‖ Ona ma około ....

SAMOOCENA

>[9] bdb • [9] + db • [8] db • [7] +dst • >[6] dst • <[6] ndst

Jeśli w zadaniu testowym jest więcej niż dziesięć jednostek — przelicz sam!

ZADANIE 115

Copyright by S. Mędak

Polecenie i wzór — jak w zadaniu testowym 112. Zobacz również uwagę II do zadania testowego numer 112.

UWAGA: punkt a — dotyczy osób; punkt — przedmiotów, rzeczy itd.

__Formy wyrazów do wpisania w kolumnie B:__ *biurko, braku, cioci, mnie, płatnego parkingu, pierzyną, pyszczku, rzucenia, mojej żony, szpinaku, wędlinę, wojny, zaproszonego gościa.*

	PYTANIA: A.	KRÓTKIE ODPOWIEDZI: B.
1. **opodal** + D.	b. Opodal .... oni się zatrzymali?	‖ Opodal ....
2. **oprócz** + D.	a. Wszyscy przyjdą, oprócz ....?	‖ Tak. Oprócz ....
	b. Zjedliście wszystko?	‖ Tak. Wszystko, oprócz ....
3. I **po** + B.	a. Po .... idziesz na dworzec?	‖ Idę na dworzec po ....
	b. Po .... idziesz do rzeźnika?	‖ Idę po ....
4. II **po** + Msc.	a. Po .... ona ma urodę?	‖ Po ....
	b. Po .... całujesz psa?	‖ Całuję psa po ....
5. I **pod** + B.	b. Pod .... wszedł kot?	‖ Pod ....
6. II **pod** + N.	b. Pod .... babcia śpi?	‖ Ona śpi pod ....
7. **pod adresem** + D.	a. Po adresem .... te uwagi?	‖ Pod adresem ....
8. **podczas** + D.	b. Podczas .... się wzbogacił?	‖ Podczas ....
9. **pod pozorem** + D.	b. Pod pozorem .... odmówił?	‖ Pod pozorem .... czasu.
10. **pod warunkiem** + D.	b. Pod warunkiem .... dostanę to?	‖ Pod warunkiem ...... palenia.

SAMOOCENA

>[9] bdb • [9] + db • [8] db • [7] +dst • >[6] dst • <[6] ndst

Jeśli w zadaniu testowym jest więcej niż dziesięć jednostek — przelicz sam!

ZADANIE 116

Copyright by S. Mędak

Polecenie i wzór — jak w zadaniu testowym 112. Zobacz również uwagę II do zadania testowego numer 112.

UWAGA: punkt a — dotyczy osób; punkt — przedmiotów, rzeczy itd.

<u>Formy wyrazów do wpisania w kolumnie B:</u> *alkoholu, biedy, dziewczynami, góry / doliny / lasy, ludzi, okno / biurko, różnymi krajami, szkołą / kościołem, tytułów, urody, zera, zeschnięte liście, żony.*

	PYTANIA:	KRÓTKIE ODPOWIEDZI:
	A.	**B.**
1. **pod wpływem** + D.	a. Po wpływem .... to zrobił?	|| Pod wpływem ....
	b. Po wpływem .... działał?	|| Pod wpływem ....
2. **pod względem** + D.	b. Wyróżnia się pod względem ....?	|| Pod względem ....
3. **podług** + D.	b. Podług .... on osądza ludzi?	|| Podług .... naukowych.
4. I **pomiędzy** + B.	a. Pomiędzy .... się wcisnął?	|| Pomiędzy ....
	b. Pomiędzy .... wstawił łóżko?	|| Pomiędzy ...., a ....
5. II **pomiędzy** + N.	a. Pomiędzy .... przebierał?	|| Pomiędzy ....
	b. Pomiędzy .... jest ten plac?	|| Pomiędzy ...., a ....
6. **pomimo** + D.	b. Pomimo .... był szczęśliwy?	|| Pomimo .... z nędzą.
7. I **ponad** + B.	b. Ponad .... wzniósł się latawiec?	|| Ponad ...., ... i ....
8. II **ponad** + N.	b. Ponad .... przelatują ptaki?	|| Ponad ....
9. **poniżej** + D.	b. Poniżej .... spadła temperatura?	|| Poniżej .... stopni.
10. I **popod** + B. *(rzad.)*	b. Popod .... wpełzł* wąż?	|| Popod ....

SAMOOCENA

>[9] bdb • [9] + db • [8] db • [7] +dst • >[6] dst • <[6] ndst

Jeśli w zadaniu testowym jest więcej niż dziesięć jednostek — przelicz sam!

* Albo: wpełznął

ZADANIE 117

Copyright by S. Mędak

Polecenie i wzór — jak w zadaniu testowym 112. Zobacz również uwagę II do zadania testowego numer 112.

UWAGA: punkt a — dotyczy osób; punkt — przedmiotów, rzeczy itd.

<u>Formy wyrazów do wpisania w kolumnie B:</u> *chleba, Chorwatom, decyzji, gruźlicy, klombu, kolan, lodem, ogrodzenie, ojcu, pola / łąki / lasy, starymi domami, swoją dziewczyną, wapiennych wzgórz.*

	PYTANIA:	KRÓTKIE ODPOWIEDZI:
	A.	**B.**
1. II **popod** + N. *(rzad.)*	b. Popod .... żyją zimą ryby?	‖ Popod ....
2. **poprzez** + B.	b. Poprzez .... wędrowałeś?	‖ Poprzez ...., ..., ...
3. **pośrodku** + D.	b. Pośrodku .... siejesz trawę?	‖ Pośrodku ....
4. **pośród** + D.	b. Pośród .... leży ta posiadłość?	‖ Pośród ....
5. **powyżej** + D.	b. Powyżej .... sięga woda?	‖ Powyżej ....
6. I **poza** + B.	b. Poza .... rzuciłeś piłkę?	‖ Poza ....
7. II **poza** + N.	a. Poza .... nie widzi świata?	‖ Poza ....
	b. Poza .... jest ta willa?	‖ Poza ....
8. **prócz** + D.	b. Jesz tylko chleb?	‖ Prócz .... jem owoce.
9. **przeciw** + C.	a. Przeciw .... wystąpiłeś?	‖ Przeciw ....
	b. Przeciw .... jest to szczepienie?	‖ Przeciw ....
10. **przeciwko** + C.	a. Przeciwko .... dziś gracie?	‖ Przeciwko ....
	b. Jesteś przeciwko .... ?	‖ Jestem przeciwko tej ....

SAMOOCENA

>[9] bdb • [9] + db • [8] db • [7] +dst • >[6] dst • <[6] ndst

Jeśli w zadaniu testowym jest więcej niż dziesięć jednostek — przelicz sam!

ZADANIE 118

Copyright by S. Mędak

Polecenie i wzór — jak w zadaniu testowym 112. Zobacz również uwagę II do zadania testowego numer 112.

UWAGA: punkt a — dotyczy osób; punkt — przedmiotów, rzeczy itd.

<u>Formy wyrazów do wpisania w kolumnie B:</u> *biurku, dzieciach, elit politycznych, komputera, nas, nieporozumienia, obrazem świętym, piwiarnię, płonącego lasu, łóżka, płotki, sąsiada, starych kartek, wielu, wierzycielami, zwolenników.*

	PYTANIA:	KRÓTKIE ODPOWIEDZI:
	A.	**B.**
1. I **przed** + B.	b. Przed .... oni wyszli?	‖ Przed ....
2. II **przed** + N.	a. Przed .... on się ukrywa?	‖ Przed ....
	b. Przed .... jest ten tłum ludzi?	‖ Przed ....
3. **przez** + B.	a. Przez ..... wpadłeś w ręce policji?	‖ Przez ....
	b. Przez .... ona skacze?	‖ Przez ....
4. **przy** + Msc.	a. Przy .... ona siedzi?	‖ Ona siedzi przy ....
	b. Przy ...... siedzisz całymi dniami?	‖ Przy ....
5. **przy pomocy** + D.	a. Przy pomocy .... zdobyłeś to?	‖ Przy pomocy ....
	b. Przy pomocy .... redagujesz teksty?	‖ Przy pomocy ....
6. **skutkiem** + D.	b. Skutkiem ...... wybuchł ten spór?	‖ Skutkiem ....
7. **spod** + D.	b. Spod .... to wyciągnąłeś?	‖ Spod ....
8. **spomiędzy** + D.	a. Spomiędzy .... oni go wyłonili?	‖ Spomiędzy ....
	b. Spomiędzy .... to wyjąłeś?	‖ Spomiędzy ....
9. **sponad** + D.	b. Sponad .... płynie ten dym?	‖ Sponad ....
10. **spośród** + D.	a. Spośród .... on jest najlepszy?	‖ Spośród .... wszystkich.
	b. Spośród ...... wybrałeś tę ofertę?	‖ Spośród .... innych ofert.

SAMOOCENA

>[9] bdb • [9] + db • [8] db • [7] +dst • >[6] dst • <[6] ndst

Jeśli w zadaniu testowym jest więcej niż dziesięć jednostek — przelicz sam!

ZADANIE 119

Copyright by S. Mędak

Polecenie i wzór — jak w zadaniu testowym 112. Zobacz również uwagę II do zadania testowego numer 112.

UWAGA: punkt a — dotyczy osób; punkt — przedmiotów, rzeczy itd.
<u>Formy wyrazów do wpisania w kolumnie B</u>: *choroby, chmur, gościa, kałużę, Gazecie Wyborczej, młodym chłopcu, podjęcia, profesora, sali, sportu, wakacji.*

	PYTANIA: A.	KRÓTKIE ODPOWIEDZI: B.
1. **spoza** + D.	b. Spoza .... wyłoniło się słońce?	‖ Ono wyłoniło się spoza ....
2. **środkiem** + D.	b. Którędy przeszła miss świata?	‖ Środkiem ....
3. **u** + D.	a. U .... byliście na przyjęciu?	‖ U .... Młotka.
4. I **w** + B.	b. W .... znowu wszedłeś?	‖ Wszedłem w ....
5. II **w** + Msc.	a. W .... się zakochała?	‖ Zakochała się w ....
	b. W .... jest ten wywiad?	‖ W ....
6. **w celu** + D.	b. W jakim celu zwołano naradę?	‖ W celu .... decyzji.
7. **w charakterze** + D.	a. Występuję tu w charakterze .... ?	‖ W charakterze ....
8. **w ciągu** + D.	b. Kiedy się tak zmieniłeś?	‖ W ciągu ....
9. **w czasie** + D.	b. Kiedy się nie nudzimy?	‖ W czasie .... nad morzem.
10. **w dziedzinie** + D.	b. W jakiej dziedzinie jest mistrzem?	‖ W dziedzinie ....

SAMOOCENA

>[9] bdb • [9] + db • [8] db • [7] +dst • >[6] dst • <[6] ndst

Jeśli w zadaniu testowym jest więcej niż dziesięć jednostek — przelicz sam!

ZADANIE 120

Copyright by S. Mędak

Polecenie i wzór — jak w zadaniu testowym 112. Zobacz również uwagę II do zadania testowego numer 112.

UWAGA: punkt a — dotyczy osób; punkt — przedmiotów, rzeczy itd.

<u>Formy wyrazów do wpisania w kolumnie B:</u> *decyzji unijnych, dworca, klęski głodu, konstytucyjnych uprawnień, porażki, prawa, rynku, upływu lat, wszystkich, zeszłym kwartałem.*

	PYTANIA: **A.**	KRÓTKIE ODPOWIEDZI: **B.**
1. **w imieniu** + D.	a. W imieniu .... przemawiasz?	‖ W imieniu ....
2. **w miarę** + D.	b. W miarę .... się starzejemy?	‖ W miarę ....
3. **w myśl** + D.	b. W myśl .... to zmieniono?	‖ W myśl ....
4. **w obliczu** + D.	b. W obliczu .... stoi ten kraj?	‖ W obliczu ....
5. **w obrębie** + D.	b. W obrębie .... działacie?	‖ W obrębie ....
6. **w pobliżu** + D.	b. W pobliżu .... będziesz czekał?	‖ W pobliżu ....
7. **w poprzek** + D.	b. W poprzek .... stoi ta barykada?	‖ W poprzek ....
8. **w porównaniu z** + N.	b. W porównaniu z .... wzrosły ceny?	‖ W porównaniu z ....
9. **w ramach** + D.	b. W ramach .... działa sejm?	‖ W ramach ....
10. **w razie** + D.	b. W razie .... on ustąpi?	‖ W razie .... w wyborach.

SAMOOCENA

>[9] bdb • [9] + db • [8] db • [7] +dst • >[6] dst • <[6] ndst

Jeśli w zadaniu testowym jest więcej niż dziesięć jednostek — przelicz sam!

ZADANIE 121

Polecenie i wzór — jak w zadaniu testowym 112. Zobacz również uwagę II do zadania testowego numer 112.

UWAGA: punkt a — dotyczy osób; punkt — przedmiotów, rzeczy itd.

<u>**Formy wyrazów do wpisania w kolumnie B**</u>: *mediatora, nauki / kultury, paczki, przystanku, terapii, usług turystycznych, wszystkich, wykazaną serdeczność, zamrożenia płac, zebrania.*

	PYTANIA: A.	KRÓTKIE ODPOWIEDZI: B.
1. **w rezultacie** + D.	b. W rezultacie .... zmalał popyt?	‖ W rezultacie ....
2. **w roli** + D.	a. W roli .... on wystąpił?	‖ W roli ....
3. **w sferze** + D.	b. W sferze .... prowadzisz działalność?	‖ W sferze ....
4. **w stosunku do** + D.	a. W stosunku do .... jest miły?	‖ W stosunku do ....
5. **w stronę** + D.	b. W stronę .... idziemy?	‖ W stronę ....
6. **w środku** + D.	b. W środku .... to znalazłeś?	‖ W środku ....
7. **w trakcie** + D.	b. W trakcie .... to uzgodniliście?	‖ W trakcie ....
8. **w wyniku** + D.	b. W wyniku .... odzyskał siły?	‖ W wyniku ....
9. **w zakresie** + D.	b. W zakresie .... jest ta umowa?	‖ W zakresie .... i ....
10. **w zamian za** + B.	b. W zamian za .... to dostałeś?	‖ W zamian za ....

SAMOOCENA

>[9] bdb • [9] + db • [8] db • [7] +dst • >[6] dst • <[6] ndst

Jeśli w zadaniu testowym jest więcej niż dziesięć jednostek — przelicz sam!

ZADANIE 122

Copyright by S. Mędak

Polecenie i wzór — jak w zadaniu testowym 112. Zobacz również uwagę II do zadania testowego numer 112.

UWAGA: punkt a — dotyczy osób; punkt — przedmiotów, rzeczy itd.

<u>Formy wyrazów do wpisania w kolumnie B:</u> *dyrektora, etyce, francuskiej mody, gotyckiego kościoła, likwidacją, ludzi mądrych, mnie, moich kolegów, nieprzewidzianych trudności, odniesionych ran, stadionu, swoim rodzicom, znajomych.*

	PYTANIA: **A.**	KRÓTKIE ODPOWIEDZI: **B.**
1. **wbrew** + C.	a. Wbrew .... podjął decyzję?	‖ Wbrew ....
	b. Wbrew .... źle postąpiła?	‖ Wbrew .... pedagoga.
2. **według** + D.	a. Według .... jesteś miły?	‖ Według ....
	b. Według .... się ubierasz?	‖ Według ....
3. **wewnątrz** + D.	b. Wewnątrz .... są te rzeźby?	‖ Wewnątrz ....
4. **wobec** + D.	a. Wobec .... udajesz bogacza?	‖ Wobec ....
	b. Wobec .... się znaleźliśmy?	‖ Wobec ....
5. **wokoło** + D.	b. Wokoło .... biegasz?	‖ Wokoło ....
6. **wokół** + D.	a. Wokół .... ona tańczy od lat?	‖ Wokół ....
7. **wskutek** + D.	b. Wskutek .... on zmarł?	‖ Wskutek ....
8. **wśród** + D.	a. Wśród .... czujesz się dobrze?	‖ Wśród ....
9. **względem** + D.	a. Względem .... był nieuczciwy?	‖ Względem ....
10. **w związku z** + N.	a. W związku z .... jest dyskusja?	‖ W związku z .... szkoły.

SAMOOCENA

>[9] bdb • [9] + db • [8] db • [7] +dst • >[6] dst • <[6] ndst

Jeśli w zadaniu testowym jest więcej niż dziesięć jednostek — przelicz sam!

ZADANIE 123

Copyright by S. Mędak

Polecenie i wzór — jak w zadaniu testowym 112. Zobacz również uwagę II do zadania testowego numer 112.

UWAGA: punkt a — dotyczy osób; punkt — przedmiotów, rzeczy itd.

<u>Formy wyrazów do wpisania w kolumnie B:</u> *bezpieczeństwo, bukietem, chmur, choroby, cyrkla / linijki, dachu, dorobku naukowego, Eskimosa, głowę, hurtowników, ochoty, okularów, okupacji, pełnomocnika, planem, robotą, swoim narzeczonym, swoim panem, swoją żonę, tego chłopca, tego okropnego lekarstwa, urodzin, ustawy sejmowej, wtorku, zły stan.*

	PYTANIA:	KRÓTKIE ODPOWIEDZI:
	A.	**B.**
1. I **z** + D.	a. Z .... już nic nie będzie?	|| Nic nie będzie z ....!
	b. Z .... on spadł?	|| Spadł z ....
2. II **z** + N.	a. Z ...... ona przyszła na spotkanie?	|| Ze ....
	b. Z .... mam iść na przyjęcie?	|| Z .... kwiatów.
3. I **za** + D.	b. Kiedy to się działo?	|| To działo się za ....
4. II **za** + B.	a. Za .... ona wychodzi?!	|| Za ....
	b. Za .... się złapał z przerażenia?	|| Złapał się za ....
5. III **za** + N.	a. Za .... biegnie ten pies?	|| Za ....
	b. Za .... on tak chodzi?	|| *pot.* On chodzi za ....
6. **zależnie od** + D.	b. Robisz to zależnie od ....?	|| Zależnie od ....
7. **zamiast** + D.	b. Chcesz ziółka zamiast .... ?	|| Zamiast ....
8. **za pomocą** + D.	b. Za pomocą .... to narysowałeś?	|| Za pomocą .... i ....
9. **za pośrednictwem** + D.	a. Za pośrednictwem .... rozprowadzasz towar?	|| Za pośrednictwem ....
10. **ze względu na** + B.	a. Zrobił to ze względu na .... ?	|| Ze względu na ....
	b. Ze względu na ...... zrezygnował?	|| Ze względu na .... zdrowia.
11. **zgodnie z** + N.	b. Zgodnie z .... to zrobiłaś?	|| Zgodnie z ....
12. **znad** + D.	b. Znad .... on spoglądał?	|| Znad ....
13. **z okazji** + D.	b. Z okazji .... to przyjęcie?	|| Z okazji ....
14. **z powodu** + D.	b. Z powodu .... zrezygnował?	|| Z powodu ....
15. **z racji** + D.	b. Z racji .... na to zasługuje?	|| Z racji ....
16. **z ramienia** + D.	a. Z ramienia .... on występuje?	|| Z ramienia ....
17. **z tytułu** + D.	b. Z tytułu .... jest ta decyzja?	|| Z tytułu ....
18. **z uwagi na** + B.	b. Z uwagi na .... nie odlatujemy?	|| Z uwagi na ....
19. **z wyjątkiem** + D.	b. Przyjmuje pan z wyjątkiem środy?	|| Nie. Z wyjątkiem ....
20. **zza** + D.	b. Zza .... wygląda słońce?	|| Zza ....

SAMOOCENA

>[9] bdb • [9] + db • [8] db • [7] +dst • >[6] dst • <[6] ndst

Jeśli w zadaniu testowym jest więcej niż dziesięć jednostek — przelicz sam!

SPÓJNIKI — MODULANTY — WSKAŹNIKI ZESPOLENIA

ZADANIE 124

Copyright by S. Mędak

Proszę wpisać w miejsce kropek jeden z następujących wyrazów: *czy, jak, kiedy*.

WZÓR

Jest to, jak sądzę pańska kolejna publikacja?

1. Którędy mam iść? W prawo, ... w lewo?
2. Lubię, ... wszyscy są w domu.
3. Nie poznaję go, więc nie wiem, ... to on.
4. Nie wiem, ... ona ma dzisiaj czas.
5. Słyszę, ... ktoś chodzi po korytarzu.
6. Śpi, ... udaje, że śpi?
7. Urodziła się, ... wybuchła wojna.
8. Wejdziesz wtedy, ... cię poprosi sekretarka.
9. Widzę, ... na podwórku bawią się dzieci.
10. Zastanawiam się, ... już ją gdzieś widziałem.

SAMOOCENA

> [9] bdb • [9] + db • [8] db • [7] +dst • >[6] dst • <[6] ndst

Jeśli w zadaniu testowym jest więcej niż dziesięć jednostek — przelicz sam!

ZADANIE 125

Copyright by S. Mędak

Proszę wpisać w miejsce kropek właściwe wyrazy.
Wyrazy do wyboru: *aby, ani, aż, bo, by, chociaż, choć, czy, dlatego że, gdyż, jakoby, jakbym, ponieważ, więc, żeby*.

WZÓR

Wyglądał, jakby nic nie jadł od tygodnia.

1. .... jestem stary, ciągle czuję się młodo.
2. Muszę pracować, ... sobota, ... niedziela.
3. Nie lubię piwa .... wódki.

4. Nie uczył się .... nie pracował.

5. Nie zadzwoniła do mnie, ... zgubiła kartę telefoniczną.

6. Poczułam się zmęczona, ... położyłam się spać.

7. Procesowałem się tak długo, ... wygrałem.

8. Trzeba mieć dużo cierpliwości, ... wychowywać dziecko.

9. Twierdził, ... nie spotykał się z tą dziewczyną.

10. Widziałem tak wyraźnie, ... patrzył przez lornetkę.

SAMOOCENA

>[9] bdb • [9] + db • [8] db • [7] +dst • >[6] dst • <[6] ndst

Jeśli w zadaniu testowym jest więcej niż dziesięć jednostek — przelicz sam!

ZADANIE 126

Proszę wpisać w miejsce kropek właściwe wyrazy.

Wyrazy do wyboru: *a, aczkolwiek, bowiem, ale, bądź, i, ile, jeśli, mimo że, toteż.*

WZÓR

Wyjechał stąd dwa lata temu, jeśli dobrze pamiętam.

1. Była piękna, ... konkurentów do jej ręki nie brakowało.

2. Interesuję się historią .... literaturą.

3. Koncerty odbywały się w zamku .... na placu zamkowym.

4. Lubili go wszyscy, z każdym .... potrafił porozmawiać.

5. Nie spał, ... był bardzo zmęczony.

6. On jest Włochem, ... nie lubi makaronu.

7. Pojedziesz na wakacje, ... wcześniej trochę zarobisz.

8. Stefan jest wysoki, ... Jurek jest niski.

9. Weź tyle bagażu, ... zdołasz unieść!

10. Zarzuty, ... sensowne, nie miały żadnego znaczenia.

SAMOOCENA

>[9] bdb • [9] + db • [8] db • [7] +dst • >[6] dst • <[6] ndst

Jeśli w zadaniu testowym jest więcej niż dziesięć jednostek — przelicz sam!

PRZYSŁÓWKI

ZADANIE 127

Copyright by S. Mędak

Proszę wpisać w miejsce kropek (kolumna B) właściwe przysłówki utworzone od przymiotników.

WZÓR

↓ przymiotnik

(dobry)	To jest dobry uczeń.	On uczy się dobrze.

↓	**A.**	**B.**
1. *(brzydki)*	Narysował brzydki rysunek.	1. Narysował go bardzo ....
2. *(częsty)*	To jest częsty gość tutaj.	2. Przychodzi tutaj ....
3. *(dawny)*	Znasz mój dawny adres?	3. Jak .... tutaj nie byłeś?
4. *(dokładny)*	On jest bardzo dokładny w pracy.	4. Robi wszystko bardzo ....
5. *(drogie)*	Oslo to bardzo drogie miasto.	5. Okropnie .... w tym mieście!
6. *(duża)*	To willa jest bardzo duża.	6. Jest w niej .... miejsca.
7. *(ładny)*	Zrobił ładny projekt.	7. Zrobił go bardzo ....
8. *(łatwy)*	To jest łatwy taniec.	8. Nauczyłem się go ....
9. *(mały)*	To jest bardzo mały pokój.	9. Jest tutaj .... miejsca.
10. *(ostatnia)*	To była moja ostatnia szansa.	10. .... nie mam szczęścia.
11. *(późny)*	Jest już późny wieczór.	11. Wrócimy do domu bardzo ....
12. *(rzadki)*	To jest rzadki okaz geologiczny.	12. Takie okazy spotyka się ....
13. *(serdeczny)*	On jest bardzo serdeczny dla mnie.	13. Przyjął mnie bardzo ....
14. *(spokojny)*	Dziecko ma spokojny sen.	14. Nareszcie dziecko śpi ....
15. *(szybki)*	To jest szybki model fiata.	15. Można nim jeździć bardzo ....
16. *(tani)*	Kupiłam tani samochód.	16. Kupiłam go naprawdę ....
17. *(trudny)*	To jest trudny tekst.	17. .... go zrozumieć.
18. *(uczciwy)*	To jest uczciwy człowiek.	18. Całe życie przeżył ....
19. *(zły)*	To jest zły pies.	19. Patrzy mu .... z oczu.
20. *(zupełna)*	Żyła w zupełnej samotności.	20. Mieszkała .... sama.

SAMOOCENA

> [9] bdb • [9] + db • [8] db • [7] +dst • >[6] dst • <[6] ndst

Jeśli w zadaniu testowym jest więcej niż dziesięć jednostek — przelicz sam!

ZADANIE 128

Copyright by S. Mędak

Proszę wpisać w miejsce kropek właściwe przysłówki utworzone od podkreślonych w zdaniach przymiotników.

WZÓR

To jest <u>dobry</u> nauczyciel. → On <u>dobrze</u> uczy.

1. Co za <u>znakomita</u> książka! → Ta książka sprzedaje się ....
2. Dał <u>wyraźny</u> sygnał swego

   niezadowolenia. → .... potwierdził to wczoraj.
3. Mamy <u>dokładny</u> rozkład zajęć. → Wreszcie, ktoś zrobił go ....
4. To jest mój <u>dawny</u> znajomy. → Spotkałem go bardzo ....
5. To jest naprawdę <u>tani</u> samochód. → Kupiłem go naprawdę ....
6. To jest <u>serdeczny</u> człowiek. → Z wszystkimi rozmawia ....
7. To jest <u>agresywny</u> pies. → Ten pies zachowuje się ....
8. To jest <u>szybka</u> motorówka. → Porusza się po wodzie bardzo ....
9. To jest <u>mądry</u> człowiek! → Zawsze zachowuje się .... i rozsądnie.
10. Tutaj zawsze panuje <u>duży</u> ruch. → W tym supermarkecie jest zawsze .... ludzi.

SAMOOCENA

>[9] bdb • [9] + db • [8] db • [7] +dst • >[6] dst • <[6] ndst

Jeśli w zadaniu testowym jest więcej niż dziesięć jednostek — przelicz sam!

PRZYSŁÓWKI — STOPNIOWANIE

ZADANIE 129

Copyright by S. Mędak

Proszę wpisać w miejsce kropek (kolumna B) właściwe formy stopnia wyższego (p. I/II) oraz najwyższego (p. III) przysłówków zgromadzonych w kolumnie A.

WZÓR

↓ przysłówek	kto? ‖ co?	
0. *dobrze*	*(ja)*	I. On mówi lepiej po polsku niż ja.
	(ja)	II. On mówi lepiej po polsku ode mnie.
	(my wszyscy)	III. On mówi najlepiej z nas wszystkich.
	A.	B.
1. *brzydko*	*(kolega)*	I. On maluje .... niż jego ....
	(swój, kolega)	II. On maluje .... od ....
	(nasza grupa)	III. On maluje .... z ....
2. *dokładnie*	*(polski)*	I. Szwajcarskie zegarki są wykonane .... niż ....
	(polski)	II. Szwajcarskie zegarki są wykonane .... od ....
	(–)	III. Szwajcarskie zegarki są wykonane ....
3. *dużo*	*(Ameryka)*	I. Chyba Rosja ma .... rzek niż ....
	(Ameryka)	II. Rosja ma .... rzek od ....
	(rzeka)	III. Który kraj ma ....?
4. *elegancko*	*(mama)*	I. Ona ubiera się .... niż jej ....
	(swoja, mama)	II. Ona ubiera się .... od ....
	(cała rodzina)	III. Ona ubiera się .... z ....
5. *interesująco*	*(koledzy)*	I. Ten mówca mówił .... niż jego ....
	(swoi koledzy)	II. Ten mówca mówił .... od ....
	(my)	III. Ten mówca mówił .... spośród ....
6. *ładnie*	*(inne Europejki)*	I. Włoszki ubierają się .... niż ....
	(inne Europejki)	II. Włoszki ubierają się .... od ....
	(wszystkie kobiety)	III. Włoszki ubierają się .... z ....
7. *łatwo*	*(dorośli)*	I. Dzieci uczą się języków obcych .... niż ....
	(dorośli)	II. Dzieci uczą się języków obcych .... od ....
	(–)	III. Dzieci uczą się języków obcych ....
8. *rzadko*	*(brat)*	I. Piotr pojawia się na zajęciach .... niż jego ....
	(swój, brat)	II. Piotr pojawia się na zajęciach .... od ....
	(wszyscy uczniowie)	III. Jacek pojawia się na zajęciach .... z ....

9. *szeroko*   *(drugie)*   I. Otworzyłem jedno okno .... niż ....

             (drugie)   II. Otworzyłem jedno okno .... od ....

             (–)   III. Otworzyłem trzecie okno ....

10. *wysoko*   *(Janek)*   I. Piotr skoczył .... niż ....

             (Janek)   II. Piotr skoczył .... od ....

             (wszyscy chłopcy)   III. Marcin skoczył .... z ....

SAMOOCENA

>[9] bdb • [9] + db • [8]   db • [7] +dst • >[6] dst • <[6] ndst

Jeśli w zadaniu testowym jest więcej niż dziesięć jednostek — przelicz sam!

ZADANIE 130

Copyright by S. Mędak

Proszę wpisać w miejsce kropek (kolumna B) właściwe formy stopnia wyższego (p. II) oraz najwyższego (p. III) przysłówków z przyrostkiem –*ko*.

WZÓR

cię<u>żko</u>   I. *(Ja)* Pracowałem cię<u>żko</u>.

             II. *(Ty)* Pracowałeś cię<u>żej</u>.

             III. Mój ojciec pracował naj<u>ciężej</u>.

A.   **B.**

1. *dale<u>ko</u>*   I. Pojechałem daleko.

             II. On pojechała jeszcze ....

             III. Oni pojechali ....

2. *gła<u>dko</u>*   I. Poszło mi to gładko. *(pot.)*

             II. Jemu poszło jeszcze ....

             III. Im poszło wszystko ....

3. *głębo<u>ko</u>*   I. Samochód ugrzązł głęboko w ziemi.

             II. Traktor ugrzązł jeszcze ....

             III. Czołg ugrzązł ....

4. *nis<u>ko</u>*   I. Jaskółki latają nisko.

             II. Słowiki latają jeszcze ....

             III. Wróble latają ....

5. *prę<u>dko</u>*   I. Jechałem prędko.

             II. Ona jechała jeszcze ....

             III. Oni jechali ....

6. *rzad<u>ko</u>*   I. Spotykałem ją rzadko.

             II. Jego spotykałem jeszcze ....

             III. Ciebie spotykam ....

7. *szero<u>ko</u>*   I. Otworzyłem drzwi szeroko.

II. Bramę otworzyłem jeszcze ....

III. .... otworzyłem swoje serce.

8. *szyb<u>ko</u>*   I. Wybiegłem stąd szybko.

II. On wybiegł jeszcze ....

III. Oni wybiegli stąd ....

9. *wąs<u>ko</u>*   I. Tutaj jest wąsko. Nie przejedziemy!

II. A tutaj jest jeszcze ....

III. Z tej strony jest ....

10. *wyso<u>ko</u>*   I. Janek skoczył dość wysoko.

II. Jego kolega skoczył jeszcze ....

III. .... skoczył Marcin.

SAMOOCENA

>[9] bdb • [9] + db • [8] db • [7] +dst • >[6] dst • <[6] ndst

Jeśli w zadaniu testowym jest więcej niż dziesięć jednostek — przelicz sam!

ZADANIE 131

Copyright by S. Mędak

Proszę przekształcić poniższe zdania według wzoru, wykorzystując następujące wyrazy: 1. *tak (samo)*, 2. *coraz*.

WZORY

Wczoraj było <u>zimno</u>. Dzisiaj było <u>zimno</u>.   → Wczoraj było tak samo zimno jak dzisiaj.

Mówisz już <u>dobrze</u> po polsku?   → Jeszcze nie, ale mówię *coraz lepiej*.

1. Czułem się <u>wspaniale</u>. Ona również.   → Ona czuła się ....

2. Czy czujesz się tu <u>pewnie</u>?   → Jeszcze nie. Ale będę się czuć tu ....

3. Czy czujesz się tutaj <u>swobodnie</u>?   → Jeszcze nie. Ale będę się czuć ....

4. Czy już śpiewasz <u>czysto</u>?   → Jeszcze nie. Ale będę śpiewać ....

5. Czy on maluje <u>ładnie</u>?   → Jeszcze nie. Ale będzie malował ....

6. Czy piszesz <u>szybko</u> na tej klawiaturze?   → Jeszcze nie. Ale będę pisać ....

7. Mama czuje się <u>źle</u>. Ojciec czuje się <u>źle</u>.   → Mama czuje się ....

8. On pisze <u>niewyraźnie</u>. Ja też.   → On pisze ....

9. Stąd jest <u>daleko</u>. Stamtąd też.   → Stamtąd jest ....

10. Żyje nam się <u>cudownie</u>. Im też.   → Nam żyje się ....

SAMOOCENA

>[9] bdb • [9] + db • [8] db • [7] +dst • >[6] dst • <[6] ndst

Jeśli w zadaniu testowym jest więcej niż dziesięć jednostek — przelicz sam!

ALTERNACJE W ODMIANIE RZECZOWNIKÓW I PRZYMIOTNIKÓW

ZADANIE 132

Proszę wpisać w miejsce kropek właściwe formy podkreślonych wyrazów.

WZÓR

To jest <u>mapa</u> Polski.

Na tej <u>mapie</u> nie zaznaczono miasteczka, w którym się urodziłem.

1. Nasze życie ukształtowała <u>wiara</u> katolicka.

   Wychowaliśmy się w .... katolickiej.

2. Ta <u>gazeta</u> jest najlepszym dziennikiem.

   Zawsze znajduję coś ciekawego w tej ....

3. To jest pyszna <u>ryba</u>.

   W dodatku w tej .... jest mało ości.

4. Ta <u>opera</u> jest znakomita.

   Wszyscy wielcy artyści występowali w tej ....

5. Ta <u>rana</u> goi się bardzo szybko.

   Nie ma już na twojej .... dziwnych obrzęków.

6. To <u>szkoła</u>, w której uczyłem się a, b, c...

   Przyglądałem się mojej .... ze wzruszeniem.

7. W tym roku <u>zima</u> była bardzo mroźna.

   Wszystkie krzewy przemarzły w ....

8. W tym sklepie jest tylko jedna <u>kasa</u>.

   Przy .... zawsze jest długa kolejka.

9. W zagrodzie stała tylko jedna <u>koza</u>.

   Dzieci przyglądały się z zainteresowaniem tej ....

10. Zobacz, jaka czysta <u>woda</u>!

    Z przyjemnością wykąpię się w tej krystalicznej ....

SAMOOCENA

>[9] bdb • [9] + db • [8] db • [7] +dst • >[6] dst • <[6] ndst

Jeśli w zadaniu testowym jest więcej niż dziesięć jednostek — przelicz sam!

ZADANIE 133

Copyright by S. Mędak

Polecenie — jak w zadaniu testowym 132.

WZÓR

Ciągle mówisz o bajce pt. „*Owca, wilk i kapusta*"!

Nigdy nie czytałem bajki o kapuście.

1. Czy to jest czysta pielucha?

   Kochanie, połóż dziecko na czystej ....

2. Dawniej za dyscyplinę służyła rózga.

   Kto dzisiaj jeszcze pamięta o ....?

3. Na niebie świeciła wielka gwiazda.

   Z zainteresowaniem przyglądałem się tej ....

4. Od kilku dni boli mnie noga.

   Czuję coraz silniejszy ból w ....

5. Polska to piękny kraj.

   Szkoda tylko, że tak rzadko mówi się o tolerancji w ....!

6. Ta bluzka jest modna.

   Jest mi przykro, ale jest ci fatalnie w tej ....!

7. To jest nasz ukochany monarcha.

   Dzięki temu .... wzbogaciła się moja rodzina.

8. Tutaj jest znakomita kawa.

   Byliśmy już kilka razy w tej kawiarni na ....

9. W moim pokoju stała wielka szafa.

   Miałem dziesiątki cennych książek w tej ....

10. Wisła to najpiękniejsza rzeka świata!

    Dlaczego nikt nie kąpie się w tej ....?

SAMOOCENA

>[9] bdb • [9] + db • [8] db • [7] +dst • >[6] dst • <[6] ndst

Jeśli w zadaniu testowym jest więcej niż dziesięć jednostek — przelicz sam!

ZADANIE 134

Copyright by S. Mędak

Polecenie — jak w zadaniu testowym 132.

WZÓR

To jest wyjątkowy <u>akrobata</u>.
Wszyscy przyglądali się temu zdolnemu <u>akrobacie</u>.

1. *„Idiota"* to tytuł powieści Dostojewskiego.
   Często rozmawialiśmy o „............................".

2. <u>Maszynista</u> zahamował w odpowiednim momencie.
   Uniknięto wypadku dzięki ....

3. Mój profesor to wielki <u>humanista</u>.
   Wszyscy mówią o tym wielkim ....

4. <u>Pianista</u> dał wspaniały koncert.
   Przyglądałem się z uwagą temu wyjątkowemu ....

5. Pierwszy <u>astronauta</u> był Rosjaninem.
   Cały świat słyszał o tym pierwszym ....

6. To był jedyny w tym teatrze prawdziwy <u>artysta</u>.
   Wszyscy kochali się w tym ....

7. To był mój stary <u>kolega</u>.
   Często myślę o moim starym ....

8. To był prawdziwy <u>komunista</u>.
   Nikt już nie mówi o tym słynnym ....

9. Ulicą jechał pijany <u>rowerzysta</u>.
   Wszyscy przyglądali się temu ....

10. W cyrku pojawił się <u>iluzjonista</u>.
    Po przedstawieniu dyskutowaliśmy o tym ....

SAMOOCENA

>[9] bdb • [9] + db • [8] db • [7] +dst • >[6] dst • <[6] ndst

Jeśli w zadaniu testowym jest więcej niż dziesięć jednostek — przelicz sam!

ZADANIE 135

Copyright by S. Mędak

Polecenie — jak w zadaniu testowym 132.

WZÓR

<u>Chłop</u> polski jest symbolem w literaturze polskiej.

Wiele pisano o polskim <u>chłopie</u>.

1. Dostałem <u>przekaz</u> pieniężny.

    Na .... widniała suma dwudziestu jeden euro.

2. Czarny <u>kot</u> spacerował po chodniku.

    Po .... zostały na chodniku ślady łap.

3. Lubię ten <u>ser</u>.

    Jest bardzo dużo dziur w tym .... i znikoma ilość kalorii.

4. Miała brzydki <u>nos</u>.

    Miała też brzydkie okulary na swym brzydkim ....

5. Na powierzchni stawu był gruby <u>lód</u>.

    Roześmiane dzieci ślizgały się po ....

6. Nad wsią pojawił się <u>dym</u>.

    Po chwili cała wieś znalazła się w ....

7. <u>Osioł</u> spokojnie czekał na właściciela.

    Po chwili właściciel siedział już na ....

8. Spotkałem rano pana <u>Jana</u>.

    Powiedziałem mu: „ Dzień dobry panie ....!"

9. W ogrodzie stał bardzo stary <u>dąb</u>.

    Na tym .... ptaki budowały swoje gniazda.

10. W salonie wisiał piękny <u>obraz</u>.

    Ktoś powiesił na tym .... stary kapelusz.

SAMOOCENA

>[9] bdb • [9] + db • [8] db • [7] +dst • >[6] dst • <[6] ndst

Jeśli w zadaniu testowym jest więcej niż dziesięć jednostek — przelicz sam!

ZADANIE 136

Copyright by S. Mędak

Polecenie — jak w zadaniu testowym 132.

WZÓR

Zbudowano nowy <u>most</u> w Krakowie.

Lubię spacerować po tym <u>moście</u>.

1. Zobacz, jakie malutkie <u>okno</u>!

   Popatrz na tego kota, który siedzi na ....!

2. Lubiłem <u>piwo</u>, kiedy byłem studentem.

   Teraz nawet nie myślę o ....

3. Mój syn będzie studiował <u>prawo</u>.

   A ja nie mam zielonego pojęcia o ....

4. Stało <u>drzewo</u>, a pod drzewem siedziała małpa.

   Po chwili małpa była na ....

5. To jest znakomite <u>ciasto</u>.

   Tak. Doskonałe. Jest dużo bakalii w tym ....

6. Kraków to wspaniałe <u>miasto</u>.

   Czy chciałbyś mieszkać w tak wspaniałym ....?

7. Znasz prace tego <u>filozofa</u>?

   Nie. Ale dużo słyszałem o tym ....

8. Znasz <u>zajazd</u> „Józef Karol".

   Tak. Tydzień temu byłem w tym ....

9. Zobacz, jakie piękne <u>gniazdo</u>!

   W tym .... są trzy małe pisklęta!

10. Zobacz, znowu kolejny <u>objazd</u>!

    Znowu zgubię się na tym ....

SAMOOCENA

>[9] bdb • [9] + db • [8] db • [7] +dst • >[6] dst • <[6] ndst

Jeśli w zadaniu testowym jest więcej niż dziesięć jednostek — przelicz sam!

ZADANIE 137

Copyright by S. Mędak

Polecenie — jak w zadaniu testowym 132.

WZÓR

Nad nami roztaczało się piękne <u>niebo</u>.

Po chwili na <u>niebie</u> pojawiły się chmury.

1. Jaka piękna <u>garderoba</u>!

    Co przechowujesz w tej ....?

2. Kupiłem dużą <u>rybę</u>.

    W tej .... było dużo ości.

3. Lubię <u>mięso</u>.

    Zrobię dobrą zupę na ....

4. <u>Pismo</u> Święte jest znakomitą lekturą.

    Odnajduję w tym .... niezwykle mądre myśli.

5. To była niewielka <u>góra</u>.

    Na tej .... mieścił się kiedyś słynny instytut.

6. W górach pasło się <u>stado</u> owiec.

    W .... były piękne owce i barany.

7. Dzisiaj pisałem <u>dyktando</u> z polskiego.

    Zrobiłem 21 błędów w tym ....

8. Wyjąłem z lodówki <u>masło</u> i jaja.

    Usmażyłem jajecznicę z dwóch jaj na ....

9. Zjadłem zupę, potem <u>kotlet</u> schabowy.

    Po .... zdecydowałem się na deser.

10. <u>Żelazo</u> jest metalem.

    Są artyści, którzy rzeźbią w ....

SAMOOCENA

>[9] bdb   •   [9] + db   •   [8]   db   •   [7] +dst   •   >[6] dst   •   <[6] ndst

Jeśli w zadaniu testowym jest więcej niż dziesięć jednostek — przelicz sam!

ZADANIE 138

Polecenie — jak w zadaniu testowym 132.

WZÓR

To jest <u>biskup</u>.　　　　　　　　→ To są dwaj krakowscy <u>biskupi</u>.

1. To jest <u>profesor</u>.　　　→ To są dwaj mądrzy ....
2. To jest <u>brat</u>.　　　　　→ To są dwaj najmłodsi ....
3. To jest <u>fryzjer</u>.　　　　→ To są dwaj najlepsi .... w mieście.
4. To jest <u>Hiszpan</u>.　　　→ To są dwaj piękni ....
5. To jest <u>kasjer</u>.　　　　→ To są dwaj uprzejmi ....
6. To jest <u>poeta</u>.　　　　→ To są dwaj niedocenieni ....
7. To jest <u>Polak</u>.　　　　→ To są dwaj kłótliwi ....
8. To jest <u>przechodzień</u>.　→ To są dwaj zdenerwowani ....
9. To jest <u>Szwed</u>.　　　　→ To są dwaj mili ....
10. To jest <u>wujek</u>.　　　→ To są moi dwaj ukochani ....

SAMOOCENA

>[9] bdb • [9] + db • [8] db • [7] +dst • >[6] dst • <[6] ndst

Jeśli w zadaniu testowym jest więcej niż dziesięć jednostek — przelicz sam!

ZADANIE 139

Polecenie — jak w zadaniu testowym 132.

WZÓR

To jest <u>okulista</u>.　　　　　　→ To są <u>okuliści</u>, którzy tutaj pracują.

1. Kopernik to znany w świecie <u>Polak</u>. → Kopernik i Chopin to znani ....
2. Na scenie pojawił się jeden <u>błazen</u>. → Po chwili pojawili się inni ....
3. Na Wiśle był już jeden <u>flisak</u>. → Po chwili pojawili się jeszcze dwaj ....
4. To był znany <u>szpieg</u>. → To byli znani .... w czasie zimnej wojny.
5. To jest <u>Chińczyk</u>. → To są dwaj pracowici ....

6. To jest wyjątkowy <u>egoista</u>. → *(pl.)* .... nikomu nie chcą pomagać.

7. To jest mój <u>kolega</u>. → To są ...., których najbardziej lubię.

8. To uroczy <u>chłopiec</u>. → W mojej grupie są sami uroczy ....

9. Ten <u>Czech</u> mieszka w Czechach. → W Czechach mieszkają nie tylko ....

10. Ten <u>Włoch</u> mieszka we Włoszech. → We Włoszech mieszkają nie tylko ....

SAMOOCENA

>[9] bdb • [9] + db • [8] db • [7] +dst • >[6] dst • <[6] ndst

Jeśli w zadaniu testowym jest więcej niż dziesięć jednostek — przelicz sam!

ZADANIE 140

Copyright by S. Mędak

Proszę wpisać w miejsce kropek właściwe formy podkreślonych przymiotników.

WZÓR

To jest <u>prosty</u> człowiek. → To są <u>prości</u> ludzie.

1. Mój brat był mi zawsze bardzo <u>bliski.</u> → Moi bracia byli mi zawsze ....

2. Mój <u>drogi</u>, przestań krzyczeć! → Moi ...., przestańcie krzyczeć!

3. To był mój <u>daleki</u> kuzyn. → To byli moi .... kuzyni *a.* kuzynowie.

4. To był <u>nieustraszony</u> przywódca. → To byli .... przywódcy.

5. To był <u>niski</u> mężczyzna. → To byli .... mężczyźni.

6. To jest <u>cichy</u> chłopiec. → To są .... i spokojni chłopcy.

7. To jest <u>duży</u> chłopiec. → To są .... i samodzielni chłopcy.

8. To jest <u>miły</u> sąsiad. → Wszyscy sąsiedzi są tutaj dla mnie ....

9. To jest <u>starszy</u> pan. → To są .... panowie, którzy sobie zawsze pomagają.

10. Trafił do zakładu jako <u>głuchy</u>. → W tym zakładzie wszyscy pacjenci byli ....

SAMOOCENA

>[9] bdb • [9] + db • [8] db • [7] +dst • >[6] dst • <[6] ndst

Jeśli w zadaniu testowym jest więcej niż dziesięć jednostek — przelicz sam!

ZADANIE 141

Copyright by S. Mędak

Proszę wpisać w miejsce kropek właściwe formy podkreślonych wyrazów.

WZÓR

To jest młody <u>Polak</u>. || Rozmawiałam przez chwilę z tym młodym <u>Polakiem</u>.

1. Kupiłem świetny <u>słownik</u> angielsko–polski. || Zawsze chodzę na zajęcia z tym ....
2. Lubię <u>język</u> polski. || Od lat interesuję się .... polskim.
3. Lubię <u>mleko</u>. || Codziennie na śniadanie piję kawę z ....
4. Miał w ręce duży <u>ołówek</u>. || Rysował po ścianach tym ....
5. Mój kolega to <u>Irakijczyk</u>. || Mój kolega jest .... z Bagdadu.
6. Na ulicy stała matka i <u>chłopczyk</u>. || Matka rozmawiała z ....
7. Śpiewała jak <u>słowik</u>. || Nazywano ją .... Opery Krakowskiej.
8. To jest twoje <u>dziecko</u>. || A więc musisz się zająć swoim ....
9. To jest mój ukochany <u>kanarek</u>. || Muszę opiekować się tym ....
10. W bajkach jest zawsze okrutny <u>wilk</u>. || W dzieciństwie straszono mnie ....

SAMOOCENA

>[9] bdb • [9] + db • [8] db • [7] +dst • >[6] dst • <[6] ndst

Jeśli w zadaniu testowym jest więcej niż dziesięć jednostek — przelicz sam!

ZADANIE 142

Copyright by S. Mędak

Proszę wpisać w miejsce kropek właściwe formy wyrazu *ksiądz*.

WZÓR

(ksiądz)

To jest <u>ksiądz</u>. || To są <u>księża</u>.

1. Nie znam tego .... || 2. Nie znam tych .... || 3. Życzyłem temu .... zdrowia i pomyślności. || 4. Życzyliśmy wszystkim .... zdrowia i pomyślności. || 5. Znam dobrze tego .... || 6. Znam dobrze tych .... || 7. Rozmawiałem z tym .... || 8. Rozmawialiśmy z tymi .... || 9. Często myślę o tym ....|| 10. Często myślę o tych ....

SAMOOCENA

>[9] bdb • [9] + db • [8] db • [7] +dst • >[6] dst • <[6] ndst

Jeśli w zadaniu testowym jest więcej niż dziesięć jednostek — przelicz sam!

ZADANIE 143

Copyright by S. Mędak

Proszę wpisać w miejsce kropek właściwe formy podkreślonych wyrazów.

WZÓR

To był mój s<u>ąsiad</u>. || To byli moi sąsiedzi.

1. Adam Mickiewicz to <u>wódz</u> polskiej literatury. || Współcześnie nie ma pisarza, który mógłby być .... duchowym narodu polskiego.
2. Mój mąż to <u>anioł</u>, a nie człowiek. || Nigdy nie marzyłam o takim ....
3. Na środku nieba świeciła jedna <u>gwiazda</u>. || Przyglądałem się tej ....
4. Przez wieś jechał kolorowy <u>wóz.</u> || Potem pojawiły się kolejne ....
5. Przyleciał jeden <u>gołąb</u>. || Za chwilę przyleciało kilkanaście głodnych ....
6. To było wspaniałe <u>ciasto</u>. || W .... były rodzynki, orzechy i suszone owoce.
7. To <u>słowo</u>, które mi powiedziałeś jest zabójcze. || Nie używaj tak mocnych ....!
8. Zaproponował nam wspólny <u>obiad</u>. || Byliśmy na .... u Ritza w Paryżu.
9. Zobacz, jaki piękny <u>kwiat</u>! || Na tym .... siedzi nieznany mi jeszcze motyl.
10. Zobaczyliśmy na lądzie <u>miasto</u>. || Zatrzymaliśmy się w tym pięknym ....

SAMOOCENA

>[9] bdb • [9] + db • [8] db • [7] +dst • >[6] dst • <[6] ndst

Jeśli w zadaniu testowym jest więcej niż dziesięć jednostek — przelicz sam!

ZADANIE 144

Copyright by S. Mędak

Polecenie — jak w zadaniu testowym 143.

WZÓR

To był piękny k<u>ościół.</u> || Wszedłem do tego k<u>ościoła.</u> || Tydzień temu też byłem w tym k<u>ościele.</u>

1. Był okrągły <u>stół.</u> || Na .... stała butelka wina. || A tu, nie ma ani okrągłego ...., ani wina.
2. Był wspaniały, lipcowy <u>wieczór</u>. || Dawno nie było tak wspaniałego .... || Nigdy nie myślałem o tak wspaniałym ....
3. Miała duży <u>pokój</u>. || Mieszkała sama w tym .... || Obok jej .... był olbrzymi salon.

4. Miałem duży <u>ogród</u>. || Nie zajmowałem się tym .... || W ....
rosły chwasty.

5. Przed domem był <u>dół</u>. || Coś wpadło do tego .... || Okazało się, że w tym
.... leżały moje klucze od mieszkania.

6. Przed nami był wspaniały <u>bór</u>. || Blisko .... było jezioro. || Spacerowaliśmy
po tym ....

7. Śnił mi się <u>potwór</u>. || Widziałem swojego szefa w tym .... || Nagle,
obudziłem się, i już nie było tego przerażającego ....

8. To był piękny <u>dwór</u>! || W tym .... mieszkała owdowiała hrabina.

9. Znam dobrze <u>Kraków</u>. || Urodziłem się w .... || Blisko ....
mieszka mój brat.

10. Znowu zaskoczyła nas <u>powódź</u>. || Nigdy nie było tak wielkiej ....
|| Po tej .... wyprowadziliśmy się w góry.

SAMOOCENA

>[9] bdb • [9] + db • [8] db • [7] +dst • >[6] dst • <[6] ndst

Jeśli w zadaniu testowym jest więcej niż dziesięć jednostek — przelicz sam!

ZADANIE 145

Proszę wpisać w miejsce kropek właściwe formy podkreślonych wyrazów, zwracając uwagę na wymiany zachodzących w odmianie wyrazów *mój / swój / twój*.

WZÓR

To jest <u>mój</u> ojciec.   To jest <u>moja</u> matka.   To są <u>moi</u> rodzice.

A.	**B.**	**C.**
1. On ma <u>swój</u> pokój.	On ma .... życie.	On ma .... problemy.
2. Ja mam <u>swój</u> samochód.	On ma .... rodzinę.	On ma .... kolegów.
3. To jest <u>mój</u> dom.	To jest .... książka.	To są .... książki.
4. To jest <u>mój</u> zeszyt.	To jest .... praca.	To są .... dzieci.
5. To jest <u>twój</u> ojciec.	To jest .... matka.	To są .... bracia.

SAMOOCENA

>[9] bdb • [9] + db • [8] db • [7] +dst • >[6] dst • <[6] ndst

Jeśli w zadaniu testowym jest więcej niż dziesięć jednostek — przelicz sam!

ZADANIE 146

Copyright by S. Mędak

Proszę wpisać w miejsce kropek właściwe formy podkreślonych wyrazów.

WZÓR

Na spotkaniu była tylko jedna <u>osoba</u>.   ← Ile <u>osób</u> będzie na kolejnym zebraniu?

1. Trzy nogi, dwie nogi, jedna <u>noga</u>...   ← Ile .... ma stonoga?

2. <u>Sobota</u> jest dniem wolnym od pracy.   ← Ile .... mamy w ciągu roku?

3. <u>Stopa</u> ma 0,288 metra.   ← Ile .... ma ten tankowiec?

4. <u>Środa</u> to mój dzień wolny od pracy.   ← Ile .... mamy w tym miesiącu?

5. Ta <u>apoteoza</u> patriotyzmu jest genialna.   ← Ile .... można jeszcze stworzyć?

6. Ta <u>brzoza</u> jest piękna.   ← Ile takich .... rośnie w tym parku?

7. To była bardzo ciężka <u>droga</u>.   ← Ile takich .... muszę jeszcze przemierzyć?

8. To <u>słowo</u> jest trudne do zapamiętania.   ← Ile takich trudnych .... jest w języku polskim?

9. W ogrodzie jest tylko jedna <u>koza</u>.   ← Ile .... mają państwo w tej fermie?

10. W tej sali jest tylko jedna marmurowa <u>głowa</u>.   ← Ile .... jest w całym muzeum?

SAMOOCENA

>[9] bdb • [9] + db • [8] db • [7] +dst • >[6] dst • <[6] ndst

Jeśli w zadaniu testowym jest więcej niż dziesięć jednostek — przelicz sam!

ZADANIE 147

Copyright by S. Mędak

Polecenie — jak w zadaniu testowym 146.

WZÓR

Bolał mnie <u>ząb</u>. || Poszedłem do gabinetu dentystycznego i po chwili już nie miałem <u>zęba</u>.

1 Mam duży <u>krąg</u> czytelników. || Lecz w tym .... nie ma ciebie, moja kochana!

2. Na drzewie była wielka <u>gałąź</u>. || Na wielkiej .... siedział mały ptak.

3 Owoc dębu w kształcie orzeszka to <u>żołądź</u>. || Pod dębem leżało mnóstwo ....

4. To był jej <u>mąż</u>. || Ona już nie ma ....

5. To był mój <u>błąd</u> w młodości! || Każdy musi cierpieć za .... *(pl.)* młodości.

6 To jest <u>książę</u> — niekoronowany władca naszego państewka. || Nie lubię tego ....

7. To jest niebezpieczny <u>wąż.</u> || Stałem blisko niebezpiecznego ....

8. <u>Zając</u> to dzikie zwierzę podobne do królika. || W tym regionie jest dużo ....

9. Znowu kolejna dewaluacja <u>pieniądza</u>! || Szczęśliwi ci, którzy nie mają *(pl.)* ....

10. Zobacz, jak piękny <u>dąb</u>! || A ty zobacz, jaki piękny dzięcioł siedzi na tym ....

SAMOOCENA

\> [9] bdb   •   [9] + db   •   [8]   db   •   [7] +dst   •   >[6] dst   •   <[6] ndst

Jeśli w zadaniu testowym jest więcej niż dziesięć jednostek — przelicz sam!

ZADANIE 148

Copyright by S. Mędak

Polecenie — jak w zadaniu testowym 146.

WZÓR

Pierwszy maja to międzynarodowe <u>święto</u>. || W tym roku jest dużo <u>świąt</u> w kalendarzu.

1. <u>Cielęta</u> to młode byki lub młode krowy. || Na łące biegało wiele ....

2. Moja żona urodziła <u>bliźnięta</u>. || Moja żona też urodziła dwoje zdrowych ....

3. Pieszczotliwie o oczach ukochanej osoby mówimy „<u>oczęta</u>" || Jeszcze dziś pamiętam słowa piosenki: *„Dla tych czarnych, cudnych* ...., *serce, duszę bym dał"*.

4. Po jej odejściu przeżywałem <u>męki</u>. || Nie chcę już przeżywać kolejnych ....

5. <u>Przysięga</u> to uroczyste zapewnienie o czymś. || Składałem już wiele uroczystych ....

6. Przy wyjściu leżała <u>księga</u> pamiątkowa. || W muzeum było kilka zapisanych .... pamiątkowych.

7. <u>Ręka</u> to chwytna część kończyny dolnej. || Ten człowiek nie miał obu ....

8. W koszyku były malutkie <u>kurczęta</u>. || Ile .... było w koszyku?

9. W parku były różne <u>zwierzęta</u>. || Wśród tych .... była nawet oswojona sarenka.

10. W zagrodzie były śliczne <u>źrebięta</u>. → Ile .... było w zagrodzie?

SAMOOCENA

\> [9] bdb   •   [9] + db   •   [8]   db   •   [7] +dst   •   >[6] dst   •   <[6] ndst

Jeśli w zadaniu testowym jest więcej niż dziesięć jednostek — przelicz sam!

ZADANIE 149

Polecenie — jak w zadaniu testowym 146.

WZÓR

Potrzebny mi jest grafitowy <u>ołówek</u>. || Czy nie masz grafitowego <u>ołówka</u>?

1. Chcesz <u>widelec</u>? || Nie chcę żadnego .... Wolę jeść palcami.

2. <u>Handel</u> uliczny jest źle widziany przez władze miasta. || Władze zabroniły .... na ulicach.

3. Już jest <u>kwiecień</u>! || Zapomniałem, że moja żona obchodzi imieniny w ....!

4. Masz <u>cukier</u>? || Nie mam ...., ale mam słodzik.

5. Spotkamy się w <u>czwartek</u>? || Nie wytrzymam do ....! Spotkajmy się jutro!

6. Spotkamy się we <u>wtorek</u>? || Chyba nie dożyję do ....

7. To jest Marek, twój <u>chłopiec</u>? || Jeszcze nie poznałaś mojego ....?!

8. To jest nasz sąsiad — <u>Niemiec</u>. || Nigdy nie widziałem tutaj tego ....?

9. To jest <u>rynek</u>? || Nigdy nie widziałem tak pięknego ....

10. Zraniłeś <u>palec</u>? || Nie zraniłem ...., ale zraniłem całą rękę.

SAMOOCENA

>[9] bdb • [9] + db • [8] db • [7] +dst • >[6] dst • <[6] ndst

Jeśli w zadaniu testowym jest więcej niż dziesięć jednostek — przelicz sam!

ZADANIE 150

Polecenie — jak w zadaniu testowym 146.

WZÓR

To jest <u>wieś</u>, gdzie mieszkał mój ojciec. → Nie lubiłem tej <u>wsi</u> zabitej deskami.

1. <u>Marchew</u> zawiera dużo witaminy A. || A ja nie lubię ....

2. <u>Brukiew</u> to roślina o grubym mięsistym korzeniu. || Nigdy nie próbowałem ....

3. <u>Krew</u> daje życie. || A w szpitalach coraz częściej brakuje ....

4. <u>Alabaster</u> to minerał przypominający gips. || Kupiłem posążek z ....

5. <u>Bunkier</u> to schron bojowy. || Nigdy nie byłem w ....

6. Nieprzyjaciel zdobył pierwszą <u>chorągiew</u>. || Potem zdobył jeszcze kilka innych ....

7. <u>Rzodkiew</u>, to nie to samo co rzodkiewka. || Lubię rzodkiewkę, ale nie lubię ....

8. Ten pan to mój <u>szwagier</u>. || Uwielbiam swojego ....

9. To jest najlepszy <u>majster</u> krawiecki. || Zawsze szyję swoje garnitury u tego ....

10. Tu jest <u>kubeł</u> na śmieci! || Dlaczego nie wrzucasz śmieci do ....?!

SAMOOCENA

>[9] bdb • [9] + db • [8] db • [7] +dst • >[6] dst • <[6] ndst

Jeśli w zadaniu testowym jest więcej niż dziesięć jednostek — przelicz sam!

ZADANIE 151

Polecenie — jak w zadaniu testowym 146.

WZÓR

Barbi to piękna <u>lalka</u>. || A ja nie lubię takich <u>lalek</u>.

1. <u>Książka</u> to wartościowa rzecz. || Kupuję setki .... w różnych księgarniach.
2. Na stole leżała jedna <u>kartka</u>. || Pod stołem leżało dużo ....
3. Na stole leżała jedna <u>łyżka</u>. || Pod stołem leżało sześć ....
4. Na wystawie była <u>klatka</u> z kanarkami. || W sklepie było wiele .... z ptakami.
5. Na wystawie sklepowej stała <u>pralka</u>. || W sklepie było mnóstwo ....
6. Na wystawie sklepowej wisiała <u>bluzka</u>. || W sklepie było mnóstwo ....
7. Przy ulicy stała jedna mała <u>chatka</u>. || W lesie było kilka małych ....
8. Ta <u>kurtka</u> jest piękna. || Mam wiele takich pięknych ....
9. W parku siedziała moja <u>matka</u>. || W parku siedziało kilka .... z dziećmi.
10. W pokoju stała mała <u>szafka</u>. || W przedpokoju było pięć ....

SAMOOCENA

>[9] bdb • [9] + db • [8] db • [7] +dst • >[6] dst • <[6] ndst

Jeśli w zadaniu testowym jest więcej niż dziesięć jednostek — przelicz sam!

ZADANIE 152

Copyright by S. Mędak

Polecenie — jak w zadaniu testowym 146.

WZÓR

W kuchni stało jedno <u>wiadro</u>. → Na podwórku stało wiele <u>wiader</u>.

1. Każda rzeka ma jedno <u>źródło</u>.

   W górach jest wiele ...., z których wypływają rzeki.

2. Każde <u>hasło</u> w tym słowniku zostało dobrze opracowane.

   Ale prawie w każdym .... są błędy!

3. Miałem złamane jedno <u>żebro</u>.

   On miał złamanych kilka ....

4. Na rzece było tylko jedno <u>czółno</u>.

   Po chwili pojawiło się kilka nowych ....

5. On napisał tylko jedno <u>dzieło</u>?

   Nie. On napisał kilka znanych ....

6. <u>Piekło</u> to miejsce wiecznych cierpień.

   W mitologii bohaterowie schodzili do ....

7. <u>Porzekadło</u> to przysłowie, sentencja, maksyma.

   W języku polskim znajdziesz tysiące niezwykle mądrych ....

8. <u>Prawidło</u> to reguła, istniejąca norma.

   W gramatyce polskiej jest dużo ....

9. Tutaj jest tylko jedno <u>krzesło</u>?

   Ależ skąd! Jest kilka wygodnych ....

10. W kuchni było jedno <u>okno</u>.

    W pokoju było pięć olbrzymich ....

SAMOOCENA

>[9] bdb • [9] + db • [8] db • [7] +dst • >[6] dst • <[6] ndst

Jeśli w zadaniu testowym jest więcej niż dziesięć jednostek — przelicz sam!

ALTERNACJE W ODMIANIE CZASOWNIKÓW

ZADANIE 153

Copyright by S. Mędak

Proszę wpisać w miejsce kropek właściwe formy podkreślonych czasowników ruchu w czasie przeszłym.

<u>Czasowniki:</u> *iść, nadejść, odejść, podejść, pójść, przejść, przyjść, rozejść się, wejść, wyjść, zejść.*

WZÓR

(iść)	On <u>szedł</u> i płakał.	‖ Ona <u>szła</u> i się śmiała.
1. *(nadejść)*	Wreszcie .... deszcz!	‖ Wreszcie .... wiosna.
2. *(odejść)*	On .... od żony.	‖ Ona .... od męża.
3. *(pójść)*	Tata .... do pracy.	‖ Mama też .... do pracy.
4. *(przejść)*	Ojciec .... grypę.	‖ Mama też już .... grypę.
5. *(przyjść)*	Ten pan .... wcześnie.	‖ Ta pani też .... wcześnie.
6. *(rozejść się)*	Ty .... z nią?	‖ Nie. To ona .... ze mną.
7. *(wejść)*	Chłopiec .... do klasy.	‖ Dziewczynka też .... do klasy.
8. *(wyjść)*	Ty .... po nią?	‖ Nie. To ona .... po mnie.
9. *(podejść)*	Janku, ... do niej!?	‖ Nie, Piotrze. To ona .... do mnie.
10. *(zejść)*	Kto .... na dół?	‖ Ona już .... na dół.

SAMOOCENA

> [9] bdb • [9] + db • [8] db • [7] +dst • >[6] dst • <[6] ndst

Jeśli w zadaniu testowym jest więcej niż dziesięć jednostek — przelicz sam!

ZADANIE 154

Copyright by S. Mędak

Proszę wpisać w miejsce kropek właściwe formy 2. osoby trybu rozkazującego podkreślonych czasowników.

WZÓR

Ja <u>robię</u> to zadanie.	→ Ty również <u>rób</u> to zadanie!
1. *(Ja)* <u>Dorobię</u> klucz do drzwi.	→ Ty też .... klucz do drzwi!
2. *(Ja)* <u>Kroję</u> chleb.	→ Ty również .... chleb!
3. *(Ja)* <u>Odrobię</u> zajęcia za chwilę.	→ Ty też je ....!

4. *(Ja)* <u>Położę się</u> spać.   → Ty również .... spać!

5. *(Ja)* <u>Rozłożę</u> materac.   → Ty również .... materac!

6. *(Ja)* <u>Stoję</u> w kolejce.   → Ty również .... w kolejce!

7. *(Ja)* <u>Włożę</u> pieniądze do skarbonki.   → Ty również .... pieniądze do skarbonki!

8. *(Ja)* <u>Wyłożę</u> pieniądze na stół.   → Ty też .... pieniądze na stół!

9. *(Ja)* <u>Złożę</u> swoją wersalkę.   → Ty też .... swoją!

10. *(On)* <u>Narobił</u> ci nieprzyjemności.   → Ty też mu ich ....!

SAMOOCENA

>[9] bdb • [9] + db • [8]   db • [7] +dst • >[6] dst • <[6] ndst

Jeśli w zadaniu testowym jest więcej niż dziesięć jednostek — przelicz sam!

ZADANIE 155

Copyright by S. Mędak

Proszę wpisać w miejsce kropek właściwe formy czasu przeszłego czasowników zawartych w nawiasach.

WZÓR

(woleć)   One <u>wolały</u> śpiewać. || Oni <u>woleli</u> grać w piłkę nożną.

(chcieć)   1. One .... iść do kina. || Oni .... iść do kawiarni.

(krzyczeć)   2. One .... głośno. || Oni .... jeszcze głośniej.

(musieć)   3. One .... walczyć. || Oni też .... walczyć.

(należeć)   4. One .... do klubu. || Oni .... do partii.

(patrzeć)   5. One .... na nas. || Oni .... na nie.

(rozumieć)   6. One .... wszystko. || Oni .... niewiele.

(siedzieć)   7. One .... na ławce. || Oni .... przy barze.

(umieć)   8. One .... strzelać. || Oni .... grać.

(widzieć)   9. One .... ten film. || Oni .... ten mecz.

(wiedzieć)   10. One .... wszystko. || Oni .... niewiele.

SAMOOCENA

>[9] bdb • [9] + db • [8]   db • [7] +dst • >[6] dst • <[6] ndst

Jeśli w zadaniu testowym jest więcej niż dziesięć jednostek — przelicz sam!

CZASOWNIKI — ASPEKT

ZADANIE 156

Copyright by S. Mędak

Proszę wpisać w miejsce kropek właściwe formy czasu teraźniejszego czasowników z kolumny A.

WZÓR

(ćwiczyć)   Ćwiczyłeś biegi? — Tak. Ćwiczyłem i wciąż ćwiczę.

Czy ty też ćwiczysz?

A.	**B.**
1. *(cieszyć się)*	Cieszyłeś się z moich sukcesów? — Tak. Cieszyłem się i wciąż .... Czy ty też .... z moich sukcesów?
2. *(darzyć)*	Darzyłeś ją przecież sympatią. — Tak. Darzyłem ją i wciąż ją .... Czy ty już jej nie .... sympatią?
3. *(dręczyć)*	Dręczyłeś ją przez wiele lat? — Tak. Dręczyłem ją i nadal ją .... Czy ty już nie .... swojej dziewczyny?
4. *(leczyć się)*	Leczyłeś się u tego lekarza? — Tak. Leczyłem i wciąż .... Czy ty też .... u tego lekarza?
5. *(lekceważyć)*	Lekceważyłeś go zawsze? — Tak. Lekceważyłem go i nadal go .... Czy ty też go ....?
6. *(liczyć)*	Liczyłaś przecież na niego? — Tak. Liczyłam i wciąż jeszcze .... Czy ty już nie .... na niego?
7. *(marzyć)*	Marzyłaś o karierze? — Tak. Marzyłam i wciąż .... Czy ty już nie .... o karierze?
8. *(tańczyć)*	Tańczyłeś przed nią całe życie! — Tak. Tańczyłem i wciąż .... Czy ty nie .... przed swoją żoną? *(pot.)*
9. *(tworzyć)*	Tworzyłaś przecież nieudane dzieła! — Tak. Tworzyłam i wciąż je .... Czy ty już nie .... dzieł?
10. *(uczyć)*	Uczyłaś przecież w szkole? — Tak. Uczyłam i wciąż .... Czy ty już nie .... w szkole?

SAMOOCENA

>[9] bdb • [9] + db • [8]   db • [7] +dst • >[6] dst • <[6] ndst

Jeśli w zadaniu testowym jest więcej niż dziesięć jednostek — przelicz sam!

ZADANIE 157

Copyright by S. Mędak

Polecenie — jak w zadaniu testowym 156.

WZÓR

(palić)	Paliłaś już haszysz? — Tak. Paliłam i wciąż palę. Czy ty też palisz?

A. **B.**

1. *(barwić)*   Barwiłaś włosy? — Tak. Barwiłam i wciąż ....
Czy ty też ....?

2. *(czyścić)*   Czyściłeś ten dywan? — Tak. Czyściłem i wciąż go ....
Czy ty też .... swoje perskie dywany?

3. *(jeździć)*   Jeździłeś na nartach? — Tak. Jeździłem i wciąż ....
Czy ty też ....?

4. *(kłócić się)*   Znowu kłóciłeś się z nią? — Tak. Kłóciłem się i wciąż ....
Czy ty nigdy z nią .... nie ....?

5. *(mówić)*   Mówiłeś mu „dzień dobry"? — Tak. Mówiłem i wciąż mu ....
Czy ty już mu nie .... „dzień dobry"?

6. *(potrafić)*   Potrafiłeś to zrobić? — Tak. Potrafiłem i wciąż ....
Czy ty już nie .... tego zrobić?

7. *(prosić)*   Prosiłeś go o pieniądze? — Tak. Prosiłem i wciąż ....
Czy ty też go .... o pieniądze?

8. *(rumienić się)*   Rumieniłaś się nieraz za nią? — Tak. Rumieniłam się i wciąż ....
Czy ty nigdy nie .... za nią?

9. *(tęsknić)*   Tęskniłeś za nią? — Tak. Tęskniłem i wciąż ....
Czy ty nie .... za nią?

10. *(wstydzić się)*   Wstydziłeś się jej? — Tak. Wstydziłem się i wciąż jej ....
Czy ty nigdy .... jej nie ....?

SAMOOCENA

>[9] bdb • [9] + db • [8] db • [7] +dst • >[6] dst • <[6] ndst

Jeśli w zadaniu testowym jest więcej niż dziesięć jednostek — przelicz sam!

ZADANIE 158

Proszę wpisać w miejsce kropek właściwe formy podkreślonych czasowników.

WZÓR

Czy <u>przeczytałeś</u> tę książkę?

→ Jeszcze nie. Właśnie zaczynam <u>czytać</u>.

1. Czy ci państwo już <u>się wyprowadzili</u>?

   → Jeszcze nie. Właśnie zaczynają ....

2. Czy już pani <u>przejrzała</u> korespondencję?

   → Jeszcze nie. Właśnie zaczynam ją ....

3. Czy <u>naprawiłeś</u> kran w łazience?

   → Jeszcze nie. Właśnie zaczynam go ....

4. Czy <u>nauczyłeś się</u> tego wiersza na pamięć?

   → Jeszcze nie. Właśnie zaczynam .... go ....

5. Czy <u>obejrzeliście</u> tę kasetę?

   → Jeszcze nie. Właśnie zaczynamy ją ....

6. Czy ona <u>wygłosiła</u> już swój referat?

   → Jeszcze nie. Właśnie zaczyna go ....

7. Czy <u>podpisał</u> pan te dokumenty?

   → Jeszcze nie. Właśnie zaczynam je ....

8. Czy <u>przetłumaczyłeś</u> już tę książkę?

   → Jeszcze nie. Właśnie zaczynam ją ....

9. Czy <u>ugotowałaś</u> już obiad?

   → Jeszcze nie. Właśnie zaczynam go ....

10. Czy <u>zrobiliście</u> już to zadanie z fizyki?

    → Jeszcze nie. Właśnie zaczynamy je ....

SAMOOCENA

>[9] bdb • [9] + db • [8] db • [7] +dst • >[6] dst • <[6] ndst

Jeśli w zadaniu testowym jest więcej niż dziesięć jednostek — przelicz sam!

ZADANIE 159

Copyright by S. Mędak

Proszę wpisać w miejsce kropek właściwe formy czasu przeszłego podkreślonych czasowników.

WZÓR

Chciałem <u>przeczytać</u> tę książkę? → Ale jej nie <u>przeczytałem</u>.

1. Chciał <u>podpisać</u> te dokumenty.   → Ale ich jeszcze nie ....
2. Chciał <u>przetłumaczyć</u> tę książkę.   → Ale jej jeszcze nie ....
3. Chciała <u>wygłosić</u> swój referat.   → Ale go jeszcze nie ....
4. Chciałam <u>przejrzeć</u> korespondencję.   → Ale jeszcze jej nie ....
5. Chciałam <u>przygotować</u> kolację na dwudziestą.   → Ale jej jeszcze nie ....
6. Chciałam <u>się nauczyć</u> tego wiersza na pamięć.   → Ale jeszcze .... go nie ....
7. Chciałem <u>naprawić</u> kran w łazience.   → Ale go jeszcze nie ....
8. Chciałam <u>skończyć</u> dzisiaj ten podręcznik.   → Ale go jeszcze nie ....
9. Chcieliśmy <u>obejrzeć</u> ten film na kasecie.   → Ale jeszcze go nie ....
10. Chcieliśmy <u>się</u> już stąd <u>wyprowadzić</u>.   → Ale jeszcze .... nie ....

SAMOOCENA

>[9] bdb • [9] + db • [8] db • [7] +dst • >[6] dst • <[6] ndst

Jeśli w zadaniu testowym jest więcej niż dziesięć jednostek — przelicz sam!

ZADANIE 160

Copyright by S. Mędak

Proszę wpisać w miejsce kropek właściwe formy czasu teraźniejszego podkreślonych czasowników.

WZÓR

| *(grać)* | <u>Grałeś</u> dziś na pianinie? | Tak. Grałem i wciąż <u>gram</u>. |

(bywać)	<u>Bywałeś</u> u nich?	1. Tak. Bywałem i wciąż ....
(miewać)	<u>Miewała</u> pani już migreny?	2. Tak. Miewałam i wciąż je ....
(namawiać)	<u>Namawiałeś</u> go do wyjazdu?	3. Tak. Namawiałem go i wciąż go ....
(wylewać)	<u>Wylewałeś</u> wodę z piwnicy?	4. Tak. Wylewałem i wciąż ją ....
(zrywać)	<u>Zrywałeś</u> już truskawki?	5. Tak. Zrywałem i wciąż je ....
(spotykać się)	<u>Spotykałeś się</u> z nią?	6. Tak. Spotykałem się i wciąż ....

(sprzątać)	<u>Sprzątałaś</u> w tych pokojach?	7. Tak. Sprzątałam i wciąż ....
(umierać)	<u>Umierałeś</u> do niej z miłości?	8. Tak. Umierałem i wciąż ....
(wybaczać)	<u>Wybaczałeś</u> jej małe zdrady?	9. Tak. Wybaczałem i wciąż jej ....
(zwiedzać)	<u>Zwiedzałeś</u> już ten kraj?	10. Tak. Zwiedzałem, ale wciąż go ....

SAMOOCENA

>[9] bdb • [9] + db • [8] db • [7] +dst • >[6] dst • <[6] ndst

Jeśli w zadaniu testowym jest więcej niż dziesięć jednostek — przelicz sam!

ZADANIE 161

Copyright by S. Mędak

Proszę wpisać w miejsce kropek (kolumna B) właściwe formy czasu przeszłego czasowników dokonanych.

WZÓR

<u>Namawiałeś</u> go do wyjazdu?   Tak. I wreszcie go <u>namówiłem</u>.

A.	**B.**
1. <u>Przerywali</u> dziś dostawę prądu?	Tak. I wreszcie ją ....
2. <u>Wylewałeś</u> wodę z piwnicy?	Tak. I wreszcie ją ....
3. <u>Wymawiał</u> jej mieszkanie?	Tak. I wreszcie jej ....
4. <u>Wypływają</u> na morze od godziny!	Tak. Nareszcie .... na morze.
5. <u>Wyrywałeś</u> chwasty na działce?	Tak. I wreszcie je ....
6. <u>Czytałaś</u> to dzieło?	Tak. I wreszcie je ....
7. <u>Dorabiałaś się</u> całe życie?	Tak. I wreszcie .... majątku.
8. <u>Pisałeś</u> to dzieło i pisałeś!	Tak. I wreszcie je ....
9. <u>Robiłeś</u> to długo?	Tak. I wreszcie to ....
10. <u>Sprzątałaś</u> te pokoje?	Tak. I wreszcie je ....

SAMOOCENA

>[9] bdb • [9] + db • [8] db • [7] +dst • >[6] dst • <[6] ndst

Jeśli w zadaniu testowym jest więcej niż dziesięć jednostek — przelicz sam!

ZADANIE 162

Copyright by S. Mędak

Proszę wpisać w miejsce kropek właściwe formy trybu rozkazującego par aspektowych podanych w nawiasach.

WZÓR

(ty || pisać /napisać)

Napisz to zamówienie!　　　　　　　　|| Nie pisz tego zamówienia!

(ty || brać / wziąć)

1. .... ze sobą dowód! || Nie .... paszportu!

(ty || kąpać / wykąpać)

2. Nie .... dziecka w zimnej wodzie! || .... je w ciepłej!

(ty || otwierać / otworzyć)

3. Nie .... drzwi! || .... tylko okno!

(ty || robić / zrobić)

4. .... zadanie domowe! || Nie .... teraz kolacji!

(my || czekać / zaczekać)

5. .... na nią! || Nie .... na niego!

(my || kupować / kupić)

6. .... tę gazetę! || Nie .... tego brukowca!

(my || podpisywać się / podpisać się)

7. .... nazwiskiem! || Nie .... inicjałami!

(wy || wycierać / wytrzeć)

8. .... brudne buty! || Nie .... twarzy mokrym ręcznikiem!

(wy || przepisywać / przepisać)

9. .... to zadanie! || Nie .... tego ćwiczenia!

(wy || wysyłać / wysłać)

10. .... natychmiast telegram! || Nie .... listu!

SAMOOCENA

>[9] bdb　•　[9] + db　•　[8]　db　•　[7] +dst　•　>[6] dst　•　<[6] ndst

Jeśli w zadaniu testowym jest więcej niż dziesięć jednostek — przelicz sam!

ZADANIE 163

Copyright by S. Mędak

Proszę wpisać w miejsce kropek (kolumna B) właściwe formy trybu rozkazującego czasowników dokonanych w zdaniach bez negacji czasownika.

WZÓR

Nie wysiadaj na tym przystanku!   → Wysiądź na następnym!

A.

1. Nie bierz tego ręcznika!
2. Nie czyść butów na krześle!
3. Nie czytaj tej książki!
4. Nie kładź chleba na krześle!
5. Nie odwiedzaj tego pana!
6. Nie pomagaj mu w matematyce!
7. Nie ubieraj się zbyt ciepło!
8. Nie wychodź na balkon!
9. Nie zamykaj okien!
10. Nie zapraszaj jej na imieniny!

B.

→ .... tamten ręcznik!
→ .... buty na podłodze!
→ .... inną książkę!
→ .... chleb na czystym stole!
→ .... lepiej swojego dziadka!
→ .... mu raczej w angielskim!
→ .... raczej w podkoszulek!
→ .... raczej na korytarz!
→ .... raczej drzwi!
→ .... ją raczej na moje urodziny!

SAMOOCENA

>[9] bdb • [9] + db • [8] db • [7] +dst • >[6] dst • <[6] ndst

Jeśli w zadaniu testowym jest więcej niż dziesięć jednostek — przelicz sam!

ZADANIE 164

Copyright by S. Mędak

Proszę wpisać w miejsce kropek właściwe formy trybu rozkazującego.

WZÓR

Posprzątaj wreszcie swój pokój!   → Nie sprzątaj bez przerwy łazienki!

1. Zrób pieczeń na kolację!
2. Kup chleb pszenny!
3. Powiedz mu prawdę!
4. Powtórz gramatykę!
5. Przeproś nauczyciela!

→ Nie .... żadnych zupek Knorra!
→ Nie .... chleba żytniego!
→ Nie .... tej gorzkiej prawdy!
→ Nie .... bez przerwy słówek!
→ Nie .... wyłącznie swoich kolegów!

6. Ugotuj jakieś dobre mięso! → Nie .... ciągle drobiu!

7. Wyłącz telefon! → Nie .... mojego komputera!

8. Wyślij list pocztą lotniczą! → Nie .... tego listu, proszę cię!

9. Zapal światło na korytarzu! → Nie .... światła na strychu!

10. Zdejmij wreszcie skarpetki! → Nie .... zasłon z okien!

SAMOOCENA

>[9] bdb • [9] + db • [8] db • [7] +dst • >[6] dst • <[6] ndst

Jeśli w zadaniu testowym jest więcej niż dziesięć jednostek — przelicz sam!

ZADANIE 165

Copyright by S. Mędak

Proszę wpisać w miejsce kropek odpowiednie formy czasu teraźniejszego czasowników niedokonanych.

WZÓR

(pisać / napisać) Co teraz robisz? → Teraz *(ja)* piszę wypracowanie.

CO TERAZ ROBISZ? — CO ONA TERAZ ROBI? — CO ONI TERAZ ROBIĄ?

(czekać / zaczekać) 1. Teraz *(ja)* .... na autobus.

(czytać / przeczytać) 2. Teraz *(ty)* .... artykuł.

(gotować / ugotować) 3. W tej chwili *(on)* .... wodę na herbatę.

(jeść / zjeść) 4. Teraz *(ona)* .... ciastko.

(kończyć / skończyć) 5. Teraz *(my)* .... sprzątać pokój.

(pakować / spakować) 6. Teraz *(my)* .... swoje walizki.

(pomagać / pomóc) 7. Teraz *(ja)* .... bratu w myciu okien.

(przygotowywać / przygotować) 8. Teraz *(ja)* .... dla ciebie kolację.

(zaczynać / zacząć) 9. Teraz *(oni)* .... oglądać telewizję.

(zamykać / zamknąć) 10. Teraz *(my)* .... obrady.

SAMOOCENA

>[9] bdb • [9] + db • [8] db • [7] +dst • >[6] dst • <[6] ndst

Jeśli w zadaniu testowym jest więcej niż dziesięć jednostek — przelicz sam!

ZADANIE 166

Copyright by S. Mędak

Proszę połączyć podane wyrazy w jedno zdanie i wpisać właściwie skonstruowane zdania w miejsce kropek.

WZÓR

[(pisać / napisać) — kopie pism]

A. Popatrz! Oto kopie pism, które sam napisałem do różnych urzędów.

[(zrywać / zerwać) — kwiaty]

B. Podziwiaj, mamo, to dla ciebie! Oto kwiaty, które same zerwałyśmy.

[(tłumaczyć / przetłumaczyć) — zdania]

1. Popatrz! Oto ...., ... sama ....

[(robić / zrobić) — zdjęcia]

2. Spójrz! Oto ...., ... sam ....

[(budować / wybudować) — dom]

3. Popatrz! Oto ...., ... sami ....

[(popełniać / popełnić) — błędy]

4. Pomyśl! Oto ...., ... sam ....

[(przygotowywać / przygotować) — obiad]

5. Popatrz! Oto ...., ... sama ....

[(opracowywać / opracować) — słownik]

6. Spojrzyj na tę wielką księgę! Oto ...., ... sam ....

[(piec / upiec) — ciasto]

7. Popatrz! Oto ...., ... same ....

[(naprawiać / naprawić) — rower]

8. Popatrz! Oto ...., ... sami ....

[(malować / namalować) — obraz]

9. Popatrz! Oto ...., ... sama ....

[(wychowywać / wychować) — dorosły syn]

10. Popatrz! Oto ...., ... sam ....

SAMOOCENA

>[9] bdb • [9] + db • [8] db • [7] +dst • >[6] dst • <[6] ndst

Jeśli w zadaniu testowym jest więcej niż dziesięć jednostek — przelicz sam!

ZADANIE 167

Proszę wpisać w miejsce kropek właściwe formy czasu przeszłego czasowników dokonanych.

WZÓR

Zwykle <u>wracam</u> o godzinie osiemnastej.   → Wczoraj <u>wróciłam</u> o północy.

1. Zwykle <u>biorę</u> prysznic rano.   → Wczoraj .... prysznic wieczorem.

2. Zwykle <u>dostaję</u> darmowe bilety do kina. → Wczoraj .... bilety do filharmonii.

3. Zwykle <u>gotuję</u> obiad wcześnie.   → Wczoraj .... obiad bardzo późno.

4. Zwykle <u>jadam</u> na obiad mięso.   → Wczoraj .... smaczną rybę.

5. Zwykle <u>kończę</u> pracę o siódmej.   → Wczoraj .... pracę o ósmej.

6. Zwykle <u>kupuję</u> owoce na targu.   → Wczoraj .... owoce w supermarkecie.

7. Zwykle listonosz <u>przychodzi</u> o drugiej. → Wczoraj .... już o dziesiątej.

8. Zwykle <u>robię</u> ćwiczenia w domu.   → Wczoraj .... jedno ćwiczenie w klasie.

9. Zwykle <u>zaczynam</u> pracę o siódmej.   → Wczoraj .... pracę dopiero o jedenastej.

10. Zwykle <u>zamykamy</u> klub o północy.   → Wczoraj .... nasz klub o świcie.

SAMOOCENA

>[9] bdb   •   [9] + db   •   [8]   db   •   [7] +dst   •   >[6] dst   •   <[6] ndst

Jeśli w zadaniu testowym jest więcej niż dziesięć jednostek — przelicz sam!

ZADANIE 168

Proszę wpisać w miejsce kropek właściwe formy bezokolicznika czasowników dokonanych.

WZÓR

<u>Zapalał</u> i <u>zapalał</u> papierosa i nie mógł go <u>zapalić</u>.

1. <u>Decydujesz się</u> i <u>decydujesz</u> na ślub i nie możesz ....

2. <u>Liczysz</u> i <u>liczysz</u> te swoje pieniądze i nie możesz ich ....

3. <u>Maluję</u> i <u>maluję</u> ten obraz i nie mogę go ....

4. On <u>zdrowieje</u> i <u>zdrowieje</u> i nie może ....

5. <u>Ostrzę</u> i <u>ostrzę</u> ten nóż i nie mogę go ....

6. <u>Patrzę</u> i <u>patrzę</u> na piękną dziewczynę i nie mogę na nią ....

7. <u>Pijesz</u> i <u>pijesz</u> to swoje mleko i nie możesz go ....

8. <u>Sprzątam</u> i <u>sprzątam</u> to mieszkanie i nie mogę go ....

9. <u>Uczę się</u> i <u>uczę</u> tego wiersza na pamięć i nie mogę .... go ....

10. <u>Wycierasz</u> i <u>wycierasz</u> te talerze i nie możesz ich ....

SAMOOCENA

>[9] bdb • [9] + db • [8] db • [7] +dst • >[6] dst • <[6] ndst

Jeśli w zadaniu testowym jest więcej niż dziesięć jednostek — przelicz sam!

ZADANIE 169

Copyright by S. Mędak

Proszę wpisać w miejsce kropek właściwe formy czasu przeszłego czasowników.

WZÓR

(przyjmować / przyjąć)   → Górscy <u>przyjmowali</u> mnie zawsze serdecznie.

(gubić / zgubić)   1. Synku, już po raz trzeci .... moją parasolkę.

(opowiadać / opowiedzieć)   2. Dziadek często .... nam wesołe anegdoty.

(oznajmiać / oznajmić)   3. Minister ...., że będą podwyżki dla nauczycieli.

(przechodzić / przejść)   4. Dzieci powoli .... przez ulicę.

(przyjeżdżać / przyjechać)   5. W każdą sobotę .... do nas ukochana babcia.

(spotykać się / spotkać się)   6. *(My)* .... po raz pierwszy na dyskotece.

(widzieć / zobaczyć)   7. Kiedy *(ja)* .... ją pierwszy raz, byłem onieśmielony.

(wychodzić / wyjść)   8. Nie ma już nikogo. Wszyscy goście już ....

(wyjeżdżać / wyjechać)   9. Od wielu lat rodzice .... na wakacje do dziadków.

(zapominać / zapomnieć)   10. Znowu babcia .... nakarmić wnuczka.

SAMOOCENA

>[9] bdb • [9] + db • [8] db • [7] +dst • >[6] dst • <[6] ndst

Jeśli w zadaniu testowym jest więcej niż dziesięć jednostek — przelicz sam!

ZADANIE 170

Proszę wpisać w miejsce kropek właściwe formy trybu rozkazującego podkreślonych czasowników.

WZÓR

<u>Mówiłem</u> mu to wielokrotnie.   *(ty)* <u>Powiedz</u> mu to jeszcze raz!

<u>Dziękowałem</u> mu za to już dwa razy.   1. *(ty)* .... mu jeszcze raz!

<u>Omawiałem</u> to już z nimi wiele razy.   2. *(ty)* .... to jeszcze raz!

<u>Oglądałem</u> ten film kilka razy.   3. *(ty)* .... go jeszcze raz!

<u>Płaciłem</u> za niego rachunki wielokrotnie.   4. *(ty)* .... za niego jeszcze raz!

<u>Polecałem</u> mu to więcej niż jeden raz.   5. *(ty)* .... mu to jeszcze raz!

<u>Powtarzałem</u> jej to kilkakrotnie.   6. *(ty)* .... jej to jeszcze raz!

<u>Przepraszałem</u> ich wielokrotnie.   7. *(ty)* .... ich jeszcze raz!

<u>Pytałem</u> ich o to niejednokrotnie.   8. *(ty)* .... ich o to jeszcze raz!

<u>Rozmawiałem</u> z nimi wielokrotnie.   9. *(ty)* .... z nimi jeszcze raz!

<u>Widziałem się</u> z nimi nieraz.   10. *(ty)* .... z nimi jeszcze raz!

SAMOOCENA

>[9] bdb • [9] + db • [8]   db • [7] +dst • >[6] dst • <[6] ndst

Jeśli w zadaniu testowym jest więcej niż dziesięć jednostek — przelicz sam!

ZADANIE 171

Proszę wpisać w miejsce kropek właściwe formy czasu przeszłego (p. 1–3) oraz czasu teraźniejszego (p. 4–10) czasowników.

WZÓR

(przyszłaś, chodziłaś, odeszłaś)   → Bardzo się cieszę mamo, że <u>przyszłaś</u> na moje imieniny.

(oglądam, obejrzeć się, przyglądać się)   → Z zasady nie <u>oglądam</u> amerykańskich filmów komercyjnych.

(czekałem, zaczekałem, poczekałem)   1. Wczoraj *(ja)* .... na odlot samolotu aż dwie godziny.

(kupowałem, kupiłem, kupować)   2. Już *(ja)* .... prezent dla ciebie.

(zamawiałem, zamówiłem, zamówię)   3. Wczoraj *(ja)* .... w restauracji kurczaka.

(idę, pójdę, chodzę)   4. Zimą nie .... na spacery.

(kończę, skończę, kończyć)   5. Właśnie *(ja)* .... czytać tę książkę.

(pojechaliśmy, pojedziemy, jeździmy)   6. Zwykle na święta *(my)* .... do rodziców.

(wychodzę, wyjdę, chodzi)   7. Nie .... z domu, kiedy pada.

(wypija, napije się, wypije)   8. Zwykle rano synek .... szklankę mleka.

(zapalę, zapalam, palę)   9. Nie .... papierosów przed śniadaniem.

(zrobi, robi, zrobiła)   10. Zawsze w sobotę babcia .... pranie.

SAMOOCENA

> [9] bdb • [9] + db • [8]   db • [7] + dst • > [6] dst • < [6] ndst

Jeśli w zadaniu testowym jest więcej niż dziesięć jednostek — przelicz sam!

ZADANIE 172

Copyright by S. Mędak

Proszę wpisać w miejsce kropek właściwe formy czasu przyszłego czasowników.

WZÓR

(uczyć się / nauczyć się)   →   Jutro przez cały dzień *(ja)* <u>będę się uczyć / będę się uczył(a)</u>.

(myć / umyć)   1. Jutro przez cały dzień mama .... okna.

(opalać się / opalić się)   2. Jutro przez trzy godziny *(ja)* .... na plaży.

(pisać / napisać)   3. Jutro przez dwie godziny *(ja)* .... listy intencyjne.

(poszukiwać/ —)   4. Jutro na nowo policja .... zaginionej staruszki.

(przyjmować / przyjąć)   5. Jutro pan docent .... pacjentów tylko po południu.

(robić / zrobić)   6. Jutro przez cały dzień *(ja)* .... konfitury na zimę.

(rysować / narysować)   7. Jutro o świcie *(ja)* .... z natury.

(sprawdzać / sprawdzić)   8. Jutro przez cały dzień *(ja)* .... prace swoich studentów.

(sprzątać / posprzątać)   9. Jutro przez cały dzień *(my)* .... piwnicę i garaż.

(zbierać / zebrać)   10. Jutro przez cały dzień dzieci .... borówki w lesie.

SAMOOCENA

> [9] bdb • [9] + db • [8]   db • [7] + dst • > [6] dst • < [6] ndst

Jeśli w zadaniu testowym jest więcej niż dziesięć jednostek — przelicz sam!

ZADANIE 173

Copyright by S. Mędak

polecenie — jak w zadaniu testowym 172.

WZÓR

(przyjmować / przyjąć)   Dziś pani docent już <u>nie przyjmuje</u>.

Jutro na pewno pan docent <u>przyjmie</u> panią. Gwarantuję to pani.

(czytać / przeczytać)   1. Dziś <u>nie będę czytać</u> tego artykułu.

.... go jutro.

(kąpać się / wykąpać się)   2. <u>Nie będę się kąpał</u> przed treningiem.

.... dopiero po treningu.

(przepisywać / przepisać)   3. <u>Nie będę</u> teraz <u>przepisywać</u> tego tekstu.

.... go jutro rano. Musi być gotowy przed dziewiątą.

(robić / zrobić)   4. Dziś na pewno <u>nie będę robił</u> porządków.

.... je jutro.

(roznosić / roznieść)   5. Dziś na pewno <u>nie będę roznosił</u> ulotek.

.... je jutro.

(rozsyłać / rozesłać)   6. Dziś na pewno <u>nie będziemy rozsyłać</u> zaproszeń na jubileusz.

.... je dopiero jutro albo pojutrze.

(sprawdzać / sprawdzić)   7. <u>Nie będę sprawdzać</u> twojego tekstu.

.... go dopiero jutro.

(sprzątać / posprzątać)   8. <u>Nie będę sprzątać</u> codziennie twojego pokoju.

Sam powinieneś go .... choć jeden raz w życiu!

(wygłaszać / wygłosić)   9. Dziś pani na pewno <u>nie będzie wygłaszać</u> swego referatu.

.... go pani dopiero w przyszłym tygodniu.

(zmywać / zmyć)   10. Jestem zmęczona. <u>Nie będę zmywać</u> brudnych naczyń w kuchni.

.... je dopiero jutro rano.

SAMOOCENA

>[9] bdb   •   [9] + db   •   [8]   db   •   [7] +dst   •   >[6] dst   •   <[6] ndst

Jeśli w zadaniu testowym jest więcej niż dziesięć jednostek — przelicz sam!

ZADANIE 174

Copyright by S. Mędak

Proszę wpisać w miejsce kropek właściwe formy czasu przeszłego czasowników dokonanych.

WZÓR

Długo nic <u>nie rozumiał</u>.   → Nagle <u>zrozumiał</u> wszystko.

1. Długo nic <u>nie</u> chciał <u>mówić</u>.   Nagle .... jedno słowo.
2. Długo nic <u>nie robił</u>.   Nagle .... coś dziwnego.
3. Długo <u>nie</u> chciał <u>siadać</u>.   Nagle .... na kanapie.
4. Długo <u>nie otwierał</u> ust.   Nagle .... usta i coś powiedział.
5. Długo <u>nie patrzył</u> na mnie.   Nagle .... na mnie.
6. Długo <u>nie protestował</u>.   Nagle stanowczo ....
7. Długo nikt <u>nie płakał</u>.   Nagle ktoś głośno ....
8. Długo nikt <u>nie pukał</u> do drzwi.   Nagle ktoś .... do drzwi.
9. Długo <u>nie ruszał</u> z miejsca.   Nagle .... samochodem na pełnym gazie.
10. Długo nikt <u>nie strzelał</u>.   Nagle ktoś .... z karabinu.

SAMOOCENA

>[9] bdb   •   [9] + db   •   [8]   db   •   [7] +dst   •   >[6] dst   •   <[6] ndst

Jeśli w zadaniu testowym jest więcej niż dziesięć jednostek — przelicz sam!

ZADANIE 175

Copyright by S. Mędak

Proszę wpisać w miejsce kropek właściwe formy bezokoliczników (kolumna B) oraz czasu przeszłego (kolumna C).

WZÓR

Ciągle <u>krzyczał</u>.   Zaczął <u>krzyczeć</u>.   Nagle ktoś inny <u>krzyknął</u>.

A.	B.	C.
1. Chłopiec <u>tupał</u> ze złości.	Chłopiec zaczął .... ze złości.	Nagle nerwowo .... na matkę.
2. Dziecko <u>płakało</u>.	Dziecko zaczęło..................... .	Nagle .... drugie dziecko.
3. <u>Kichał</u> bez przerwy.	Zaczął	Nagle ktoś inny ....
4. <u>Kopał</u> wszystko.	Zaczął wszystko	Nagle .... psa.
5. On <u>mrugał</u> do niej.	On zaczął .... do niej.	Nagle .... do niej ktoś inny.

6. Ona <u>się śmiała</u>.   Ona zaczęła ....   Nagle .... na cały głos.

7. <u>Popychał</u> wszystkich.   Zaczął .... pasażerów.   Nagle .... staruszkę.

8. <u>Skakał</u> do wody.   Zaczął .... do wody.   Nagle .... ze skały.

9. <u>Strącał</u> wszystko.   Zaczął wszystko ....   Nagle .... drogi wazon.

10. <u>Wrzeszczał</u> głośno.   Zaczął ....   Nagle ktoś inny ....

SAMOOCENA

>[9] bdb • [9] + db • [8]   db • [7] +dst • >[6] dst • <[6] ndst

Jeśli w zadaniu testowym jest więcej niż dziesięć jednostek — przelicz sam!

ZADANIE 176

Copyright by S. Mędak

Proszę wpisać w miejsce kropek właściwe formy czasu przeszłego czasowników dokonanych (p. 1– 5 rodzaj męskoosobowy; p. 6– 10 rodzaj niemęskoosobowy).

WZÓR

Co pan <u>ogląda</u>?   Nic nie oglądam. → Wszystko już <u>obejrzałem</u>.

1. Co jeszcze <u>bierzesz</u>?   Nic nie biorę. → Wszystko już ....

2. Co jej <u>dajesz</u>?   Nic jej nie daję. → Wszystko jej już ....

3. Co jeszcze <u>jesz</u>?   Nic nie jem. → Wszystko już ....

4. Co jeszcze <u>kroisz</u>?   Nic nie kroję. → Wszystko już ....

5. Co <u>kupujesz</u>?   Nic nie kupuję. → Wszystko już ....

6. Co <u>mówisz</u>?   Nic nie mówię. → Wszystko już ....

7. Co <u>pijesz</u>?   Nic nie piję. → Wszystko już ....

8. Co <u>piszesz</u>?   Nic nie piszę. → Wszystko już ....

9. Co <u>robisz</u>?   Nic nie robię. → Wszystko już ....

10. Co <u>zbierasz</u>?   Nic nie zbieram. → Wszystko już ....

SAMOOCENA

>[9] bdb • [9] + db • [8]   db • [7] +dst • >[6] dst • <[6] ndst

Jeśli w zadaniu testowym jest więcej niż dziesięć jednostek — przelicz sam!

ZADANIE 177

Copyright by S. Mędak

Proszę odpowiedzieć na pytania i wpisać w miejsce kropek właściwe formy czasu przeszłego czasowników dokonanych.

WZÓR

Mario, <u>robisz</u> śniadanie?   → Nie. Już <u>zrobiłam</u> śniadanie.

  1. Babciu, <u>pieczesz</u> ciasto?   → Nie. Już .... ciasto.

  2. Robercie, <u>naprawiasz</u> samochód?   → Nie. Już .... samochód.

  3. Heleno, <u>ubierasz</u> dziecko?   → Nie. Już .... dziecko.

  4. Janku, <u>prasujesz</u> koszule?   → Nie. Już je ....

  5. Władku, <u>odpoczywasz</u> teraz?   → Nie. Już ....

  6. Marku, <u>malujesz</u> mieszkanie?   → Nie. Już .... mieszkanie.

  7. Piotrze, <u>przygotowujesz</u> łóżko?   → Nie. Już .... łóżko.

  8. Synku, <u>rozwiązujesz</u> zadanie?   → Nie. Już je ....

  9. Władziu, <u>sprzątasz</u> łazienkę?   → Nie. Już ją ....

10. Wujku, <u>sprzedajesz</u> dom?   → Nie. Już go ....

SAMOOCENA

>[9] bdb • [9] + db • [8] db • [7] +dst • >[6] dst • <[6] ndst

Jeśli w zadaniu testowym jest więcej niż dziesięć jednostek — przelicz sam!

ZADANIE 178

Copyright by S. Mędak

Proszę wpisać w kolumnie B właściwe formy czasowników niedokonanych do wyrazów podkreślonych w kolumnie A.

WZÓR

<u>Napisałeś</u> to zadanie?   → Jeszcze nie. Właśnie kończę <u>pisać</u>.

A.   **B.**

  1. Czy <u>nakarmiłaś</u> dziecko?   → Jeszcze nie. Dopiero zaczynam je ....

  2. Czy <u>obciąłeś</u> żywopłot?   → Jeszcze nie. Dopiero zaczynam go ....

  3. Czy <u>obejrzałeś</u> już ten film?   → Jeszcze nie. Dopiero zaczynam go ....

  4. Czy <u>omówił</u> pan wszystkie sprawy?   → Jeszcze nie. Dopiero zaczynam je ....

  5. Czy <u>opowiedziałeś</u> jej tę historię?   → Jeszcze nie. Właśnie zaczynam ją ....

6. Czy <u>pokroiłeś</u> chleb? → Jeszcze nie. Dopiero zaczynam go ....

7. Czy <u>umyłeś</u> już wszystkie okna? → Jeszcze nie. Dopiero zaczynam je ....

8. Czy <u>wykąpałaś</u> córeczkę? → Jeszcze nie. Dopiero zaczynam .... synka.

9. <u>Podpisał</u> pan wszystkie dokumenty? → Jeszcze nie. Właśnie kończę je ....

10. <u>Rozniósł</u> pan wszystkie listy? → Jeszcze nie. Dopiero zaczynam je ....

SAMOOCENA

>[9] bdb • [9] + db • [8] db • [7] +dst • >[6] dst • <[6] ndst

Jeśli w zadaniu testowym jest więcej niż dziesięć jednostek — przelicz sam!

ZADANIE 179

Copyright by S. Mędak

Proszę wpisać w kolumnie B właściwe formy czasu przeszłego czasowników dokonanych.

WZÓR

<u>Spotykasz się</u> z nią często? → Nie. <u>Spotkałem się</u> z nią dopiero dwa razy.

A.

1. <u>Grzmi</u> bez przerwy!

2. <u>Krzyczysz</u> na dziecko bez przerwy!

3. <u>Kupujesz</u> ciągle nowe buty!

4. <u>Palisz</u> papierosa za papierosem!

5. <u>Poznajesz</u> ciągle nowe dziewczyny?

6. <u>Przepisujesz</u> ten tekst już piąty raz!

7. <u>Przychodzi</u> pan tutaj codziennie?

8. <u>Rzucasz</u> ciągle niedopałki na chodnik.

9. <u>Umawiasz się</u> z nią ciągle.

10. <u>Zamawiasz</u> ciągle pizzę przez telefon.

B.

→ Przesadzasz. .... tylko dwa razy.

→ To nieprawda. .... na nie tylko raz.

→ To nieprawda. .... w tym tygodniu tylko jedną parę butów.

→ To nieprawda. .... dzisiaj tylko jednego.

→ Nie. .... dopiero jedną dziewczynę.

→ Przesadzasz. .... go tylko dwa razy.

→ Nie. .... tutaj tylko raz.

→ To nieprawda. .... dopiero jeden niedopałek.

→ To nieprawda. .... z nią dopiero raz.

→ To nieprawda. .... pizzę tylko raz.

SAMOOCENA

>[9] bdb • [9] + db • [8] db • [7] +dst • >[6] dst • <[6] ndst

Jeśli w zadaniu testowym jest więcej niż dziesięć jednostek — przelicz sam!

ZADANIE 180

Copyright by S. Mędak

Proszę wpisać w miejsce kropek właściwe formy czasowników dokonanych.

WZÓR

Czytała to pani?	— Nie. → Musi to pani koniecznie przeczytać!

1. Dzwoniłeś do niej?   — Nie. → Musisz do niej koniecznie .... !

2. Grałeś już tę etiudę?   — Nie. → Musisz .... kiedyś tę etiudę. Jest wspaniała!

3. Jadłeś kiedyś żaby?   — Nie. → Powinieneś kiedyś .... jedno żabie udko!

4. Kosztowałeś już ten ser?   — Nie. → Musisz go zaraz ....!

5. Leciałeś już kiedyś samolotem? — Nie. → Do USA musisz .... samolotem!

6. Naprawiałeś już tę pralkę?   — Nie. → Musisz ją w końcu ....!

7. Opowiadałeś już to komuś?   — Nie. → Musisz to w końcu komuś ....!

8. Próbowałeś już bigosu?   — Nie. → Powinieneś chociaż raz ....!

9. Rozmawiałeś już z nim?   — Nie. → Musisz w końcu z nim ....!

10. Zdawałeś już egzamin z prawa? — Nie. → Musisz go przecież kiedyś ....!

SAMOOCENA

>[9] bdb • [9] + db • [8]   db • [7] +dst • >[6] dst • <[6] ndst

Jeśli w zadaniu testowym jest więcej niż dziesięć jednostek — przelicz sam!

ZADANIE 181

Copyright by S. Mędak

Proszę wpisać w miejsce kropek właściwe formy czasu przeszłego czasowników dokonanych.

WZÓR

Zwykle kładę się do łóżka o dwudziestej.   → Wczoraj położyłem się o północy.

1. Zwykle budzę się wcześnie rano.   → Wczoraj .... bardzo późno.

2. Zawsze chodzę po kolacji na spacer.   → Wczoraj po kolacji .... spać.

3. Zwykle golę się bardzo długo.   → Wczoraj .... w ciągu kilku minut.

4. Zawsze jeżdżę do pracy samochodem. → Wczoraj .... tramwajem.

5. Codziennie rano przeglądam prasę.   → Wczoraj .... całą prasę wieczorem.

6. Zwykle spędzam wolny czas na piwie. → Wczoraj .... wolny czas na spaniu.

7. Zwykle <u>umawiam się</u> z kolegą po pracy. → Wczoraj nie .... z nim.

8. Zwykle <u>wkładam</u> portfel do torby. → Wczoraj .... go do kieszeni.

9. Zwykle <u>wyjeżdżam</u> na wakacje
do Krynicy. → W tym roku nigdzie nie .... na wakacje.

10. Zwykle <u>zamawiam</u> w barze mleko
z kawą. → Wczoraj .... gorącą czekoladę.

SAMOOCENA

>[9] bdb • [9] + db • [8] db • [7] +dst • >[6] dst • <[6] ndst

Jeśli w zadaniu testowym jest więcej niż dziesięć jednostek — przelicz sam!

ZADANIE 182

Copyright by S. Mędak

Proszę wpisać w miejsce kropek właściwe formy czasu przyszłego czasowników dokonanych.

WZÓR

Zaczynam <u>uczyć się</u> języka polskiego. → Za dwa lata na pewno <u>nauczę się</u> tego języka.

1. Anna zaczyna <u>przygotowywać</u>
kanapki. → Za godzinę na pewno je ....

2. Już to zaczynam <u>robić</u>. → Za chwilę na pewno to ....!

3. Lekarz zaczyna <u>przyjmować</u>
pacjentów. → Mam nadzieję, że mnie dzisiaj ....

4. Ojciec zaczyna <u>się kłócić</u> z matką. → Za chwilę na pewno .... z nią na dobre ....

5. Zaczynam dopiero teraz
<u>kroić</u> chleb. → Za moment go ....

6. Zaczynam <u>naprawiać</u> telewizor. → Za chwilę go ....

7. Zaczynam <u>pisać</u> referat. → Za tydzień na pewno go ....

8. Zaczynam <u>poznawać</u> Polskę. → Za rok na pewno .... dobrze ten kraj.

9. Zaczynam <u>rozumieć</u> ten problem. → Po kolejnym wykładzie na pewno go ....

10. Zaczynam <u>się denerwować</u>. → Za chwilę naprawdę .... !

SAMOOCENA

>[9] bdb • [9] + db • [8] db • [7] +dst • >[6] dst • <[6] ndst

Jeśli w zadaniu testowym jest więcej niż dziesięć jednostek — przelicz sam!

ZADANIE 183

Copyright by S. Mędak

Proszę wpisać w miejsce kropek właściwe formy czasu przeszłego czasowników dokonanych.

WZÓR

Codziennie <u>wstaję</u> o świcie.   → W niedzielę <u>wstałem</u> dopiero o dziesiątej.

1. Codziennie <u>chodzę</u> spać przed północą. → Wczoraj .... spać bardzo wcześnie.
2. Codziennie <u>myję się</u> w ciepłej wodzie.   → Wczoraj .... w zimnej wodzie.
3. Codziennie <u>odrabiam</u> lekcje po obiedzie. → Wczoraj .... lekcje po kolacji.
4. Codziennie <u>oglądam</u> dwa nocne filmy.   → Wczoraj .... tylko jeden film.
5. Codziennie <u>palę</u> paczkę papierosów.   → Wczoraj .... tylko jednego papierosa.
6. Codziennie <u>piorę</u> brudne rzeczy ręcznie. → Wczoraj .... brudne rzeczy w pralce.
7. Codziennie <u>sprzątam</u> kuchnię wieczorem. → Wczoraj .... kuchnię dopiero rano.
8. Codziennie <u>ubieram się</u> w dżinsy.   → Wczoraj .... w nowy garnitur.
9. Codziennie <u>wracam</u> późnym wieczorem.   → Wczoraj .... nieco wcześniej.
10. Codziennie <u>wychodzę</u> na spacer do parku. → Wczoraj .... tylko na balkon.

SAMOOCENA

>[9] bdb • [9] + db • [8] db • [7] +dst • >[6] dst • <[6] ndst

Jeśli w zadaniu testowym jest więcej niż dziesięć jednostek — przelicz sam!

ZADANIE 184

Copyright by S. Mędak

Proszę wpisać w miejsce kropek właściwe formy czasowników niedokonanych.

WZÓR

<u>Opracowałeś</u> już ten podręcznik?   → Właśnie kończę go <u>opracowywać.</u>

1. <u>Odrobiłeś</u> już lekcje?   → Właśnie kończę je ....
2. <u>Opowiedziałeś</u> już tę historię?   → Właśnie kończę ją ....
3 <u>Podpisałeś</u> wszystkie czeki?   → Właśnie kończę je ....
4. <u>Pokroiłeś</u> już chleb?   → Właśnie kończę go ....
5. <u>Policzyłeś</u> wszystkie pieniądze?   → Właśnie kończę je ....

6. <u>Posprzątałeś</u> swój pokój? → Właśnie kończę go ....

7. <u>Przygotowałeś</u> uczniów do matury? → Właśnie kończę ich ....

8. <u>Uczesałaś</u> już włosy? → Właśnie kończę je ....

9. <u>Wyjąłeś</u> już talerze ze zmywarki? → Właśnie kończę je ....

10. <u>Ułożyłaś</u> już książki na półce? → Właśnie kończę je ....

SAMOOCENA

>[9] bdb • [9] + db • [8] db • [7] +dst • >[6] dst • <[6] ndst

Jeśli w zadaniu testowym jest więcej niż dziesięć jednostek — przelicz sam!

ZADANIE 185

Copyright by S. Mędak

Proszę wpisać w miejsce kropek (kolumna B) właściwe formy czasu teraźniejszego czasowników niedokonanych.

WZÓR

(napisać — dk; pisać — ndk)

Czy <u>napisałeś</u> zadanie domowe? → Nie. Nigdy <u>nie piszę</u> zdań domowych.

czasowniki dokonane	→ *czasowniki niedokonane*
A.	**B.**
1. Czy <u>nagrałaś</u> tę operetkę?	→ Nie. Nigdy nie .... operetek.
2. Czy <u>odrobiłaś</u> lekcje wieczorem?	→ Nie. Nigdy nie .... lekcji wieczorem.
3. Czy <u>opowiedziałaś</u> im tę historię?	→ Nie. Nigdy i nikomu nie .... tej historii.
4. Czy <u>posprzątałaś</u> mój pokój?	→ Nie. Nigdy nie .... twojego pokoju.
5. Czy <u>przymierzyłaś</u> bluzkę?	→ Nie. Nigdy nie .... bluzek.
6. Czy <u>usmażyłaś</u> mięso na patelni?	→ Nie. Nigdy nie .... mięsa na patelni.
7. Czy <u>włożyłeś</u> podkoszulek?	→ Nie. Nigdy nie .... podkoszulków.
8. Czy <u>wyczyściłaś</u> moje buty?	→ Nie. Kochanie, nigdy nie .... twoich butów.
9. Czy <u>wysuszyłaś</u> już włosy?	→ Nie. Nigdy nie .... włosów.
10. Czy <u>zapłaciłaś</u> za zakupy gotówką?	→ Nie. Nigdy nie .... za zakupy gotówką.

SAMOOCENA

>[9] bdb • [9] + db • [8] db • [7] +dst • >[6] dst • <[6] ndst

Jeśli w zadaniu testowym jest więcej niż dziesięć jednostek — przelicz sam!

CZASOWNIKI — PREFIKSY

ZADANIE 186

Copyright by S. Mędak

Proszę wpisać w odpowiednie miejsca właściwe prefiksy, które wyrażają relacje przestrzenne. <u>Prefiksy:</u> *na–, od(e)–, po–, pod(e)–, prze–, s–, w(e)–, wy–, z(e)–.*

WZÓR

Proszę <u>wejść</u> do tej rzeki i zamoczyć nogi.

1. ____chodziłem trochę po parku i teraz bolą mnie nogi. Wracam już do domu.

2. ____jeździłem się po świecie do woli. Teraz mam czas na pisanie powieści.

3. Ona ____szła ode mnie na zawsze. Zostałem zupełnie sam.

4. Proszę ____jść do tablicy. Napisze pani tam swoje imię i nazwisko.

5. Proszę ____jść przez Rynek. A potem iść prosto ulicą Grodzką.

6. Proszę ____jść na drugą stronę ulicy. Tam jest budynek uniwersytetu.

7. Proszę ____jechać do garażu! Nie będzie pan przeszkadzał innym użytkownikom.

8. Proszę ____jść z tych schodów! Muszę tutaj posprzątać!

9. Proszę powoli ____chodzić z tej stromej góry! Jest bardzo ślisko!

10. Proszę teraz ____jechać z garażu. Ma pan wolną drogę.

Język polski à la carte, cz. III

SAMOOCENA

> [9] bdb • [9] + db • [8] db • [7] +dst • > [6] dst • < [6] ndst

Jeśli w zadaniu testowym jest więcej niż dziesięć jednostek — przelicz sam!

ZADANIE 187

Copyright by S. Mędak

Proszę wpisać w odpowiednie miejsca właściwe prefiksy, które wyrażają relacje przestrzenne. Prefiksy: *na– , od(e)–, po–, pod–, prze–, przy–, s–, w(e)–, wy–, z(e)–.*

WZÓR

Synku, dlaczego schodzisz tak szybko z tej stromej góry?

1. Dziś wieczorem ____jdzie do mnie ta dziewczyna, o której opowiadam ci już od tygodnia.
2. Kochanie, ____jedźmy z tego kraju jak najszybciej! Mam już dość nietolerancji!
3. Muszę natychmiast ____jechać do chorego! Jest w ciężkim stanie.
4. Panie kierowco, proszę ____ jechać pod sam hotel. Mam bardzo ciężkie walizki.
5. Proszę ____jechać na czwarte piętro! Tam jest gabinet docenta Burka.
6. Proszę ____jechać stąd jak najszybciej! Nie wolno zatrzymywać się na chodniku!
7. Proszę ____jść z pierwszego piętra na parter! Ktoś tam na panią czeka.
8. Samochód ____jechał obok mnie z olbrzymią szybkością. Aż się przestraszyłem!
9. Skarbie, nie ____jeżdżaj ciągle na dziury w asfalcie! Spróbuj je ominąć!
10. Znowu ____jechałeś w kałużę! Co z ciebie za kierowca?!

na podstawie: Język polski à la carte, cz. III

SAMOOCENA

>[9] bdb • [9] + db • [8] db • [7] +dst • >[6] dst • <[6] ndst

Jeśli w zadaniu testowym jest więcej niż dziesięć jednostek — przelicz sam!

ZADANIE 188

Copyright by S. Mędak

Proszę wpisać w odpowiednie miejsca właściwe prefiksy, które wyrażają relacje przestrzenne. Prefiksy: *do–, na–, od(e)–, po–, pod–, prze–, przy–, w(e)–, z(e)–, za–.*

WZÓR

W tym roku przyjechało do Krakowa dużo turystów z różnych krajów świata.

1. Bolą mnie nogi, więc nie ____jdę pieszo z dziesiątego piętra. Czekam na windę.
2. Kochanie, czy możesz teraz ____jechać po dziecko do przedszkola? Masz samochód i czas!
3. Mam wrażenie, że nie ____jdę na ten szczyt góry. Jest za wysoka!

4. Proszę ____jechać trochę bliżej. Inaczej nie zatankuje pan!

5. Proszę ____jechać do końca tej ulicy. Na końcu tej ulicy jest poszukiwany przez pana szpital.

6. Proszę ____jechać z tej małej góry na nartach. Nic się pani nie stanie!

7. Proszę ____jechać stąd. Zablokował pan wjazd.

8. Słońce już ____szło za górę. Za chwilę zapadnie ciemna noc.

9. Tato, ____jedźmy jeszcze raz przez tę piękną okolicę! Jest tutaj tak ślicznie!

10. Ten człowiek ____chodzi mnie już od kilku dni. Czego on ode mnie chce?!

na podstawie: Język polski à la carte, cz. III

SAMOOCENA

>[9] bdb • [9] + db • [8] db • [7] +dst • >[6] dst • <[6] ndst

Jeśli w zadaniu testowym jest więcej niż dziesięć jednostek — przelicz sam!

ZADANIE 189

Copyright by S. Mędak

Proszę połączyć poniżej załączone prefiksy z czasownikiem *chodzić* i wpisać w miejsce kropek ich właściwe formy czasu teraźniejszego.

Prefiksy: *na–, ob(e)–, od–, prze–, roz–, s–, w–, w(s)–, za–.*

WZÓR

Od lat pracuję w fabryce. Codziennie wychodzę z domu do pracy o godzinie szóstej.

1. Babcia ma już 85 lat i bez problemu .... sama z trzeciego piętra!

2. Dziecko jest bardzo chore, więc matka nie .... od jego łóżka.

3. Jak zwyczaj każe, Boże Narodzenie *(ja)* .... zawsze z rodziną.

4. Jest dopiero siedemnasta, a słońce już ....! Jesienią dni stają się krótsze.

5. Jest szósta rano. Zobacz, słońce już ....! Jaki piękny poranek!

6. Plotki o politykach szybko .... po całym kraju.

7. Skończył się wykład, a więc studenci .... do domów.

8. Straciła całą rodzinę, więc od pewnego czasu .... ją smutne myśli.

9. Zapamiętaj, że nie można .... do gabinetu lekarza bez pukania.

10. Zawsze trzeba .... ostrożnie przez niebezpieczne skrzyżowania.

SAMOOCENA

>[9] bdb • [9] + db • [8] db • [7] +dst • >[6] dst • <[6] ndst

Jeśli w zadaniu testowym jest więcej niż dziesięć jednostek — przelicz sam!

ZADANIE 190

Copyright by S. Mędak

Proszę wpisać w miejsce kropek właściwe formy czasowników utworzonych od rdzenia czasownikowego (tu: zaznaczonego tłustym drukiem).

biec → *dobiegać, dobiec* || *przebiegać, przebiec* || *wybiegać, wybiec*; **pracować** → *opracowywać, opracować* || *odpracowywać, odpracować* || *przepracowywać, przepracować* || *wypracowywać, wypracować*; **siedzieć** → *przesiadywać, przesiedzieć* || *odsiadywać, odsiedzieć*; **służyć** → *obsługiwać, obsłużyć* || *odsługiwać, odsłużyć* || *usługiwać, usłużyć* || *zasługiwać, zasłużyć*; **spać** → *odsypiać, odespać* || *przesypiać (się), przespać (się)* || *wysypiać się, wyspać się.*

WZÓR

(siedzieć)   Spotkanie u kolegi było wspaniałe. Wyszedłem dopiero rano.

→ Przesiedziałem całą noc u kolegi *(pot.)*.

(biec)   1. Trasa miała kilka kilometrów. Byłem doświadczonym biegaczem. .... tę trasę w ciągu kilkudziesięciu minut.

(pracować)   2. Przez kilka miesięcy pracowałem nad koncepcją tego podręcznika. Wreszcie .... sobie konkretny schemat.

(pracować)   3. Ta praca była okropna. Pracowałem w wyjątkowo trudnych warunkach. .... tylko tydzień i zrezygnowałem z niej.

(siedzieć)   4. Zebranie było nudne i miało trwać cztery godziny. .... na nim tylko godzinę i wymknąłem się w stylu angielskim z sali obrad.

(siedzieć)   5. Zgodnie z wyrokiem sądu miał siedzieć w więzieniu pięć lat. .... tylko dwa lata i po dwóch latach wyszedł na wolność. *pot.*

(służyć)   6. W restauracji było dużo klientów. Wszyscy wyszli zadowoleni, ponieważ energiczni kelnerzy .... wszystkich klientów w ciągu kilkunastu minut.

(służyć)   7. Pracowałem 40 lat w tej samej instytucji. Na starość .... sobie na spokojną i wysoką emeryturę.

(spać)   8. Od tygodnia śpię tylko kilka godzin dziennie. Wczoraj była wolna sobota, więc .... wszystkie nieprzespane noce.

(spać)   9. Byłem bardzo zmęczony, ale nie miałem czasu, aby długo spać. .... chwilę *(pot.)* i wróciłem do swoich obowiązków.

(spać)   10. Od tygodnia jestem już na emeryturze. Nie muszę wstawać wcześnie rano. Mogę teraz .... do woli, czyli tyle, ile chcę.

SAMOOCENA

>[9] bdb • [9] + db • [8] db • [7] +dst • >[6] dst • <[6] ndst

Jeśli w zadaniu testowym jest więcej niż dziesięć jednostek — przelicz sam!

CZASOWNIKI — OSOBLIWOŚCI W ODMIANIE

ZADANIE 191

Copyright by S. Mędak

Proszę wpisać w miejsce kropek właściwe formy czasu teraźniejszego podkreślonych czasowników.

WZÓR

Piekę ciasto co sobotę.   Czy ty też pieczesz?

1. Biorę teraz psa na spacer.   Czy ty też .... swojego psa na spacer?
2. Boję się egzaminu.   Czy ty też .... egzaminu?
3. Czasami złoszczę się na brata.   Czy ty też .... na swojego brata?
4. Dzisiaj mogę iść do kina.   Czy ty też dzisiaj .... iść do kina?
5. Jadę do domu po zajęciach.   Czy ty też .... do domu po zajęciach?
6. Jem zawsze obiad w południe.   Czy ty też .... obiad w południe?
7. Jeżdżę do szkoły autobusem.   Czy ty też .... autobusem do szkoły?
8. Noszę czasami kapelusz.   Czy ty też .... kapelusz?
9. Pomogę tobie w sprzątaniu.   Czy ty też mi .... w sprzątaniu?
10. Zawsze w sobotę piorę bieliznę. Czy ty też .... bieliznę w soboty?

SAMOOCENA

>[9] bdb • [9] + db • [8] db • [7] +dst • >[6] dst • <[6] ndst

Jeśli w zadaniu testowym jest więcej niż dziesięć jednostek — przelicz sam!

ZADANIE 192

Copyright by S. Mędak

Proszę wpisać w miejsce kropek właściwe formy czasu teraźniejszego czasownika *powinien*.

WZÓR

On mówi do kolegi: → Ty powinieneś to w końcu zrozumieć!

1. *On mówi do grupy kolegów:*   → Wy .... to wreszcie zrozumieć!
2. *On mówi do jakichś dwóch klientek:* → Panie .... to wreszcie zrozumieć!
3. *On mówi do jakichś dwóch klientów:* → Panowie .... to wreszcie zrozumieć!

4. *On mówi do jakiegoś pana:* → Pan .... to wreszcie zrozumieć!

5. *On mówi o swoich kolegach:* → Oni .... to wreszcie zrozumieć!

6. *On mówi o nieobecnym dziecku:* → Ono .... to wreszcie zrozumieć!

7. *On mówi o nieobecnym koledze:* → On .... to wreszcie zrozumieć!

8. *On mówi sam do siebie:* → Ja sam .... to wreszcie zrozumieć!

9. *Ona mówi do jakiejś klientki:* → Pani .... to wreszcie zrozumieć!

10. *Ona mówi o koleżance:* → Maria .... to wreszcie zrozumieć!

SAMOOCENA

>[9] bdb • [9] + db • [8] db • [7] +dst • >[6] dst • <[6] ndst

Jeśli w zadaniu testowym jest więcej niż dziesięć jednostek — przelicz sam!

ZADANIE 193

Proszę wpisać w miejsce kropek właściwe formy czasu przeszłego czasownika *powinien*.

WZÓR

On powiedział tak do kolegi: → Ty powinieneś był to w końcu zrozumieć!

1. *On powiedział tak do grupy kolegów:* → Wy .... to zrozumieć!

2. *On powiedział tak do dwóch klientek:* → Panie .... to zaakceptować!

3. *On powiedział tak do dwóch klientów:* → Panowie .... to zrozumieć!

4. *On powiedział tak do jakiegoś pana:* → Pan .... to zrozumieć!

5. *On powiedział tak o swoich kolegach:* → Oni .... to pojąć!

6. *On powiedział tak o nieobecnym dziecku:* → Ono .... to zrozumieć!

7. *On powiedział tak o nieobecnym koledze:* → On .... to zrozumieć!

8. *On powiedział tak sam do siebie:* → Ja sam .... to zrozumieć!

9. *Ona powiedziała tak do klientki:* → Pani .... to jeszcze raz przemyśleć!

10. *Ona powiedziała tak o koleżance:* → Beata .... to zrozumieć!

SAMOOCENA

>[9] bdb • [9] + db • [8] db • [7] +dst • >[6] dst • <[6] ndst

Jeśli w zadaniu testowym jest więcej niż dziesięć jednostek — przelicz sam!

CZASOWNIKI RUCHU

ZADANIE 194

Copyright by S. Mędak

Proszę wybrać jeden właściwy czasownik z każdego zestawu od 1 do 10 i wpisać jego właściwą formę w miejsce kropek.

WZÓR

(wjechać, rozjechać, objechać)

→ **A.** W poszukiwaniu mojej córki objechałem całe miasto.

→ **B.** Czy mogę wjechać do garażu?

1. *(wjechać, najechać, objechać)*

    → Na szczyt tej wieży można .... windą.

2. *(podjechać, rozjechać, objechać)*

    → Czy mógłby pan .... pod bramę tego domu?

3. *(wjechać, rozjechać, przejechać)*

    → Na drugą stronę Wisły musimy .... przez most.

4. *(podjechać, rozjechać, wjechać)*

    → Nie wysiadaj! Muszę najpierw .... na parking.

5. *(wjechać, zajechać, objechać)*

    → Jakiś kierowca .... mi drogę, i dlatego miałem wypadek.

6. *(przejechać, wjechać, wyjechać)*

    → Pędzący samochód .... na dziecko, które stało na ulicy.

7. *(zjechać, podjechać, objechać)*

    → W zeszłym roku wszyscy .... na moje imieniny.

8. *(wyjechać, rozjechać, przyjechać)*

    → Tylko raz w życiu .... jeża na autostradzie.

9. *(najechać, rozjechać, wyjechać)*

    → Wszyscy domownicy .... na wakacje.

10. *(rozjechać się, jechać, zjechać)*

    → Za kilka minut goście .... do swoich domów.

SAMOOCENA

>[9] bdb • [9] + db • [8] db • [7] +dst • >[6] dst • <[6] ndst

Jeśli w zadaniu testowym jest więcej niż dziesięć jednostek — przelicz sam!

CZASOWNIKI WIELOKROTNE

ZADANIE 195

Copyright by S. Mędak

Proszę wpisać w miejsce kropek właściwe formy czasu przeszłego podkreślonych czasowników.

WZÓR

Opisałem wszystko to, co zobaczyłem. || Zawsze wszystko skrupulatnie opisywałem.

1. Dzisiaj popisałaś się wyjątkową wiedzą. || Zwykle .... śmiesznymi dowcipami.
2. Komornik opisał meble. || Często .... meble w domach dłużników.
3. Odpisałem od kolegi dwa ćwiczenia. || Często .... od kolegów.
4. Dzisiaj zapisałem swoje wydatki. || Moja żona zawsze .... swoje wydatki.
5. Podpisała mi kolejny czek *in blanco*. || Rzadko .... tego rodzaju czeki.
6. Pogoda na wakacjach nam dopisała. || Zawsze na Karaibach .... nam pogoda.
7. Przepisała protokół na czysto. || Co miesiąc .... tego rodzaju dokumenty.
8. Wpisała się do mojego pamiętnika. || Ona .... tylko do niektórych pamiętników.
9. Przypisał mi kolejną winę. || Zawsze .... mi to, co najgorsze.
10. Zapisałem się do elitarnego klubu. || Dawniej .... do mniej elitarnych klubów.

SAMOOCENA

>[9] bdb • [9] + db • [8] db • [7] +dst • >[6] dst • <[6] ndst

Jeśli w zadaniu testowym jest więcej niż dziesięć jednostek — przelicz sam!

CZASOWNIKI W POŁĄCZENIU Z LICZEBNIKAMI

ZADANIE 196

Copyright by S. Mędak

Proszę wpisać w miejsce kropek właściwe formy czasu teraźniejszego (kolumna A) oraz czasu przeszłego (kolumna B) podanych czasowników.

WZÓR

(leżeć)

Dwie kobiety leżą na bezludnej plaży.

Dwie puste butelki leżą na plaży.

(leżeć)

Dwie kobiety leżały na bezludnej plaży.

Dwie puste butelki leżały na plaży.

A.

1. *(siedzieć)*

Dwie piękne kobiety .... na ławce.

Dwie wrony .... na gałęzi.

2. *(spać)*

Dwie młode turystki .... pod drzewem.

Dwa psy też .... pod drzewem.

3. *(stać)*

Dwie klientki .... przed apteką.

Dwie rzeźby .... w parku.

4. *(strzelać)*

Dwie uczennice .... z karabinków.

Dwa oddziały .... z karabinków.

5. *(śpiewać)*

Trzy studentki .... smutną piosenkę.

Trzy zespoły .... tę samą pieśń.

6. *(terroryzować)*

Trzy studentki .... całą grupę.

Trzy wilki .... całą wieś.

7. *(tańczyć)*

Cztery staruszki .... dziarskiego oberka.

Trzy pary .... tango.

B.

(siedzieć)

Dwie piękne kobiety .... na ławce.

Dwie wrony .... na gałęzi.

(spać)

Dwie młode turystki .... pod drzewem.

Dwa psy też .... pod drzewem.

(stać)

Dwie klientki .... przed apteką.

Dwie rzeźby .... w parku.

(strzelać)

Dwie uczennice .... z karabinków.

Dwa oddziały .... z karabinków.

(śpiewać)

Trzy studentki .... smutną piosenkę.

Trzy zespoły .... tę samą pieśń.

(terroryzować)

Trzy studentki .... całą grupę.

Trzy wilki .... całą wieś.

(tańczyć)

Cztery staruszki .... dziarskiego oberka.

Trzy pary .... tango.

8. *(wzbudzać)*

Cztery artystki .... podziw widzów.

Cztery sarny .... zachwyt myśliwych.

9. *(zakłócać)*

Cztery uczennice .... porządek.

Cztery wyjące psy .... ciszę.

10. *(żyć)*

Cztery sąsiadki .... ze sobą jak pies z kotem.

Cztery żółwie .... tutaj już dziesięć lat.

(wzbudzać)

Cztery artystki .... podziw widzów.

Cztery sarny .... zachwyt myśliwych.

(zakłócać)

Cztery uczennice .... porządek.

Cztery wyjące psy .... ciszę.

(żyć)

Cztery sąsiadki .... ze sobą jak pies z kotem.

Cztery żółwie .... tutaj ponad dziesięć lat.

SAMOOCENA

> [9] bdb • [9] + db • [8]   db • [7] +dst • >[6] dst • <[6] ndst

Jeśli w zadaniu testowym jest więcej niż dziesięć jednostek — przelicz sam!

ZADANIE 197

Copyright by S. Mędak

polecenie — jak w zadaniu testowym 196.

WZÓR

A.   **B.**

(czekać) (czekać)

a. Pięciu chłopców <u>czeka</u> na przystanku.

Pięć psów <u>czeka</u> na adopcję.

Pięć samochodów <u>czeka</u> na rozładunek.

b. Pięć kobiet <u>czeka</u> na przystanku.

Pięć publikacji <u>czeka</u> na opracowanie.

c. Pięć miast <u>czeka</u> na dotację.

Pięciu chłopców <u>czekało</u> na przystanku.

Pięć psów <u>czekało</u> na adopcję.

Pięć samochodów <u>czekało</u> na rozładunek.

Pięć kobiet <u>czekało</u> na przystanku.

Pięć publikacji <u>czekało</u> na opracowanie.

Pięć miast <u>czekało</u> na dotację.

1. *(siedzieć)*

Sześciu studentów .... na ławce.

Sześć kotów .... na ławce.

2. *(spać)*

Ośmiu żołnierzy .... pod drzewem.

Osiem psów .... pod drzewem.

3. *(stać)*

Sześć kobiet .... na targu.

Sześć ciężarówek .... na parkingu.

(siedzieć)

Sześciu studentów .... na ławce.

Sześć kotów .... na ławce.

(spać)

Ośmiu żołnierzy .... pod drzewem.

Osiem psów .... pod drzewem.

(stać)

Sześć kobiet .... na targu.

Sześć ciężarówek .... na parkingu.

4. *(strzelać)*

Kilku żołnierzy .... z karabinków.

Kilka kobiet .... z karabinków.

5. *(śpiewać)*

Ośmiu studentów .... piosenkę.

Osiem kobiet .... tę samą pieśń.

6. *(śmiać się)*

Kilku górali .... głośno.

Kilka góralek .... głośno i radośnie.

7. *(terroryzować)*

Trzy studentki .... całą grupę.

Trzy wielbłądy .... okolicę.

8. *(tańczyć)*

Sześć staruszek .... dziarskiego oberka.

Pięć par .... tango.

9. *(wzbudzać)*

Pięć modeli aut .... podziw klientów.

Pięć chorych kaczek .... przerażenie.

10. *(żyć)*

Pięć sąsiadek .... ze sobą jak pies z kotem.

Pięć żółwi .... tutaj już dziesięć lat.

(strzelać)

Kilku żołnierzy .... z karabinków.

Klika kobiet .... z karabinków.

(śpiewać)

Ośmiu studentów .... smutną piosenkę.

Osiem kobiet .... tę samą pieśń.

(śmiać się)

Kilku górali .... głośno.

Kilka góralek .... głośno i radośnie.

(terroryzować)

Trzy studentki .... całą grupę.

Trzy wielbłądy .... okolicę.

(tańczyć)

Sześć staruszek .... dziarskiego oberka.

Pięć par .... tango.

(wzbudzać)

Pięć modeli aut .... podziw klientów.

Pięć chorych kaczek .... przerażenie.

(żyć)

Pięć sąsiadek .... ze sobą jak pies z kotem.

Pięć żółwi .... tutaj ponad dziesięć lat.

SAMOOCENA

>[9] bdb • [9] + db • [8] db • [7] +dst • >[6] dst • <[6] ndst

Jeśli w zadaniu testowym jest więcej niż dziesięć jednostek — przelicz sam!

ZADANIE 198

polecenie — jak w zadaniu testowym 196.

WZÓR

(być)

A.

W pokoju są młodzi mężczyźni.

W pokoju jest kilku młodych mężczyzn.

1. W gabinecie .... sędziowie przysięgli.

2. W gabinecie .... kilku sędziów.

(być)

B.

W pokoju byli młodzi mężczyźni.

W pokoju było kilku młodych mężczyzn.

W gabinecie .... sędziowie przysięgli.

W gabinecie .... kilku nieprzekupnych sędziów.

3. W magazynie .... lodówki.	W magazynie .... tylko lodówki.
4. W magazynie .... kilka lodówek.	W magazynie .... kilka lodówek.
5. W sali .... chore pacjentki.	W sali .... chore pacjentki.
6. W sali .... kilka chorych pacjentek.	W sali .... kilka chorych pacjentek.
7. W piwnicy .... stare rzeczy.	W piwnicy .... stare rzeczy.
8. W piwnicy .... kilka starych rzeczy.	W piwnicy .... kilka starych rzeczy.
9. W szkole .... nieposłuszni uczniowie.	W szkole .... nieposłuszni uczniowie.
10. W szkole .... kilku zdolnych uczniów.	W szkole .... kilku zdolnych uczniów.

SAMOOCENA

>[9] bdb • [9] + db • [8] db • [7] +dst • >[6] dst • <[6] ndst

Jeśli w zadaniu testowym jest więcej niż dziesięć jednostek — przelicz sam!

ZADANIE 199

Copyright by S. Mędak

Proszę wpisać w miejsce kropek właściwe formy czasu przeszłego podanych czasowników.

WZÓR

(być) Prawie wszystkie drzewa w ogrodzie były stare.

W tym sadzie było tylko pięć młodych drzew.

(czekać) 1. Kilka osób .... na tramwaj.

Trzy osoby .... na taksówkę.

(iść) 2. Turyści .... pieszo do hotelu.

Za nimi .... dwóch policjantów.

(mieć) 3. Dwie osoby .... samochód.

Osiem kobiet .... rowery.

(odpowiedzieć) 4. Na apel .... wszyscy.

Tylko osiem osób nie ....

(oglądać) 5. Mecz .... wszyscy znajomi.

Tylko kilka osób nie .... tego meczu.

(podpisać się) 6. Wszystkie feministki .... pod deklaracją.

Tylko pięć z nich .... nie ....

(pracować) 7. Tylko dwie osoby ....

Sześć osób nie ....

(słuchać) 8. Studenci .... profesora z zainteresowaniem.

Tylko dwóch studentów nie .... tego, co profesor mówił.

(*śpiewać*)   9. Chórzyści .... w kościele.

Dziesięciu mężczyzn .... barytonem.

(*wziąć się*)   10. Dwie osoby .... do pracy.

Kolejnych pięć osób też .... do pracy.

SAMOOCENA

> [9] bdb • [9] + db • [8] db • [7] +dst • >[6] dst • <[6] ndst

Jeśli w zadaniu testowym jest więcej niż dziesięć jednostek — przelicz sam!

ZADANIE 200

Copyright by S. Mędak

Proszę wpisać w miejsce kropek właściwe formy czasu teraźniejszego (kolumna A) oraz czasu przeszłego (kolumna B) podanych czasowników.

WZÓR

(*bawić się*)

Dwaj chłopcy bawią się na podwórku.

Dwóch chłopców bawi się na podwórku.

(*bawić się*)

Dwaj chłopcy bawili się na podwórku.

Dwóch chłopców bawiło się na podwórku.

A.

1. (*atakować*)

Dwaj krasnale .... przechodniów.

Dwóch krasnali .... bank.

2. (*dyskutować*)

Dwaj profesorowie .... w toalecie.

Dwóch profesorów .... w toalecie.

3. (*grać*)

Dwaj studenci .... w karty.

Dwóch studentów .... w karty.

4. (*iść*)

Dwaj staruszkowie .... chodnikiem.

Dwóch staruszków .... chodnikiem.

5. (*kopać*)

Czterej grabarze .... grób.

Czterech grabarzy .... grób.

6. (*oczekiwać*)

Trzej gracze .... na czwartego.

Trzech graczy .... na czwartego.

B.

(*atakować*)

Dwaj krasnale .... przechodniów.

Dwóch krasnali .... bank.

(*dyskutować*)

Dwaj profesorowie .... w toalecie.

Dwóch profesorów .... w toalecie.

(*grać*)

Dwaj studenci .... w karty.

Dwóch studentów .... w karty.

(*iść*)

Dwaj staruszkowie .... chodnikiem.

Dwóch staruszków .... chodnikiem.

(*kopać*)

Czterej grabarze .... grób.

Czterech grabarzy .... grób.

(*oczekiwać*)

Trzej gracze .... na czwartego.

Trzech graczy .... na czwartego.

7. *(rozmawiać)*

Dwaj mężczyźni .... na przystanku.

Dwóch mężczyzn .... na przystanku.

8. *(prowadzić)*

Dwaj ślepcy .... pijanego do pubu.

Dwóch ślepców .... pijanego do pubu.

9. *(trzymać się)*

Dwaj krasnale .... za ręce.

Dwóch krasnali *a.* krasnalów .... za ręce.

10. *(uczyć się)*

Dwaj aktorzy .... roli.

Dwóch aktorów .... roli.

(rozmawiać)

Dwaj mężczyźni .... na przystanku.

Dwóch mężczyzn .... na przystanku.

(prowadzić)

Dwaj ślepcy .... pijanego do pubu.

Dwóch ślepców .... pijanego do pubu.

(trzymać się)

Dwaj krasnale .... za ręce.

Dwóch krasnali *a.* krasnalów .... za ręce.

(uczyć się)

Dwaj aktorzy .... roli.

Dwóch aktorów .... roli.

SAMOOCENA

>[9] bdb • [9] + db • [8] db • [7] +dst • >[6] dst • <[6] ndst

Jeśli w zadaniu testowym jest więcej niż dziesięć jednostek — przelicz sam!

CZASOWNIKI NIEFLEKSYJNE || FORMY BEZPODMIOTOWE

ZADANIE 201

Copyright by S. Mędak

Proszę wpisać w miejsce kropek właściwe formy czasu teraźniejszego następujących czasowników niefleksyjnych: *można, nie sposób, nie wypada, trzeba, warto, wolno.*

WZÓR

Tutaj naprawdę jest pięknie. → Warto się przejść.

1. Musi za to ponieść konsekwencje.

2. Nie widzisz tego rowu!

3. On wszystko może robić.

4. Ona ma dzisiaj urodziny.

5. Ona śmieje się z byle czego.

Nie .... mu tego puścić płazem.

.... być ślepym, żeby tego nie widzieć!

Jemu wszystko ....

.... przyjść bez kwiatów.

Niewiele .... jej do śmiechu.

6. To człowiek zaufany.   Zapewniam cię, że .... na nim polegać.

7. To jest bardzo skomplikowane.   Tego .... zrozumieć.

8. Tutaj jest pełno błota.   .... tutaj spacerować.

9. Tutaj jest teren budowy.   Nie .... tędy przechodzić.

10. *Universalis* — najlepsza encyklopedia.   .... ją kupić.

SAMOOCENA

>[9] bdb • [9] + db • [8] db • [7] +dst • >[6] dst • <[6] ndst

Jeśli w zadaniu testowym jest więcej niż dziesięć jednostek — przelicz sam!

ZADANIE 202

Copyright by S. Mędak

Proszę wpisać w miejsce kropek właściwe dla kontekstu zdaniowego formy czasu teraźniejszego poniżej podanych czasowników.

Czasowniki: *można / nie można, musimy, należy / nie należy, powinno się / nie powinno się, trzeba / nie trzeba, wolno / nie wolno.*

WZÓR

ABY BYĆ ZDROWYM:

Zawsze należy myć ręce przed jedzeniem.

NAKAZY DOBREGO LEKARZA:

1. .... ograniczać się do jednego, nawet obfitego posiłku dziennie.

2. Każdą potrawę .... starannie i powoli myć.

3. Na śniadanie .... jeść potrójnej porcji frytek z ogromnym deserem czekoladowym.

4. Owoce i warzywa, nawet z własnego ogrodu, koniecznie .... myć przed spożyciem.

5. Owoce i warzywa absolutnie .... jeść codziennie, a nie tylko od czasu do czasu.

6. Pożywienia .... połykać w całości, nawet kiedy się bardzo spieszymy.

7. Przed snem .... jeść tłustych potraw, nawet jeśli jesteśmy bardzo głodni.

8. Przed snem .... się objadać, nawet jeśli mamy ogromny apetyt.

9. Słodycze .... jeść w odpowiednich ilościach, nawet jeśli jest to wyjątkowa okazja.

10. Zęby .... myć po każdym posiłku, a nie tylko rano i wieczorem.

SAMOOCENA

>[9] bdb • [9] + db • [8] db • [7] +dst • >[6] dst • <[6] ndst

Jeśli w zadaniu testowym jest więcej niż dziesięć jednostek — przelicz sam!

CZASOWNIKI — ZADANIA RÓŻNE

ZADANIE 203

Copyright by S. Mędak

Proszę wpisać w miejsce kropek właściwe formy czasu przeszłego czasownika *móc*.

WZÓR

Gdzie diabeł nie <u>mógł</u>, tam babę posłał. *(pot.)*

1. *(Ja)* .... zadzwonić do ciebie i moja żona także .... zadzwonić do ciebie.
2. *(My)* .... odwiedzić was, ale wy, kochane, także .... odwiedzić nas.
3. Dzieci .... poinformować mnie o tym. Ich matka .... zrobić to samo.
4. Jak .... to się stać, jak .... do tego dojść?!
5. On .... naskarżyć na ciebie, ale ona również .... naskarżyć.
6. Oni .... nie obrażać nas, a one .... zwrócić uwagę swym mężom.
7. Panowie .... wstać na powitanie; panie też .... zrobić to samo.
8. Te dwie panie .... okraść ciebie, ale ci trzej panowie .... zrobić to samo.
9. Ty .... uważać na dziecko i dziecko też .... uważać na przejściu dla pieszych.
10. W tej beznadziejnej walce tylko spokój .... nas uratować.

SAMOOCENA

>[9] bdb • [9] + db • [8] db • [7] +dst • >[6] dst • <[6] ndst

Jeśli w zadaniu testowym jest więcej niż dziesięć jednostek — przelicz sam!

ZADANIE 204

Copyright by S. Mędak

Proszę wpisać w miejsce kropek właściwe formy czasu teraźniejszego czasowników *móc* i *musieć*.

WZÓR

Pan to zrobi! *(Ja)* <u>mogę</u>, ale nie <u>muszę</u>.

1. On to zrobi! On ...., ale nie ....
2. Ona to zrobi! Ona ...., ale nie ....
3. Oni to zrobią! Oni ...., ale nie ....

4. Pani to zrobi!	Ja ...., ale nie ....
5. Panowie to zrobią!	My ...., choć nie ....
6. Ty to zrobisz!	Ja ...., choć nie ....
7. Wy to zrobicie!	My ...., chociaż nie ....
8. Zrobimy to?	Wy ...., chociaż nie ....
9. Chłopcy to zrobią!	Chłopcy ...., aczkolwiek nie ....
10. Dzieci to zrobią!	Dzieci ...., aczkolwiek nie ....

na podstawie: Język polski à la carte, cz. III

SAMOOCENA

>[9] bdb • [9] + db • [8] db • [7] +dst • >[6] dst • <[6] ndst

Jeśli w zadaniu testowym jest więcej niż dziesięć jednostek — przelicz sam!

ZADANIE 205

Copyright by S. Mędak

Proszę wpisać w miejsce kropek właściwe formy czasu teraźniejszego czasownika *mieć*.

WZÓR

(on) Ma to zrobić na jutro, ale się jeszcze nie zabrał do niczego. *(pot.)*

1. Jeśli coś .... się zdarzyć, to się na pewno zdarzy.
2. Jutro podobno .... znowu padać.
3. Książka .... być wycofana ze sprzedaży. Jest w niej za dużo błędów składniowych.
4. Mówi się, że *(on)* .... zrobić szybką karierę naukową. Nikt nie wie, dlaczego.
5. Nie .... co robić w tym kraju, proszę pana. Trzeba stąd wyjechać jak najszybciej!
6. Niech się stanie to, co się .... stać.
7. My .... to zrobić? To niemożliwe!
8. Ona .... mi się podobać? Chyba żartujesz?!
9. Poinformowano nas, że prezydent .... wkrótce przemówić do narodu.
10. Skoro *(ty)* .... zamiar się ożenić, to się ożeń!

SAMOOCENA

>[9] bdb • [9] + db • [8] db • [7] +dst • >[6] dst • <[6] ndst

Jeśli w zadaniu testowym jest więcej niż dziesięć jednostek — przelicz sam!

ZADANIE 206

Copyright by S. Mędak

Proszę podkreślić jedno z trzech zdań o właściwej konstrukcji składniowej w każdym zestawie od 1 do 10.

WZÓR

a. Wczoraj pisałam trzy podania o pracę i wysłałam je natychmiast.

b. <u>Wczoraj napisałam trzy podania o pracę i wysłałam je natychmiast.</u>

c. Wczoraj napisałabym trzy podania o pracę i wysłałam je natychmiast.

1.

a. Nie lubiła iść do pracy, chociaż była dyrektorem.

b. Nie lubiła chodzić do pracy, chociaż była dyrektorem.

c. Nie lubiła pójść do pracy, chociaż była dyrektorem.

2.

a. Jutro będę mówić jej, co o niej myślę.

b. Jutro mówię jej, co o niej myślę.

c. Jutro powiem jej, co o niej myślę.

3.

a. Przestała wreszcie wypowiadać swe „złote myśli" na zebraniach!

b. Przestała wreszcie wypowiedzieć się swe „złote myśli" na zebraniach!

c. Przestała wreszcie się wypowiedzieć swe „złote myśli" na zebraniach!

4.

a. Nie zrób tego, co tobie niemiłe!

b. Nie rób tego, co tobie niemiłe!

c. Nie zróbmy tego, co tobie niemiłe!

5.

a. Zawsze w piątki zrobiła zakupy w najtańszym sklepie.

b. Zawsze w piątki zrobi zakupy w najtańszym sklepie.

c. Zawsze w piątki robiła zakupy w najtańszym sklepie.

6.

a. Godzinę temu zjadł na obiad całą dziką kaczkę.

b. Godzinę temu je na obiad całą dziką kaczkę.

c. Godzinę temu będzie jadł na obiad całą dziką kaczkę.

7.

a. Sama robiła błędy, a innych uczyła języka polskiego.

b. Sama zrobiła błędy, a innych uczyła języka polskiego.

c. Sama narobiła błędów, a innych nauczyła języka polskiego.

8.

a. Nie ośmieszaj innych, jeśli sama się ośmieszasz!

b. Nie śmiesz innych, jeśli sam się ośmieszasz!

c. Nie ośmiesz innych, jeśli sam się ośmieszasz!

9.

a. Nie rządź innymi, jeśli się do tego nie nadajesz!

b. Nie zarządzaj innymi, jeśli się do tego nie nadajesz!

c. Nie urządzaj innym, jeśli się do tego nie nadajesz!

10.

a. Nie nauczaj tego, czego sama nie umiesz!

b. Nie ucz to, czego sama nie umiesz!

c. Nie ucz się tego, czego sama nie umiesz!

SAMOOCENA

>[9] bdb • [9] + db • [8] db • [7] +dst • >[6] dst • <[6] ndst

Jeśli w zadaniu testowym jest więcej niż dziesięć jednostek — przelicz sam!

ZADANIE 207

<u>Czynność A</u> — **Proszę wybrać właściwe formy wyrazów, a następnie wpisać je w miejsce kropek. Zdanie oznaczone symbolem zero (0) jest przykładem.**

<u>Czynność B</u> — **Proszę wpisać w miejsce kropek właściwe formy bezokoliczników do leksemów 1–10 podanych w części B.**

WZÓR

(0) Może to właśnie ja, jestem <u>złą kobietą</u>? *(zła kobieta, złą kobietą)*

A.

(1) Już od ponad .... *(dwadzieścia pięć lat, dwudziestu pięciu lat, dwadzieścia pięciu lat)* lat pracuję z młodzieżą. (2) Zajmuję się .... *(nauczanie, nauczaniem, nauczać)* języka .... *(chiński, chińskiego, chińskim)*. Mieszkam od lat w .... *(Pekinie, Pekinu, Pekin)*.

(3) W pierwszych .... *(latach, roku, lat)* działalności byłam .... *(jedna, jedną, jednej)* z najlepszych nauczycielek — wychowawców. (4) Po .... *(kilka, kilku, kilkoma)* latach pracy wyrzucono mnie bezprawnie na .... *(bruk, brukiem, bruku)*. (5) Zupełnie, jak fortepian .... *(Szopen, Szopenowi, Szopena)*.

(6) Po .... *(krótka, krótkiej, krótką)* rozmowie z .... *(zarządzającym, zarządzanym, zarządzających)* Państwowym Konsorcjum .... *(poczułam się, wczułam się, wyczułam)* jak .... *(trędowaty, trędowata, z trądem)*.

(7) Przez kilka dni .... *(płakałam, rozpłakałam się, zapłakałam)* jak bóbr. (8) Zaczęłam .... *(szukanie, szukać, poszukać)* pracy, ale nikt nie chciał ze .... *(ja, mną, mnie)* rozmawiać. (9) Po .... *(miesięcy, miesiącach, miesiąc)* rozmyślań i nieprzespanych nocy zdecydowałam się na wyjazd do .... *(sąsiedni, sąsiedniego, sąsiednim)* kraju. (10) Był to .... *(Tajwanem, Tajwan, Tajwanu)*. (11) Tam znalazłam .... *(zrozumieć, zrozumienie, rozumienie)*. (12) Moją osobowość i powołanie do .... *(ten zawód, tego zawodu, tym zawodem)* zrozumieli dopiero tajwańscy .... *(przyjaciel, przyjaciele, przyjaciół)* i .... *(wychowankami, wychowankowie, wychowanków)*. (13) Dałam .... *(nim, im, oni)* wiele. Docenili!

(14) Amerykańska studentka Shanon Doyle, ... *(uczy się, ucząca się, uczący się)* języka chińskiego w mojej klasie napisała po latach: (cytuję) „ *Dziękuję bardzo za wszystko. Jest Pani jedną z najlepszych nauczycielek w świecie. Naprawdę! Nauczyłam się tak dużo, i cieszę się, że Pani była moją nauczycielką. Kiedy zaczęłam się uczyć chińskiego na Tajwanie, ten język od razu mi się podobał. Teraz go uwielbiam! Z wyrazami szacunku. Shanon Doyle z USA.*"

(15) Po .... *(lat, latach, latami)* mojej emigracji, w .... *(Pekin, Pekinie, Pekinem)* nic się nie zmieniło. (16) W imperium .... *(panowali, panował, panowało)* ten sam porządek. (17) Przypadkowo zaproponowano .... *(mnie, mi, mną)* stanowisko zasłużonej .... *(nauczycielki, nauczycielką, nauczycielce)* języka chińskiego. (18) Pracowałam dwa .... *(razem, raz, razy)* więcej niż inni. (19) Uwielbiałam .... *(swój, swoich, swoje)* uczniów. (20) Moi .... *(kolega, koledzy, kolegami)* z pracy nie lubili .... *(mnie, mi, mną)*. (21) Za plecami mawiali, że nie da się ze .... *(mnie, mną, ja)* współpracować. (22) W rozmowach przy kawie zachwycali się moją .... *(pracowitość, pracowitością, pracowita)* i .... *(wiedza, wiedzą, wiedzy)*.

(23) Odznaczono .... *(mnie, mi, mną)* jakimś srebrnym medalem, ale medale nie miały już w .... *(mój kraj, moim krajem, moim kraju)* żadnego znaczenia. W pracy liczyły się tylko układy, koniunktura *à la chinoise* i pieniądze.

(24) Nerwowo wyczekuję .... *(na, przy, od)* emeryturę. (25) Wtedy napiszę .... *(cała prawda, całą prawdę, całą prawdą)* o .... *(ludzie, ludziach, ludzi)*, którzy zgotowali mi ten los. (26) Mam już motto do .... *(mojego pamiętnika, moim pamiętnikiem, mój pamiętnik)*. (27) To na razie niewiele, ale ważniejsza jest .... *(wewnętrzne potrzeby, wewnętrzną potrzebą, wewnętrzna potrzeba)* „przelania" na papier tego, co tak długo nosiło się w sercu. Pamiętniki — to forma spowiedzi. (28) A spowiedź dodaje .... *(człowiek, ludzie, człowiekowi)* siły.

(29) Oto motto mojego pamiętnika: „*Boże strzeż* .... *(mi, mnie, mną)* od .... *(przyjacielem, przyjaciół, przyjaźń)*, z wrogami sama sobie poradzę!

(30) A może w moim życiu nie miałam wśród .... *(miliony, milionów, milion)* ludzi ani .... *(jeden, jednego, jednych)* przyjaciela?

fragmenty niepublikowanego pamiętnika nauczycielki języka chińskiego

B.
WZÓR
PRACUJĘ   PRACOWAĆ
                           ....

leksemy   *formy bezokolicznika*
1. DAŁAM   ....
2. DOCENILI   ....
3. NOSIŁO SIĘ   ....
4. ODZNACZONO   ....
5. POCZUŁAM SIĘ   ....
6. ROZPŁAKAŁAM SIĘ   ....
7. STRZEŻ   ....
8. ZACZĘŁAM   ....
9. ZAJMUJĘ SIĘ   ....
10. ZNALAZŁAM   ....

SAMOOCENA
>[9] bdb • [9] + db • [8] db • [7] +dst • >[6] dst • <[6] ndst

Jeśli w zadaniu testowym jest więcej niż dziesięć jednostek — przelicz sam!

ZADANIE 208

Copyright by S. Mędak

Proszę wpisać w miejsce kropek właściwe formy czasu teraźniejszego podkreślonych czasowników.

WZÓR

(mieć) <u>Mam</u> zwyczaj myć zęby po każdym posiłku. || A oni nie <u>mają</u> tego zwyczaju.

(chcieć) 1. <u>Chcę</u> już iść spać. || A oni nie .... iść spać?!

(jeść) 2. <u>Jem</u> z apetytem to danie. || A oni .... to danie bez apetytu.

(móc) 3. <u>Mogę</u> to zrobić. || A one nie .... tego zrobić?!?

(musieć) 4. <u>Muszę</u> pracować. || A one nie .... pracować?!

(potrafić) 5. <u>Potrafię</u> wszystko wytłumaczyć. A oni nie .... niczego wyjaśnić!

(rozumieć) 6. <u>Rozumiem</u> wszystko. A oni nie .... niczego!

(umieć) 7. <u>Umiem</u> grać w tenisa. || A one nie .... grać nawet w tysiąca!

(wiedzieć) 8. <u>Wiem</u>, co on robi. || A państwo nie ....?

(woleć) 9. <u>Wolę</u> o tym nie myśleć. || A one .... o tym zapomnieć.

(znać) 10. <u>Znam</u> historię Polski. || A dlaczego oni jej nie ....?

SAMOOCENA

\>[9] bdb • [9] + db • [8] db • [7] +dst • >[6] dst • <[6] ndst

Jeśli w zadaniu testowym jest więcej niż dziesięć jednostek — przelicz sam!

ZADANIE 209

Copyright by S. Mędak

<u>Czynność A</u> — **Proszę podkreślić w poszczególnych zdaniach właściwą formę gramatyczną wyrazu zaznaczonego kursywą.**

<u>Czynność B</u> — **Proszę wpisać w miejsce kropek właściwe formy bezokoliczników do leksemów podanych w części B.**

WZÓR

Drogi *(Macieju!* — *Maciej!* — *Maciejowi!)*

A.

(1) Dziękuję *(Tobą* — *Ci* — *Ciebie* — *Cię)* bardzo za *(miłego listu* — *miłym listem* — *miły list)*. (2) Pytasz, *(gdzie* — *jakiego* — *co* — *czym)* nowego słychać. (3) Nadal mieszkam w *(dom akademicki* — *domu akademickim* — *domy akademickie)* i uczę się w Cieszynie *(język polski* — *języka polskiego* — *językiem polskim)*.

(4) Ostatnio *(poznawałem* — *poznałem* — *poznaję)* w klubie bardzo *(ładna dziewczyna* — *ładne dziewczyny* — *ładną dziewczynę)*, która ma na imię Patrycja. (5) Ona

(studiuje — studiuję — postudiowała) nauki polityczne i teraz *(przygotowuje się, przygotować się, przygotowała się)* do egzaminów. (6) Ma mało *(czas — czasu — czasem)*, a więc spotykamy się w *(sobota i niedziela — sobotą i niedzielą — soboty i niedziele)*. (7) Czekam na te spotkania przez *(całego tygodnia — cały tydzień — całym tygodniem)*. (8) Ona interesuje się *(moda i dziennikarstwo — modą i dziennikarstwem — mody i dziennikarstwu)*. (9) W soboty chodzimy *(do — na — w — od)* butików, kina, teatru, a w niedzielę oglądamy w telewizji *(dyskusje i kłótnie polityczne — dyskusjami i kłótniami politycznymi — o dyskusjach i kłótniach politycznych)* znakomitych *(politykiem, polityków, polityk)*.

(10) Patrycja ma *(dwoje, dwóch, dwa)* dzieci z pierwszego małżeństwa. (11) Podczas jej studiów *(dzieci, dziećmi, dzieciach)* zajmuje się babcia Klara. (12) Bardzo lubię Jacka, który ma dwa *(lata, roki, latem)* oraz Małgosię, która jest o rok *(starsza, stara, starszej)* od niego. (13) Patrycja kupiła dwa *(dzień temu — dni temu — dwoma dni)* małego owczarka. (14) Jak wiesz, uwielbiam *(pies — psy — psami)* i lubię się bawić z *(psy — psami — psów)*.

(15) Pytasz, czy *(czuć się — czuje się — czuję się)* tutaj dobrze. Oczywiście. (16) Jest mi tutaj *(wspaniale — wspaniały — wspaniału)*. (17) Chciałbym zostać *(długo   dłużej   dłuższy)*, ale przeraża mnie brak *(perspektywą, perspektyw, perspektywie)* w tym kraju. (18) Pozdrawiam *(Ci — Tobie — Cię)* serdecznie i czekam na *(Twoje — Twój — Twojego)* list. (19) Mocno *(Ci, Cię, Tobie)* całuję. Joey z NY City.

P.S. (20) Ucałuj ode *(mnie, mi, mną)* swoją piękną narzeczoną.

B.

WZÓR

DZIĘKUJĘ	DZIĘKOWAĆ
leksemy	*formy bezokolicznika*
1. CHODZIMY	....
2. INTERESUJE SIĘ	....
3. KUPIŁA	....
4. LUBIĘ	....
5. POZNAŁEM	....
6. PRZYGOTOWUJE SIĘ	....
7. STUDIUJE	....
8. UCAŁUJ	....
9. UCZĘ SIĘ	....
10. UWIELBIAM	....

SAMOOCENA

>[9] bdb • [9] + db • [8] db • [7] +dst • >[6] dst • <[6] ndst

Jeśli w zadaniu testowym jest więcej niż dziesięć jednostek — przelicz sam!

ZADANIE 210

Copyright by S. Mędak

Proszę wpisać w miejsce kropek właściwe formy czasu teraźniejszego, czasu przyszłego lub przeszłego podanych w nawiasach czasowników w połączeniu z wyrazem *się* lub bez niego.

WZÓR

(znać / znać się)

Czy znasz literaturę japońską?

Czy znasz się na samochodach?

pierwsze zdanie — czas teraźniejszy, zdanie drugie — czas teraźniejszy

(decydować / decydować się)

1. *(Ja)* Nie .... na wyjazd za granicę, ponieważ nie mam pieniędzy.

Pani dyrektor długo ...., zanim zrezygnowała ze swojej funkcji.

pierwsze zdanie — czas przeszły, rodzaj męskoosobowy; zdanie drugie — czas przeszły

(kierować / kierować się)

2. Szef .... pracami budowlanymi.

Moi rodzice .... zawsze dobrem swoich dzieci.

pierwsze zdanie — czas teraźniejszy; zdanie drugie — czas przeszły

(kochać / kochać się)

3. Od kilku lat ona .... w tym chłopcu.

A on jej wcale nie ....

pierwsze zdanie — czas teraźniejszy, zdanie drugie — czas teraźniejszy

(męczyć / męczyć się)

4. Łatwo *(ja)* .... pracą fizyczną.

Obecność tego człowieka .... ją coraz bardziej.

pierwsze zdanie — czas teraźniejszy; zdanie drugie — czas przeszły

(uważać / uważać się)

5. On .... za przystojnego.

Nikt nie .... go za dobrego kolegę.

pierwsze zdanie — czas teraźniejszy; zdanie drugie — czas teraźniejszy

(wybierać / wybierać się)

6. Babcia .... lepsze jabłka na kompot.

A ja .... na zakupy.

pierwsze zdanie — czas teraźniejszy; zdanie drugie — czas teraźniejszy

(wyrwać / wyrwać się)

7. Dentysta .... mi ten ząb bez bólu.

Złapane zwierzę .... z rąk myśliwych.

pierwsze zdanie — czas przeszły; zdanie drugie — czas przeszły

(zajmować / zajmować się)

8. Od roku mój mąż .... wychowaniem dzieci.

Podróżni .... miejsca w przedziale.

pierwsze zdanie — czas teraźniejszy; zdanie drugie — czas teraźniejszy

(założyć / założyć się)

9. *(ja)* .... z tobą, że zdam ten egzamin.

Po wypadku lekarz szybko .... mi opatrunek.

pierwsze zdanie — czas przyszły; zdanie drugie — czas przeszły

(palić / palić się)

10. Nie *(ja)* .... papierosów, ponieważ boli mnie gardło.

Zobacz, jak dziwnie .... ta żarówka?!

pierwsze zdanie — czas teraźniejszy; zdanie drugie — czas teraźniejszy

SAMOOCENA

>[9] bdb • [9] + db • [8] db • [7] +dst • >[6] dst • <[6] ndst

Jeśli w zadaniu testowym jest więcej niż dziesięć jednostek — przelicz sam!

ZADANIE 211

Copyright by S. Mędak

Proszę wpisać w miejsce kropek właściwe formy czasownika *wiedzieć* lub *znać* w dowolnym czasie gramatycznym.

WZÓR

Znam tego pana z widzenia. || Nie wiem, jak on się nazywa.

1. Bardzo lubię to powiedzenie: „Powiedział, co ...." .
2. Był człowiekiem bez serca i nie .... litości dla nikogo.
3. Był człowiekiem doświadczonym i dobrze .... życie.
4. Czułem się staro, a w dodatku moje serce dawało .... o sobie.
5. Dałem mu .... miesiąc wcześniej o planowanej konferencji.
6. (Ja) .... jego niecne zamiary od wielu lat.
7. Janku, ... co? (pot.). Uciekajmy stąd czym prędzej!
8. Kochanie, ja nie chcę nic o tym słyszeć, ani ....!
9. Kto ...., co się zdarzy za dwa, trzy dni?
10. Licho ...., co on myśli i planuje.
11. Medycyna od wieków .... różne środki lecznicze.
12. Moja matka .... wiele języków obcych.
13. (Ja) .... mojego przyjaciela jak własną kieszeń.
14. O ile (ja) ...., ta publicystka robi okropne błędy składniowe.
15. On dobrze .... słynnego pisarza Güntera Grassa.
16. Ona doskonale ...., czym zajmowałeś się przedtem.
17. Oni nic nie .... na ten temat.
18. Studiowałem filozofię, więc .... dużo na temat filozofii Kanta.
19. To taki ważny gość, a ja nie ...., jak go ugościć!
20. W zamierzchłych czasach ludzie nie .... druku.

SAMOOCENA

>[9] bdb • [9] + db • [8] db • [7] +dst • >[6] dst • <[6] ndst

Jeśli w zadaniu testowym jest więcej niż dziesięć jednostek — przelicz sam!

ZADANIE 212

Copyright by S. Mędak

Proszę wpisać w miejsce kropek odpowiednie formy czasu teraźniejszego czasowników *wiedzieć* i *znać (się)*.

WZÓR

(ja) Znam twój adres i wiem, gdzie znajduje się ta ulica.

1. *(ja)* .... twojego profesora i doskonale ...., że jest to znakomity pedagog.
2. *(ja)* .... cię z widzenia, ale niestety nie ...., jak masz na imię.
3. *(ja)* .... dobrze to miejsce, ale nie ...., czy będzie ci się tam podobać.
4. *(my)* .... dobrze Polskę i ...., że Polacy są bardzo gościnni.
5. *(ona)* .... wszystkich studentów oraz ...., gdzie oni mają zajęcia.
6. *(ona)* .... twoje skłonności. ...., co najbardziej lubisz.
7. *(oni)* .... wszystkie rodzaje serów szwajcarskich i ...., które z nich są najlepsze.
8. *(ty)* .... moich rodziców i ...., że są bardzo mili.
9. *(on)* .... dobrze na japońskich samochodach, ale nie ...., jaki model ma kupić.
10. Choć *(ja)* ....,.... dobrze gramatykę, to nie ...., czy potrafię ci wszystko wytłumaczyć.

SAMOOCENA

>[9] bdb • [9] + db • [8] db • [7] +dst • >[6] dst • <[6] ndst

Jeśli w zadaniu testowym jest więcej niż dziesięć jednostek — przelicz sam!

ZADANIE 213

Copyright by S. Mędak

Proszę wybrać odpowiednie czasowniki i wpisać je w miejsce kropek w czasie gramatycznym korespondującym z sensem zdania.

WZÓR

(znać, wiedzieć, móc) → *(ja)* Nie mogę / mogłem zrobić tego ćwiczenia.

(znać, wiedzieć, móc)	1. *(ja)* Nie ...., jak można rozwiązać to zadanie.
(zdołać, chcieć, musieć)	2. Byłem tak zmęczony, że ledwie .... dojść do domu.
(chcieć, zechcieć, potrafić)	3. A co będzie, jeśli on .... do ciebie wrócić?
(wiedzieć, móc, potrafić)	4. Czy *(ty)* ...., jak to zrobić?
(wiedzieć, móc, znać)	5. *(ja)* Nie .... ci tego opowiedzieć.

(musieć, chcieć, zdołać)   6. Każdy człowiek, wcześniej czy później, ... umrzeć.

(znać, wiedzieć, umieć)   7. Naprawdę, *(ty)* nie .... pływać?!

(chcieć, potrafić, musieć)   8. On, kiedy chce, to .... być miły.

(znać, potrafić, wiedzieć)   9. Moda, podobnie jak sztuka, nie .... granic.

(potrafić, zdołać, chcieć)   10. Każda matka .... szczęścia dla swojego dziecka.

SAMOOCENA

> [9] bdb • [9] + db • [8]   db • [7] +dst • >[6] dst • <[6] ndst

Jeśli w zadaniu testowym jest więcej niż dziesięć jednostek — przelicz sam!

ZADANIE 214

Copyright by S. Mędak

Proszę wpisać w miejsce kropek właściwe formy czasu teraźniejszego następujących czasowników: *lubić, kochać, podobać się*.

WZÓR

(ja) || *(lubić, kochać, podobać się)*

→ Z wszystkich zup najbardziej lubię zupę z żab.

→ Z całej rodziny najbardziej kocham matkę.

→ Z wszystkich miast najbardziej podoba mi się Bardejów w Słowacji.

(ja)   1. Z całej jego twarzy najbardziej .... jego oczy.

(my)   2. Z poezji najbardziej .... poezję śpiewaną.

(ja)   3. Z wszystkich dziewczyn, tylko ciebie .... prawdziwie.

(ja)   4. Z wszystkich aktorów najbardziej .... ten aktor.

(ja)   5. Z wszystkich chłopców najbardziej .... mój chłopiec.

(ja)   6. Z wszystkich filmów najbardziej .... *Obywatel Kane*.

(ja)   7. Z wszystkich krajów Europy najbardziej .... Szwajcaria.

(my)   8. Z wszystkich miast polskich najbardziej .... Gdańsk.

(on)   9. Z wszystkich owoców on najbardziej .... truskawki.

(my)   10. Z wszystkich pomysłów najbardziej .... pański pomysł.

SAMOOCENA

> [9] bdb • [9] + db • [8]   db • [7] +dst • >[6] dst • <[6] ndst

Jeśli w zadaniu testowym jest więcej niż dziesięć jednostek — przelicz sam!

ZADANIE 215
Copyright by S. Mędak

Proszę wpisać w miejsce kropek właściwe formy czasu teraźniejszego czasowników z kolumny A.

WZÓR

(błądzić) Dlaczego zawsze <u>błądzisz</u> w tym mieście? || Wszyscy tutaj <u>błądzą</u>.

A. **B.**

(budzić się) 1. Dlaczego mnie <u>budzisz</u>? || Wszyscy .... o tej porze!

(chodzić) 2. Dlaczego <u>chodzisz</u> w szortach? || Wszyscy już .... w szortach.

(chwalić się) 3. Dlaczego ciągle <u>się chwalisz</u>? || U nas wszyscy ....

(gardzić) 4. Dlaczego <u>gardzisz</u> nim? || Wszyscy nim ....

(golić się) 5. Dlaczego <u>golisz się</u> codziennie? || Mężczyźni .... codziennie.

(kłócić się) 6. Dlaczego <u>kłócisz się</u> z nią? || Z nią .... wszyscy ....

(kształcić) 7. Dlaczego <u>kształcisz</u> dzieci? || Wszyscy na świecie .... dzieci!

(modlić się) 8. Dlaczego <u>się modlisz</u>? || U nas wszyscy ....

(mylić się) 9. Dlaczego ciągle <u>się mylisz</u>? || Wszyscy ludzie ....

(palić) 10. Dlaczego <u>palisz</u> papierosy? || U nas wszyscy ....

(pędzić) 11. Dlaczego <u>pędzisz</u> ciągle? || Teraz wszyscy gdzieś .... *(pot.)*

(płacić) 12. Dlaczego <u>płacisz</u> za rachunki? || Gentlemani zawsze ....

(robić) 13. Dlaczego <u>robisz</u> tyle hałasu? || Tutaj wszyscy ...., co chcą.

(tracić) 14. Dlaczego ciągle <u>tracisz</u> na sprzedaży akcji? || Teraz wszyscy ....

(twierdzić) 15. Dlaczego <u>twierdzisz</u>, że jestem zła? || Wszyscy tak ....

SAMOOCENA

>[9] bdb • [9] + db • [8] db • [7] +dst • >[6] dst • <[6] ndst

Jeśli w zadaniu testowym jest więcej niż dziesięć jednostek — przelicz sam!

ZADANIE 216
Copyright by S. Mędak

polecenie — jak w zadaniu testowym 215.

WZÓR

(tęsknić) Dlaczego ciągle <u>tęsknisz</u> za mamą? || Wszyscy <u>tęsknią</u> za rodziną.

(bałaganić) 1. Dlaczego ciągle <u>bałaganisz</u>? || U nas wszyscy ....

(bawić się) 2. Dlaczego <u>bawisz się</u> z nią? || Wszyscy .... z nią ....

(bronić się) 3. Dlaczego <u>nie bronisz się</u> przed zarzutami? || Wszyscy ludzie w jakiś

sposób ....!

(bronić)	4. Dlaczego <u>nie bronisz</u> swoich straconych pozycji? || Wszyscy ludzie .... swoich pozycji.
(cenić)	5. Dlaczego ją <u>cenisz</u>? || Wszyscy ją ....
(chronić)	6. Dlaczego <u>chronisz</u> swoje mienie? || Wszyscy .... swoje mienie.
(dzwonić)	7. Dlaczego ten telefon głośno <u>dzwoni</u>? || Wszystkie telefony tak ....
(łowić)	8. Dlaczego <u>łowisz</u> ryby? || Wszyscy rybacy je ....
(mówić)	9. Dlaczego <u>mówisz</u> niepoprawnie? || U nas wszyscy tak ....
(przyjaźnić się)	10. Dlaczego <u>się</u> z nią <u>przyjaźnisz</u>? || Wszyscy .... z nią ....
(tkwić)	11. Dlaczego <u>tkwisz</u> w tym korku? || Wszyscy w nim ....
(trudnić się)	12. Dlaczego <u>trudnisz się</u> handlem? || Wszyscy teraz .... handlem.
(trwonić)	13. Dlaczego <u>trwonisz</u> pieniądze? || Bogacze zawsze .... pieniądze.
(winić)	14. Dlaczego ją <u>winisz</u>? || Wszyscy ją przecież ....
(żenić się)	15. Dlaczego <u>żenisz się</u> tak późno? || Wszyscy teraz .... późno.

SAMOOCENA

>[9] bdb • [9] + db • [8] db • [7] +dst • >[6] dst • <[6] ndst

Jeśli w zadaniu testowym jest więcej niż dziesięć jednostek — przelicz sam!

ZADANIE 217

Copyright by S. Mędak

Proszę wpisać w miejsce kropek właściwe formy czasu przeszłego podkreślonych czasowników.

WZÓR

(My) <u>leżeliśmy</u> na plaży.　　　　　One też <u>leżały</u>.

1. *(My)* <u>wiedzieliśmy</u> wszystko na ich temat.　　One też .... wszystko na nasz temat.
2. *(My)* <u>zapomnieliśmy</u> o świecie.　　One też .... o świecie.
3. *(My)* <u>rozumieliśmy</u> ich zachowanie.　　One też .... nasze zachowanie.
4. *(My)* <u>umieliśmy</u> udawać obojętność.　　One też .... udawać obojętność.
5. *(My)* <u>widzieliśmy</u> ich ukryte spojrzenia.　　One też .... nasze spojrzenia.
6. *(My)* <u>patrzeliśmy</u> na nie ukradkiem.　　One też .... na nas ukradkiem.
7. *(My)* <u>mieliśmy</u> ochotę z nimi rozmawiać.　　One też .... ochotę z nami rozmawiać.
8. *(My)* <u>chcieliśmy</u> zachować męską godność.　　A one .... zachować swą niezależność.
9. *(My)* <u>nieruchomieliśmy</u> z przerażenia.　　One też ....
10. *(My)* <u>musieliśmy</u> wrócić do domów.　　One .... wrócić do pracy.

SAMOOCENA

>[9] bdb • [9] + db • [8] db • [7] +dst • >[6] dst • <[6] ndst

Jeśli w zadaniu testowym jest więcej niż dziesięć jednostek — przelicz sam!

ZADANIE 218

Copyright by S. Mędak

Proszę wpisać w miejsce kropek właściwe formy czasu teraźniejszego, uwzględniając (tam, gdzie jest to konieczne) zmiany składniowe w przekształcanych zdaniach.

WZÓR

Czy to <u>jest</u> książka?	Nie. To <u>nie jest</u> książka. To <u>jest</u> album.
Czy Agata <u>jest</u> w domu?	Nie. <u>Nie ma jej</u> w domu. Ona <u>jest</u> w klubie.

1. Czy <u>jest</u> tam Małgorzata? — Nie. .... tam. Ona .... w łazience.
2. Czy kot <u>jest</u> na łóżku? — Nie. .... na łóżku. Kot .... w ogrodzie.
3. Czy pan mecenas <u>jest</u> w pracy? — Nie. .... dziś w pracy. On .... na urlopie.
4. Czy to <u>jest</u> twoja babcia? — Nie. .... moja babcia.
5. Czy to <u>jest</u> twoja narzeczona? — Nie. .... moja narzeczona.
6. Czy to <u>jest</u> twój dziadek? — Nie. .... mój dziadek.
7. Czy to <u>jest</u> twój pies? — Nie. .... mój pies.
8. Czy to <u>jest</u> twój samochód? — Nie. .... mój samochód.
9. Czy to <u>jest</u> wasza willa? — Nie. .... nasza willa.
10. Czy to <u>są</u> wasi rodzice? — Nie. .... nasi rodzice.
11. Czy to <u>są</u> twoje dzieci? — Nie. .... moje dzieci.
12. Czy twoi rodzice <u>są</u> w domu? — Nie. .... w domu.
13. Czy twoja babcia <u>jest</u> w sypialni? — Nie . ... w sypialni.
14. Czy twoja narzeczona <u>jest</u> w pokoju? — Nie. .... tam.
15. Czy twoje dzieci <u>są</u> dzisiaj w szkole? — Nie. .... w szkole.
16. Czy twój wujek <u>jest</u> w domu? — Nie. .... w domu.
17. Czy twój kanarek <u>jest</u> w klatce? — Nie. Nigdzie .... Chyba .... na wolności.
18. Czy wasza mama <u>jest</u> w domu? — Nie. .... w domu.
19. Czy wasz dyrektor <u>jest</u> w pracy? — Nie. .... w pracy. .... w klubie dla VIP– ów.
20. Czy pani konsul <u>jest</u> w gabinecie? — Nie. .... w gabinecie. .... u ambasadora.

SAMOOCENA

>[9] bdb • [9] + db • [8] db • [7] +dst • >[6] dst • <[6] ndst

Jeśli w zadaniu testowym jest więcej niż dziesięć jednostek — przelicz sam!

ZADANIE 219

Copyright by S. Mędak

Proszę wpisać w miejsce kropek właściwe formy czasu przeszłego i przyszłego czasowników *być* oraz *mieć* w zdaniach z negacją.

WZÓR

Nie ma pana profesora?   Niestety, nie było go i już go nie będzie.

Nie masz pieniędzy?   Niestety, nigdy ich nie miałem i nie będę ich mieć.

1. Nie ma pani mecenas?   Niestety, ... i już ....
2. Nie ma docenta Wacława Burka?   Niestety, ... i już ....
3. Był tutaj adiunkt Ziobro?   Niestety, ... i jutro też ....
4. Czy była tutaj pani profesor Lipka?   Niestety, ... i jutro też ....
5. Czy było dziś zebranie?   Niestety, ... zebrania i jutro też ....
6. Nie ma światła w tym pokoju?   Niestety, ... światła i ....
7. Nie ma pan świadków?   Niestety, ... i .... ich ....
8. Nie masz przyjaciół?   Niestety, dotąd ...., ale na pewno ....
9. On nie ma ojca?!   Niestety, on nigdy .... ojca.
10. Nie ma dziś gosposi?   Niestety, ... i już ....

SAMOOCENA

>[9] bdb • [9] + db • [8] db • [7] +dst • >[6] dst • <[6] ndst

Jeśli w zadaniu testowym jest więcej niż dziesięć jednostek — przelicz sam!

ZADANIE 220

Copyright by S. Mędak

Proszę wpisać w miejsce kropek właściwe formy czasu teraźniejszego (kolumna A), czasu przeszłego (kolumna B) oraz czasu przyszłego (kolumna C) czasownika *być* w wypowiedziach z negacją.

WZÓR

(ja)	(Jestem tutaj.)	*Nie ma mnie tutaj.*	*Nie było mnie tutaj.*	*Nie będzie mnie tutaj.*
		A.	**B.**	**C.**
1. *(ty)*	(Jesteś tutaj.)	.... tutaj.	.... tutaj.	.... tutaj.
2. *(on)*	(Jest tutaj.)	.... tutaj.	.... tutaj.	.... tutaj.
3. *(ona)*	(Jest tutaj.)	.... tutaj.	.... tutaj.	.... tutaj.

4. *(pan)* (Jest tutaj.) .... tutaj. .... tutaj. .... tutaj.

5. *(pani)* (Jest tutaj.) .... tutaj. .... tutaj. .... tutaj.

6. *(my)* (Jesteśmy tu.) .... tutaj. .... tutaj. .... tutaj.

7. *(wy)* (Jesteście tu.) .... tutaj. .... tutaj. .... tutaj.

8. *(oni)* (Są tutaj.) .... tutaj. .... tutaj. .... tutaj.

9. *(one)* (Są tutaj.) .... tutaj. .... tutaj. .... tutaj.

10. *(państwo)* (Są tutaj.) .... tutaj. .... tutaj. .... tutaj.

SAMOOCENA

>[9] bdb • [9] + db • [8] db • [7] +dst • >[6] dst • <[6] ndst

Jeśli w zadaniu testowym jest więcej niż dziesięć jednostek — przelicz sam!

ZADANIE 221

Copyright by S. Mędak

Proszę odpowiedzieć na pytania według załączonego wzoru i wpisać właściwe odpowiedzi w miejsce kropek.

WZÓR

Dlaczego <u>nie pijesz</u>?   Ponieważ już <u>nie chce mi się pić</u>.

1. Dlaczego <u>nie biegniesz</u>?   Ponieważ już ....
2. Dlaczego <u>nie jesz</u>?   Ponieważ już ....
3. Dlaczego <u>nie klaszczesz</u>?   Ponieważ już ....
4. Dlaczego <u>nie nosisz</u> kapelusza? Ponieważ już .... go ....
5. Dlaczego <u>nie pierzesz</u> pościeli? Ponieważ .... jej ....
6. Dlaczego <u>nie piszesz</u> do niej? Ponieważ już .... do niej ....
7. Dlaczego <u>się nie śmiejesz</u>?   Ponieważ już ....
8. Dlaczego <u>nie śpisz</u>?   Ponieważ już ....
9. Dlaczego <u>nie tańczysz</u>?   Ponieważ już ....
10. Dlaczego <u>nie walczysz</u> z nim? Ponieważ .... dłużej z nim ....

SAMOOCENA

>[9] bdb • [9] + db • [8] db • [7] +dst • >[6] dst • <[6] ndst

Jeśli w zadaniu testowym jest więcej niż dziesięć jednostek — przelicz sam!

ZADANIE 222

Copyright by S. Mędak

Proszę wstawić w miejsce kropek właściwe formy poniżej załączonych czasowników: *chcieć, kazać (sobie), móc, musieć, poprosić, potrafić, powinien, wymagać, żądać.*

WZÓR

Dostałem trzecie upomnienie z administracji. Muszę absolutnie zapłacić zaległy czynsz za mieszkanie.

1. Nie musisz jej przeprosić, ale .... To była twoja wina. *(czas teraźniejszy)*
2. Pada. Nie .... mi się wychodzić na ten ulewny deszcz. *(czas teraźniejszy)*
3. Poszła do krawca i .... sobie uszyć nowy kostium na urodziny. *(czas przeszły)*
4. Proszę pana, czy mogę pana .... o adres i numer telefonu? *(czas teraźniejszy)*
5. Spóźniłeś się na lekcję, a więc nie .... wejść do klasy. *(czas teraźniejszy)*
6. Synku, wiem, że jeśli chcesz, to .... wszystko zrobić. *(czas teraźniejszy)*
7. Szef .... ślepego posłuszeństwa od każdego pracownika. *(czas teraźniejszy)*
8. To jest poważna choroba. Absolutnie .... pan iść do szpitala. *(czas teraźniejszy)*
9. Widzę, że czuje się pan coraz lepiej. Jutro .... pan .... już iść do pracy. *(czas przyszły)*
10. Zachowaliśmy się tak, jak zwyczaj tego .... w katolickim kraju. *(czas teraźniejszy)*

SAMOOCENA

>[9] bdb • [9] + db • [8] db • [7] +dst • >[6] dst • <[6] ndst

Jeśli w zadaniu testowym jest więcej niż dziesięć jednostek — przelicz sam!

ZADANIE 223

Copyright by S. Mędak

Proszę wpisać w miejsce kropek właściwe formy czasu teraźniejszego czasowników z kolumny A.

WZÓR

| *(trenować)* | Trenowałeś dżudo? | — Tak. Trenowałem i wciąż trenuję. |
| | A ty też trenujesz? | |

A. | **B.**

1. *(chorować)* Chorowałeś zimą? — Tak. Chorowałem i wciąż ....
A ty też ....?

2. *(interesować się)* Interesowałaś się nim? — Tak. Interesowałam się i wciąż ....
A ty też .... nim ....?

3. *(myć)*   Myłaś już okna? — Tak. Myłam i wciąż ....

A ty też .... okna?

4. *(pić)*   Piłeś syrop? — Tak. Piłem i wciąż go ....

A ty też ....?

5. *(piec)*   Piekłaś już chleb w domu? — Tak. Piekłam i wciąż ....

A ty też .... chleb w domu?

6. *(podróżować)*   Podróżowałeś wiele po świecie? — Tak. Podróżowałem i wciąż ....

A ty też .... po świecie?

7. *(pracować)*   Pracowałeś w tej szkole? — Tak. Pracowałem i wciąż ....

A ty też .... w szkole?

8. *(prasować)*   Prasowałaś bieliznę? — Tak. Prasowałam i wciąż ją ....

A ty też .... bieliznę?

9. *(stosować)*   Stosowałaś już te reguły? — Tak. Stosowałam i wciąż je ....

A ty też je ....?

10. *(zajmować się)*   Zajmowałaś się kiedyś handlem? — Tak. Zajmowałam się i wciąż ....

nim .... A ty też .... handlem?

SAMOOCENA

>[9] bdb • [9] + db • [8]   db • [7] +dst • >[6] dst • <[6] ndst

Jeśli w zadaniu testowym jest więcej niż dziesięć jednostek — przelicz sam!

ZADANIE 224

Copyright by S. Mędak

Proszę wpisać w miejsce kropek właściwe formy czasu teraźniejszego czasowników niedokonanych oraz czasu przyszłego czasowników dokonanych.

WZÓR

Pielęgniarka: Bardzo prosimy. Niech pan usiądzie *(usiąść)* na tym najszerszym krześle.

Lekarz: (1) Jak pan .... ? *(czuć się)*

Pacjent: (2) Bardzo źle, bardzo źle! .... *(myśleć)*, że........... *(być)* bardzo chory.

Lekarz: (3) Naprawdę? .... *(wyglądać)* pan zupełnie nieźle.

Pacjent: (4) W ogóle nie .... *(mieć)* energii do życia i nie .... *(móc)* spać.

Lekarz: (5) O której .... *(chodzić)* pan spać?

Pacjent: (6) Bardzo wcześnie, bo mi się .... *(nudzić)* wieczorami.

(7) Od kilku lat .... *(spędzać)* samotnie te długie zimowe wieczory.

Lekarz: (8) A kiedy pan .... *(wstawać)*?

Pacjent: (9) Bardzo późno, bo .... *(wydawać)* mi się, że dzień ciągnie się powoli.

Lekarz: (10) A gdzie .... *(spędzać)* pan soboty, niedziele?

Pacjent: (11) W domu. Trochę .... *(spać)*, czasami .... *(oglądać)* telewizję, potem znowu .... *(kłaść się)* do łóżka i .... *(czekać)* aż .... *(zajść)* słońce.

(12) Kiedy nie .... *(spać)* to .... *(jeść)*.

Lekarz: (13) No właśnie! Pan za dużo .... *(jeść)* i za dużo .... *(ważyć)*.

(14) *(mówi na ucho do pielęgniarki)* Siostro, niech pani .... *(zważyć)* tego grubasa!

(15) *(po chwili)* Dziewięćdziesiąt osiem kilo! To trochę za dużo. .... *(radzić)* panu zmienić tryb życia.

(16) Niech pan nie .... *(siedzieć)* całymi dniami w domu, niech pan .... *(pospacerować)* po parku, niech pan .... *(odwiedzić)* znajomych, niech pan .... *(żyć)* aktywnie.

Pacjent: (17) Dobra rada panie doktorze, dobra rada. Ile .... *(płacić)* za wizytę?!

Lekarz: Jak zwykle proszę pana. Tutaj nie ma zniżek.

Pacjent: (18) Trudno. Znowu .... *(wydać)* jedną trzecią emerytury.

(19) Po tej wizycie na pewno .... *(przejść)* na dietę!

Lekarz: (20) .... *(widzieć)* pan, jak byt szybko .... *(określać)* świadomość!

(21) Jak .... czasami .... *(podejmować)* szybką, mądrą decyzję!

SAMOOCENA

>[9] bdb • [9] + db • [8] db • [7] +dst • >[6] dst • <[6] ndst

Jeśli w zadaniu testowym jest więcej niż dziesięć jednostek — przelicz sam!

ZADANIE 225

Copyright by S. Mędak

Proszę wpisać w miejsce kropek właściwe formy czasu teraźniejszego czasowników z wyrazem *się* lub bez tego wyrazu.

WZÓR

(spotykać / spotkać się)

Codziennie *(ja)* spotykam znajomych na ulicy.

Od lat *(ja)* spotykam się z życzliwością ludzi.

(cieszyć / cieszyć się)

1. .... mnie ta nowina.

(Ja) .... z tego, że żyję.

(denerwować / denerwować się)

2. Dzieci lubią .... rodziców.

(Ja) ...., kiedy zbliżają się egzaminy.

(kochać / kochać się)

3. *(Ja)* Bardzo .... swojego ojca.

(Ja) .... w tej aktorce od lat.

(oglądać / oglądać się)

4. Czasami *(ja)* .... telewizję polską.

Polegam na sobie, a nie .... na innych.

(żegnać / żegnać się)

5. Dlaczego on z nikim nie .... przed wyjazdem?

(My) .... was i wychodzimy.

(przekonać / przekonać się)

6. Myślę, że dopiero ojciec .... cię do swoich racji!

Nie potrafił .... do swoich koleżanek z pracy.

(przygotować / przygotować się)

7. Trzeba .... rodzinę na złą wiadomość.

Teraz *(my)* .... do podróży.

(zamykać / zamykać się)

8. Dlaczego zawsze *(ty)* .... drzwi z trzaskiem?

Ten rok .... dużym deficytem.

(decydować / decydować się)

9. Niewiele kobiet .... na dziecko po czterdziestce.

Dlaczego zawsze ktoś mną rządzi i za mnie ....?

(znać / znać się)

10. *(Ja)* Nie .... lęku ani trwogi.

Mój kolega doskonale .... na muzyce.

SAMOOCENA

> [9] bdb • [9] + db • [8] db • [7] +dst • >[6] dst • <[6] ndst

Jeśli w zadaniu testowym jest więcej niż dziesięć jednostek — przelicz sam!

RZECZOWNIKI ODCZASOWNIKOWE

ZADANIE 226

Copyright by S. Mędak

Proszę wpisać w miejsce kropek właściwe formy rzeczowników odczasownikowych.

WZÓR

Ten tekst jest łatwo <u>zrozumieć</u>. → To jest łatwy tekst do <u>zrozumienia</u>.

1. <u>Słucham</u> tej arii z uwagą.   To jest piękna aria do ....
2. Takich warunków nikt <u>nie spełni</u>.   To są warunki nie do ....
3. Takiego ultimatum <u>nie zaakceptujemy</u>.   To jest ultimatum nie do ....
4. Te owoce <u>jem</u> ze smakiem.   To są znakomite owoce do ....
5. Tego hałasu nie można <u>wytrzymać</u>.   Ten hałas jest nie do ....
6. Tego problemu nie mogę <u>rozwiązać</u>.   To jest trudny problem do ....
7. Tego rekordu nikt już <u>nie pobije</u>.   To jest rekord nie do ....
8. Ten film <u>oglądam</u> z zainteresowaniem.   To jest świetny film do ....
9. Tę książkę <u>czytam</u> z przyjemnością.   To jest książka łatwa do ....
10. Tę naprawę możemy szybko <u>wykonać</u>.   To nie jest aż tak trudne do ....

SAMOOCENA

> [9] bdb • [9] + db • [8] db • [7] + dst • >[6] dst • <[6] ndst

Jeśli w zadaniu testowym jest więcej niż dziesięć jednostek — przelicz sam!

ZADANIE 227

Copyright by S. Mędak

polecenie — jak w zadaniu testowym 226

WZÓR

<u>Brakowało</u> ciągle rąk do pracy. → <u>Brak</u> rąk do pracy dezorganizował produkcję.

1. Ceny <u>wzrastały</u> z miesiąca na miesiąc.   .... cen był przerażający.
2. Choroba gwałtownie <u>się rozwijała</u>.   .... tej choroby zastanawiał lekarzy.
3. <u>Dojeżdżał</u> codziennie do pracy pociągiem.   .... do pracy zajmował mu godzinę.
4. <u>Drukowali</u> tę książkę już od kilku miesięcy.   .... tej książki zajął wiele miesięcy.

5. <u>Dyżurował</u> od ósmej do dziesiątej.   Ze względu na chorobę odwołał ....

6. Dziecko <u>płakało</u> od kilku minut.   .... dziecka był nie do zniesienia.

7. <u>Handlowali</u> na placu papierosami.   .... papierosami jest nielegalny.

8. <u>Importowali</u> z tego kraju wyroby
   włókiennicze.   Ten .... niszczył lokalną gospodarkę.

9. <u>Kontaktował się</u> z nami telefonicznie.   .... z nim był dla nas bardzo ważny.

10. <u>Lataliśmy</u> helikopterem przez godzinę.   Ten .... był fantastyczny.

SAMOOCENA

> [9] bdb • [9] + db • [8] db • [7] +dst • >[6] dst • <[6] ndst

Jeśli w zadaniu testowym jest więcej niż dziesięć jednostek — przelicz sam!

ZADANIE 228

polecenie i wzór — jak w zadaniu testowym 226

1. Często pasażerowie <u>tłoczą się</u>
   w autobusach, tramwajach i pociągach.   Ze względu na .... w środkach lokomocji miejskiej korzystam wyłącznie z samochodu.

2. <u>Niepokoiłem się</u> o los mojego syna.   Mój .... o syna wzrastał z biegiem czasu.

3. <u>Objechaliśmy</u> całe miasto.   .... miasta zajął nam dwie godziny.

4. <u>Oddychała</u> z trudem.   Każdy .... kosztował ją wiele wysiłku.

5. <u>Odpowiedziałem</u> ci już na to pytanie.   Czy zrozumiałaś moją ostateczną ....?

6. <u>Opisał</u> swoją podróż w dziennikach.   Jego .... podróży jest znakomity.

7. Państwo <u>pomagało</u> biednym.   .... państwa biednym jest koniecznością.

8. <u>Powrócił</u> do domu po długiej
   nieobecności.   Jego .... dzieci powitały z radością.

9. <u>Pracował</u> całymi dniami.   Jego .... przynosiła coraz większe efekty.

10. <u>Protestowali</u> przy każdej okazji.   Ich *(pl.)* .... wynikały z niezadowolenia.

SAMOOCENA

> [9] bdb • [9] + db • [8] db • [7] +dst • >[6] dst • <[6] ndst

Jeśli w zadaniu testowym jest więcej niż dziesięć jednostek — przelicz sam!

ZADANIE 229

Copyright by S. Mędak

polecenie i wzór — jak w zadaniu testowym 226

1. <u>Przedrukowali</u> artykuł z brukowej gazety.

.... artykułu okazał się wielkim skandalem.

2. <u>Przejeżdżaliśmy</u> przez zatłoczone miasto.

.... przez miasto zajął nam wiele czasu.

3. <u>Przełożył</u> powieść z japońskiego na polski.

.... tej książki jest znakomity.

4. <u>Przyjaźnił się</u> od lat z byłym premierem.

Jego .... z premierem trwała od lat.

5. <u>Przyjechali</u> do nas koledzy.

.... kolegów ucieszył nas niezmiernie.

6. Ptaki już <u>odleciały</u>.

Ich .... oznaczał nieuchronny koniec lata.

7. Samolot <u>przyleciał</u> z godzinnym opóźnieniem.

.... samolotu powitaliśmy z ulgą.

8. <u>Spacerowaliśmy</u> bez celu po mieście.

.... po mieście wypełnił nam czas.

9. <u>Szeptała</u> coś do ucha koleżance.

Jej .... był prawie niesłyszalny.

10. <u>Śpiewała</u> pięknie.

Jej .... wzruszał mnie do łez.

SAMOOCENA

>[9] bdb • [9] + db • [8] db • [7] +dst • >[6] dst • <[6] ndst

Jeśli w zadaniu testowym jest więcej niż dziesięć jednostek — przelicz sam!

ZADANIE 230

Copyright by S. Mędak

polecenie i wzór — jak w zadaniu testowym 226

1. <u>Uśmiechała się</u> często.

Jej .... był czarujący.

2. Wojownicy zaczęli <u>tańczyć</u> przed atakiem.

.... wojowników nie wróżył nic dobrego.

3. <u>Domyślała się</u> wielu rzeczy.

Jej .... (pl.) okazały się słuszne.

4. <u>Wyjechali</u> od nas teściowie.

Ich .... powitaliśmy z ulgą.

5. <u>Wypowiadał się</u> rzadko.

Każda jego .... była na wysokim poziomie.

6. Za ścianą sąsiedzi <u>hałasowali</u>.

.... sąsiadów denerwował mnie od dawna.

7. <u>Zakazano</u> palenia papierosów w pracy. .... dotyczył wszystkich pracowników.

8. <u>Zapalił się</u> do nauki języka koreańskiego. Jego .... skończył się po tygodniu.

9. Zawsze <u>pamiętała</u> o moich urodzinach. Jej .... o moim istnieniu cieszyła mnie.

10. <u>Zazdrościła</u> kolegom sukcesów w pracy. O jej .... wiedzieli wszyscy.

SAMOOCENA

>[9] bdb • [9] + db • [8] db • [7] +dst • >[6] dst • <[6] ndst

Jeśli w zadaniu testowym jest więcej niż dziesięć jednostek — przelicz sam!

LICZEBNIKI

ZADANIE 231

Copyright by S. Mędak

Proszę wstawić w miejsce kropek właściwe formy wyrazu *jeden.*

WZÓR

(1) Miałem tylko <u>jednego</u> brata.

(1) 1. .... człowiek niewiele może.

(1) 2. .... chłopiec wskakiwał na drzewo, drugi zeskakiwał z drzewa.

(1) 3. .... klient jadł, a drugi czekał na swoje danie.

(1) 4. .... petent wychodził, a drugi przychodził.

(1) 5. .... mówca kończył mówić, drugi już zaczynał.

(1) 6. .... pacjentowi lekarz zdejmował gips z nogi.

(1) 7. .... z was (*wszystkich mężczyzn*) musi to zrobić.

(1) 8. Moim zdaniem jest tylko .... Bóg.

(1) 9. Na przesłuchanie stawił się tylko .... kandydat.

(1) 10. Na spotkaniu z załogą był tylko .... przedstawiciel dyrekcji.

(1) 11. Na tym spotkaniu będzie tylko .... obcokrajowiec.

(1) 12. Piotr jest .... z najwierniejszych moich przyjaciół.

(1) 13. Przez całe życie kochała tylko .... mężczyznę.

(1) 14. Ten reżyser to .... z najlepszych reżyserów na świecie.

(1) 15. Znam tylko .... uczciwego człowieka w tym zespole.

SAMOOCENA

>[9] bdb • [9] + db • [8] db • [7] +dst • >[6] dst • <[6] ndst

Jeśli w zadaniu testowym jest więcej niż dziesięć jednostek — przelicz sam!

ZADANIE 232

Copyright by S. Mędak

polecenie — jak w zadaniu testowym 231

WZÓR

(1)   W tej chwili używam tylko jednego komputera.

(1)   1. .... silnik działa bez zarzutów, drugi ciągle się psuje.

(1)   2. Czy pani ma jeszcze .... wolny pokój?

(1)   3. Gdzie jest ta rękawiczka z .... palcem?

(1)   4. Ile kosztuje .... bilet autobusowy?

(1)   5. Kupiliśmy dzisiaj tylko .... prezent.

(1)   6. Mercedes to .... z najlepszych samochodów.

(1)   7. Nie mam ani .... grosza w kieszeni.

(1)   8. Oddali całe miasto bez .... wystrzału.

(1)   9. Przejechał tysiące kilometrów .... samochodem.

(1)   10. Przyglądał się długo .... obrazowi.

(1)   11. Ten dzień był .... z najdłuższych dni w moim życiu.

(1)   12. Ten kraj jest .... z najbardziej zadłużonych krajów.

(1)   13. Ten samochód jest .... z najszybszych samochodów.

(1)   14. W pokoju jest tylko .... stół.

(1)   15. W portfelu został mi tylko .... grosz.

SAMOOCENA

\>[9] bdb • [9] + db • [8] db • [7] +dst • >[6] dst • <[6] ndst

Jeśli w zadaniu testowym jest więcej niż dziesięć jednostek — przelicz sam!

ZADANIE 233

Copyright by S. Mędak

polecenie — jak w zadaniu testowym 231

WZÓR

(1)   Jedna z najlepszych studentek otrzymała stypendium zagraniczne.

(1)   1. .... choroba się skończyła, a druga już się zaczęła.

(1)   2. .... jaskółka nie czyni wiosny.

(1)   3. .... kobieta weszła, druga wyszła.

(1)   4. .... książka jest interesująca, inna jest nudna.

(1)   5. .... noc jest ciemna, druga jest gwieździsta.

(1)   6. .... z was (*wszystkich kobiet*) musi to zrobić.

(1)   7. Byłem na wakacjach z .... moją znajomą.

(1)   8. Co dwie głowy, to nie ....

(1)   9. Codziennie obserwował .... i tę samą kobietę na plaży.

(1) 10. Ile płaci się za .... wizytę u tego słynnego lekarza?

(1) 11. Mam tylko .... siostrę i kocham ją bardzo.

(1) 12. Na ścianie wisiała tylko .... stara reprodukcja.

(1) 13. Nawet na wietrze potrafił rozpalić ognisko .... zapałką.

(1) 14. Ona chodzi w .... sukience od kilku tygodni.

(1) 15. Proszę cię, poczekaj na mnie .... małą chwilkę.

(1) 16. Przez cały rok przeczytał tylko .... książkę.

(1) 17. Rozmawiałem już z .... ważną panią o tobie.

(1) 18. Skończyła się .... burza i już zaczyna się druga.

(1) 19. Ta rzeka jest .... z najdłuższych rzek w Europie.

(1) 20. W kuchni jest tylko .... nieużyteczna szafka.

(1) 21. We wspólnej łazience była tylko .... stara pralka.

(1) 22. W tej grupie była tylko .... Amerykanka.

(1) 23. W tej willi mieszka tylko .... samotna staruszka.

(1) 24. Wśród kandydatek jest tylko .... kobieta zamężna.

(1) 25. Ta powieść jest .... z najlepszych powieści europejskich.

SAMOOCENA

>[9] bdb • [9] + db • [8] db • [7] +dst • >[6] dst • <[6] ndst

Jeśli w zadaniu testowym jest więcej niż dziesięć jednostek — przelicz sam!

ZADANIE 234

Copyright by S. Mędak

polecenie — jak w zadaniu testowym 231

WZÓR

(1)   Jedno zadanie z fizyki rozwiązałem szybko, a drugiego nie mogę rozwiązać.

(1)   1. .... dziecko płakało, drugie grzecznie jadło śniadanie.

(1)   2. .... okno zostało wybite przez jakiegoś chuligana.

(1)   3. Możesz zjeść tylko .... ciastko na deser!

(1)   4. Mój brat ma tylko .... dziecko i nie chce mieć więcej dzieci.

(1)   5. Na obiad jem zwykle .... danie, ale za to jem dużo sałaty.

(1)   6. Szła z .... dzieckiem na ręku, a w drugiej ręce trzymała torbę.

(1)   7. Tylko .... dziecko będzie miało dodatkowe lekcje z fizyki.

(1)   8. Tylko .... dziecko zachorowało na żółtaczkę zakaźną.

(1)   9. Tylko .... imię nadano mu podczas chrztu.

(1)   10. W życiu miałam tylko .... wielkie marzenie: być kochaną.

SAMOOCENA

>[9] bdb   •   [9] + db   •   [8]   db   •   [7] +dst   •   >[6] dst   •   <[6] ndst

Jeśli w zadaniu testowym jest więcej niż dziesięć jednostek — przelicz sam!

ZADANIE 235

Copyright by S. Mędak

polecenie — jak w zadaniu testowym 231

WZÓR

(1)   Wiem, że połamałeś już jedne okulary.

(1)   1. .... rodzice wychodzili z zebrania, inni na nie przychodzili.

(1)   2. .... państwo rozmawiali bardzo długo z ambasadorem.

(1)   3. .... dziewczyny płakały, drugie się śmiały.

(1)   4. .... kwiaty pięknie kwitną, inne usychają.

(1)   5. .... widzowie klaskali, drudzy gwizdali.

(1)   6. .... kolegów lubię, innych nie lubię.

(1)   7. Do tej komnaty można wejść wyłącznie przez .... drzwi.

(1)   8. Ile owiec można ostrzyc .... nożycami?

(1)   9. Kiedy .... ciężko pracują, inni odpoczywają.

(1)   10. Musisz coś zrobić z tymi .... drzwiami, które ciągle skrzypią.

(1)   11. Na przyjęciu byli tylko .... państwo z zagranicy.

(1)   12. Nie mogę chodzić w .... spodniach przez cały miesiąc.

(1)   13. Przez cały rok chodzę w .... butach skórzanych.

(1)   14. Przyszli dopiero .... rodzice na spotkanie z wychowawcą.

(1)   15. Z .... kolegami potrafię się porozumieć, z innymi nie.

SAMOOCENA

>[9] bdb   •   [9] + db   •   [8]   db   •   [7] +dst   •   >[6] dst   •   <[6] ndst

Jeśli w zadaniu testowym jest więcej niż dziesięć jednostek — przelicz sam!

ZADANIE 236

Copyright by S. Mędak

polecenie — jak w zadaniu testowym 231

WZÓR

(1)   Od kilku dni palę tylko jednego papierosa dziennie.

(1)   1. .... pies szczekał, drugi wył.

(1)   2. Dostałem .... piękny kwiat na imieniny.

(1)   3. Ojciec kupował mi codziennie .... hamburgera.

(1)   4. Kupiliśmy dziecku .... małego pieska.

(1)   5. Zapłacił za ten dom .... symbolicznego dolara.

(1)   6. Dostałam od niego tylko .... tulipan *a.* .... *(1)* tulipana.

(1)   7. Miałem już .... włoskiego fiata i nie chcę znać tej marki samochodów.

(1)   8. Pies jest .... z najwierniejszych przyjaciół człowieka.

(1)   9. Wykryto w jego krwi .... groźnego wirusa *a.* .... *(1)* groźny wirus.

(1)   10. Zjadłem tylko .... kotlet *a.* .... *(1)* kotleta na obiad.

SAMOOCENA

> [9] bdb • [9] + db • [8] db • [7] + dst • > [6] dst • < [6] ndst

Jeśli w zadaniu testowym jest więcej niż dziesięć jednostek — przelicz sam!

ZADANIE 237

Copyright by S. Mędak

polecenie — jak w zadaniu testowym 231

WZÓR

(1)   Osiem pomnożyć przez jeden równa się osiem.

(1)   1. .... dodać dziewięć równa się dziesięć.

(1)   2. .... dodać .... równa się dwa.

(1)   3. .... jest liczbą nieparzystą.

(1)   4. Dwa podzielić przez .... równa się dwa.

(1)   5. Dziesięć odjąć .... równa się dziewięć.

(1)   6. Czy można podzielić liczbę .... przez zero?

(1)   7. Pięć dodać .... równa się sześć.

(1)   8. Przegraliśmy mecz dwa do ....

(1)   9. Wygraliśmy mecz .... do zera.

(1)   10. Zgromadziłem już trzydzieści .... znaczków.

SAMOOCENA

> [9] bdb • [9] + db • [8] db • [7] + dst • > [6] dst • < [6] ndst

Jeśli w zadaniu testowym jest więcej niż dziesięć jednostek — przelicz sam!

ZADANIE 238

Copyright by S. Mędak

Proszę wpisać w miejsce kropek właściwe formy liczebnika *dwa* w połączeniu z rzeczownikiem *pan*.

WZÓR

(2 / pan)	To są dwaj panowie.

(2 / pan)	1. Ach, znowu ci ....! Mam dzisiaj pecha!
(2 / pan)	2. Byłem na wakacjach z tymi ....
(2 / pan)	3. Ci .... są bardzo sympatyczni.
(2 / pan)	4. Lubię tych ...., których poznałam wczoraj.
(2 / pan)	5. Nie znam tych ...., ale znam tego trzeciego.
(2 / pan)	6. Opowiedz mi coś ciekawego o tych ....
(2 / pan)	7. Spotykałem się dość często z tymi ....
(2 / pan)	8. Wszystko zawdzięczam tym ....
(2 / pan))	9. Znam bajkę o .... , którzy najpierw ukradli księżyc, a potem zostali najsłynniejszymi obywatelami zaczarowanej krainy.
(2 / pan)	10. Zobacz tych .... siedzących na ławce.

SAMOOCENA

>[9] bdb • [9] + db • [8] db • [7] +dst • >[6] dst • <[6] ndst

Jeśli w zadaniu testowym jest więcej niż dziesięć jednostek — przelicz sam!

ZADANIE 239

Copyright by S. Mędak

Proszę wpisać w miejsce kropek właściwe formy liczebnika *dwa* w połączeniu z rzeczownikiem *pani*.

WZÓR

(2 / pani)	To są dwie panie.

(2 / pani)	1. Ach, znowu te ....! Mam dzisiaj pecha!
(2 / pani)	2. Byłem na wakacjach z tymi ....
(2 / pani)	3. Te .... są bardzo sympatyczne.
(2 / pani)	4. Lubię te ...., które poznałam wczoraj.
(2 / pani)	5. Nie znam tych ...., ale znam tę trzecią.
(2 / pani)	6. Opowiedz mi coś ciekawego o tych ....!

(2 / pani)   7. Spotykałem się dość często z tymi ....

(2 / pani)   8. Wszystko zawdzięczam tym ....

(2 / pani)   9. Znam plotki o tych ...., które od lat udają święte.

(2 / pani)   10. Spójrz na te .... siedzące na ławce!

SAMOOCENA

>[9] bdb • [9] + db • [8]   db • [7] +dst • >[6] dst • <[6] ndst

Jeśli w zadaniu testowym jest więcej niż dziesięć jednostek — przelicz sam!

ZADANIE 240

Copyright by S. Mędak

Proszę wpisać w miejsce kropek właściwe formy liczebników w połączeniu z rzeczownikami *pan / pani*.

WZÓR

Najpierw był <u>jeden pan</u> i <u>jedna pani</u>. *(1, pan / 1, pani)*

→ Potem było <u>dwóch panów</u> i <u>jedna pani</u>. *(2, pan / 1, pani)*

1. Po chwili było już .... *(3, pan)* i .... *(3, pani)*.

2. Godzinę później było .... *(4, pan)* i .... *(4, pani)*.

3. Po dwóch godzinach było .... *(5, pan)* i .... *(5, pani)*.

4. Wieczorem było .... *(6, pan)* i .... *(6, pani)*.

5. Do końca zabawy zostało .... *(7, pan)* i .... *(7, pani)*.

SAMOOCENA

>[9] bdb • [9] + db • [8]   db • [7] +dst • >[6] dst • <[6] ndst

Jeśli w zadaniu testowym jest więcej niż dziesięć jednostek — przelicz sam!

ZADANIE 241

Copyright by S. Mędak

Proszę wpisać w miejsce kropek właściwe formy liczebników w połączeniu z rzeczownikami.

WZÓR

(8, komputer)   W tej sali znajduje się <u>osiem komputerów</u>.

(2, człowiek)   1. Na jego koncercie było tylko ....

(2, dzień)   2. Boli mnie głowa od ....

(2, Francuz)   3. Mieszkam z .... w wynajętej willi.

(2, samochód)   4. Ona ma .... służbowe do dyspozycji.

(2, studentka)   5. Umówiłem się z ...., aby omówić ich prace.

(4, żołnierz)   6. .... pilnowało wejścia do ambasady.

(5, koperta)   7. Przez cały dzień zaadresowała tylko ....

(6, wypracowanie) 8. Sprawdziłam tylko .... swoich uczniów.

(10, dolar)   9. Brakuje mi .... do zakupu biletu.

(84, rok)   10. Moja babcia ma już .... i trzyma się zdrowo.

SAMOOCENA

>[9] bdb   •   [9] + db   •   [8]   db   •   [7] +dst   •   >[6] dst   •   <[6] ndst

Jeśli w zadaniu testowym jest więcej niż dziesięć jednostek — przelicz sam!

ZADANIE 242

Copyright by S. Mędak

Proszę wpisać w miejsce kropek właściwe formy liczebników.

WZÓR

Ilu chłopców jest na stadionie? Dwóch? *(2)*   → Nie. Jest pięciu chłopców na stadionie *(5)*.

1. Ilu aktorów już poznałaś? ....? *(2)* → Nie. Poznałam tylko .... *(1)* aktora.

2. Ilu chłopców już poznałaś? ....? *(1)* → Nie. Poznałam już .... *(4)* chłopców.

3. Ilu masz kolegów? ....? *(3)* → Tak. Mam .... *(3)* kolegów.

4. Ilu masz przyjaciół? ....? *(4)* → Nie. Mam aż .... *(8)* przyjaciół.

5. Ilu mężów już miałaś? ....? *(5)* → Nie. Miałam tylko .... *(2)* mężów.

6. Ilu ministrów jest w rządzie? ....? *(10)* → Tak. W rządzie jest .... *(10)* ministrów.

7. Ilu panów jest na zebraniu? ....? *(9)* → Nie. Na zebraniu jest .... *(5)* panów.

8. Ilu studentów jest w sali? ....? *(8)* → Nie. W sali jest .... *(6)* studentów.

9. Ilu zawodników jest na boisku? ....? *(7)* → Tak. Na boisku jest .... *(7)* zawodników.

10. Ilu znasz sławnych ludzi? ....? *(6)* → Nie. Znam już .... *(9)* sławnych ludzi.

SAMOOCENA

>[9] bdb   •   [9] + db   •   [8]   db   •   [7] +dst   •   >[6] dst   •   <[6] ndst

Jeśli w zadaniu testowym jest więcej niż dziesięć jednostek — przelicz sam!

ZADANIE 243

Copyright by S. Mędak

Proszę wpisać w miejsce kropek właściwe formy liczebników w połączeniu z rzeczownikami.

WZÓR

(3, negocjator)	→ Rozmawiałem z trzema negocjatorami.

(1, przyjaciel)	1. Miał tylko ....
(2, alpinista)	2. Piotr pojechał w góry z ....
(2, chłopiec)	3. Przyglądaliśmy się ....
(2, kolega)	4. Wczoraj rozmawiałem z ....
(2, kuzyn)	5. Podziękował .... za pomoc.
(3, mąż)	6. Ta kobieta przeżyła już ....
(4, klient)	7. Spotkałem się z ....
(1, pracownik)	8. Wypowiedział pracę ....
(5, syn)	9. Pracowała na polu wspólnie z ....
(5, korespondent)	10. Agencja prasowa ma w tym kraju ....
(6, kuzyn)	11. Jestem jedynaczką, ale mam ....
(7, student)	12. Wyjeżdżam na badania z ....
(8, uczeń)	13. Nauczyciel udzielał korepetycji ....
(10, lokator)	14. Rozwiązano umowy wynajmu z ....
(10, wychowanek)	15. Przyznano mieszkania .... domu dziecka.

SAMOOCENA

> [9] bdb • [9] + db • [8] db • [7] +dst • >[6] dst • <[6] ndst

Jeśli w zadaniu testowym jest więcej niż dziesięć jednostek — przelicz sam!

ZADANIE 244

Copyright by S. Mędak

Proszę wpisać w miejsce kropek właściwe formy liczebników w połączeniu z rzeczownikami.

WZÓR

(3, komputer)	→ Myśleliśmy o zakupie trzech komputerów.

(2, krzesło)	1. Kupiłem .... do kuchni.
(2, piwo)	2. Codziennie piję .... po obiedzie.
(3, przedmiot)	3. Był zainteresowany tylko .... w szkole.

(3, firma) 4. Marek pracuje w .... handlowych.

(4, bułka) 5. Codziennie zjadał na śniadanie ....

(4, gazeta) 6. Mój syn pisze artykuły do ....

(5, godzina) 7. Uczyłem się do egzaminu przez .... dziennie.

(5, jajko) 8. Potrzebuję .... do ciasta.

(5, forint) 9. Co można kupić na Węgrzech za ....?

(5, okno) 10. W tej sali jest aż .... weneckich.

SAMOOCENA

>[9] bdb • [9] + db • [8] db • [7] +dst • >[6] dst • <[6] ndst

Jeśli w zadaniu testowym jest więcej niż dziesięć jednostek — przelicz sam!

ZADANIE 245

Proszę wpisać w miejsce kropek właściwe formy podkreślonych liczebników oraz towarzyszących im rzeczowników.

WZÓR

Dasz mi <u>dwa zeszyty</u>? → Nie dam ci <u>dwóch zeszytów</u>. Dam ci tylko jeden.

1. Dostałeś <u>cztery piątki</u>? → Nie dostałem .... Dostałem tylko jedną.
2. Kupiłeś <u>dwa bukiety</u>? → Nie kupiłem .... Kupiłem tylko jeden.
3. Kupiłeś <u>dwie pralki</u>? → Nie kupiłem .... Kupiłem tylko jedną.
4. Kupiłeś <u>dziesięć książek</u>? → Nie kupiłem .... Kupiłem tylko jedną.
5. Masz już <u>dwoje dzieci</u>? → Nie mam .... Mam jednego syna.
6. Masz <u>trzy pudle</u>? → Nie mam .... Mam tylko jednego.
7. Odebrałeś <u>dwa stypendia</u>? → Nie odebrałem .... Odebrałem jedno.
8. Upiekłaś <u>sześć ciast</u>? → Nie upiekłam .... Upiekłam tylko jedno.
9. Zarobiłeś <u>dwieście złotych</u>? → Nie zarobiłem .... Zarobiłem tylko sto.
10. Zepsułeś <u>dwa krzesła</u>? → Nie zepsułem .... Zepsułem tylko jedno.

SAMOOCENA

>[9] bdb • [9] + db • [8] db • [7] +dst • >[6] dst • <[6] ndst

Jeśli w zadaniu testowym jest więcej niż dziesięć jednostek — przelicz sam!

ZADANIE 246

Copyright by S. Mędak

Proszę wpisać w miejsce kropek właściwe formy liczebników zbiorowych.

WZÓR

(2) → Rozmawiałem z dwojgiem młodych ludzi.

(2) 1. Było zimno, więc włożył na siebie .... grubych kalesonów.

(2) 2. Uwielbiam koncerty na .... skrzypiec.

(2) 3. W tej sali jest .... drzwi awaryjnych.

(2) 4. Zauważyłem .... dzieci, które wołały o pomoc *a. rzad.* pomocy.

(3) 5. Jakaś pani spacerowała po parku z .... uroczych dzieci.

(4) 6. Z zainteresowaniem obserwowałem .... pięknych piskląt.

(4) 7. Chciałbym mieć .... rodzeństwa, a mam tylko jednego brata.

(5) 8. Spotkałem znajomą wychowawczynię z jej .... podopiecznych.

(6) 9. Nic mogę wyżywić .... dzieci z jednej pensji nauczyciela.

(10) 10. Była na wycieczce w Wieliczce z .... swych najlepszych uczniów.

SAMOOCENA

>[9] bdb • [9] + db • [8] db • [7] +dst • >[6] dst • <[6] ndst

Jeśli w zadaniu testowym jest więcej niż dziesięć jednostek — przelicz sam!

ZADANIE 247

Copyright by S. Mędak

Proszę napisać literami odpowiednie formy dat związanych z ważnymi wydarzeniami XX wieku.

WZÓR

(początek integracji europejskiej — rok 1955)
→ Początek integracji europejskiej datuje się na rok tysiąc dziewięćset pięćdziesiąty piąty.

(wybór Karola Wojtyły na papieża — rok 1978)
1. W roku .... wybrano
Karola Wojtyłę na papieża.

(upadek muru berlińskiego — rok 1989)
2. Koniec roku ....
przyniósł nam upadek muru berlińskiego.

(zatonięcie Titanica — rok 1912)
3. W roku ....
zatonął statek pasażerski *Titanic*.

(traktat wersalski — rok 1919)

4. Traktat wersalski zawarto w .... roku.

(praska wiosna — rok 1968)

5. Rok ....

to pamiętna data związana z praską wiosną.

(bitwa pod Stalingradem — lata 1942–43)

6. Bitwa pod Stalingradem trwała od roku ....

.... do ....

(John F. Kennedy — żył w latach 1917–1963)

7. John F. Kennedy żył tylko .... lat.

(wynalezienie lasera — rok 1960)

8. Rok .... to data wynalezienia lasera.

(lądowanie na Księżycu — rok 1969)

9. W roku ....

wylądował pierwszy człowiek na Księżycu.

(śmierć Johna Lennona — rok 1980)

10. W roku .... odszedł od nas John Lennon.

SAMOOCENA

> [9] bdb • [9] + db • [8] db • [7] + dst • > [6] dst • < [6] ndst

Jeśli w zadaniu testowym jest więcej niż dziesięć jednostek — przelicz sam!

ZADANIE 248

Copyright by S. Mędak

Proszę wpisać w miejsce kropek właściwe formy dokładnych dat (dzień i rok).

WZÓR

7. IX. 1995 roku wydano mój pierwszy podręcznik.

→ Siódmego września tysiąc dziewięćset dziewięćdziesiątego piątego roku wydano mój podręcznik.

1. 21. I. 1994 roku wyjechałem do Kanady.

.... stycznia .... roku

wyjechałem do Kanady.

2. 4. XII. 1899 roku urodził się mój pradziadek.

.... grudnia .... roku

urodził się mój pradziadek.

3. 30.VI. 2000 roku obchodziłem czterdzieste urodziny.

.... czerwca .... roku

obchodziłem czterdzieste urodziny.

4. 25. VII. 1996 roku moja córka skończyła dziesięć lat.

.... lipca .... roku

moja córka skończyła dziesięć lat.

5. 29. IX. 1990 roku wyjechałem z Europy do Ameryki.

.... września .... roku

wyjechałem z Europy do Ameryki.

6. 1. III. lub 22. II. 1810 roku urodził się Fryderyk Chopin, syn Mikołaja i Justyny z Krzyża-

nowskich.

.... marca lub .... lutego

.... roku urodził się

Fryderyk Chopin, syn Mikołaja i Justyny z Krzyżanowskich.

7. 17. X. 1849 roku zmarł w Paryżu wielki kompozytor — Fryderyk Chopin.

.... października .... roku

zmarł w Paryżu wielki kompozytor — Fryderyk Chopin.

8. 18. VIII. 1933 roku urodził się w Paryżu polski reżyser Roman Polański.

.... sierpnia .... roku

urodził się Roman Polański.

9. 1. V. 2004 roku Polska wstąpiła do Unii Europejskiej.

.... maja .... roku

Polska wstąpiła do Unii Europejskiej.

10. 6. IV.1915 roku urodził się w Wielopolu Skrzyńskim Tadeusz Kantor.

.... kwietnia .... roku

urodził się T. Kantor.

SAMOOCENA

>[9] bdb • [9] + db • [8] db • [7] +dst • >[6] dst • <[6] ndst

Jeśli w zadaniu testowym jest więcej niż dziesięć jednostek — przelicz sam!

ZADANIE 249

Proszę wpisać w miejsce kropek właściwe formy liczebników w zdaniach określających czas, okres, porę dziania się czegoś.

WZÓR

Kiedy urodziła się twoja babcia?

→ Moja babcia urodziła się w 1950 roku. || Moja babcia urodziła się w tysiąc dziewięćset pięćdziesiątym roku.

1. Kiedy spotkaliście się po raz pierwszy?

Spotkaliśmy się po raz pierwszy w 1995 roku. || Spotkaliśmy się po raz pierwszy w .... roku.

2. Kiedy urodził się twój pradziadek?

Mój pradziadek urodził się w XIX w. || Mój pradziadek urodził się w .... wieku.

3. To była noc sylwestrowa?

Tak. Spotkaliśmy się w dokładnie 31.12. 2006 r. || Tak. Spotkaliśmy się dokładnie .... roku.

4. Kiedy to się wydarzyło?

To wydarzyło się w roku 1000. || To wydarzyło się dokładnie w roku ....

5. Kiedy urodził się twój syn?

Mój syn urodził się w roku 2000. || Tak. On urodził się w roku ....

SAMOOCENA

>[9] bdb • [9] + db • [8] db • [7] +dst • >[6] dst • <[6] ndst

Jeśli w zadaniu testowym jest więcej niż dziesięć jednostek — przelicz sam!

ZADANIE 250

Copyright by S. Mędak

Proszę wpisać w miejsce kropek właściwe formy liczebników.

WZÓR

Jak długo jesteś w Polsce?

(1. IX.) → Jestem w Polsce od pierwszego września.

1. Od kiedy uczy się pan języka polskiego?

(1994 r.) → Chyba od .... roku.

2. Kiedy rozpoczynają się zajęcia w uniwersytetach polskich?

(2. X.) → Zajęcia rozpoczynają się od ....

3. Kiedy zaczyna się wiosna?

(21. III.) → Wiosna zaczyna się ....

4. Kiedy urodziła się twoja babcia?

(3. II. 1939 r.) → Moja babcia urodziła się ....
.... roku.

5. Kiedy Krzysztof Kolumb odkrył Amerykę?

(1492 r.) → Krzysztof Kolumb odkrył Amerykę chyba na początku ....
.... roku.

6. Kiedy skończysz studia?

(2015 r.) → Studia skończę pod koniec .... roku.

7. Kiedy spotkamy się jeszcze raz?

(1. I.) → Spotkamy się jeszcze raz po ....

8. Kiedy wydarzyła się ta tragedia?

(9. / 10. III.) → Ta tragedia wydarzyła się w nocy z .... na ...
....

9. Na kiedy muszę przygotować ten raport?

(31. XII.) → Ten raport musisz przygotować przed ....

10. O czym tak długo rozmyślasz?

(1. V.) → Rozmyślam o .... — święcie wszystkich robotników świata.

SAMOOCENA

\>[9] bdb • [9] + db • [8] db • [7] +dst • >[6] dst • <[6] ndst

Jeśli w zadaniu testowym jest więcej niż dziesięć jednostek — przelicz sam!

ZADANIE 251

Copyright by S. Mędak

Proszę wpisać miejsce kropek właściwe odpowiedzi związane z dokładnym określeniem czasu.

WZÓR

Klient: Na moim zegarku jest (godzina) szósta dwadzieścia.

Zegarmistrz: Pana zegarek śpieszy się *a.* spieszy się (o) dwadzieścia pięć minut.

Klient: A więc jest za kwadrans siódma.

Zegarmistrz: Nie, proszę pana! Jest dokładnie piąta pięćdziesiąt pięć.

1.

KLIENT: Jest (godzina) siódma.

ZEGARMISTRZ: Pana zegarek śpieszy (o) piętnaście minut.

KLIENT: A więc jest ....

2.

K: Jest (godzina) piąta dwadzieścia.

Z: Pana zegarek spóźnia się (o) pięć minut.

K: A więc jest (kwadrans) ....

3.

K: Jest za dwadzieścia druga.

Z: Pana zegarek spóźnia się (o) czterdzieści minut.

K: A więc jest ....

4.

K: Jest wpół do trzeciej.

Z: Pana zegarek spóźnia się (o) całą godzinę.

K: A więc jest ....

5.

K: Jest za dwadzieścia trzecia.

Z: Pana zegarek śpieszy się (o) godzinę.

K: A więc jest ....

6.

K: Jest siedemnasta piętnaście.

Z: Pana zegarek chodzi wreszcie dobrze.

K: A więc jest kwadrans ....

7.

K: Na pana zegarach jest już wpół do ósmej.

Z: Pana zegarek ma półgodzinne opóźnienie.

K: A więc jest już ....

8.

K: Umówiliśmy się na wpół do dziewiątej.

Z: Pana zegarek śpieszy się (o) pół godziny.

K: A więc jest dopiero ....?

9.

Z: Miał pan przyjść pięć minut po ósmej.

K: Na moim zegarku jest dopiero ósma.

Z: Pana zegarek znowu śpieszy się (o) ....

10.

K: Jest za kwadrans trzecia.

Z: Pana zegarek śpieszy się (o) godzinę.

K: A więc jest dopiero ....

SAMOOCENA

>[9] bdb   •   [9] + db   •   [8] db   •   [7] +dst   •   >[6] dst   •   <[6] ndst

Jeśli w zadaniu testowym jest więcej niż dziesięć jednostek — przelicz sam!

IMIESŁOWY

ZADANIE 252

Copyright by S. Mędak

Proszę wpisać w miejsce kropek właściwe formy imiesłowu przymiotnikowego czynnego.

WZÓR

Co oni robią? Strzelają?!   Tak. To są panowie strzelający do tarcz.

1. Babcia podała ciasto, które pachnie.   Babcia zawsze robi .... ciasta.

2. Babcia śpi.   Nie budź .... babci!

3. Biegnij, bo autobus odjeżdża!   Nie będę biegł za .... autobusem!

4. Patrzę na zwierzęta, które piją wodę.   Lubię patrzeć na zwierzęta .... wodę.

5. Lubisz dzieci, które płaczą?   Nie. Nie lubię .... dzieci!

6. Lubisz psy, które ciągle szczekają?   Nie. Nie lubię ciągle .... psów!

7. Obserwował pociągi, które   Uwielbiał patrzeć na pociągi ....
   przejeżdżają obok jego domu.   pod oknami jego domu.

8. Od tygodnia <u>padał</u> deszcz. .... od tygodnia deszcz
spowodował powódź.

9. Widzisz latawiec, który <u>się wzbija</u>? Nie widzę żadnego .... latawca!

10. Widzisz tę żaglówkę, która <u>płynie</u>? Uwielbiam żaglówki .... po jeziorze.

SAMOOCENA

\> [9] bdb • [9] + db • [8] db • [7] +dst • >[6] dst • <[6] ndst

Jeśli w zadaniu testowym jest więcej niż dziesięć jednostek — przelicz sam!

ZADANIE 253

Copyright by S. Mędak

Proszę wpisać w miejsce kropek właściwe formy imiesłowu przymiotnikowego biernego.

WZÓR

Jaki to jest tekst? Drukowany?   Nie. To jest tekst *(pisać)* → <u>pisany</u> ręcznie.

<u>Wyprałaś</u> tę koszulę?   Tak. Włóż na siebie <u>wypraną</u> koszulę!

A.

1. Jaka jest ta szynka? Gotowana?   Nie. To jest szynka *(peklować)* ....

2. Jakie jest to mięso? Smażone?   Nie. To jest mięso *(gotować)* ....

3. Jaka to jest kaseta? Nagrana?   Nie. To jest kaseta *(skasować)* ....

4. Jaki jest to dom? Nowy?   Nie. To jest dom *(odrestaurować)* ....

5. Jaka jest ta ryba? Świeża?   Nie. To jest ryba *(odmrozić)* ....

B.

6. <u>Zamówiłaś</u> pizzę?   Tak. .... pizza jest już na stole!

7. <u>Odgrzałaś</u> bigos?   Tak. .... bigos jest już na talerzu.

8. <u>Przetłumaczyłeś</u> ten artykuł?   Tak. .... artykuł leży już na biurku.

9. <u>Wymyłaś</u> talerze?   Tak. .... talerze są już w kredensie.

10. <u>Podpisałaś</u> umowę?   Tak. .... umowa jest już w aktach.

SAMOOCENA

\> [9] bdb • [9] + db • [8] db • [7] +dst • >[6] dst • <[6] ndst

Jeśli w zadaniu testowym jest więcej niż dziesięć jednostek — przelicz sam!

ZADANIE 254

Copyright by S. Mędak

Proszę wpisać w miejsce kropek właściwe formy imiesłowu przysłówkowego współczesnego.

WZÓR

<u>Ogląda</u> telewizję i je chipsy.

Oglądając telewizję, je ciężkostrawne chipsy.

<u>Szedł</u> i rozglądał się na lewo i prawo.

Idąc, rozglądał się na lewo i prawo.

1. Politycy <u>mają</u> władzę i sami z niej korzystają.

.... władzę, sami z niej korzystają.

2. <u>Gloryfikował</u> jednych, a lekceważył innych.

.... jednych, lekceważył innych.

3. <u>Oskarża</u> jednych, a zjednuje sobie innych.

.... jednych, zjednuje sobie innych.

4. <u>Ośmiesza</u> innych i ośmiesza również siebie.

.... innych, ośmiesza również siebie.

5. <u>Utrzymuje</u> wszystko w tajemnicy i czuje się pewny siebie.

.... wszystko w tajemnicy, czuje się pewny siebie.

6. <u>Działa</u> wszędzie i nie ma czasu dla siebie.

.... wszędzie, ma coraz mniej czasu.

7. <u>Rządził</u> i dzielił.

....................................., dzielił.

8. <u>Siedzi</u> w gabinecie i medytuje.

.... w gabinecie, medytuje.

9. <u>Wypytuje</u> i dowiaduje się wszystkiego.

....................................., dowiaduje się wszystkiego.

10. <u>Umierał</u> i nie wiedział, co o nim myślą inni.

....................................., nie wiedział, co o nim myślą inni.

SAMOOCENA

>[9] bdb • [9] + db • [8] db • [7] +dst • >[6] dst • <[6] ndst

Jeśli w zadaniu testowym jest więcej niż dziesięć jednostek — przelicz sam!

RZECZOWNIKI ODSŁOWNE

ZADANIE 255

Copyright by S. Mędak

Proszę wpisać w miejsce kropek właściwe formy rzeczowników odsłownych.

WZÓR

Lubisz <u>gotować</u>?	<u>Gotowanie</u> to moja pasja!
Lubisz <u>pracować</u>?	Praca to moja najsłabsza strona.

1. Lubisz <u>chodzić</u> na spacery?   .... na spacery to strata czasu.
2. Lubisz <u>dokuczać</u> innym?   .... innym to moja słaba strona charakteru!
3. Lubisz <u>czytać</u> pisma kobiece?   .... tych pism to zajęcie dla samotnych pań!
4. Lubisz <u>jeść</u>?   .... to moja słabość!
5. Lubisz <u>obdarowywać</u> innych?   .... innych to coś wspaniałego!
6. Lubisz <u>oglądać</u> telewizję?   .... telewizji to niezwykła przyjemność!
7. Chcesz <u>powrócić</u> do kraju?   .... do kraju to moje marzenie.
8. Lubisz <u>robić</u> na drutach?   .... na drutach to znakomita terapia!
9. Potrafisz <u>pływać</u>?   .... to moja mocna strona!
10. Potrafisz <u>zazdrościć</u> innym?   .... to bardzo ludzka cecha!

SAMOOCENA

>[9] bdb • [9] + db • [8] db • [7] +dst • >[6] dst • <[6] ndst

Jeśli w zadaniu testowym jest więcej niż dziesięć jednostek — przelicz sam!

STRONA BIERNA || STRONA CZYNNA

ZADANIE 256

Copyright by S. Mędak

Proszę podkreślić w każdym zestawie jedną właściwą konstrukcję składniową w stronie biernej.

WZÓR

Wczoraj mój kolega wysłał swoje dokumenty do USA.

a. Dokumenty były wysłane przez mojego kolegę do USA.

b. <u>Dokumenty zostały wysłane do USA przez mojego kolegę.</u>

c. Dokumenty są wysyłane przez mojego kolegę do USA.

1. Mój znajomy poeta napisze o mnie piękny wiersz.

    a. Piękny wiersz o mnie zostanie napisany przez mojego znajomego poetę.

    b. Piękny wiersz o mnie jest napisany przez mojego znajomego poetę.

    c. Piękny wiersz o mnie został napisany przez mojego znajomego poetę.

2. W tym roku moi rodzice kupili działkę pod budowę domu.

    a. Działka pod budowę domu została kupiona przeze moich rodziców w tym roku.

    b. Działka pod budowę domu została kupowana przez moich rodziców w tym roku.

    c. Działka pod budowę domu jest kupiona przez moich rodziców w tym roku.

3. Siostra wreszcie nadała paczkę na poczcie.

    a. Paczka była nadana wreszcie przez moją siostrę.

    b. Paczka zostanie nadana wreszcie przez moją siostrę.

    c. Paczka została wreszcie nadana przez moją siostrę.

4. Tę kaczkę zabił okrutny myśliwy.

    a. Okrutny myśliwy został zabity przez kaczkę.

    b. Kaczka została zabita przez okrutnego myśliwego.

    c. Kaczka będzie zabita przez okrutnego myśliwego.

5. Skasowałem nieużywane pliki w komputerze.

    a. Nieużywane pliki w komputerze zostaną skasowane.

    b. Nieużywane pliki zostały skasowane w komputerze.

    c. Nieużywane pliki będą skasowane w komputerze.

SAMOOCENA

>[9] bdb • [9] + db • [8] db • [7] +dst • >[6] dst • <[6] ndst

Jeśli w zadaniu testowym jest więcej niż dziesięć jednostek — przelicz sam!

ZADANIE 257

Copyright by S. Mędak

Proszę przekształcić zdania w stronie czynnej na zdania w stronie biernej.

WZÓR

Maria czyta wszystkie modne powieści. → Wszystkie modne powieści są czytane przez Marię.

1. Babcia piecze pyszne ciasta. → ....

2. Ci lekarze przyjmują pacjentów tylko po południu. → ....

3. Dzieci bardzo kochają małe psy. → ....

4. Kowalscy zawsze robią zakupy w sobotę. → ....

5. Mama przygotowuje śniadania dla całej rodziny. → ....

6. Nasz uniwersytet organizuje podróż na Litwę. → ....

7. On prowadzi bardzo interesujące zajęcia. → ....

8. Paweł psuje wszystkie zabawki. → ....

9. Rano czyszczę i pastuję buty. → ....

10. Sprzątamy mieszkanie dwa razy w tygodniu. → ....

SAMOOCENA

> [9] bdb • [9] + db • [8] db • [7] +dst • > [6] dst • < [6] ndst

Jeśli w zadaniu testowym jest więcej niż dziesięć jednostek — przelicz sam!

ZADANIE 258

Copyright by S. Mędak

Proszę przekształcić zdania w stronie czynnej na zdania w stronie biernej.

WZÓR

Mój chłopiec zaprosił mnie wczoraj do teatru. → Wczoraj zostałam zaproszona przez mojego chłopca do teatru.

1. Do domu podwiózł nas znajomy. → ....

2. Gosposia zamknęła na klucz drzwi do kuchni. → ....

3. Koledzy pokroili chleb, a studentki zrobiły kanapki. → ....

4. Komisja zaakceptowała mój projekt. → ....

5. Minister wręczył nagrodę najlepszemu architektowi. → ....

6. Niektóre drzewa zniszczył silny wiatr. → ....

7. Podczas powodzi woda zalała całe mieszkanie. → ....

8. Sprzątaczki umyły okna i podłogi w szkole. → ....

9. Wszystkie cukierki zjadła babcia. → ....

10. Wygłosił znakomity referat o bilingwizmie. → ....

SAMOOCENA

> [9] bdb • [9] + db • [8] db • [7] +dst • > [6] dst • < [6] ndst

Jeśli w zadaniu testowym jest więcej niż dziesięć jednostek — przelicz sam!

ZADANIE 259

Copyright by S. Mędak

Proszę przekształcić zdania w stronie biernej na zdania w stronie czynnej.

WZÓR

Ten stary dom będzie remontowany przez robotników. → Robotnicy będą remontowali ten stary dom.

1. Chory będzie leczony przez najlepszego lekarza. → ....
2. Ci aktorzy są zawsze oklaskiwani przez publiczność. → ....
3. Dzieci będą dziś szczepione przez pielęgniarkę. → ....
4. Jutro ten tekst zostanie napisany przeze mnie. → ....
5. Każdy petent zostanie przyjęty przez urzędnika. → ....
6. Moje garnitury są szyte przez najlepszego krawca. → ....
7. Przyjęcie zostanie przygotowane przez znanego kucharza. → ....
8. Senatorzy zostaną rozliczeni przez komisję śledczą. → ....
9. Ten serial będzie oglądany przez miliony telewidzów. → ....
10. Wszystkie prace będą sprawdzane przez drugą osobę. → ....

SAMOOCENA

>[9] bdb • [9] + db • [8] db • [7] +dst • >[6] dst • <[6] ndst

Jeśli w zadaniu testowym jest więcej niż dziesięć jednostek — przelicz sam!

ZADANIE 260

Copyright by S. Mędak

Proszę przekształcić zdania w stronie czynnej na zdania w stronie biernej.

WZÓR

Czy te wszystkie listy napiszesz ty? → Czy te wszystkie listy zostaną napisane przez ciebie?

1. Czy musisz prowadzić ten samochód nerwowo? → ....
2. Dzisiaj zegarmistrz otworzył sklep o jedenastej. → ....
3. Niektórych studentów skreślono z listy ubiegających się o stypendia. → ....
4. On zrealizuje zamówienia w ciągu kilku godzin. → ....
5. Podarowałem bibliotece piękny album o papieżu. → ....
6. Szef podpisze te dokumenty. → ....

7. Ten obraz namalował nieznany artysta. → ....

8. Te produkty sprzedajemy wyłącznie przez Internet. → ....

9. Tę książkę przetłumaczyłem z japońskiego na polski. → ....

10. To pismo dostarczył specjalny posłaniec. → ....

SAMOOCENA

> [9] bdb • [9] + db • [8] db • [7] + dst • > [6] dst • < [6] ndst

Jeśli w zadaniu testowym jest więcej niż dziesięć jednostek — przelicz sam!

TRYB PRZYPUSZCZAJĄCY

ZADANIE 261

Copyright by S. Mędak

Proszę przekształcić zdania według załączonego wzoru.

WZÓR

Nie miałam dzisiaj czasu. Nie poszłam do fryzjera.

→ Gdybym miała dzisiaj czas, poszłabym do fryzjera.

1. Nie miałem szczęścia. Nie wygrałem miliona w totolotka.

→ ....

2. Nie nauczyła się gramatyki. Ciągle miała kłopoty z odmianą.

→ ....

3. Nie oddałem książki do biblioteki w terminie. Bibliotekarka wysłała do mnie ponaglenie.

→ ....

4. Nie pamiętałem, że ona ma dzisiaj urodziny. Nie zadzwoniłem do niej.

→ ....

5. Nie przyszedłem na spotkanie. Moja dziewczyna obraziła się na mnie.

→ ....

6. Nie usłyszałem dzwonka telefonu. Nie podniosłem słuchawki.

→ ....

7. Nie wziąłem parasola. Przemokłem do suchej nitki.

→ ....

8. Nie wzięłam prawa jazdy. Zapłaciłam mandat.

   → ....

9. Nie zażyłem dzisiaj lekarstwa. Czuję się teraz źle.

   → ....

10. Wyszedłem za późno z domu. Nie zdążyłem na zajęcia.

   → ....

SAMOOCENA

>[9] bdb • [9] + db • [8] db • [7] +dst • >[6] dst • <[6] ndst

Jeśli w zadaniu testowym jest więcej niż dziesięć jednostek — przelicz sam!

ZADANIE 262

Copyright by S. Mędak

Proszę przekształcić zdania według wzoru, zwracając uwagę na pisownię łączną i rozdzielną cząstek trybu przypuszczającego: *–bym, –byś, –by* **itd.**

WZÓR

a. Chcę iść do kina.   → Chciałbym iść do kina.

b. Zawiadomiono nas.   → Zawiadomiono by nas.

c. Warto wyjść.   → Warto by wyjść.

d. Należy to zrobić.   → Należałoby to zrobić.

1. Kiedy możesz przyjść?   → ....

2. Mogę ci pomóc.   → ....

3. Można to zrozumieć.   → ....

4. Musisz zmienić swoje postępowanie. → ....

5. Należało o tym pomyśleć.   → ....

6. Nie sposób (jest) pozbyć się tej dyrektorki. → ....

7. Powinni odpocząć.   → ....

8. Trzeba się nauczyć.   → ....

9. Wypada to zrobić.   → ....

10. Zrobisz mi kanapkę?   → ....

SAMOOCENA

>[9] bdb • [9] + db • [8] db • [7] +dst • >[6] dst • <[6] ndst

Jeśli w zadaniu testowym jest więcej niż dziesięć jednostek — przelicz sam!

ZADANIE 263

Copyright by S. Mędak

Proszę wpisać nad kreskami poziomymi cząstkę trybu przypuszczającego –by wraz z właściwymi końcówkami. Zdanie oznaczone symbolem zero (0) jest przykładem.

CHCĘ BYĆ MENADŻEREM

(0) Mój Boże, jak bardzo chciałbym być menadżerem.

(1) Gdy____ tylko został menadżerem, zamiast dwunastu godzin zajęć tygodniowo, miał____ zajęty cały tydzień. (2) Natychmiast wykupił____ roczny abonament do operetki i zapisał____ się do klubu VIP– ów. (3) Chodził____ tam w soboty i w niedziele. (4) Pił____ prawdziwą whisky i grał____ z innymi VIP– ami w brydża.

(5) Moja narzeczona na pewno ____ mi kupiła filcowy kapelusz; wtedy moja smukła sylwetka stała____ się jeszcze bardziej smukła. (6) Nie musiał____ już pierwszy mówić kolegom dzień dobry. (7) Nie chodził____ już na pogrzeby ludzi przeciętnych. (8) I chociaż więcej ____ pracował, dostawał____ co miesiąc dziesięciokrotnie wyższą pensję niż teraz. (9) Zatrudnił____ w domu sprzątaczkę i panią do prasowania moich koszul.

(10) Pani Jola od prasowania koszul zwracała____ się do mnie w taki oto sposób: — Panie dyrektorze, czy zechciał____ pan przymierzyć tę oto koszulę? (11) Kierowca służbowy podjeżdżał____ pod mój dom i ____ mnie odwoził do pracy dopiero na godzinę dziewiątą.

(12) Życie było____ piękniejsze z każdym dniem. Zawsze w ważnych dyskusjach miał____ rację. (13) Jeśli____ powiedział coś śmiesznego, wszyscy ____ się śmiali. (14) Wszystkie swoje decyzje publikował____ w wewnętrznym dzienniku ustaw przeze mnie redagowanym.

(15) Natychmiast rozpoczął____ starania o jakąś godną dla mnie funkcję społeczną. Może pomoc chorym? A może honorowy konsulat jakiegoś mniejszego państwka? (16) Nawet gdy____ został tylko szefem fundacji, uważano ____ mnie za kogoś. (17) Chwalono ____ i szanowano ____ mnie. (18) Nie był____ już koniem, a Pegazem. (19) I czuł____ się jak w siódmym niebie. (20) Z czasem może pokazano ____ mnie w jakimś programie telewizyjnym; szalał____ wtedy ze szczęścia, bo potem ludzie oglądali____ się za mną na ulicy.

SAMOOCENA

>[9] bdb • [9] + db • [8] db • [7] +dst • >[6] dst • <[6] ndst

Jeśli w zadaniu testowym jest więcej niż dziesięć jednostek — przelicz sam!

ZADANIE 264

Proszę uzupełnić zdania następującymi fragmentami wypowiedzi: *jeździlibyśmy w każdą niedzielę za miasto, kupiłbym sobie mieszkanie własnościowe w bloku, miałabyś na pewno łatwiejsze życie, na pewno bym jej pomógł, nie kręciłaby się wokół słońca, nie leżałbym ciągle w łóżku, nie musiałby pan płacić mandatu, oddałbym mu w dwójnasób, ojciec kupiłby mu obiecany komputer, szef nie zwolniłby ich z pracy.*

WZÓR

Gdybym odjechał, <u>byłoby wam smutno.</u>

1. Gdyby on mnie uderzył, ...
2. Gdyby one dobrze pracowały, ...
3. Gdyby pan jechał wolniej, ...
4. Gdyby syn zdał egzamin, ...
5. Gdyby ziemia była kwadratowa, ...
6. Gdybym był zdrowy, ...
7. Gdybym miał pieniądze, ...
8. Gdyby mnie poprosiła, ...
9. Gdybyś wyszła za mnie, ...
10. Gdybyśmy mieli samochód, ...

SAMOOCENA

>[9] bdb • [9] + db • [8] db • [7] +dst • >[6] dst • <[6] ndst

Jeśli w zadaniu testowym jest więcej niż dziesięć jednostek — przelicz sam!

ZADANIE 265

Proszę uzupełnić zdania następującymi fragmentami wypowiedzi: *jeśliby jej mąż zarabiał krocie, jeśliby komisja odrzuciła mój projekt, jeśliby książki były trochę tańsze, jeśliby miał odrobinę przyzwoitości, jeśliby ona była mi wierna, jeśliby pan był na moim miejscu, jeśliby pan uczestniczył bezpośrednio w życiu obywateli, jeśliby świat był trochę mniejszy, jeśliby wygrał w wyborach, jeślibym je zrozumiał.*

WZÓR

Byłbym bardzo szczęśliwy, <u>jeśliby pan spotkał się ze mną.</u>

1. Byłaby zadowolona, ...
2. Byłbym rozczarowany, ...
3. Czytałbym więcej, ...
4. Odpowiedziałbym na pytanie profesora, ...

5. Pojechałbym w podróż dookoła świata, ...

6. Zachowałby się pan tak samo, ...

7. Zniszczyłby ten kraj, ...

8. Zostałbym z nią, ...

9. Zrezygnowałby z funkcji ministra, ...

10. Zrozumiałby pan życie innych, ...

SAMOOCENA

\> [9] bdb • [9] + db • [8] db • [7] + dst • \> [6] dst • < [6] ndst

Jeśli w zadaniu testowym jest więcej niż dziesięć jednostek — przelicz sam!

ZADANIE 266

Copyright by S. Mędak

Proszę przekształcić poniższe zdania zgodnie podanym wzorem.

WZÓR

Jeśli / Jeżeli będę mógł, zrobię to.→ <u>Gdybym mógł, zrobiłbym to.</u>

1. Jeśli / Jeżeli będę miał czas, przyjdę do ciebie.

   → ....

2. Jeśli / Jeżeli nie będzie przeszkód, pojedziemy na ryby.

   → ....

3. Jeśli / Jeżeli nauczysz się wszystkich znaków drogowych, zdasz egzamin.

   → ....

4. Jeśli / Jeżeli pójdziesz wcześnie spać, będziesz czuł się dobrze rano.

   → ....

5. Jeśli / Jeżeli będziesz uprzejmy w stosunku do innych, wszyscy będą cię lubić.

   → ....

6. Jeśli / Jeżeli zrobisz to, dostaniesz nagrodę.

   → ....

7. Jeśli / Jeżeli zrezygnujemy z wakacji, będziemy mogli zaoszczędzić trochę pieniędzy.

   → ....

8. Jeśli / Jeżeli wyjedziemy wcześniej, zdążymy dojechać do domu przed zmierzchem.

   → ....

9. Jeśli / Jeżeli będziesz grzeczna, kupię ci obiecany rower.

   → ....

10. Jeśli / Jeżeli państwo chcą, wykonamy to na jutro.

   → ....

SAMOOCENA

\> [9] bdb • [9] + db • [8] db • [7] + dst • \> [6] dst • < [6] ndst

Jeśli w zadaniu testowym jest więcej niż dziesięć jednostek — przelicz sam!

ZADANIE 267

Proszę przekształcić poniższe konstrukcje celownikowe na zdania warunkowe.

WZÓR

Jest wam ciepło?

Byłoby nam ciepło, gdyby nie ten wiatr.
Bardzo by nam było ciepło, gdyby nie ten wiatr.

1. Jest ci głupio? → ...., gdybym powiedział coś kompromitującego.
2. Jest ci lekko na duszy? → ...., gdyby nie kłopoty finansowe.
3. Jest ci nieprzyjemnie? → ...., gdybym zrobił coś niewłaściwego.
4. Jest ci tutaj komfortowo? → ...., gdyby nie te okropne komary.
5. Jest ci w tym do twarzy? → ...., gdybym była trochę młodsza.
6. Jest jej smutno? → ...., gdybyś ją opuścił.
7. Jest pani dobrze w tym kolorze? → ...., gdybym była blondynką.
8. Jest pani wygodnie? → ...., gdyby to łóżko było większe.
9. Jest wam dobrze? → ...., gdybyśmy mieli większe mieszkanie.
10. Jest wam źle? → ...., gdyby nie pomoc naszych rodziców.

SAMOOCENA

>[9] bdb • [9] + db • [8] db • [7] +dst • >[6] dst • <[6] ndst

Jeśli w zadaniu testowym jest więcej niż dziesięć jednostek — przelicz sam!

ZADANIE 268

Proszę wpisać w miejsce kropek formy trybu warunkowego czasownika *móc*.

WZÓR

(Ty) Mógłbyś napisać ten tekst i on także mógłby napisać.

1. *(Ja)* .... to zrobić i ty także .... to zrobić na przyszły poniedziałek.
2. *(My)* .... pojechać wcześniej i wy także .... pojechać wcześniej.
3. *(On)* .... wstać wcześniej i ten jego leniwy kolega też .... wstać wcześniej na śniadanie.
4. *(Ona)* .... być trochę bardziej uprzejma i on .... być trochę bardziej uprzejmy.
5. *(Oni)* .... zachowywać się ciszej i one także .... zachowywać się ciszej.
6. Pani .... otrzymać pomoc i pani dzieci też .... ją otrzymać.
7. Panowie .... przestać palić i ta pani .... też wstrzymać się od palenia.
8. Państwo .... się nie spóźniać i pan też .... się nie spóźniać.

9. *(Ty)* .... iść już spać i dziecko także .... iść spać.

10. *(Wy)* .... przyjechać do nas i wujek też .... do nas przyjechać.

SAMOOCENA

\> [9] bdb • [9] + db • [8] db • [7] +dst • >[6] dst • <[6] ndst

Jeśli w zadaniu testowym jest więcej niż dziesięć jednostek — przelicz sam!

ZADANIE 269

Copyright by S. Mędak

Proszę przekształcić poniższe zdania na zdania warunkowe zgodnie z poniżej podanym wzorem.

WZÓR

Pojechałem do Krakowa i zwiedziłem Wawel.

→ *Gdybym nie pojechał do Krakowa, nie zwiedziłbym Wawelu.*

1. Był wyrozumiały i dlatego tolerował brak kompetencji swoich przełożonych.

   → ....

2. Dowiedziałem się o nowej książce i natychmiast ją kupiłem.

   → ....

3. Kupiłem nowy samochód i pojechałem na wycieczkę po Europie.

   → ....

4. Ceniła mnie bardzo, bo była przekonana, że może zawsze na mnie polegać.

   → ....

5. Ożeniłem się z nią, bo ją bardzo kochałem.

   → ....

6. Poznałem ją i moje życie ma sens.

   → ....

7. Pracował od rana do nocy, bo chciał zapewnić swojej rodzinie dobrobyt.

   → ....

8. Miałyśmy wspólne zainteresowania, i dlatego przyjaźniłaś się ze mną.

   → ....

9. Studenci poszli na konferencję i uczestniczyli w ciekawej dyskusji.

   → ....

10. Zostaliśmy w domu i zobaczyliśmy wspaniały film w telewizji.

   ....

SAMOOCENA

\> [9] bdb • [9] + db • [8] db • [7] +dst • >[6] dst • <[6] ndst

Jeśli w zadaniu testowym jest więcej niż dziesięć jednostek — przelicz sam!

ZADANIE 270

Proszę oddzielić (tam, gdzie jest to możliwe) ruchomą cząstkę –by wraz z końcówkami osobowymi od form trybu warunkowego i wpisać właściwe formy w miejsce kropek.

WZÓR

Poszlibyśmy na jakąś imprezę? → Może byśmy poszli na jakąś imprezę?

1. Co chciałbyś zamówić? → Co .... zamówić?
2. Czy napilibyście się czegoś? → Czy .... czegoś?
3. Do kiedy zostałabyś u mnie? → Do kiedy .... u mnie?
4. Gdzie moglibyśmy się spotkać? → Gdzie .... się spotkać?
5. O czym chcielibyście porozmawiać? → O czym .... porozmawiać?
6. O której miałbyś czas? → O której .... czas?
7. Odwiedzilibyśmy Andrzeja? → Może .... Andrzeja?
8. Pojechalibyście do Wieliczki? → Może .... do Wieliczki?
9. Skąd miałabym to wiedzieć? → Skąd .... to wiedzieć?
10. Wybrałbyś się ze mną do teatru? → Może .... ze mną do teatru?

SAMOOCENA

>[9] bdb • [9] + db • [8] db • [7] +dst • >[6] dst • <[6] ndst

Jeśli w zadaniu testowym jest więcej niż dziesięć jednostek — przelicz sam!

ZADANIE 271

Proszę przekształcić zdania według wzoru. Punkty 1–5 rodzaj męskoosobowy; punkty 6–10 rodzaj niemęskoosobowy.

WZÓR

Nie kupisz samochodu? Kupiłbym, gdybym miał pieniądze.

1. Nie napiszesz do rodziców? (ja) ...., ... ich miał.
2. Nie nauczysz się jeździć samochodem? (ja) ...., ... miał samochód.
3. Nie obejrzysz tego filmu? (ja) ...., ... miał czas.
4. Nie pomożecie mi? (my) .... ci, ... był w potrzebie.
5. Nie przejedziesz się do miasta? (ja) ...., ... nie było tak brzydko.
6. Nie wpadniecie na dobre wino? (pot.) (my) ...., ... (ty) nie była tak zajęta.

7. Nie wybaczycie jej?   *(my)*................. jej, ... *(ona)* nas przeprosiła.

8. Nie zadzwonisz do Mędaków?   *(ja)* ...., ... *(ja)* miała ich numer telefonu.

9. Nie zobaczysz się z nią?   *(ja)* .... z nią, ... *(ona)* tego chciała.

10. Podrzucisz mnie do pracy?   *(ja)* .... cię, ... *(ja)* miała miejsce w samochodzie.

SAMOOCENA

> [9] bdb • [9] + db • [8] db • [7] +dst • >[6] dst • <[6] ndst

Jeśli w zadaniu testowym jest więcej niż dziesięć jednostek — przelicz sam!

WYRAŻENIA WARUNKOWE

ZADANIE 272

Copyright by S. Mędak

Proszę przekształcić zdania zgodnie z poniżej podanym wzorem.

WZÓR

Marek: Jeśli jutro będzie bardzo padać, nie przyjdę.

Anna: → Przyjdziesz, nawet jeśliby padało.

Marek: 1. Jeśli będzie brzydka pogoda, jutro nie wstaniesz?

Anna: → Wstanę, nawet .... brzydka pogoda.

Marek: 2. Jeśli będzie mróz, nie wychodzimy z domu.

Anna: → Wyjdziemy, nawet .... mróz.

Marek: 3. Jeśli będzie upał, nie pójdziemy na plażę.

Anna: → Pójdziemy, nawet .... upał.

Marek: 4. Jeśli będzie wiało, nie ubierzesz się w letnią sukienkę?!

Anna: → Ubiorę się w letnią sukienkę, nawet ....

Marek: 5. Anno, jeśli mnie nie pocałujesz, odejdę od ciebie.

Anna: → Odejdziesz ode mnie, nawet .... cię ....

Marek: 6. Jeśli twój brat nie przyjdzie, zadzwonię do niego.

Anna: → On nie przyjdzie, nawet .... do niego ....

Marek: 7. Jeśli nie zmienisz materaca, nie wyśpisz się.

Anna: → Wyśpię się, nawet .... nie .... materaca.

Marek: 8. Jeśli nie zrobisz tego, twój ojciec będzie miał do ciebie pretensje.

Anna: → On będzie miał pretensje, nawet .... to ....

Marek: 9. Jeśli niż kupisz chleba, nie zjemy kolacji.

Anna: → Zjemy kolację, nawet .... nie .... chleba.

Marek: 10. Jeśli mi nie powiesz tego, obrażę się na ciebie.

Anna: → Obrazisz się na mnie, nawet .... ci to ....

SAMOOCENA

>[9] bdb • [9] + db • [8] db • [7] +dst • >[6] dst • <[6] ndst

Jeśli w zadaniu testowym jest więcej niż dziesięć jednostek — przelicz sam!

ZADANIE 273

Copyright by S. Mędak

Proszę przekształcić zdania zgodnie z poniżej podanym wzorem.

WZÓR

Aby zarabiać więcej, musisz więcej pracować.

→ Jeśli będziesz więcej pracował, będziesz zarabiał więcej.

  1. Aby wydawać więcej, musisz zarabiać więcej.

     → ....

  2. Aby sprzedawać więcej, muszą państwo przeznaczyć środki na reklamę.

     → ....

  3. Aby pojechać na narty do Austrii, musisz mieć więcej oszczędności.

     → ....

  4. Aby zdać egzaminy na ocenę bardzo dobrą, musisz się więcej uczyć.

     → ....

  5. Aby czuć się lepiej, musicie więcej trenować.

     → ....

  6. Aby mieć więcej przyjaciół, musisz lubić ludzi.

     → ....

  7. Aby uruchomić jakąś firmę, musisz zaciągnąć pożyczkę w banku.

     → ....

  8. Aby osiągnąć dobre wyniki w pracy, powinieneś być bardziej pracowity.

     → ....

  9. Aby zrobić karierę, musicie być większymi strategami.

     → ....

10. Aby objąć wyższą funkcję, musi pan mieć większe doświadczenie.

     → ....

SAMOOCENA

>[9] bdb • [9] + db • [8] db • [7] +dst • >[6] dst • <[6] ndst

Jeśli w zadaniu testowym jest więcej niż dziesięć jednostek — przelicz sam!

ZADANIE 274

Copyright by S. Mędak

Proszę przekształcić zdania zgodnie z poniżej podanym wzorem. Punkty 1–3 rodzaj męskoosobowy; punkty 4–5 rodzaj niemęskoosobowy.

WZÓR

Jeśli pani mnie przeprosi, ja też panią przeproszę.
Jeśliby pani przeprosiła mnie, ja też bym panią przeprosił.

1. Jeśli ty zdradzisz moją tajemnicę, ja też .... twoją.

    .... *(ty)* .... moją tajemnicę, ja też .... twoją.

2. Jeśli wy zaśpiewacie jakąś piosenkę, my też ....

    .... *(wy)* .... jakąś piosenkę, my też ....

3. Jeśli pan wyrazi swoją opinię na ten temat, ja też .... swoją.

    .... pan .... swoją opinię, my też .... swoją.

4. Jeśli panie zaproszą nas do siebie, my też .... panie do nas.

    .... panie .... nas do siebie, my też .... panie do nas.

5. *Mówi Ewa do Marii*: Jeśli posprzątasz w swoim pokoju, ja też .... w swoim.

    Ewo, ... *(ty)* .... w swoim pokoju, ja też .... w swoim.

SAMOOCENA

>[9] bdb   •   [9] + db   •   [8]   db   •   [7] +dst   •   >[6] dst   •   <[6] ndst

Jeśli w zadaniu testowym jest więcej niż dziesięć jednostek — przelicz sam!

ZADANIE 275

Copyright by S. Mędak

Proszę przekształcić zdania zgodnie z poniżej podanym wzorem. Punkty 1–4 rodzaj męskoosobowy; punkty 5–10 rodzaj niemęskoosobowy.

WZÓR

(nie zaakceptować czegoś)

Jeślibyś *(ty)* nie zaakceptował tego, ja również bym tego nie zaakceptował.

(nie zadzwonić do kogoś)

1. .... *(on)* nie .... do nas, my również .... do niego.

(nie rozpłakać się)

2. .... on nie ...., ja również ....

(nie obrazić kogoś)

3. .... on nie .... mnie, ja również .... go.

(nie wyjść skądś)

4. .... on nie .... ze spotkania, ja również ....

(nie zaprosić kogoś do czegoś)

5. .... pani nie .... mnie do tańca, ja również .... pani.

(nie zrobić czegoś)

6. .... pani nie .... tego, ja również .... tego.

(nie zwierzyć się)

7. .... ona nie .... mnie, ja również .... jej.

(nie wykazać czegoś)

8. .... ona nie .... dobrej woli, ta druga pani również .... dobrej woli.

(nie uwierzyć komuś)

9. .... *(ty)* mi nie ...., ja również .... ci.

(nie zrezygnować)

10. Mamo, ... ty nie .... z kłótni, babcia również ....

SAMOOCENA

>[9] bdb • [9] + db • [8] db • [7] +dst • >[6] dst • <[6] ndst

Jeśli w zadaniu testowym jest więcej niż dziesięć jednostek — przelicz sam!

ZADANIE 276

Proszę przekształcić zdania zgodnie z poniżej podanym wzorem.

WZÓR

Kochanie, poszedłbym tam, jeślibyś ty też tam poszła.

1. Braciszku, zrobiłbym coś dla ciebie, ... ty też coś .... dla mnie.

2. Droga siostro, byłbym milszy dla ciebie, ... ty .... milsza dla mnie.

3. Kochanie, byłbym szczęśliwy, ... ty też .... szczęśliwa.

4. Kupiłbym pani psa, ... pani .... mojego kota.

5. Mario, przyszedłbym na twój ślub, ... ty .... na mój.

6. Michale, miałbym odrobinę szacunku do ciebie, ... ty też .... do mnie szacunek.

7. Proszę państwa, podpisałbym waszą petycję, ... delegacja .... nasze warunki.

8. Przepłynąłbym tę rzekę, ... wy też .... na drugi brzeg.

9. Rzuciłabym palenie, ... inni członkowie rodziny .... ten nałóg.

10. Wyjechałabym na wycieczkę, ... mój mąż też ....

SAMOOCENA

>[9] bdb • [9] + db • [8] db • [7] +dst • >[6] dst • <[6] ndst

Jeśli w zadaniu testowym jest więcej niż dziesięć jednostek — przelicz sam!

TRYB ROZKAZUJĄCY

ZADANIE 277

Copyright by S. Mędak

Proszę przekształcić zdania zgodnie z poniżej podanym wzorem.

WZÓR

Idź na policję! → *(Ja)* Pójdę pod warunkiem, że ty też pójdziesz.

1. Napij się whisky! → *(Ja)* .... pod warunkiem, że ty też ....

2. Naucz się angielskiego! → *(Ja)* .... pod warunkiem, że ty też ....

3. Napisz do króla! → *(Ja)* .... pod warunkiem, że ty też ....

4. Odpowiedz na pytanie! → *(Ja)* .... pod warunkiem, że ty też ....

5. Opowiedz, co robiłaś! → *(Ja)* .... pod warunkiem, że ty też ....

6. Powiedz, co myślisz! → *(Ja)* .... pod warunkiem, że ty też ....

7. Przestań krzyczeć! → *(Ja)* .... pod warunkiem, że ty też ....

8. Wyjdź stąd! → *(Ja)* .... pod warunkiem, że ty też ....

9. Wypełnij ten formularz! → *(Ja)* .... pod warunkiem, że ty .... swój.

10. Zmień swoje uczesanie! → *(Ja)* .... pod warunkiem, że ty też .... swoje.

SAMOOCENA

>[9] bdb • [9] + db • [8] db • [7] +dst • >[6] dst • <[6] ndst

Jeśli w zadaniu testowym jest więcej niż dziesięć jednostek — przelicz sam!

ZADANIE 278

Proszę podkreślić jedną właściwą formę trybu rozkazującego w każdym zestawie od 1 do 10.

WZÓR

(ty); pisać / napisać

    a. Napisz często do nas!

    b. <u>Pisz często do nas!</u>

    c. Niech napisze często do nas!

1. *(ty)*; przynosić / przynieść

    a. Biedronko, biedronko, niech przynosi szczęście!

    b. Biedronko, biedronko, przynieś mi szczęście!

    c. Biedronko, biedronko, przynosi mi szczęście!

2. *(ty)*; być

    a. Bądź o czwartej!

    b. Być o czwartej!

    c. Będziecie o czwartej!

3. *(pani)*; zapisywać się / zapisać się

    a. Niech pani się zapisze do naszego klubu!

    b. Zapiszcie się do naszego klubu!

    c. Niech się ona zapisuje do naszego klubu!

4. *(my)*; chodzić

    a. Chodźmy już do domu!

    b. Chodzicie do domu!

    c. Chodźcie do domu!

5. *(my)*; kupować / kupić

    a. Kupmy teraz bilety na mecz!

    b. Kupimy teraz bilety na mecz!

    c. Kupujmy teraz bilety na mecz!

6. *(my)*; sprzedawać / sprzedać

    a. Sprzedajmy ten stary dom!

    b. Sprzedajemy ten stary dom!

    c. Sprzedajcie ten stary dom!

7. *(wy)*; pić / wypić

    a. Wypijacie toast za jego zdrowie!

    b. Niech piją toast za jego zdrowie!

    c. Wypijcie toast za jego zdrowie!

8. *(wy)*; uczyć się

    a. Uczcie się polskiego!

    b. Uczycie się polskiego!

    c. Niech uczą się polskiego!

9. *(wy)*; wstawać / wstać   a. Wstańmy wcześniej!

                                   b. Wstańcie wcześniej!

                                   c. Niech wstają wcześniej!

10. *(oni)*; obrażać się / obrazić się   a. Niech się obrażają!

                                   b. Niech się obrazi!

                                   c. Obraźcie się!

SAMOOCENA

>[9] bdb • [9] + db • [8] db • [7] +dst • >[6] dst • <[6] ndst

Jeśli w zadaniu testowym jest więcej niż dziesięć jednostek — przelicz sam!

ZADANIE 279

Proszę wpisać w miejsce kropek właściwe formy 3. osoby liczby pojedynczej lub mnogiej trybu rozkazującego.

WZÓR

<u>Usiądź</u> tutaj!   → Niech pan usiądzie tutaj! || Niech panowie usiądą!

<u>Pomóżcie</u> mi!   → Niech pani mi pomoże! || Niech panie mi pomogą!

1. Nie mamy czasu. <u>Zamów</u> taksówkę!

    → .... pani też .... taksówkę!

    → .... panie też .... taksówkę!

2. Proszę <u>wskazać</u> mi drogę do dworca!

    → .... on .... panu drogę do dworca!

    → .... te panie .... panu drogę do dworca!

3. <u>Narysujcie</u> mi trasę przejazdu!

    → .... pani .... mi trasę przejazdu!

    → .... panowie .... mi trasę przejazdu!

4. <u>Obudź</u> mnie wcześnie rano!

    → .... pani .... mnie wcześnie rano!

    → .... panowie .... mnie wcześnie rano!

5. <u>Zaprowadź</u> mnie tam!

    → .... on .... cię tam!

    → .... oni .... cię tam!

SAMOOCENA

>[9] bdb • [9] + db • [8] db • [7] +dst • >[6] dst • <[6] ndst

Jeśli w zadaniu testowym jest więcej niż dziesięć jednostek — przelicz sam!

ZADANIE 280

Copyright by S. Mędak

Proszę wpisać w miejsce kropek właściwe formy trybu rozkazującego.

WZÓR

(ty)   → Janku, napisz *(napisać)* wreszcie ten list!

1. *(ty)*   → Marku, ... *(wziąć)* ze sobą parasolkę!
2. *(wy)*   → Kochani, ... *(być)* o mnie spokojni!
3. *(wy)*   → Koledzy, ... *(wejść)* teraz do środka tej groty!
4. *(wy)*   → Panowie, ... *(wytrzeć)* dobrze buty o wycieraczki!
5. *(wy)*   → Drogie panie, ... *(mieć)* trochę odwagi cywilnej!
6. *(wy)*   → Chłopcy, nie .... *(bić)* tego psa!
7. *(ty)*   → Syneczku, ... *(zamknąć)* drzwi, bo jest przeciąg!
8. *(ty)*   → Marysiu, ... *(otworzyć)* okno, bo się tutaj udusimy!
9. *(ty)*   → Władziu, ... *(przestać)* siedzieć przed komputerem!
10. *(wy)* → Drogie kuzynki, nie .... *(śmiać się)* tak głośno!

SAMOOCENA

>[9] bdb • [9] + db • [8] db • [7] +dst • >[6] dst • <[6] ndst

Jeśli w zadaniu testowym jest więcej niż dziesięć jednostek — przelicz sam!

ZADANIE 281

Copyright by S. Mędak

Proszę wpisać w miejsce kropek właściwe formy 2. osoby liczby pojedynczej lub mnogiej trybu rozkazującego wraz z odpowiednimi formami wołacza podkreślonych rzeczowników.

WZÓR

Staszek powinien napisać list.   *Polecenie:* Staszku, napisz list!

1. Anna powinna zadzwonić do mamy.   *Prośba:* ...., ... do mamy!
2. Chłopcy powinni wyłączyć telewizor. *Polecenie:* ...., ... telewizor!
3. Córeczka powinna zdjąć płaszcz.   *Prośba:* ...., ... swój płaszcz!
4. Dziadek powinien nałożyć okulary.   *Prośba:* ...., ... okulary!
5. Ewa powinna zaczekać na Annę.   *Prośba:* ...., ... na Annę!
6. Janek powinien kupić gazetę.   *Polecenie:* ...., ... gazetę!
7. Marek powinien być cicho.   *Polecenie:* ...., ... cicho!

8. <u>Maria</u> powinna <u>wyprać</u> koszule Józefowi. *Polecenie:* ...., ... koszule panicza!

9. <u>Piotrek</u> powinien już <u>iść</u> spać. *Polecenie:* ...., ... już spać!

10. <u>Wujek</u> powinien <u>kupić</u> ci rower. *Prośba:* ...., ... mi rower!

SAMOOCENA

>[9] bdb • [9] + db • [8] db • [7] +dst • >[6] dst • <[6] ndst

Jeśli w zadaniu testowym jest więcej niż dziesięć jednostek — przelicz sam!

ZADANIE 282

Copyright by S. Mędak

Proszę wpisać w miejsce kropek właściwe formy trybu rozkazującego.

WZÓR

Janek: Mamo, <u>pozwól</u> *(pozwolić)* mi na odrobinę wolności!

Mama: 1. Janku, ... *(posprzątać)* pokój!

Janek : 2. Mam już tego dość! Codziennie powtarzasz to samo: „........................... *(zrobić)* to! Nie .... *(robić)* tego!"

Mama: 3. Janku nie .... *(krzyczeć)* tak głośno!

Janek : 4. Właśnie! „........................... *(być)* cicho, ... *(uczyć się)*, ... *(umyć)* ręce przed jedzeniem, nie .... *(jeść)* rękoma tej pizzy! Ciągle to samo!

Mama: 5. .... *(dać)* spokój! Nie .... *(gniewać się)*! Ja chcę tylko twojego dobra.

Janek: 6. Mamo, a ty .... *(przestać)* siedzieć przed tym komputerem! .... *(obejrzeć)* sobie jakiś film w telewizji!

Mama: 7. Synku, nie .... *(odrywać)* mnie od komputera! W telewizji same powtórki i sami emeryci, którzy ciągle śpiewają piosenki sprzed lat!

Janek: 8. Mamo, ... *(wyłączyć)* w końcu ten komputer i .... *(upiec)* ciasto na niedzielę!

Mama: 9. Synku, ... *(zamówić)* sobie pizzę przez Internet. Smakuje tak samo. Albo .... *(iść)* do MacDonalda z kolegami.

Janek: 10. „........................... *(zamówić)* sobie pizzę, ... *(iść)* do MacDonalda!" Mamo, nie .... *(powtarzać)* tego w nieskończoność! Idę do Café Internet.

Mama: 11. Synku, ... *(zaczekać)* na mnie! Pójdę z tobą choć na chwilę.

SAMOOCENA

>[9] bdb • [9] + db • [8] db • [7] +dst • >[6] dst • <[6] ndst

Jeśli w zadaniu testowym jest więcej niż dziesięć jednostek — przelicz sam!

ZDANIA TYPU: *CHCĘ, ŻEBYŚ TO ZROBIŁ*...

ZADANIE 283

Copyright by S. Mędak

Proszę przekształcić zdania według poniżej załączonego wzoru.

WZÓR

(zrobić) — <u>dotyczy</u> 2. osoby liczby pojedynczej rodzaju męskoosobowego

Janku, chcę, żebyś to zrobił na jutro.

(studiować medycynę) — <u>dotyczy</u> 1. osoby liczby pojedynczej rodzaju niemęskoosobowego

Ojciec sugerował, żebym studiowała medycynę.

(przygotować się) — <u>dotyczy</u>: 1. osoby liczby mnogiej rodzaju męskoosobowego: **MY**

1. Profesor powiedział, ... do egzaminu.

(wyjechać) — <u>dotyczy</u>: 1. osoby liczby mnogiej rodzaju niemęskoosobowego: **MY**

2. Ktoś zaproponował, ... w góry.

(ubrać się) — <u>dotyczy</u>: 1. osoby liczby pojedynczej rodzaju męskoosobowego: **JA**

3. Mama radziła mi, ... ciepło.

(spóźnić się) — <u>dotyczy</u>: 2. osoby liczby mnogiej rodzaju męskoosobowego: **WY**

4. Nie wypada, ... na imieniny babci.

(pójść) — <u>dotyczy</u>: 3. osoby liczby pojedynczej rodzaju męskiego: **ON**

5. Byłoby dobrze, ... on już .... sobie do domu.

(przeczytać) — <u>dotyczy</u>: 3. osoby liczby mnogiej rodzaju męskoosobowego: **ONI**

6. On poprosił, ... jego artykuł.

(zrobić) — <u>dotyczy</u>: 3. osoby liczby pojedynczej rodzaju żeńskiego: **ONA**

7. Chcę, ... ona .... zakupy.

(lekceważyć) — <u>dotyczy</u>: 3. osoby liczby mnogiej rodzaju męskoosobowego: **ONI**

8. Nie chciał, ... inni .... jego dorobek naukowy.

(wyjść) — <u>dotyczy</u>: 3. osoby liczby pojedynczej rodzaju męskiego: **ON | PAN**

9. Chciałabym, ... pan .... stąd jak najszybciej.

(pojechać) — <u>dotyczy</u>: 1. osoby liczby mnogiej rodzaju męskoosobowego: **MY**

10. Marzę o tym, ... wreszcie .... na wymarzoną wycieczkę do Ułan Bator.

SAMOOCENA

>[9] bdb • [9] + db • [8] db • [7] +dst • >[6] dst • <[6] ndst

Jeśli w zadaniu testowym jest więcej niż dziesięć jednostek — przelicz sam!

ZADANIE 284

Proszę wpisać w miejsce kropek właściwe formy spójnika *żeby* w wypowiedziach uzupełniających treść zdania nadrzędnego.

WZÓR

Ojciec sugerował, żebym zaczęła *(ja)* studiować w tym roku.

1. Byłoby dobrze, ... pan zaczął już pracować.
2. Byłoby lepiej, ... *(ty)* nic nie mówił.
3. Chciałabym, ... pan odszedł stąd jak najdalej.
4. Chciała, ... jej współpracownicy byli skłóceni między sobą.
5. Nie sposób, ... pani to przeoczyła!
6. On poprosił, ... pan do niego zadzwonił.
7. On zażądał, ... *(ty)* tego nie robił!
8. Ona chce, ... *(my)* wykonywali wszystkie jej polecenia.
9. Powiedział, ... *(wy)* przygotowały się dobrze do egzaminów.
10. Rodzicie pragnęli, ... *(my)* zdobyli wykształcenie w dobrych szkołach.

SAMOOCENA

>[9] bdb • [9] + db • [8] db • [7] +dst • >[6] dst • <[6] ndst

Jeśli w zadaniu testowym jest więcej niż dziesięć jednostek — przelicz sam!

ZADANIE 285

Proszę przekształcić poniższe zdania zgodnie z podanym wzorem. Proszę zwróć uwagę na aspekt podczas przekształcania poniższych zdań.

WZÓR

osoba wypowiadająca zdanie oznajmujące:	*osoba doradzająca:*
Powinienem ich dzisiaj odwiedzić.	Lepiej, żebyś ich odwiedził jutro.
Powinnam się z nim umówić.	Lepiej, żebyś się z nim nie umawiała.

osoba wypowiadająca zdanie oznajmujące:	*osoba doradzająca:*
1. Powinienem oddać mu pieniądze.	Tak. Lepiej, ... mu je .... jak najszybciej.
2. Powinienem tam pojechać.	Ja też chcę, ... tam ....
3. Powinna o tym zdecydować dzisiaj.	Lepiej, ... w ogóle o niczym nie ....

4. Powinnam ich <u>przyjąć</u>. Dobrze byłoby, ... ich .... jeszcze dzisiaj.

5. Powinnam to <u>zrobić</u> jutro. Wolałbym, ... to pojutrze.

6. Powinni już <u>przyjść</u>. Dobrze byłoby, ... punktualnie.

7. Powinniśmy go <u>zabrać</u> stąd. Lepiej, ... go stąd nie ....

8. Powinny się z nim dziś <u>spotkać</u>. Chciałbym, ... z nim dziś ....

9. Powinnyśmy <u>się</u> tam <u>zgłosić</u>. Tak. Trzeba, ... tam .... szybko.

10. Powinnyśmy to już <u>skończyć</u>. Wolelibyśmy, ... tego nie ....

SAMOOCENA

>[9] bdb • [9] + db • [8] db • [7] +dst • >[6] dst • <[6] ndst

Jeśli w zadaniu testowym jest więcej niż dziesięć jednostek — przelicz sam!

ZADANIE 286

Copyright by S. Mędak

Proszę przekształcić poniższe zdania zgodnie z podanym wzorem. Punkty 1–5 rodzaj męskoosobowy; punkty 6–10 rodzaj niemęskoosobowy.

WZÓR

Nauczyciel powiedział do uczniów: *„Ustawcie się parami!"*.

→ Nauczyciel powiedział do uczniów, <u>żeby ustawili się parami</u>.

rodzaj męskoosobowy

1. Szef polecił: *„Staw się jutro do pracy na godzinę piątą!"*

   → Szef polecił, ...

2. Nauczyciel polecił: *„Zróbcie te ćwiczenia na poniedziałek!"*

   → Nauczyciel polecił, ...

3. Rodzice prosili: *„Zostańcie z nami jeszcze trochę!"*

   → Rodzice prosili, ...

4. Brat powiedział: *„Zadzwoń do mnie!"*

   → Brat powiedział, ...

5. Nauczycielka krzyczała: *„Chłopcy, nie drażnijcie psa!"*

   → Nauczycielka krzyczała, ...

rodzaj niemęskoosobowy

6. Maria napisała: *„Magdaleno, odwiedź mnie w czasie świąt!"*

   → Maria napisała, ...

7. Znajomi wołali: *„Zaczekajcie na nas!"*

   → Znajomi wołali, ...

8. On powiedział do mnie: „*Nie bądź taka złośliwa!*"

   → On powiedział do mnie, ...

9. Matka powiedziała do córki: „*Nie spotykaj się z nim!*"

   → Matka powiedziała do córki, ...

10. Lekarz rodzinny powiedział: „*Niech pani przejdzie na emeryturę!*"

   → Lekarz powiedział, ... *(ja)* ....

SAMOOCENA

>[9] bdb • [9] + db • [8] db • [7] +dst • >[6] dst • <[6] ndst

Jeśli w zadaniu testowym jest więcej niż dziesięć jednostek — przelicz sam!

II. ŁĄCZLIWOŚĆ SKŁADNIOWA CZASOWNIKÓW

Zadania testowe 287–304

ZADANIE 287

Copyright by S. Mędak

Proszę połączyć czasowniki z kolumny A z wyrazami z kolumny B. Połączenie oznaczone symbolem zero (0) jest przykładem.

WZÓR

A.   **B.**

0. układać   0. bukiet z suszonych kwiatów

A.	B.
1. nastawić	a. budzik na szóstą rano
2. obcinać	b. na plaży
3. opalać się	c. owoce w sadzie
4. otwierać	d. chleb masłem
5. uczestniczyć	e. w konferencji
6. prać	f. drzwi na oścież
7. prowadzić	g. spór z sąsiadami
8. smarować	h. paznokcie nożyczkami
9. spóźniać się	i. na zajęcia
10. zrywać	j. bieliznę w pralce

Miejsce do wpisania właściwych połączeń:

[1 .....]   [2 .....]   [3 .....]   [4 .....]   [5 .....]   [6 .....]   [7 .....]   [8 .....]   [9 .....]   [10 .....]

SAMOOCENA

>[9] bdb • [9] + db • [8] db • [7] +dst • >[6] dst • <[6] ndst

Jeśli w zadaniu testowym jest więcej niż dziesięć jednostek — przelicz sam!

ZADANIE 288

Copyright by S. Mędak

polecenie — jak w zadaniu testowym 287

WZÓR

A.	B.
0. daj mi	0. spokój

A.	B.
1. chcę trochę	a. sąsiadki
2. domagał się	b. coś obraźliwego
3. nienawidził	c. wszystko zrobić
4. podaj mi	d. sąsiadkę
5. potrafił	e. mieszkanie
6. potrzebuję	f. znaczki z kolegą
7. powiedział mi	g. spokoju
8. wymieniam	h. samochodu na jutro
9. wymówili mi	i. popielniczkę
10. znienawidził	j. posłuszeństwa

Miejsce do wpisania właściwych połączeń:

[1 .....]   [2 .....]   [3 .....]   [4 .....]   [5 .....]   [6 .....]   [7 .....]   [8 .....]   [9 .....]   [10 .....]

SAMOOCENA

>[9] bdb • [9] + db • [8] db • [7] +dst • >[6] dst • <[6] ndst

Jeśli w zadaniu testowym jest więcej niż dziesięć jednostek — przelicz sam!

ZADANIE 289

Copyright by S. Mędak

W każdym zestawie (od 1 do 10) można odnaleźć jedno właściwe połączenie skła-dniowe. Proszę połączyć czasowniki z podanymi poniżej wyrazami i wyrażeniami i wpisać właściwe połączenia poniżej.

WZÓR

0. pisać	a. na tramwaju
	b. w powietrzu
	c. piórem

POŁĄCZENIE: [0 / c]

1. **obawiać się**
   a. chorobami
   b. samotności
   c. do nieprzytomności

2. **oburzać się**
   a. na syna
   b. złego psa
   c. o zdrowie

3. **pić**
   a. rozpaczy
   b. szeptem
   c. jednym haustem

4. **piec**
   a. kiełbasę
   b. kaflowy
   c. herbatę

5. **pielęgnować**
   a. chorego
   b. chory
   c. z byle jakiego powodu

6. **rozmyślać**
   a. po życiu
   b. nad przyszłością
   c. w życiu

7. **trafić**
   a. do więzienia
   b. o mieszkanie
   c. środkiem tarczy

8. **trenować**
   a. na pływalni
   b. polskiemu kajakarzowi
   c. czytelnie

9. **zajmować się**
   a. małe dziecko
   b. małym dzieckiem
   c. z małym dzieckiem

10. **wypowiadać się**
    a. bez opamiętania
    b. na jakiś temat
    c. mieszkanie

Miejsce do wpisania właściwych połączeń:

[1 .....]   [2 .....]   [3 .....]   [4 .....]   [5 .....]   [6 .....]   [7 .....]   [8 .....]   [9 .....]   [10 .....]

SAMOOCENA

>[9] bdb • [9] + db • [8] db • [7] +dst • >[6] dst • <[6] ndst

Jeśli w zadaniu testowym jest więcej niż dziesięć jednostek — przelicz sam!

ZADANIE 290

Copyright by S. Mędak

polecenie i wzór — jak w zadaniu testowym 289

1. **obrażać się**
   a. na koleżanki
   b. na zwierzętach
   c. przez koleżanki

2. **obserwować**
   a. w lornetce
   b. życie ludzi
   c. sobie samemu

3. **oskarżać**
   a. o zdradę
   b. o niczym
   c. kolegami

4. **oswajać się**
   a. z myślą o śmierci
   b. śmierć
   c. ludzi

5. **oszczędzać**
   a. w samochodzie
   b. na samochód
   c. samochodem

6. **otrzymywać**
   a. ciosem
   b. prezenty
   c. wynagrodzeniu

7. **pływać**
   a. z żabką
   b. żabką
   c. żabkami

8. **podchodzić**
   a. dwukrotnie do lądowania
   b. ze szczytu wysokiej góry
   c. dwukrotnie od telefonu

9. **podnosić**
   a. ręce do góry
   b. rękoma na górę
   c. z ręką

10. **poprawiać**
    a. fryzurą i makijażem
    b. zadania domowe
    c. błędami innych

Miejsce do wpisania właściwych połączeń:

[1 .....]   [2 .....]   [3 .....]   [4 .....]   [5 .....]   [6 .....]   [7 .....]   [8 .....]   [9 .....]   [10 .....]

SAMOOCENA

>[9] bdb • [9] + db • [8] db • [7] +dst • >[6] dst • <[6] ndst

Jeśli w zadaniu testowym jest więcej niż dziesięć jednostek — przelicz sam!

ZADANIE 291

Copyright by S. Mędak

polecenie i wzór — jak w zadaniu testowym 289

1. **dosypać**
   a. zupy do soli
   b. solą do zupy
   c. soli do zupy

2. **pamiętać**
   a. o codziennym myciu zębów
   b. myć zęby
   c. wszystkich krzywd

3. **podziwiać**
   a. odwagę przyjaciela
   b. przyjacielem
   c. przyjacielowi

4. **pomagać**
   a. komuś w nauce
   b. komuś przy nauce
   a. do nauki

5. **poznawać**
   a. ludzi na ulicy
   b. ludziom na ulicy
   c. ludzie na ulicy

6. **pożądać**
   a. miłości
   b. z miłością
   c. kochać

7. **uzupełniać**
   a. wiadomości do egzaminu
   b. wiadomościami do egzaminu
   c. przez wiadomości

8. **używać**
   a. przyjemności, dopóki jesteś młody
   b. przyjemność, dopóki jesteś młody
   c. przyjemnością, dopóki jesteś młody

9. **wiedzieć**
   a. coś doskonale
   b. tym doskonale
   c. , że to doskonale

10. **znać**
    a. języka polskiego
    b. zmęczenie na kimś
    c. Polak

Miejsce do wpisania właściwych połączeń:

[1 .....]   [2 .....]   [3 .....]   [4 .....]   [5 .....]   [6 .....]   [7 .....]   [8 .....]   [9 .....]   [10 .....]

SAMOOCENA

>[9] bdb • [9] + db • [8] db • [7] +dst • >[6] dst • <[6] ndst

Jeśli w zadaniu testowym jest więcej niż dziesięć jednostek — przelicz sam!

ZADANIE 292

Copyright by S. Mędak

Proszę wpisać w miejsce kropek właściwe formy synonimów lub połączeń blisko-znacznych do poniżej podanych konstrukcji zdaniowych z czasownikiem *robić.*
<u>Synonimy lub połączenia bliskoznaczne do wyboru</u>: *być przyczyną czegoś, coś dobrze wpływa na kogoś, powodować, pracować, produkować, przyrządzać, sprawiać, wyczyniać coś z kimś, wykonywać, wyrządzać.*

WZÓR

Tutaj <u>robią</u> wszelkie zabiegi medyczne.   wykonują

1. Broda <u>robi</u> z tego chłopca dojrzałego mężczyznę. ....
2. Całe życie <u>robił</u> na różnych budowach. *(pot.)* ....
3. Dziki bez przerwy <u>robią</u> szkody na polu. ....
4. <u>Robiła</u> smakowite obiady dla całej rodziny. ....
5. <u>Robiła</u> z tym człowiekiem, co chciała. ....
6. Ten szewc <u>robi</u> eleganckie buty. ....
7. Tę pracę <u>robię</u> za kolegę, który jest chory. *(pot.)* ....
8. To mi dobrze <u>robi</u>! ....
9. Uwielbiał <u>robić</u> wszędzie zamieszanie. ....
10. Zawsze <u>robiła</u> na mężczyznach wrażenie. ....

Powyższe zadanie opracowano na podstawie *Praktycznego słownika łączliwości składniowej czasowników polskich* autorstwa S. Mędaka, Universitas, Kraków 2005, str. 437– 438.

SAMOOCENA

>[9] bdb • [9] + db • [8] db • [7] +dst • >[6] dst • <[6] ndst

Jeśli w zadaniu testowym jest więcej niż dziesięć jednostek — przelicz sam!

ZADANIE 293

Copyright by S. Mędak

Proszę wpisać w miejsce kropek właściwe formy synonimów lub połączeń blisko-znacznych do poniżej podanych konstrukcji zdaniowych z czasownikiem *stać.*
<u>Synonimy lub połączenia bliskoznaczne do wyboru</u>: *być położonym gdzieś, być przedmiotem czyichś myśli, odznaczać się w czymś, przebywać gdzieś, rosnąć, sterczeć, trwać nieruchomo, wystawać przed czymś, zachowywać pozycję pionową, znajdować się gdzieś.*

WZÓR

<u>Stał</u> na ziemi bosymi nogami.   opierał się o coś

1. Długo <u>stała</u> przed lustrem. ....
2. Niestety, mój syn źle <u>stoi</u> z matematyki. *(pot.)* ....

3. Po tym spray'u włosy będą ci <u>stały</u> jak drut. ....

4. Stare dęby <u>stały</u> przy polnej drodze. ....

5. <u>Stoją</u> przed bramą i piją alkohol. ....

6. <u>Stoję</u> już w tej kolejce kilkanaście minut. ....

7. Ten hotel <u>stoi</u> koło teatru. ....

8. We wsi <u>stały</u> nieliczne oddziały wojskowe. ....

9. Widok tego wypadku <u>stał</u> mu długo w pamięci. ....

10. Wszystkie bagaże <u>stoją</u> już w przedpokoju. ....

Powyższe zadanie opracowano na podstawie *Praktycznego słownika łączliwości składniowej czasowników polskich* autorstwa S. Mędaka, Universitas, Kraków 2005, str. 500– 502.

SAMOOCENA

>[9] bdb   •   [9] + db   •   [8]   db   •   [7] +dst   •   >[6] dst   •   <[6] ndst

Jeśli w zadaniu testowym jest więcej niż dziesięć jednostek — przelicz sam!

ZADANIE 294

Copyright by S. Mędak

Proszę podkreślić w kolumnie B wyrazy wchodzące w związki składniowe zgodne z wysoką normą polszczyzny.

WZÓR

Co umiesz tańczyć? **Umiem tańczyć:** oberek, <u>oberka</u>, oberkiem.

A. | **B.**

1. Co lubisz jeść w MacDonaldzie? **Lubię jeść:** hamburger, hamburgera.

2. Co można tańczyć? **Można tańczyć:** walcem, walca, walc.

3. Co można zamówić? **Można zamówić:** taxi, taksówkę.

4. Do kogo można dzwonić? **Można dzwonić:** do pogotowia ratunkowego, na pogotowie ratunkowe.

5. Jaki samochód chciałbyś kupić? **Chciałbym kupić:** opel, opla, włoski fiat.

6. Który z kwiatów można ofiarować? **Można ofiarować:** gwoździk, tulipana, tulipan.

7. Na co ludzie w Europie rzadko chorują? **Ludzie rzadko chorują:** na tyfus, na tyfusa.

8. Na co można chorować? **Można chorować:** na grypie, na grypę.

9. W co się można ubrać? **Można się ubrać:** w płaszcz, płaszcz, płaszczem.

10. Z kim warto walczyć? **Warto walczyć:** przeciwności, z przeciwnikiem.

SAMOOCENA

>[9] bdb   •   [9] + db   •   [8]   db   •   [7] +dst   •   >[6] dst   •   <[6] ndst

Jeśli w zadaniu testowym jest więcej niż dziesięć jednostek — przelicz sam!

ZADANIE 295

Proszę połączyć znaczenia czasownika *pracować* podane w kolumnie A z właściwymi zdaniami z kolumny B.

WZÓR

0. pracować w zn. *'opracowywać coś'*

POŁĄCZENIE:

0. Sejm pracuje nad nową konstytucją.

[0 / 0]

A.

PRACOWAĆ:

1. w zn. *'działać dla dobra czegoś'*
2. w zn. *'mieć etat, posadę, stanowisko'*
3. w zn. *'najmować się do czegoś'*
4. w zn. *'być pracowitym i potrafić coś robić'*
5. w zn. *'zarabiać na czyjeś utrzymanie'*
6. w zn. *'być czynnym / sprawnym'*
7. w zn. *'kształtować czyjś / swój charakter'*
8. w zn. *'realizować jakieś badania'*
9. w zn. *'spełniać jakieś czynności dla własnej korzyści'*
10. w zn. *'być zatrudnionym'*

B.

a. Brat pracuje na budowach za granicą.
b. Zawsze pracował dla „złudnych" idei.
c. W czasie urlopu pracuję na samochód.
d. Od lat pracuję na całą rodzinę.
e. Pracowała nad trudnymi dziećmi.
f. To urządzenie pracuje pod ciśnieniem.
g. Ma pewną pracę. Pracuje w urzędzie.
h. Pracuje dorywczo u bogatych rolników.
i. Ten chłopiec umie pracować.
j. Pracuję z nim nad nową szczepionką.

Powyższe zadanie opracowano na podstawie *Praktycznego słownika łączliwości składniowej czasowników polskich* autorstwa S. Mędaka, Universitas, Kraków 2005, str. 360–361.

<u>Miejsce do wpisania właściwych połączeń:</u>

[1 .....] [2 .....] [3 .....] [4 .....] [5 .....] [6 .....] [7 .....] [8 .....] [9 .....] [10 .....]

SAMOOCENA

>[9] bdb • [9] + db • [8] db • [7] +dst • >[6] dst • <[6] ndst

Jeśli w zadaniu testowym jest więcej niż dziesięć jednostek — przelicz sam!

ZADANIE 296

Copyright by S. Mędak

Proszę wpisać w miejsce kropek odpowiednie przyimki łączące się z czasownikiem *płakać.*

Przyimki do wyboru: *na, nad, po, przed, z(e), za.*

WZÓR

Płakała z radości.

1. Długo płakał .... grobem swego ojca.
2. Dziecko płacze .... matką.
3. Dziecko płakało .... każdym wyjściem matki.
4. Matka płacze .... rozpaczy.
5. Ona płacze .... stracie swego męża.
6. Ona płacze .... szczęścia.
7. Ona płacze .... Piotrem.
8. Oni płaczą .... swoim losem.
9. Pacjent płacze .... bólu.
10. Wszyscy płaczą .... niskie emerytury w Polsce. *(pot.)*

SAMOOCENA

>[9] bdb • [9] + db • [8] db • [7] +dst • >[6] dst • <[6] ndst

Jeśli w zadaniu testowym jest więcej niż dziesięć jednostek — przelicz sam!

ZADANIE 297

Copyright by S. Mędak

Proszę wpisać w miejsce kropek odpowiednie przyimki łączące się z czasownikiem *skakać.*

Przyimki do wyboru: *do, koło, na, po, przed, przez, z(e).*

WZÓR

Psy tej rasy skaczą ludziom do gardła.

1. Całe życie skakałem .... mojej żony. *(pot.)*
2. Czy mógłbyś skoczyć .... świeże bułeczki? *(pot.)*
3. Dlaczego ona tak skacze .... tym dyrektorem? *(pot.)*

4. Małpy zwinnie skaczą .... drzewach.

5. Nie radzę skakać .... odjeżdżającego pociągu.

6. Odbita piłka skacze dość długo .... betonie.

7. Samochody skakały .... wyboistej drodze.

8. Skakaliśmy z trampoliny .... jeziora.

9. Spadochroniarze jeden za drugim skaczą .... samolotu.

10. Zawodniczki skaczą .... płotki.

SAMOOCENA

>[9] bdb   •   [9] + db   •   [8]   db   •   [7] +dst   •   >[6] dst   •   <[6] ndst

Jeśli w zadaniu testowym jest więcej niż dziesięć jednostek — przelicz sam!

ZADANIE 298

Proszę wpisać w miejsce kropek odpowiednie przyimki łączące się z czasownikiem *kupować / kupić*. <u>Przyimki do wyboru</u>: *dla, na, pod, przez, u, w(e), za*.

WZÓR

Kupiłem <u>dla</u> chorej siostry mleko, chleb i masło.

1. Kupił samochód .... pożyczone od dziadka pieniądze.

2. Kupuję działki budowlane .... różnych pośredników.

3. Lekarstwa kupujemy .... aptekach.

4. Mięso kupuję wyłącznie .... supermarketach.

5. Tanie ubrania kupuje się .... bazarze.

6. Ten prezent kupiłem .... mojej kuzynki.

7. To mieszkanie kupiła .... dolary.

8. Warzywa i owoce kupuję .... halą targową. *(pot.)*

9. Wędliny kupujemy bezpośrednio .... rzeźnika.

10. Wreszcie kupiłam sobie futro .... zimę.

SAMOOCENA

>[9] bdb   •   [9] + db   •   [8]   db   •   [7] +dst   •   >[6] dst   •   <[6] ndst

Jeśli w zadaniu testowym jest więcej niż dziesięć jednostek — przelicz sam!

ZADANIE 299

Proszę przekształcić podane zdania na wypowiedzi z bezokolicznikiem zgodnie z poniżej podanym wzorem.

WZÓR

Nie jadł nigdy flaczków. → Brzydził się jeść flaczki.

1. Kradł od kilku lat. → Nie wstydził się ....
2. Na lekcji nigdy nie zadawał pytań. → Obawiał się .... pytania na lekcji.
3. Nawet nie podziękował za gościnę. → Wypada przecież .... za gościnę.
4. Nie zrozumiał tego. → Nawet nie próbował tego ....
5. Nie jeżdżę samochodem. → Nie potrafię .... samochodem.
6. Nie myślał. → Nawet nie usiłował ....
7. Nie pozwalał sobie na jazdę taksówkami. → Nie mógł .... sobie na takie przyjemności.
8. Nie przyszedł dzisiaj wieczorem. → Obiecywał .... dziś wieczorem.
9. Nie wychodził z domu. → Nikt mu nie zabraniał .... z domu.
10. Nie zmienił swego trybu życia. → Nawet nie zamierzał .... swego trybu życia.

SAMOOCENA

>[9] bdb • [9] + db • [8] db • [7] +dst • >[6] dst • <[6] ndst

Jeśli w zadaniu testowym jest więcej niż dziesięć jednostek — przelicz sam!

ZADANIE 300

Proszę wpisać w miejsce kropek właściwe formy wyrazów w nawiasach.

WZÓR

(leżeć / Europa)

Polska leży w Europie.

(leżeć / Daleki Wschód)   *zdanie w czasie teraźniejszym*

1. Chiny ....

(leżeć / ten cmentarz)   *zdanie w czasie teraźniejszym*

2. Moja babcia i mój dziadek ....

(leżeć / Wisła)   *zdanie w czasie teraźniejszym*

3. Kraków ....

(leżeć / nogi)   *zdanie w czasie przeszłym*

4. Pies .... swego pana.

(leżeć / półka   *zdanie w czasie teraźniejszym*

5. Te książki ....

(leżeć / Morze Bałtyckie / Karpaty)   *zdanie w czasie teraźniejszym*

6. Polska .... a ....

(leżeć / podłoga)   *zdanie w czasie teraźniejszym*

7. Jaki piękny dywan .... !

(leżeć / chodniki / ulice)   *zdanie w czasie teraźniejszym*

8. Od tygodnia lepki śnieg .... *(pl.)* .... i *(pl.)* ....

(leżeć / pan)   *zdanie w czasie przeszłym*

9. Wierny pies ciągle .... swoim ....

(leżeć / łóżko)   *zdanie w czasie teraźniejszym*

10. Od tygodnia ona ...., bo się czuje słabo.

SAMOOCENA

>[9] bdb • [9] + db • [8] db • [7] +dst • >[6] dst • <[6] ndst

Jeśli w zadaniu testowym jest więcej niż dziesięć jednostek — przelicz sam!

ZADANIE 301

Copyright by S. Mędak

Proszę przekształcić zdania, korzystając z połączeń składniowych podanych w kolumnie B.

A.	B.
martwić się, że	martwić się o kogoś
marzyć, że	marzyć o czymś
narzekać, że	narzekać na coś
obawiać się, że	obawiać się czegoś
obiecywać komuś, że	obiecywać komuś coś
oskarżać kogoś, że	oskarżać kogoś o coś
ostrzegać kogoś, że	ostrzegać przed czymś *a.* o czymś
podejrzewać (kogoś), że	podejrzewać kogoś o coś
posądzać kogoś, że	posądzać kogoś o coś

WZÓR

<u>Martwiła się, że</u> syn nie zajmuje się nauką. → <u>Martwiła się o syna.</u>

1. <u>Marzyła, że</u> wypocznie podczas wakacji. → ....
2. <u>Narzekał, że</u> ciągle boli go głowa. → ....
3. <u>Obawialiśmy się, że</u> nas ośmieszą. → ....
4. <u>Obiecywał, że</u> nam pomoże. → ....
5. <u>Oskarżał kolegę, że</u> ukradł mu pieniądze. → ....
6. <u>Ostrzegała mnie, że</u> mogę przegrać. → ....
7. <u>Ostrzegali nas, że</u> będą powodzie. → ....
8. <u>Podejrzewam go, że</u> mi zazdrości. → ....
9. <u>Podejrzewałem ją, że</u> donosi do dyrektora. → ....
10. <u>Posądzałem go, że</u> współpracował z policją. → ....

SAMOOCENA

\>[9] bdb • [9] + db • [8] db • [7] +dst • >[6] dst • <[6] ndst

Jeśli w zadaniu testowym jest więcej niż dziesięć jednostek — przelicz sam!

ZADANIE 302

Copyright by S. Mędak

Proszę wybrać dla każdego czasownika właściwe połączenie z przysłówkiem, a następnie wpisać wybrany przysłówek w miejsce kropek.

<u>Przysłówki:</u> *bezpośrednio, dogłębnie, łapczywie, masowo, powoli, punktualnie, rzadko, surowo, szczerze, umysłowo.*

WZÓR

(podjąć coś) Podjęli tę decyzję <u>jednogłośnie</u>.

1. *(jeść)* Jadł ...., ponieważ był bardzo głodny.
2. *(karać)* Karali ...., acz sprawiedliwie.
3. *(kontaktować się)* Kontaktował się z nim ....; nigdy przez osoby trzecie.
4. *(nienawidzić)* .... nienawidził nietolerancji.
5. *(odwoływać)* Odwoływał .... swoje zajęcia.
6. *(padać)* W czasie suszy zwierzęta padały ....
7. *(poznawać)* Poznawał .... to, co go bardzo interesowało.
8. *(pracować)* Chciał pracować ...., a nie fizycznie.
9. *(przychodzić)* Przychodził do pracy zawsze ....
10. *(przyzwyczajać się)* Przyzwyczajała się .... do nowego życia.

SAMOOCENA

\>[9] bdb • [9] + db • [8] db • [7] +dst • >[6] dst • <[6] ndst

Jeśli w zadaniu testowym jest więcej niż dziesięć jednostek — przelicz sam!

ZADANIE 303

Copyright by S. Mędak

Proszę połączyć znaczenia czasownika *przedstawiać / przedstawiać się* podane w kolumnie A z właściwymi zdaniami z kolumny B.

WZÓR

przedstawiać / przedstawiać się:

0. w zn. *'odtwarzać coś'*

POŁĄCZENIE:

0. Ten artykuł znakomicie przedstawia rzeczywistość naszego kraju.

[0 / 0]

A.

PRZEDSTAWIAĆ | PRZEDSTAWIAĆ SIĘ:

1. w zn. *'prezentować kogoś'*

2. w zn. *'mówić komuś o czymś'*

3. w zn. *'wystawiać na scenie'*

4. w zn. *'wyobrażać sobie coś'*

5. w zn. *'być czymś dla kogoś'*

6. w zn. *'stanowić coś'*

7. w zn. *'zgłaszać kogoś do czegoś''*

8. w zn. *'podawać swoje nazwisko'*

9. w zn. *'być widocznym'*

10. w zn. *'okazywać się, że'*

B.

a. Już dwa razy przedstawiano mnie do awansu.

b. Ona przedstawia Ofelię już od roku.

c. Jutro przedstawiam drugi rozdział pracy.

d. Zawsze przedstawiam cię znajomym!

e. Przedstawiają życie w USA jako raj.

f. Miłość przedstawia dla mnie dużą wartość.

g. Ta rodzina przedstawia modelową rodzinę.

h. Stąd przedstawiają się piękne widoki.

i. Pracownicy przedstawiają się nowemu ministrowi.

j. Sytuacja w kraju przedstawia się źle.

Powyższe zadanie opracowano na podstawie *Praktycznego słownika łączliwości składniowej czasowników polskich* autorstwa S. Mędaka, Universitas, Kraków 2005, str. 376– 377.

Miejsce do wpisania właściwych połączeń:

[1 .....]   [2 .....]   [3 .....]   [4 .....]   [5 .....]   [6 .....]   [7 .....]   [8 .....]   [9 .....]   [10 .....]

SAMOOCENA

>[9] bdb   •   [9] + db   •   [8]   db   •   [7] +dst   •   >[6] dst   •   <[6] ndst

Jeśli w zadaniu testowym jest więcej niż dziesięć jednostek — przelicz sam!

ZADANIE 304

Copyright by S. Mędak

Proszę podkreślić jeden właściwy synonim (odpowiednik, połączenie bliskoznaczne) w kolumnie B do każdego czasownika zamieszczonego w kolumnie A.

WZÓR

A.	B.
przyczyniać się do czegoś	<u>być przyczyną czegoś</u> • wyczyniać coś • nic nie robić

A.	B.
1. kierować się czymś	postępować według czegoś • iść ku czemuś • zmierzać dokądś
2. liczyć na coś	dodawać coś • spodziewać się czegoś • podawać cenę
3. mieć się za kogoś	uważać się za kogoś • być w jakimś nastroju • mieć kogoś
4. nakrywać kogoś na czymś *(pot.)*	przykrywać kogoś czymś • łapać kogoś na gorącym uczynku • otulać kogoś czymś
5. nieść komuś coś	przynosić coś komuś • dźwigać coś komuś • przyczynić się do czegoś
6. oddawać się czemuś	poświęcić się czemuś • poddawać się jakimś działaniom • zwracać się ku czemuś
7. przydawać się do czegoś	dawać czegoś do czegoś • służyć komuś / czemuś • przeszkadzać komuś w czymś
8. przygotowywać kogoś na coś	oswajać kogoś z czymś • pomagać komuś • sprawdzać coś
9. robić coś za kogoś	wykonywać coś • dokonywać czegoś • zajmować się czymś
10. rodzić się w kimś	rosnąć • powstawać • udawać się

Powyższe zadanie opracowano na podstawie *Praktycznego słownika łączliwości składniowej czasowników polskich* autorstwa S. Mędaka, Universitas, Kraków 2005.

SAMOOCENA

>[9] bdb • [9] + db • [8] db • [7] +dst • >[6] dst • <[6] ndst

Jeśli w zadaniu testowym jest więcej niż dziesięć jednostek — przelicz sam!

III. SŁOWNICTWO

Zadania testowe 305–354

ANTONIMY

ZADANIE 305

Copyright by S. Mędak

Proszę wybrać, a następnie podkreślić (jeden) odpowiednik o znaczeniu przeciwstawnym w kolumnie B.

WZÓR

powrót — z powrotem, przewrót, <u>wyjazd</u>

A.	B.
1. jednostka	— pojedyncza osoba, osobnik, społeczeństwo
2. konkurent	— partner, rywal, współzawodnik
3. krytyka	— analiza, pochlebstwo, ocenianie
4. miłość	— uwielbienie, nienawiść, namiętność
5. powołanie kogoś	— wołanie kogoś, wezwanie kogoś, dymisjonowanie kogoś
6. praca	— bezrobocie, zajęcie, projekt, działanie
7. rozejm	— zawieszenie broni, wstrzymanie działań, walka
8. rozrywka	— relaks, zabawa, nuda
9. zwolennik	— przeciwnik, stronnik, wyznawca czegoś
10. zwycięstwo	— sukces, przezwyciężenie czegoś, klęska

SAMOOCENA

>[9] bdb • [9] + db • [8] db • [7] +dst • >[6] dst • <[6] ndst

Jeśli w zadaniu testowym jest więcej niż dziesięć jednostek — przelicz sam!

ZADANIE 306

Proszę wybrać, a następnie podkreślić (jeden) antonim (odpowiednik o znaczeniu przeciwstawnym) w grupach wyrazów zamieszczonych w kolumnie B.

WZÓR

inteligentny — zdolny, <u>ograniczony</u>, wybitny

A.	B.
1. aktywny	— czynny, pasywny, ruchliwy
2. bystry	— tępy, ostry, szybki, wrażliwy
3. krytyczny	— bezkrytyczny, ganiący, trudny, ciężki
4. lapidarny	— treściwy, dosadny, rozwlekły, zwięzły
5. następny	— poprzedni, kolejny, następujący
6. odważny	— tchórzliwy, bojowy, nieustraszony
7. pracowity	pilny, mozolny, ciężki, leniwy
8. przyjazny	— miły, wrogi, przyjacielski
9. religijny	— pobożny, bezwyznaniowy, modlący się
10. twardy	— sztywny, miękki, wytrzymały, nieustępliwy

SAMOOCENA

>[9] bdb • [9] + db • [8] db • [7] +dst • >[6] dst • <[6] ndst

Jeśli w zadaniu testowym jest więcej niż dziesięć jednostek — przelicz sam!

ZADANIE 307

Proszę zastąpić wyrażenia z kolumny A jednym wyrazem lub wyrażeniem o znaczeniu przeciwstawnym z kolumny B. Wybrany wyraz proszę podkreślić. Zadanie oznaczone symbolem zero (0) jest przykładem.

WZÓR

0. zachować zimną krew 0. krwawić, <u>stracić panowanie nad sobą</u>, umierać

A.	B.
1. być szarym człowiekiem	nie liczyć się, być osobistością
2. być w mniejszości	dominować, ukrywać się, poddawać się
3. dreptać w miejscu	rozwijać się, nie posuwać się do przodu

4. dyktować ceny — urynkowić ceny, narzucać ceny, zmuszać
5. grać uczciwie — oszukiwać, stosować reguły gry
6. mieć kulturę osobistą — zachowywać się poprawnie, być grubianinem
7. mówić płynnie — jąkać się, recytować, mówić bezbłędnie
8. okazywać niewdzięczność — gardzić, dziękować, lekceważyć
9. porozumiewać się bez słów — mówić, komunikować się na migi
10. zostawić kogoś / coś samopas — nie przejmować się, położyć coś, pilnować

SAMOOCENA

> [9] bdb • [9] + db • [8] db • [7] +dst • > [6] dst • < [6] ndst

Jeśli w zadaniu testowym jest więcej niż dziesięć jednostek — przelicz sam!

ZADANIE 308

Copyright by S. Mędak

Proszę wybrać, a następnie podkreślić (jeden) antonim (odpowiednik o znaczeniu przeciwstawnym) do przymiotników podanych w kolumnie B.

WZÓR

zachowywać się <u>rozsądnie</u> **zachowywać się:** || <u>głupio</u> || rozważnie || umiejętnie

A.

1. czuć się <u>podle</u>
2. dziękować komuś <u>serdecznie</u>
3. jechać <u>prędko</u>
4. kupić coś <u>drogo</u>
5. opowiadać coś <u>nudno</u>
6. prowadzić dyskusję <u>spokojnie</u>
7. traktować kogoś <u>źle</u>
8. zachowywać się <u>mądrze</u>
9. żyć <u>skromnie</u>
10. ubierać się <u>niechlujnie</u>

B.

czuć się: || świetnie || źle || kiepsko || licho
dziękować komuś: || niechętnie || szczerze || z głębi serca
jechać: || powoli || szybko || z dużą szybkością
kupić coś: || tanio || okazyjnie || za bezcen
opowiadać coś: || ciekawie || nieinteresująco || bez końca
prowadzić dyskusję: || burzliwie || rzeczowo
traktować kogoś: || dobrze || nieprawidłowo || pogardliwie
zachowywać się: || głupio || rozsądnie || roztropnie
żyć: || wystawnie || w biedzie || zwyczajnie
ubierać się: || schludnie || niestarannie || niedbale

SAMOOCENA

> [9] bdb • [9] + db • [8] db • [7] +dst • > [6] dst • < [6] ndst

Jeśli w zadaniu testowym jest więcej niż dziesięć jednostek — przelicz sam!

ZADANIE 309

Copyright by S. Mędak

Proszę wybrać, a następnie podkreślić jeden antonim w każdym zestawie z kolumny B.

WZÓR

kochać   — <u>nienawidzić</u>, tęsknić, uwielbiać

A.   **B.**

1. gardzić kimś — brzydzić się, potępiać, poważać kogoś
2. naprawiać coś — reperować, przywracać do używalności, psuć
3. oszczędzać — zbierać coś na coś, trwonić coś, nie wydawać czegoś
4. pamiętać o kimś — myśleć o kimś, nie zapominać o kimś, zapominać o kimś
5. przepraszać kogoś — tłumaczyć się, urażać kogoś, usprawiedliwiać się
6. rodzić się — przychodzić na świat, umierać, powstawać, pojawiać się
7. rozpalać coś — zapalać coś, rozjaśniać coś, gasić coś
8. skazywać kogoś — uniewinniać kogoś, wydawać wyrok, karać kogoś czymś
9. witać kogoś — żegnać kogoś, żegnać się z czymś, przeżegnać się
10. występować z czegoś — wypisywać się, rezygnować z czegoś, wstępować do czegoś

SAMOOCENA

>[9] bdb • [9] + db • [8]   db • [7] +dst • >[6] dst • <[6] ndst

Jeśli w zadaniu testowym jest więcej niż dziesięć jednostek — przelicz sam!

ZADANIE 310

Copyright by S. Mędak

Proszę wpisać w kolumnie B właściwe czasowniki o znaczeniu przeciwstawnym.

WZÓR

<u>Przegrałem</u> w karty dużo pieniędzy.   ≠ <u>Wygrałem</u> w karty dużo pieniędzy.

A.   **B.**

1. <u>Naprawiłem</u> mu radio.   ≠ .... jego radio.
2. <u>Przyjechał</u> o siódmej.   ≠ .... po piętnastu minutach.
3. <u>Przywitaliśmy</u> ich na dworcu.   ≠ .... ich na dworcu.
4. Słońce już <u>wzeszło</u>.   ≠ Słońce już ....
5. <u>Spakowaliśmy</u> wszystkie walizki.   ≠ .... już wszystkie walizki.

6. <u>Włączyła</u> pralkę.   ≠ Po chwili .... pralkę.

7. <u>Wpłaciłem</u> pieniądze w banku.   ≠ .... pieniądze z banku.

8. <u>Wyszliśmy</u> razem z domu.   ≠ .... razem do domu.

9. <u>Zakręcił</u> kran i wyszedł z łazienki.   ≠ .... kran i wyszedł.

10. <u>Zgubił</u> swój paszport.   ≠ Po tygodniu .... swój paszport.

SAMOOCENA

>[9] bdb • [9] + db • [8] db • [7] +dst • >[6] dst • <[6] ndst

Jeśli w zadaniu testowym jest więcej niż dziesięć jednostek — przelicz sam!

ZADANIE 311

Copyright by S. Mędak

Proszę wpisać w miejsce kropek przymiotnikowe określenia przeciwstawne do podanych przykładów.

WZÓR

Piję tylko <u>słabą</u> herbatę.   → A ja piję tylko <u>mocną</u> herbatę.

1. Jem tylko dania <u>jarskie</u>.   → A ja jem tylko dania ....

2. Uwielbiam jarzyny <u>surowe</u>.   → A ja mogę jeść tylko jarzyny ....

3. Piła tylko kawę <u>gorzką.</u>   → A ja zawsze piłam kawę ....

4. Nie lubię mleka <u>gotowanego</u>.   → A ja nie lubię mleka ....

5. Napoje <u>alkoholowe</u> mogą dla mnie nie istnieć.   → Piję wyłącznie napoje ....

6. Zimą piję napoje <u>gorące</u>.   → Napoje .... piję latem.

7. Kupuję tylko pieczywo <u>świeże</u>.   → Pieczywem .... karmię kaczki.

8. Uwielbiam piwo <u>jasne</u>.   → Nie znoszę piwa ....

9. Uwielbiam wina <u>słodkie</u>.   → Wina .... mi nie smakują.

10. Woda <u>gazowana</u> jest smaczna.   → Woda .... jest bez smaku.

SAMOOCENA

>[9] bdb • [9] + db • [8] db • [7] +dst • >[6] dst • <[6] ndst

Jeśli w zadaniu testowym jest więcej niż dziesięć jednostek — przelicz sam!

ZADANIE 312

Proszę wybrać, a następnie podkreślić (jeden) antonim (odpowiednik o znaczeniu przeciwstawnym) do czasowników podanych w kolumnie A.

WZÓR

odmeldować się — wymeldować się, zameldować się, przemeldować się

A.	**B.**
1. przyprowadzać kogoś	— wyprowadzać kogoś, przeprowadzać kogoś, uprowadzać kogoś
2. schodzić skądś	— wchodzić gdzieś / na coś, przechodzić z czegoś, rozchodzić się
3. siadać na czymś	— wstawać z czegoś, wysiadać z czegoś, zasiadać do czegoś
4. smucić się czymś	— dręczyć się czymś, zamartwiać się czymś, radować się
5. wygrywać w coś	— przegrywać w coś, rozgrywać coś, nagrywać coś
6. wyjeżdżać skądś	— przyjeżdżać dokądś, wychodzić skądś, zajeżdżać gdzieś
7. wylewać coś	— wlewać coś, przelewać coś, rozlewać coś
8. zapamiętywać coś	— zapominać o czymś, rozpamiętywać coś, pamiętać o czymś
9. zapisywać się	— wypisywać się, rozpisywać się, przepisywać coś
10. zrzucać coś	— podnosić coś, wyrzucać coś, przerzucać coś

SAMOOCENA

>[9] bdb • [9] + db • [8] db • [7] +dst • >[6] dst • <[6] ndst

Jeśli w zadaniu testowym jest więcej niż dziesięć jednostek — przelicz sam!

DEFINICJE

ZADANIE 313

Copyright by S. Mędak

Proszę wybrać z trzech krótkich definicji jedną definicję, którą uważasz za właściwą w całym zestawie od 1 do 10.

WZÓR

0. «słomiany zapał»	a. <u>zapał, który trwa bardzo krótko</u>
	b. ogromna chęć (do) robienia czegoś
	c. entuzjazm
POŁĄCZENIE:	[0 / a.]

1. **«bać się jak ognia»**	a. bać się ognia
	b. bać się kogoś, czegoś bardzo; panicznie
	c. nie bać się wcale
2. **«grać komuś na nerwach»**	a. denerwować kogoś świadomie
	b. denerwować się
	c. doprowadzać kogoś do równowagi
3. **«grać pierwsze skrzypce»**	a. próbować kogoś uspokoić
	b. mieć decydujący głos w jakichś sprawach
	c. ćwiczyć na nowym instrumencie
4. **«iść komuś na rękę»**	a. iść z kimś, trzymając się za ręce
	b. ułatwiać coś komuś
	c. iść, machając ręką
5. **«nauczyć kogoś rozumu»**	a. skarcić kogoś, dotkliwie ukarać
	b. prowadzić z kimś dodatkowe zajęcia
	c. tłumaczyć komuś coś w delikatny sposób
6. **«robić wielkie oczy»**	a. malować oczy, powieki i rzęsy ciemnym tuszem
	b. okazywać wielkie zdziwienie
	c. bać się czegoś
7. **«siedzieć jak na tureckim kazaniu»**	a. słuchać czegoś, nic nie rozumiejąc
	b. wsłuchiwać się w mowę wygłaszaną przez duchownego
	c. siedzieć i nic nie robić; odpoczywać

8. **«trzymać język za zębami»**   a. milczeć z powodu bólu zębów

b. trzymać się za zęby

c. dochowywać / dochować tajemnicy

9. **«wziąć się w garść»**   a. wziąć coś do ręki

b. opanować nerwy, zmobilizować się do czegoś

c. wziąć garstkę, odrobinę czegoś do ręki

10. **«patrzeć na kogoś / coś z przymrużeniem oka»**   a. traktować coś / kogoś pobłażliwie, nie do końca poważnie

b. mrużyć oczy z powodu silnego słońca

c. zamykać częściowo oczy; przymykać oczy

Miejsce do wpisania właściwych połączeń:

[1 .....]   [2 .....]   [3 .....]   [4 .....]   [5 .....]   [6 .....]   [7 .....]   [8 .....]   [9 .....]   [10 .....]

SAMOOCENA

>[9] bdb   •   [9] + db   •   [8]   db   •   [7] + dst   •   >[6] dst   •   <[6] ndst

Jeśli w zadaniu testowym jest więcej niż dziesięć jednostek — przelicz sam!

ZADANIE 314

Copyright by S. Mędak

Proszę wybrać właściwy odpowiednik do każdej z poniżej podanych informacji, a następnie proszę go wpisać w miejsce kropek.

WZÓR

(obeznany • oczytany • orientujący się)

Człowiek, który osiągnął orientację, wiedzę w jakiejś dziedzinie przez przeczytanie wielu książek to: ktoś oczytany.

(blok • kamienica • willa • schronisko)

1. Kilkupiętrowy dom na (w) Starym Mieście Krakowa, Londynu, Rzymu to:

....

(pokój pomalowany na kolor szary / w kolorze szarym • pokój z jednym oknem wychodzącym na podwórko • pokój z wieloma oknami)

2. Pokój jasny to: ....

(gabinet • pracownia • garsoniera• poddasze)

3. Pokój, w którym przyjmuje lekarz to: ....

(wynajmować część jakiegoś pomieszczenia • mieć małe lecz własne mieszkanie • kupić nowe mieszkanie)

4. Mieszkać gdzieś kątem to: ....

(oznacza: bardzo blisko kogoś • w odosobnieniu • na osiedlu)

5. Mieszkać o miedzę z kimś: ....

(mieszkać w centrum miasta • mieszkać w granicach administracyjnych miasta • mieszkać poza granicami administracyjnymi miasta)

6. Mieszkać za miastem to: ....

(mieszkać w sąsiednim pokoju / mieszkaniu • mieszkać o jedno piętro wyżej • mieszkać w sąsiednim budynku)

7. Mieszkać z kimś przez ścianę to oznacza: ....

(służbowe • własnościowe • spółdzielcze)

8. Mieszkanie, które zostało użyczone komuś przez instytucję to mieszkanie:

....

(mieszkanie składające się z dwóch pokoi i łazienki • mieszkanie składające się z trzech pokoi, kuchni i łazienki)

9. Mieszkanie trzypokojowe to: ....

(na krańcach miasta • na peryferiach • na wsi)

10. Mieszkać poza miastem, oznacza: ....

SAMOOCENA

>[9] bdb • [9] + db • [8] db • [7] +dst • >[6] dst • <[6] ndst

Jeśli w zadaniu testowym jest więcej niż dziesięć jednostek — przelicz sam!

DOBIERANIE WŁAŚCIWYCH SŁÓW

ZADANIE 315

Copyright by S. Mędak

Proszę wpisać w miejsce kropek właściwe zakończenia poniżej podanych wyrażeń.
Zakończenia do wyboru: *głowie, języka, kawę, lekturę prasy, mąż, piątką, przewodnika, pytanie, spóźnienie, wniosku, zapomnienia.*

WZÓR

ocalić coś od ...   — <u>zapomnienia</u>

1. być czyimś oczkiem w ...   — ....
2. dojść do ...   — ....
3. koniec języka za ...   — ....
4. mieć coś na końcu ...   — ....
5. mieć ochotę na ...   — ....
6. mieszkać pod ...   — ....
7. odpowiedzieć na ...   — ....
8. przepraszać za ...   — ....
9. wyjść za ...   — ....
10. zabrać się za ...   — ....

SAMOOCENA

>[9] bdb • [9] + db • [8] db • [7] +dst • >[6] dst • <[6] ndst

Jeśli w zadaniu testowym jest więcej niż dziesięć jednostek — przelicz sam!

ZADANIE 316

Copyright by S. Mędak

Proszę wybrać, a następnie wpisać w miejsce kropek jedną z form czasownikowych korespondujących z sensem poniżej zamieszczonych wypowiedzi prasowych.

WZÓR

(ogłosił • uznał • zrobił)

Prezydent Republiki <u>ogłosił</u> amnestię.

(rozstrzygali • rozpoczynali • porozumiewali się)

1. Wszelkie spory zwaśnieni sąsiedzi .... w sądach.

(ogłosił • uznał • przywrócił)

2. W tym roku kolejny kraj .... swoją niezależność.

(przegrał • ostrzegał • pokonał)

3. Ojciec .... syna przed grożącym mu niebezpieczeństwem.

(marzą • wymaga • domagają się)

4. Związki zawodowe .... zawsze spełnienia wszystkich postulatów.

(głosuję • popieram • należę)

5. Nigdy nie .... na partie narodowe oraz ugrupowania faszystowskie.

(opowiadali się • wypowiadają się • opowiadają)

6. Niektórzy studenci .... na temat zmian w regulaminie studiów dziennych.

(postanowił • uchwalił • podjął)

7. Sejm nie .... ustawy o dofinansowaniu wiejskich szkół.

(podjął • zgłosił • odwołał)

8. Minister .... z placówek zagranicznych kilku ambasadorów.

(ustąpił • poddał się • wystąpił)

9. Mimo głosów protestu minister edukacji nie .... z zajmowanego stanowiska.

(przebiegało • odbędzie się • planuje)

10. Kolejne spotkanie szefów najbogatszych krajów świata .... w Wieliczce pod Krakowem.

SAMOOCENA

>[9] bdb • [9] + db • [8] db • [7] +dst • >[6] dst • <[6] ndst

Jeśli w zadaniu testowym jest więcej niż dziesięć jednostek — przelicz sam!

ZADANIE 317

Copyright by S. Mędak

Proszę podkreślić właściwe odpowiedniki w „wyliczance" przeciętnego klienta. Poprawna jest tylko jedna odpowiedź.

WZÓR

Nie mam już nic do jedzenia, ani do picia; a więc muszę iść na zakupy do sklepu: gospodarstwa domowego — obuwniczego — papierniczego — <u>spożywczego</u>.

<u>**Muszę kupić:**</u>

1. butelkę — słoik — kilka puszek || piwa;
2. dziesięć — dwa — resztkę || jajek;
3. jednej kromki — bochenek — jedną konserwę || chleba;
4. kawałek — torebkę — kontener || cukru;
5. kilogram — litr — łyżkę — kostkę || mleka;
6. kostkę — tuzin — pęczek || masła do smarowania chleba;
7. zestaw — zespół — duży kawałek || żółtego sera;

<u>**na targu warzywno-owocowym muszę kupić:**</u>

8. dwie główki — dwa pęczki — dwa bukiety || kapusty;
9. osełkę — tabliczkę — pęczek || masła do ciasta
10. zespół — bukiet — odrobinę || jesiennych kwiatów;

<u>**po drodze do domu zjem**</u>

11. hamburgera — lody — dwa jajka sadzone || w barze mlecznym;

<u>**potem wypiję:**</u>

12. maślankę — kefir — czarną kawę ze śmietanką || w kawiarni;

<u>**w kiosku kupię:**</u>

13. butelkę wyborowej — bieżący program telewizji — oryginalny flakonik Chanel °5;

<u>**u ulicznej handlarki owocami dokupię:**</u>

14. trochę brokułów — dwa kilogramy tanich jabłek — słoik smalcu *Chłopskie Jadło*;

<u>**a w sklepie z używaną odzieżą kupię:**</u>

15. rosyjską wodę kolońską — czeski rower — wytarte dżinsy za kilka euro.

SAMOOCENA

>[9] bdb • [9] + db • [8] db • [7] +dst • >[6] dst • <[6] ndst

Jeśli w zadaniu testowym jest więcej niż dziesięć jednostek — przelicz sam!

ZADANIE 318

Copyright by S. Mędak

Proszę wpisać w miejsce kropek jedną z wybranych form korespondującą z sensem zdania / zdań. <u>Formy do wyboru</u>: *aptekach, golenia, gramy, odrabiamy, pasty, peronie, piętrze, róż, skasować, walizki, wykłady, zniżkowy.*

WZÓR

W soboty i niedziele zwykle *(my)* <u>gramy</u> w siatkówkę.

1. Byłem w dwóch ...., ale nigdzie nie ma tego lekarstwa.
2. Po uzyskaniu doktoratu, prowadziła na uczelni .... z gramatyki.
3. Czy już spakowałeś wszystkie .... przed podróżą?
4. Ekspres *Marian* z Kolbuszowej do Berlina odjedzie z toru czwartego przy .... drugim A.
5. Jeżeli jesteś studentem, możesz kupić bilet .... na wszystkie rodzaje pociągów.
6. Kowalscy mieszkają na trzecim .... w najwyższym wieżowcu na osiedlu Zielonym.
7. Lektor był chory, a więc w tym tygodniu *(my)* .... zaległe zajęcia.
8. Myślę, że zapomniałem .... do zębów oraz maszynki do ....
9. Nie ma dostępu do kasownika. Czy pan mógłby .... mój bilet?
10. Uwielbiam to genialne stwierdzenie: 'Nie czas żałować ...., gdy płoną lasy".

SAMOOCENA

>[9] bdb • [9] + db • [8] db • [7] +dst • >[6] dst • <[6] ndst

Jeśli w zadaniu testowym jest więcej niż dziesięć jednostek — przelicz sam!

ZADANIE 319

Copyright by S. Mędak

Proszę wybrać jeden czasownik z zestawu 1–10 (kolumna A) i wpisać go w miejsce kropek w kolumnie B.

WZÓR

[grzać, palić, mierzyć]   <u>mierzyć</u> temperaturę

A.

1. [dzwonić, oddzwonić, wydzwonić]
2. [nadsyłać, wysyłać, zsyłać]
3. [odprowadzać, przeprowadzać, naprowadzać]

B.

1. .... na pogotowie
2. .... coś pocztą elektroniczną
3. .... dziecko do przedszkola

4. [otrzymać, wytrzymać, zatrzymać]
5. [przepłacać, płacić, płakać]
6. [wypić, połykać, zażywać]
7. [wypisać się, wpisać się, odpisać]
8. [wypisywać, odpisywać, spisywać]
9. [wyzywać się, wzywać, odzywać się]
10. [zakładać, wykładać, odkładać]

4. .... zaliczenie
5. .... za rachunek
6. .... pokarm
7. .... na uniwersytet
8. .... receptę
9. .... policję
10. .... konto w banku

SAMOOCENA

>[9] bdb • [9] + db • [8] db • [7] +dst • >[6] dst • <[6] ndst

Jeśli w zadaniu testowym jest więcej niż dziesięć jednostek — przelicz sam!

HOMONIMY

ZADANIE 320

Copyright by S. Mędak

Proszę połączyć zdania z odpowiednimi homonimami w każdym zestawie od 1 do 10.

WZÓR

Zestaw 0.

zamek I   w zn. *'urządzenie służące do zamykania drzwi, walizki, szuflady itp.'*

zamek II   w zn. *'rodzaj twierdzy, obronna siedziba feudalna'*

<u>ZDANIA:</u>   a. Trudno dostać się do tego zamku, gdyż położony jest w miejscu zupełnie niedostępnym.

b. Zgubiłem klucz do zamka.

POŁĄCZENIE: zamek I / b; zamek II / a

Zestaw 1.

państwo I   w zn. *'ogół współdziałających ze sobą instytucji; podmiot prawa między-narodowego, mający: stałą ludność, określone terytorium, rząd itd.'*

państwo II   w zn. *'grzecznościowe, oficjalne określenie pary małżeńskiej'*

państwo III   w zn. *'oficjalna forma grzecznościowa, używana w stosunku do co najmniej dwóch osób obu płci'*

<u>ZDANIA:</u>   a. Przepraszam państwa za małe spóźnienie.

b. Mówiliśmy już o tym państwu, którzy noszą nazwisko Kowalscy.

c. W tym państwie rząd został podporządkowany mafii.

POŁĄCZENIE: państwo I / ..... ; państwo II . .....; państwo III / ....

Zestaw 2.

przypadek I   w zn. 'nieprzewidywalny, czynnik; splot, zbieg okoliczności jakiegoś zdarzenia';
                  traf, los'

przypadek II w zn. 'kategoria gramatyczna określająca składniową funkcję rzeczowników,
                  przymiotników oraz zaimków'

ZDANIA: a. Nie rozumiem funkcji jednego przypadka.

                  b. Co może oznaczać wyrażenie *od przypadku do przypadku?*

POŁĄCZENIE: przypadek I / ..... ; przypadek II . ...

Zestaw 3.

rola I   w zn. 'grunt, pole uprawne; gleba, świeżo zaorana ziemia, uprawiona, gotowa
             do wykorzystania pod jakąś uprawę'

rola II w zn. 'postać z utworu scenicznego, sztuki teatralnej, filmu grana przez
             aktora'

ZDANIA: a. Z zamiłowaniem uprawiał swoją rolę.

             b. Z trudem uczył się tej roli.

POŁĄCZENIE: rola I / ..... ; rola II . ...

Zestaw 4.

król I   w zn. 'osoba sprawująca najwyższą władzę w państwie o ustroju monar-
              chicznym'

król II   w zn. 'figura w kartach'

król III w zn. 'królik' (zwierzę domowe)

król IV   w zn. 'potentat finansowy w jakiejś dziedzinie produkcji'

ZDANIA: a. Znam tylko jedno nazwisko króla polskiego.

              b. Ten milioner z Moskwy jest królem nafty.

              c. W tym rozdaniu kart mam dwa króle.

              d. Kupiliśmy dwa króle, które umieściliśmy w przydomowej klatce.

POŁĄCZENIE: król I / ..... ; król II . .....; król III / ....; król IV / ....

Zestaw 5.

marynarka I   w zn. 'górna część ubrania męskiego'

marynarka II w zn. 'morskie siły zbrojne państwa'

ZDANIA: a. Zapięli swoje marynarki i wyszli.

                  b. Brat zaciągnął się do marynarki.

POŁĄCZENIE: marynarka I / ..... ; marynarka / II ....

Zestaw 6.

pismo I   w zn. *'tekst napisany na kartce papieru; papier z napisanym tekstem'*

pismo II   w zn. *'publikacja, wydawnictwo okresowe, czasopismo, periodyk'*

pismo III   w zn. *'system znaków graficznych odpowiadających określonym dźwiękom lub pojęciom; ogół liter tworzących dany alfabet'*

ZDANIA: a. Napisałem pismo do marszałka sejmu.

               b. Najładniejsze jest chyba pismo gruzińskie.

               c. Znowu kupiłaś kolejne pismo dla kobiet?!

POŁĄCZENIE: pismo I / ..... ; pismo II . .....; pismo III / ....

Zestaw 7.

pokój I   w zn. *'stan zgody między państwami, narodami; brak wojny'*

pokój II   w zn. *'część domu oddzielona od innych ścianami, podłogą i sufitem, wyposażona w drzwi i okna; przeznaczona do określonych czynności, np. przyjmowania gości, odpoczynku itd.'*

ZDANIA: a. Muszę wynająć pokój dla syna.

               b. Po latach kłótni musimy w końcu zawrzeć pokój.

POŁĄCZENIE: pokój I / ..... ; pokój II . ...

Zestaw 8.

rząd I   w zn. *'pewna ilość krzeseł ustawionych jedno za drugim lub jeden przy drugim; ciąg, szereg itp.'*

rząd II   w zn. *'główny organ państwowy do zarządzania danym krajem (państwem)'*

ZDANIA: a. Lubił siedzieć w ostatnim rzędzie.

               b. W naszym rządzie jest coraz więcej ministrów.

POŁĄCZENIE: rząd I / ..... ; rząd II . ...

Zestaw 9.

wyraz I   w zn. *'ciąg głosek lub liter, np.* język, podręcznik, Polak, ponieważ*'*

wyraz II   w zn. *'zewnętrzny przejaw czegoś, zwykle stanu emocjonalnego człowieka; układ rysów twarzy'*

ZDANIA: a. Nie rozumiem znaczenia tego wyrazu.

               b. Nie mógł odnaleźć w jej oczach dawnego wyrazu.

POŁĄCZENIE: wyraz I / ..... ; wyraz II / ....

Zestaw 10.

zdanie I	w zn. *'pogląd na jakąś sprawę, opinia o kimś bądź o czymś; sąd, mniemanie'*
zdanie II	w zn. *'zespół wyrazów powiązanych gramatycznie i znaczeniowo; zawierający orzeczenie wyrażone najczęściej czasownikiem'*
ZDANIA:	a. Zawsze miał w zanadrzu jakieś okrągłe zdanie dla każdego. *(pot.)*
	b. Zawsze miał swoje zdanie na każdy temat.
POŁĄCZENIE:	zdanie I / ..... ; zdanie II / ..... .

SAMOOCENA

>[9] bdb • [9] + db • [8] db • [7] +dst • >[6] dst • <[6] ndst

Jeśli w zadaniu testowym jest więcej niż dziesięć jednostek — przelicz sam!

IDIOMY || ZWROTY || KONSTRUKCJE SKŁADNIOWE

ZADANIE 321

Copyright by S. Mędak

Proszę wstawić do niepełnych wyrażeń frazeologicznych następujące czasowniki ruchu: *dochodzić / dojść, iść / pójść, odchodzić, przechodzić / przejść, przychodzić, wchodzić / wejść, wychodzić / wyjść.*

WZÓR

<u>dochodzić / dojść</u> do skutku || tzn. *'coś jest / zostaje (z)realizowane, spełnia się / spełni się'*

1. .... na łatwiznę || tzn. *'postępować, działać w sposób najłatwiejszy'*
2. .... w czyjeś położenie || tzn. *'wczuć się w czyjąś sytuację'*
3. .... z siebie || tzn. *'dawać z siebie wszystko'*
4. .... do historii || tzn. *'uwiecznić się, upamiętnić się'*
5. .... do siebie || tzn. *'odzyskiwać siły, zdrowie'*
6. .... od zmysłów || tzn. *'tracić równowagę psychiczną, panowanie nad sobą'*
7. (coś) .... ludzkie pojęcie || tzn. *'czegoś nie sposób pojąć, coś jest zupełnie nieprawdopodobne; też: w najwyższym stopniu oburzające'*
8. .... drukiem || tzn. *'zostawać wydrukowanym, opublikowanym'*
9. .... z założenia || tzn. *'przyjmować, uważać coś za rzecz pewną, zakładać coś'*
10. .... do siebie || tzn. *'odzyskiwać przytomność'*

SAMOOCENA

>[9] bdb • [9] + db • [8] db • [7] +dst • >[6] dst • <[6] ndst

Jeśli w zadaniu testowym jest więcej niż dziesięć jednostek — przelicz sam!

ZADANIE 322

Copyright by S. Mędak

Proszę podkreślić właściwe znaczenie (jedno w każdym zestawie od 1 do 10) poniżej podanych zwrotów i wyrażeń.

WZÓR

«coś komuś utkwiło w głowie»
- a. ktoś coś zapamiętał
- b. ktoś został zraniony kulą w głowę
- c. ktoś kogoś zranił w głowę

1. «ktoś się liczy w jakimś gronie»
   - a. jest najbogatszy
   - b. jest ceniony
   - c. jest uważany za skąpego człowieka

2. «liczyć się ze słowami»
   - a. liczyć słowa we własnym tekście
   - b. zwracać baczną uwagę na znaczenie słów
   - c. zwracać uwagę na wypowiedziane słowa

3. «liczyć się z każdym groszem»
   - a. wydawać pieniądze oszczędnie
   - b. liczyć bez przerwy swoje znaczne oszczędności
   - c. mieć wiele pieniędzy

4. «mieć kogoś (coś) w nosie»
   - a. obrażać wszystkich
   - b. lekceważyć coś / kogoś
   - c. być dumnym

5. «wywoływać wilka z lasu»
   - a. hałasować w zoo
   - b. przeszkadzać zwierzętom w czasie jedzenia
   - c. kusić zły los

6. «uczyć się rozumu»
   - a. uczyć się czegoś na zajęciach z języka polskiego
   - b. wyciągać wnioski z wcześniej popełnionych błędów
   - c. uczyć innych, jak powinni myśleć

7. «uważać się za kogoś»
   - a. uważać na to, co inni mówią
   - b. mieć o sobie wysokie mniemanie
   - c. zwracać uwagę na swoje ubranie

8. «wyglądać jak śledź»
   - a. mieć dziwną powierzchowność
   - b. odznaczać się dziwnym zapachem / mieć dziwny zapach
   - c. sprawiać wrażenie człowieka wymizerowanego; być być chudym

9. «wyglądać jak pączek w maśle» a. cieszyć się powodzeniem u kobiet

b. być energicznym człowiekiem

c. nie mieć żadnych kłopotów materialnych; czuć się zadowolonym, szczęśliwym

10. «wszystko mnie obchodzi» a. obchodzę swoją posiadłość kilka razy dziennie

b. czuję się jak na karuzeli

c. interesuję się wszystkim

SAMOOCENA

>[9] bdb • [9] + db • [8] db • [7] +dst • >[6] dst • <[6] ndst

Jeśli w zadaniu testowym jest więcej niż dziesięć jednostek — przelicz sam!

INTERAKCJA LEKSYKALNA

ZADANIE 323

Copyright by S. Mędak

Proszę połączyć pytania z kolumny B z odpowiedziami z kolumny A. Połączenie oznaczone symbolem zero (0) jest przykładem.

WZÓR

0. (Bardzo) chętnie. 0. Napije się pani kawy?

A. **B.**

1. Proszę (bardzo). a. Przebaczysz mi zdradę?

2. Coraz gorzej. b. Dobrze o mnie myślisz?

3. Ależ oczywiście! Proszę siadać! c. Czy mogłaby Pani ustąpić miejsca tej staruszce?

4. Dlaczego nie? Lubię tańczyć. d. Może mi pani pomóc?

5. Chyba nie. e. Jak się czujesz?

6. Raczej tak. f. Pożyczysz mi jeszcze raz trochę pieniędzy?

7. Na nic nie mam ochoty. g. Masz ochotę na spacer?

8. Przykro mi. Nie mogę. h. Pójdziemy na dyskotekę?

9. Nie. Nigdy. i. To boli?

10. Jeszcze jak! j. Czy mogę tutaj usiąść?

Miejsce do wpisania właściwych połączeń:

[1 .....] [2 .....] [3 .....] [4 .....] [5 .....] [6 .....] [7 .....] [8 .....] [9 .....] [10 .....]

SAMOOCENA

>[9] bdb • [9] + db • [8] db • [7] +dst • >[6] dst • <[6] ndst

Jeśli w zadaniu testowym jest więcej niż dziesięć jednostek — przelicz sam!

ŁĄCZENIE RZECZOWNIKÓW Z CZASOWNIKAMI

ZADANIE 324

Copyright by S. Mędak

Proszę wpisać w miejsce kropek odpowiednie czasowniki z kolumny B. Połączenie oznaczone symbolem zero (0) jest przykładem.

WZÓR

0. Do tej starej windy codziennie <u>wchodzę</u> z przerażeniem.   0. wchodzę

POŁĄCZENIE: [0 / 0]

A.   **B.**

1. Codziennie *(ja)* .... na przystanku blisko dworca.   a. wysiadam

2. Dzieci powinny .... przez skrzyżowania pod opieką dorosłych.   b. idą

3. Uwaga! Dziecko .... samo przez ulicę.   c. rozchodzą się

4. Kim są ci panowie, którzy .... w naszym kierunku?   d. przechodzić

5. Mama zawsze .... pieszo do pracy.   e. chodzi

6. Pan Janek .... z kolejną żoną.   f. rozchodzi się

7. Pan Mędak codziennie .... na spacer ze swoim seterem.   g. wychodzi

8. Pan Wacek .... od nas z pracy. Cóż za radość!   h. schodzi

9. Staruszek .... po schodach ostrożnie.   i. odchodzi

10. Studenci .... po zajęciach do domów.   j. przechodzi

<u>Miejsce do wpisania właściwych połączeń:</u>

[1 .....]   [2 .....]   [3 .....]   [4 .....]   [5 .....]   [6 .....]   [7 .....]   [8 .....]   [9 .....]   [10 .....]

SAMOOCENA

>[9] bdb • [9] + db • [8] db • [7] +dst • >[6] dst • <[6] ndst

Jeśli w zadaniu testowym jest więcej niż dziesięć jednostek — przelicz sam!

ZADANIE 325

Copyright by S. Mędak

Proszę wpisać w miejsce kropek jedną lub dwie czynności, które wykonuje człowiek lub jego organizm.

<u>Czynności do wpisania</u>: *całować, chwytać przedmioty, gryźć, kiwać, kopać piłkę, kręcić, machać, oblizywać coś, oddychać, ogryzać, podsłuchiwać, pokazywać, pukać się w czoło, słuchać, szczękać, trzymać się czegoś, wciągać powietrze, wydychać, wzruszać.*

WZÓR

oczami	—	patrzymy, obserwujemy, mrugamy itd.

1. głową — ....
2. językiem — ....
3. nogą — ....
4. nosem — ....
5. palcem — ....
6. ramionami — ....
7. rękami (rękoma) — ....
8. ustami — ....
9. uszami — ....
10. zębami — ....

SAMOOCENA

> [9] bdb • [9] + db • [8] db • [7] +dst • > [6] dst • < [6] ndst

Jeśli w zadaniu testowym jest więcej niż dziesięć jednostek — przelicz sam!

ŁĄCZENIE PRZYMIOTNIKÓW Z RZECZOWNIKAMI

ZADANIE 326

Copyright by S. Mędak

Proszę wpisać w miejsce kropek właściwe formy poniżej podanych przymiotników lub imiesłowów łączących się w logiczny sposób z rzeczownikami zamieszonymi poniżej.

<u>Formy przymiotników:</u> *fałszywe, groźni, niekompetentna, nieuprzejme, nowoczesne, słodkie, usychające, wegetariańskie, wierni, zadbane.*

WZÓR

dzikie zwierzęta

1. .... centra handlowe

2. .... sprzedawczynie

3. .... przyjaciele

4. .... pieniądze

5. .... przestępcy

6. .... dyrektorka

7. .... dzieci

8. .... ciastka

9. .... drzewa

10. .... dania

SAMOOCENA

>[9] bdb • [9] + db • [8] db • [7] +dst • >[6] dst • <[6] ndst

Jeśli w zadaniu testowym jest więcej niż dziesięć jednostek — przelicz sam!

ŁĄCZENIE RZECZOWNIKÓW Z RZECZOWNIKAMI

ZADANIE 327

Copyright by S. Mędak

Proszę połączyć wyrazy z kolumny A z właściwymi wyrazami podanymi w kolumnie B. Połączenie oznaczone symbolem zero (0) jest przykładem.

WZÓR

0. studenteria

0. środowisko studenckie, ogół studentów

A.

1. armia
2. chór
3. drużyna
4. nieruchomości
5. nietolerancja
6. orkiestra
7. przedszkole
8. rząd
9. tłum
10. widownia

B.

a. budynki, magazyny, hale
b. muzycy, dyrygent
c. skupisko ludzi
d. dzieci, wychowawczynie
e. sportowcy lub harcerze
f. zespół śpiewaków
g. żołnierze, dowódcy
h. politycy, ministrowie
i. ucisk, gnębienie, krzywdzenie innych
j. widzowie

Miejsce do wpisania właściwych połączeń:
[1 .....]   [2 .....]   [3 .....]   [4 .....]   [5 .....]   [6 .....]   [7 .....]   [8 .....]   [9 .....]   [10 .....]

SAMOOCENA

>[9] bdb • [9] + db • [8] db • [7] +dst • >[6] dst • <[6] ndst

Jeśli w zadaniu testowym jest więcej niż dziesięć jednostek — przelicz sam!

ZADANIE 328

Copyright by S. Mędak

polecenie — jak w zadaniu testowym 327

WZÓR

0. sedes   0. ubikacja

A.	**B.**
1. DVD	a. łazienka
2. dysk twardy	b. komputer
3. kawa	c. kuchnia
4. książki	d. sypialnia
5. kwiaty	e. wino
6. lampka	f. wazon
7. lodówka	g. filiżanka
8. łóżko	h. biblioteczka
9. obrus	i. stół
10. wanna	j. odtwarzacz

Miejsce do wpisania właściwych połączeń:

[1 .....]   [2 .....]   [3 .....]   [4 .....]   [5 .....]   [6 .....]   [7 .....]   [8 .....]   [9 .....]   [10 .....]

SAMOOCENA

>[9] bdb • [9] + db • [8] db • [7] +dst • >[6] dst • <[6] ndst

Jeśli w zadaniu testowym jest więcej niż dziesięć jednostek — przelicz sam!

ZADANIE 329

Copyright by S. Mędak

polecenie — jak w zadaniu testowym 327

WZÓR

0. buty   0. nogi

A.	**B.**
1. bransoletka	a. nos
2. czapka	b. ucho / uszy
3. kolczyk / kolczyki	c. ręce
4. naszyjnik	d. głowa
5. okulary	e. palec
6. obrączka	f. serce

7. rękawiczki   g. szyja

8. rozrusznik   h. nadgarstek / przedramię

9. skarpetki   i. jama ustna

10. sztuczna szczęka   j. stopy, nogi

Miejsce do wpisania właściwych połączeń:

[1 .....]   [2 .....]   [3 .....]   [4 .....]   [5 .....]   [6 .....]   [7 .....]   [8 .....]   [9 .....]   [10 .....]

SAMOOCENA

>[9] bdb • [9] + db • [8] db • [7] +dst • >[6] dst • <[6] ndst

Jeśli w zadaniu testowym jest więcej niż dziesięć jednostek — przelicz sam!

NAZWY CZŁONKÓW RODZINY || NAZWY NADRZĘDNE || NAZWY OGÓLNE || NAZWY PODRZĘDNE || NAZWY WYKONAWCÓW CZYNNOŚCI || NAZWY ZAWODÓW ||

ZADANIE 330

Copyright by S. Mędak

Proszę wpisać w miejsce kropek nazwy członków rodziny.

Członkowie rodziny: bratanek, ciotka, siostrzeniec, synowa, szwagier, teściowa, teść, wnuk *a.* wnuczek, wuj *a.* wujek, zięć.

WZÓR

ojciec ojca to   —   dziadek

1. brat matki to   —   ....

2. matka męża to   —   ....

3. mąż córki to   —   ....

4. mąż siostry to   —   ....

5. ojciec żony to   —   ....

6. siostra matki to   —   ....

7. syn brata to   —   ....

8. syn siostry to   —   ....

9. syn syna to   —   ....

10. żona syna to   —   ....

SAMOOCENA

>[9] bdb • [9] + db • [8] db • [7] +dst • >[6] dst • <[6] ndst

Jeśli w zadaniu testowym jest więcej niż dziesięć jednostek — przelicz sam!

ZADANIE 331

Copyright by S. Mędak

Proszę wpisać w miejsce kropek nazwy nadrzędne do podanych słów.

WZÓR

Rodzice i dzieci to jest — <u>rodzina.</u>

1. Brat i siostra to jest — ....
2. Dziadek i babcia to są — ....
3. Kuzyn i kuzynka to są — ....
4. Mąż i żona to jest — ....
5. Teść i teściowa to są — ....
6. Koszula, spodnie, sweter, czapka to jest / są — ....
7. Jedwab, wełna, bawełna, kaszmir to są — ....
8. Łopata, młotek, hebel, sekator to są — ....
9. Noże, widelce, łyżki, łyżcczki to są ....
10. Mydło, szczoteczka do zębów, szampon to są — ....

SAMOOCENA

>[9] bdb • [9] + db • [8] db • [7] +dst • >[6] dst • <[6] ndst

Jeśli w zadaniu testowym jest więcej niż dziesięć jednostek — przelicz sam!

ZADANIE 332

Copyright by S. Mędak

Proszę wpisać w miejsce kropek (kolumna C) nazwy ogólne do poniżej podanych rzeczowników.

WZÓR

nazwa ogólna:

<u>dodaje się do smaku:</u> «*sól, pieprz, curry*» — <u>przyprawy</u>

A.	B.	C
1. <u>kupuje się na kotlety:</u>	«*wołowina, cielęcina, wieprzowina*»	— ....
2. <u>kupuje się w cukierni:</u>	«*pączki, kremówki, eklery*»	— ....
3. <u>kupuje się w piekarni:</u>	«*chleb, bułki, rogaliki*»	— ....
4. <u>kupuje się w sklepie mięsnym:</u>	«*szynka, parówka, kiełbasa*»	— ....
5. <u>nigdy się nie pożycza:</u>	«*pasta do zębów, szczoteczka, grzebień*»	— ....

6. <u>otrzymuje się z mleka:</u>   «*masło, śmietana, ser, kefir*» — ....

7. <u>sieje się, a potem zbiera:</u>   «*żyto, pszenica, owies*» — ....

8. <u>szyje się z nich ubrania:</u>   «*jedwab, wełna, bawełna*» — ....

9. <u>trzyma się w szafie albo w kufrze:</u>   «*koszula, spodnie, płaszcz*» — ....

10. <u>używa się w trakcie jedzenia:</u>   «*nóż, widelec, łyżka*» — ....

SAMOOCENA

>[9] bdb • [9] + db • [8] db • [7] +dst • >[6] dst • <[6] ndst

Jeśli w zadaniu testowym jest więcej niż dziesięć jednostek — przelicz sam!

ZADANIE 333

Copyright by S. Mędak

Podaj wpisać w miejsce kropek co najmniej dwa określenia do poszczególnych nazw ogólnych.

<u>Wyrazy do wyboru:</u> *Bóg, dyktator, flet, gitara, gołąb, iglaste, kobieta, kotlet schabowy, kuchnia, lokal, magazyn, mężczyzna, miłość, młotek, monarcha, nienawiść, nieuleczalna, nowotworowa, nożyczki, owocowe, pokój, wróbel, wynalazca, zupa.*

WZÓR ;

0. pomieszczenie: a. kuchnia, b. pokój, c. magazyn, d. lokal

1. choroba   a. .... , b. ....
2. człowiek   a. .... , b. ....
3. danie   a. .... , b. ....
4. drzewo   a. .... , b. ....
5. instrument   a. .... , b. ....
6. narzędzie   a. .... , b. ....
7. ptak   a. .... , b. ....
8. twórca   a. .... , b. ....
9. uczucie   a. .... , b. ....
10. władca   a. .... , b. ....

SAMOOCENA

>[9] bdb • [9] + db • [8] db • [7] +dst • >[6] dst • <[6] ndst

Jeśli w zadaniu testowym jest więcej niż dziesięć jednostek — przelicz sam!

ZADANIE 334

Copyright by S. Mędak

Proszę wpisać w miejsce kropek nazwy zawodów w rodzaju męskim i żeńskim (tam, gdzie jest to możliwe).

WZÓR

Ten, kto pracuje w aptece to farmaceuta *a.* aptekarz.

Ten, kto pomaga lekarzowi to pielęgniarka *a.* siostra.

1. Ten, kto odprawia mszę w kościele katolickim to .... *a.* ....
2. Ten, kto pasjonuje się sportem to .... *a.* ....
3. Ten, kto pisze artykuły do gazet to .... *a.* ....
4. Ten, kto pisze powieści lub nowele to .... *a.* ....
5. Ten, kto pisze wiersze to .... *a.* ....
6. Ten, kto nie ma pracy to .... *a.* ....
7. Ten, kto pracuje w sklepie za ladą to .... *a.* ....
8. Ten, kto robi fotografie / zdjęcia profesjonalnie to ....
9. Ten, kto rządzi współczesnym państwem polskim to .... *a.* ....
10. Ten, kto uczy języków obcych to .... *a.* ....

SAMOOCENA

>[9] bdb • [9] + db • [8] db • [7] +dst • >[6] dst • <[6] ndst

Jeśli w zadaniu testowym jest więcej niż dziesięć jednostek — przelicz sam!

ZADANIE 335

Copyright by S. Mędak

Proszę wpisać w miejsce kropek (kolumna B) miejsca pracy ludzi mających następujące zawody (zamieszczone w kolumnie A).

WZÓR

nauczyciel — ten, kto pracuje w szkole [szkoła, sklep, magazyn]

A.   **B.**

1. celnik — ten, kto pracuje w .... [cela, urząd celny, cukrownia]
2. księgowy — ten, kto pracuje w .... [księgowość, antykwariat, archiwum]
3. magazynier — ten, kto pracuje w .... [szkoła, sklep, magazyn]
4. motorniczy — ten, kto prowadzi .... [taksówka, autobus, tramwaj]
5. notariusz — ten, kto pracuje w .... [kancelaria, supermarket, salon fryzjerski]

6. rolnik   — ten, kto pracuje na / w ....[pole, rola, las, zoo]

7. sędzia   — ten, kto pracuje w .... [sąd, bar, agencja]

8. sprzedawca   — ten, kto pracuje w .... [kino, sklep, ministerstwo]

9. urzędnik   — ten, kto pracuje w .... [urząd, agencja, pośrednictwo]

10. wykładowca — ten, kto pracuje na / w .... [biblioteka, księgarnia, wyższa uczelnia]

SAMOOCENA

>[9] bdb • [9] + db • [8] db • [7] +dst • >[6] dst • <[6] ndst

Jeśli w zadaniu testowym jest więcej niż dziesięć jednostek — przelicz sam!

ZADANIE 336

Copyright by S. Mędak

Proszę połączyć nazwy zawodów z kolumny A z właściwymi definicjami podanymi w kolumnie B. Połączenie oznaczone symbolem zero (0) jest przykładem.

WZÓR

0. nauczyciel || nauczyciele   0. ktoś, kto uczy w szkole

A.

1. akrobata || akrobaci
2. doręczyciel || doręczyciele
3. dowódca || dowódcy
4. dozorca || dozorcy
5. kierowca || kierowcy
6. pianista || pianiści
7. sędzia || sędziowie
8. sprzedawca || sprzedawcy
9. tenisista || tenisiści
10. wychowawca || wychowawcy

B.

a. ktoś, kto opiekuje się jedną klasą w szkole
b. ktoś, kto gra w tenisa
c. ktoś, kto pilnuje czegoś / kogoś
d. ktoś, kto prowadzi samochód, autobus
e. ktoś, kto wymierza sprawiedliwość
f. ktoś, kto wykonuje muzykę fortepianową
g. ktoś, kto pracuje w cyrku
h. ktoś, kto zawodowo zajmuje się sprzedażą
i. ktoś, kto pracuje w wojsku
j. ktoś, kto doręcza przesyłki pocztowe

Miejsce do wpisania właściwych połączeń:

[1 .....] [2 .....] [3 .....] [4 .....] [5 .....] [6 .....] [7 .....] [8 .....] [9 .....] [10 .....]

SAMOOCENA

>[9] bdb • [9] + db • [8] db • [7] +dst • >[6] dst • <[6] ndst

Jeśli w zadaniu testowym jest więcej niż dziesięć jednostek — przelicz sam!

ZADANIE 337

Copyright by S. Mędak

Proszę wpisać w miejsce kropek żeńskie odpowiedniki nazw zawodów podkreślonych w kolumnie A.

WZÓR

Nauczyciel uczy w szkole. || Nauczycielka też uczy w szkole.

A.		B.
1. Aktor gra na scenie.	||	.... też gra na scenie.
2. Fryzjer strzyże włosy.	||	.... też strzyże włosy.
3. Handlarz sprzedaje na ulicy.	||	.... robi to samo.
4. Kelner realizuje zamówienia.	||	.... też realizuje zamówienia.
5. Pielęgniarz pomaga chorym.	||	.... też pomaga chorym.
6. Piosenkarz śpiewa na estradzie.	||	.... też śpiewa na estradzie.
7. Poeta pisze wiersze.	||	.... też pisze wiersze.
8. Sędzia prowadzi sprawę w sądzie.	||	.... też prowadzi sprawy w sądzie.
9. Sprzedawca pracuje w sklepie.	||	.... też pracuje w sklepie.
10. Urzędnik siedzi za biurkiem.	||	.... też siedzi za biurkiem.

SAMOOCENA

\>[9] bdb • [9] + db • [8]   db • [7] +dst • >[6] dst • <[6] ndst

Jeśli w zadaniu testowym jest więcej niż dziesięć jednostek — przelicz sam!

ZADANIE 338

Copyright by S. Mędak

Proszę wpisać w miejsce kropek (kolumna B) zawody osób, które wykonują czynności podane w kolumnie A.

WZÓR

0. prowadzi samochód   — kierowca

A.	B.
1. leczy, usuwa zęby	— ....
2. prowadzi księgowość przedsiębiorstwa	— ....
3. prowadzi tramwaj	— ....

4. prowadzi zajęcia na wyższej uczelni — ....

5. przeprowadza operacje w szpitalu — ....

6. sporządza akty notarialne zgodne z prawem — ....

7. sprzedaje towary w sklepie — ....

8. strzyże, układa, modeluje włosy — ....

9. wymierza sprawiedliwość w imieniu państwa — ....

10. zbiera plony latem i jesienią; odpoczywa zimą — ....

SAMOOCENA

>[9] bdb • [9] + db • [8] db • [7] +dst • >[6] dst • <[6] ndst

Jeśli w zadaniu testowym jest więcej niż dziesięć jednostek — przelicz sam!

ZADANIE 339

Copyright by S. Mędak

Proszę połączyć definicje z kolumny A z odpowiednimi wyrazami z kolumny B i wpisać je w miejsce kropek w kolumnie C.

WZÓR

«ten, kto gra w orkiestrze»:   [sufler, dyrygent, skrzypek]   → skrzypek

A.	B.	C.
1. «ta, która plotkuje całymi dniami»:	[spikerka, plotkarka, płotkarka]	→ ....
2. «ten, kto dyryguje orkiestrą»:	[dyrygent, dyrektor, reżyser]	→ ....
3. «ten, kto gra w piłkę nożną»:	[koszykarz, piłkarz, nożownik]	→ ....
4. «ten, kto gra w szachy»:	[szach, szachista, szachraj]	→ ....
5. «ten, kto leczy gardło, nos i uszy»:	[stomatolog, laryngolog, logopeda]	→ ....
6. «ten, kto leczy oczy»:	[okulista, pediatra, optyk]	→ ....
7. «ten, kto łowi ryby»:	[łowczy, rybak, rybołów]	→ ....
8. «ten, kto poluje na zwierzęta i ptaki»:	[morderca, rzeźnik, myśliwy]	→ ....
9. «ten, kto prowadzi samolot»:	[steward, pilot, kierowca]	→ ....
10. «ten, kto zbiera stare znaczki»:	[listonosz, filatelista, poczciarz]	→ ....

SAMOOCENA

>[9] bdb • [9] + db • [8] db • [7] +dst • >[6] dst • <[6] ndst

Jeśli w zadaniu testowym jest więcej niż dziesięć jednostek — przelicz sam!

ZADANIE 340

Copyright by S. Mędak

Proszę połączyć w odpowiednie pary nazwy podrzędne (kolumna A) z nazwami nadrzędnymi (kolumna B).

0. kolokwium, zaliczenie, egzamin　　　0. forma sprawdzania wiedzy

A.

1. pociąg, samochód, statek, samolot
2. tramwaj, autobus, trolejbus
3. teatr, kino, koncerty, dyskoteka
4. wykłady, ćwiczenia, lektoraty, seminaria
5. rektor, prorektor, dziekan
6. aspiryna, penicylina
7. ołówek, gumka, długopis, pióro
8. krem do golenia, mydło, lusterko
9. mięso, chleb, mleko
10. lekarz, pielęgniarka, chirurg

B.

a. komunikacja miejska
b. środki transportu
c. służba zdrowia
d. rozrywki
e. zajęcia w wyższej uczelni
f. przybory szkolne
g. lekarstwa
h. produkty żywnościowe
i. przybory toaletowe
j. władze uczelni

Miejsce do wpisania właściwych połączeń:

[1 .....]　[2 .....]　[3 .....]　[4 .....]　[5 .....]　[6 .....]　[7 .....]　[8 .....]　[9 .....]　[10 .....]

SAMOOCENA

>[9] bdb　•　[9] + db　•　[8]　db　•　[7] +dst　•　>[6] dst　•　<[6] ndst

Jeśli w zadaniu testowym jest więcej niż dziesięć jednostek — przelicz sam!

ZADANIE 341

Copyright by S. Mędak

Proszę wpisać w miejsce kropek 2–3 przykłady (lub więcej) do każdego określenia ogólnego.

<u>Wyrazy do wyboru</u>: *babka, barszcz z uszkami, boczek wędzony, chałwa, cielęcina, cukierki, cynamon, czekolada, garnek, gęś, goździki, gruszki, indyk, jabłka, kaczka, kapusta z grzybami, karp po żydowsku / w galarecie, keks, kiełbasa, kompot z suszu, konina, kurczak, kutia, makowiec, maliny, mazurek, mikser, owoce kandyzowane, pasztet, patelnia, perliczka, pieprz, płyn do czyszczenia, płyn do mycia okien, płyn do zmywania, pomarańcze, proszek do prania, ptasie mleczko, robot kuchenny, rondel, salami, sernik, sękacz, sitko, sól, szynka, truskawki, wieprzowina, wiśnie, wołowina, ziele angielskie.*

WZÓR

napoje: sok, woda mineralna, piwo, herbata, kompot itd.

1. ciasto: .... || .... || ....

2. drób: .... || .... || ....

3. mięso: .... || .... || ....

4. naczynia kuchenne: .... || .... || ....

5. owoce: .... || .... || ....

6. potrawy wigilijne: .... || .... || ....

7. przyprawy w kuchni: .... || .... || ....

8. słodycze: .... || .... || ....

9. środki czystości: .... || .... || ....

10. wędliny: .... || .... || ....

SAMOOCENA

>[9] bdb • [9] + db • [8] db • [7] +dst • >[6] dst • <[6] ndst

Jeśli w zadaniu testowym jest więcej niż dziesięć jednostek — przelicz sam!

ZADANIE 342

Copyright by S. Mędak

Proszę połączyć wyrazy z kolumny A z definicjami lub objaśnieniami z kolumny B.

WZÓR

0. głowa   'część ciała człowieka, mieszcząca mózg i narządy zmysłów'

A.   **B.**

1. kark   **a.** 'łączy głowę z tułowiem'

2. kciuk   **b.** 'miejsce połączenia ręki z tułowiem; również w ubraniach miejsce połączenia przodu i tyłu'

3. kolano   **c.** 'bez niej nie moglibyśmy stać ani chodzić; również jednostka miary w krajach anglosaskich'

4. łokieć   **d.** 'dzięki tej części ciała możemy zginać dłoń'

5. nadgarstek   **e.** 'tylna część stopy; można po niej komuś deptać'

6. pięta   **f.** 'dzięki tej części ciała możemy zginać nogi'

7. ramię   **g.** 'część szyi, sięgająca pleców'

8. stopa   **h.** 'dzięki tej części ciała możemy zginać rękę'

9. szyja   **i.** 'u kręgowców — narząd słuchu i równowagi'

10. ucho   **j.** 'pierwszy palec ręki, krótszy i grubszy od pozostałych'

Miejsce do wpisania właściwych połączeń:

[1 .....]   [2 .....]   [3 .....]   [4 .....]   [5 .....]   [6 .....]   [7 .....]   [8 .....]   [9 .....]   [10 .....]

SAMOOCENA

>[9] bdb   •   [9] + db   •   [8]   db   •   [7] +dst   •   >[6] dst   •   <[6] ndst

Jeśli w zadaniu testowym jest więcej niż dziesięć jednostek — przelicz sam!

POLA TEMATYCZNE

ZADANIE 343

Copyright by S. Mędak

Proszę podkreślić słowo / słowa w każdej jednostce zadania testowego, które nie mieści się / nie mieszczą się w poniżej podanych polach tematycznych (od 1 do 20). W przypadku wątpliwości, proszę odwołać się do jednego ze słowników języka polskiego*.

WZÓR

pole tematyczne: ŚWIAT	A. rzeka, góra, północ, półwysep, <u>igła</u>
	B. kula ziemska, kosmos

1. *pole tematyczne:* CIAŁO LUDZKIE — A. paznokieć, kostka, ręka, głowa
   B. skóra, tkanki

2. *pole tematyczne:* DOM — A. spinacz, drzwi, numer, dzwonek, rynna
   B. dach, ganek

3. *pole tematyczne:* DRZEWA — A. żołądź, kora, wierzba, liść, gałąź
   B. jabłoń, lipa

4. *pole tematyczne:* DYSCYPLINY SPORTOWE — A. koszykówka, olimpiada, kajakarstwo

5. *pole tematyczne:* GABINET DENTYSTYCZNY — A. dentysta, sonda, lusterka
   B. wiertło

6. *pole tematyczne:* KWIATY — A. róża, goździk, słonecznik, łodyga, pąk
   B. tulipan, pączek

7. *pole tematyczne:* NARZĄDY WEWNĘTRZNE — A. krew, żołądek, wątroba
   B. śledziona

8. *pole tematyczne:* OWADY — A. pajęczyna, chrząszcz, osa, mucha, ćma
   B. chrabąszcz

9. *pole tematyczne:* OWOCE — A. pestka, ogryzek, śliwka, ogonek
   B. gruszka, śliwka

10. *pole tematyczne:* PIENIĄDZE — A. banknot, rachunek, moneta, drobne
    B. jeny, funty

11. *pole tematyczne:* POGODA, PORY ROKU — A. słońce, rtęć, niebo, przedwiośnie
    B. mróz

12. *pole tematyczne:* POLSKIE ZWIERZĘTA LEŚNE — A. wilk, ogon, niedźwiedź, mysz

13. *pole tematyczne:* POMIESZCZENIE GOSPODARCZE — A. weka, węgiel, wiaderko

14. *pole tematyczne:* PRZYRODA — A. woda, rośliny, błyskawica, zwierzęta
    B. stawy, bagna

15. *pole tematyczne:* PTAKI — A. szpon, bażant, papuga, gniazdo
    B. jaskółki, sikorki, sępy

* Proponowany słownik: *Słownik współczesnego języka polskiego* pod red. B. Dunaja, Wydawnictwo Wilga, Warszawa 1996.

16. *pole tematyczne:* SAMOLOTY   A. myśliwiec, bombowiec, bomba
                                              B. helikopter, odrzutowiec

17. *pole tematyczne:* UBRANIE I DODATKI DAMSKIE   A. półbut, skarpetka, parasol

18. *pole tematyczne:* UBRANIE I DODATKI MĘSKIE   A. okulary, klapa, laska, podeszwa

19. *pole tematyczne:* WARZYWA   A. groch, kapusta, rzodkiewka, nać, korzeń
                                              B. burak

20. *pole tematyczne:* WIEŚ   A. furmanka, snopek, strach na wróble, bat
                                              B. kury, koguty

Powyższe zadanie testowe (pola tematyczne + segment A) opracowano na podstawie obrazkowego słownika języka polskiego *A co to takiego?* opracowanego przez. A. Seretny, UJ, Kraków 1993.

SAMOOCENA

>[9] bdb • [9] + db • [8] db • [7] +dst • >[6] dst • <[6] ndst

Jeśli w zadaniu testowym jest więcej niż dziesięć jednostek — przelicz sam!

ZADANIE 344

Copyright by S. Mędak

Proszę wpisać nazwy mebli, urządzeń oraz innych przedmiotów do jednej z trzech kolumn.

<u>Nazwy:</u> *biblioteczka, biurko, dywan, etażerka, fotel, kanapa, krzesło, kuchenka gazowa, lodówka, łóżko, magnetowid, małe lustro, popielniczka, pralka, prysznic, przybory toaletowe, regał, ręcznik, stół, suszarka do włosów, szafka, środki czystości, taboret, telewizor, umywalka, wanna, zlewozmywak.*

WZÓR	A — KUCHNIA	B — POKÓJ	C — ŁAZIENKA
	0. *lodówka*	0. *magnetowid*	0. *przybory toaletowe*
	1.	1.	1. ....
	2.	2.	2. ....
	3.	3.	3. ....
	4.	4.	4. ....
	5.	5.	5. ....
	6.	6.	6. ....
	7.	7.	7. ....
	8.	8.	8. ....
	9.	9.	9. ....
	10.	10.	10. ....

SAMOOCENA

>[9] bdb • [9] + db • [8] db • [7] +dst • >[6] dst • <[6] ndst

Jeśli w zadaniu testowym jest więcej niż dziesięć jednostek — przelicz sam!

POŁĄCZENIA SYNTAKTYCZNE

ZADANIE 345

Copyright by S. Mędak

Proszę połączyć wypowiedzi z kolumny A z właściwymi ich uzupełnieniami poda-nymi w kolumnie B. Połączenie zaznaczone symbolem zero (0) jest wzorem.

WZÓR

0. Umiem już   0. jeździć na nartach.

POŁĄCZENIE: [0. / 0.]

A.

1. Codziennie spotykam się z
2. Muszę nauczyć się tego wiersza
3. Nie lubię oglądać
4. Chciałbym zostać
5. Niech pani mówi
6. Obiady jem
7. Od razu zakochał się w
8. Po zajęciach wracam do domu
9. Proszę cię, podaj mi
10. Wiem, że
11. Zawsze denerwuję się przed
12. Zawsze kłaniam się
13. Zawsze rano biorę
14. Znam słabo
15. Znowu idę

B.

a. znajomym i odpowiadam im na pozdrowienia.
b. od czasu do czasu.
c. niej.
d. zmęczony i zły.
e. telewizji.
f. na pamięć.
g. trochę wolniej.
h. profesorem.
i. na dyskotekę.
j. język polski.
k. egzaminami.
l. prysznic.
ł. kolegami.
m. nauka jest czymś bardzo ważnym.
n. popielniczkę.

Miejsce do wpisania właściwych połączeń:

[1 .....]   [2 .....]   [3 .....]   [4 .....]   [5 .....]   [6 .....]   [7 .....]   [8 .....]   [9 .....]   [10 .....]
11 ....]   [12 .....]   [13 .....]   [14 .....]   [15 .....]

SAMOOCENA

>[9] bdb   •   [9] + db   •   [8] db   •   [7] +dst   •   >[6] dst   •   <[6] ndst

Jeśli w zadaniu testowym jest więcej niż dziesięć jednostek — przelicz sam!

PRZYMIOTNIKI ODRZECZOWNIKOWE

ZADANIE 346

Copyright by S. Mędak

Proszę wpisać w miejsce kropek formy przymiotników utworzonych od pokreślonych wyrazów.

WZÓR

Wszyscy mówili: <u>Ameryka</u>, <u>Ameryka</u>! || On uwielbiał <u>amerykański</u> styl życia.

1. Jaki oczytany <u>poseł</u>! || Cała komisja .... to mądrzy, wykształceni ludzie.
2. Myślał, że kocha swój <u>naród</u>. Zdecydował, że założy partię ....
3. Lubisz <u>maliny</u>? — Uwielbiam! || A więc zrobię ci, kochanie, jogurt ....
4. Nasz <u>uniwersytet</u> ma kampus. || Jutro pojedziemy zobaczyć kampus ....
5. Po co kupiłaś ten <u>groch</u>?! || Na kolację zrobię ci, kochanie, zupę ....
6. To piękny <u>klasztor</u>! || Spójrz na ten dziedziniec ....!
7. To wspaniały <u>zamek</u>! || Spójrz na ten dziedziniec .... !
8. Tutaj jest <u>szkoła</u>, a tam boisko ...., na którym chłopcy grają w piłkę.
9. Uwielbiałem <u>dom</u> babci i zapachy jej kuchni. Tam zawsze była .... atmosfera.
10. Znam wielu <u>robotników</u>. || Od lat mieszkam w dzielnicy ....

SAMOOCENA

>[9] bdb • [9] + db • [8] db • [7] +dst • >[6] dst • <[6] ndst

Jeśli w zadaniu testowym jest więcej niż dziesięć jednostek — przelicz sam!

PRZYMIOTNIKI — PRZYSŁÓWKI || PRZYSŁÓWKI — PRZYMIOTNIKI

ZADANIE 347

Copyright by S. Mędak

Proszę wpisać w miejsce kropek (kolumna C) właściwe formy przymiotników.

WZÓR

↓ przysłówek

(dobrze)	On uczy się <u>dobrze</u>.	To jest dobry student.
↓		

	A.	**B.**	**C.**
1.	*(ciężko)*	On pracuje <u>ciężko</u>.	Ma .... pracę na budowie.
2.	*(często)*	Przychodzi tutaj <u>często</u>.	To jest .... gość tutaj.
3.	*(dawno)*	Jak <u>dawno</u> tutaj nie byłeś?	Znasz mój .... adres?
4.	*(dokładnie)*	Robi wszystko bardzo <u>dokładnie</u>.	On jest bardzo .... w pracy.
5.	*(drogo)*	Okropnie <u>drogo</u> w tym mieście!	To jest bardzo .... miasto.
6.	*(dużo)*	W tej willi jest <u>dużo</u> miejsca.	To willa jest bardzo ....
7.	*(ładnie)*	Dzień zapowiadał się <u>ładnie</u>.	Od rana była .... pogoda.
8.	*(mało)*	Tutaj jest <u>mało</u> miejsca.	To jest naprawdę .... pokój.
9.	*(ostatnio)*	<u>Ostatnio</u> nie mam szczęścia.	Straciłeś .... szansę.
10.	*(późno)*	Wrócimy do domu bardzo <u>późno</u>.	Tak. Jest już .... wieczór.
11.	*(rzadko)*	Takie okazy spotyka się <u>rzadko</u>.	To są .... okazy geologiczne.
12.	*(serdecznie)*	Przyjął mnie bardzo <u>serdecznie</u>.	On jest bardzo .... wobec ciebie.
13.	*(spokojnie)*	Dziecko nareszcie śpi <u>spokojnie</u>.	Dziecko ma wreszcie .... sen.
14.	*(szybko)*	Jeździsz za <u>szybko</u> tym autem.	Tak. Wiesz, że to jest .... auto.
15.	*(tanio)*	Kupiłem <u>tanio</u> ten samochód.	Znowu kupiłeś .... samochód!
16.	*(trudno)*	<u>Trudno</u> zrozumieć ten tekst.	Tak. To jest naprawdę .... tekst.
17.	*(uczciwie)*	Całe życie przeżył <u>uczciwie</u>.	Był to .... człowiek.
18.	*(wilgotno)*	W tej garderobie jest <u>wilgotno</u>.	Moje ubranie jest ....
19.	*(zupełnie)*	Mieszkała od lat <u>zupełnie</u> sama.	Żyła w .... samotności.
20.	*(źle)*	Patrzy mu <u>źle</u> z oczu.	To jest .... człowiek.

SAMOOCENA

>[9] bdb • [9] + db • [8] db • [7] +dst • >[6] dst • <[6] ndst

Jeśli w zadaniu testowym jest więcej niż dziesięć jednostek — przelicz sam!

RZECZOWNIKI ODCZASOWNIKOWE

ZADANIE 348

Copyright by S. Mędak

Proszę wpisać w miejsce kropek (kolumna B) właściwe formy rzeczowników utworzonych od pokreślonych czasowników w kolumnie A.

WZÓR

Lubisz <u>podróżować</u>?   Każda <u>podróż</u> to ogromna radość dla mnie.

A.

1. Ich pociąg już <u>odjeżdża</u>?
2. Lubicie <u>wędrować</u>?
3. Lubisz <u>marzyć</u>?
4. Musimy <u>się przesiadać</u>?
5. <u>Odleciał</u> już samolot?
6. Czy ona pięknie <u>śpiewa</u>?
7. Potrafisz <u>skakać</u>?
8. <u>Przyleciał</u> już ten samolot?
9. <u>Rozwiązujesz</u> krzyżówki?
10. Za długo <u>śpisz</u>!

B.

Może zdążymy ich pożegnać przed .... pociągu.

Każda .... to dla nas odpoczynek.

Tak. Wierzę, że moje .... kiedyś się spełnią.

Na tej trasie mamy aż dwie ....

Jeszcze nie. Czekam na .... tego samolotu.

Jej .... zachwyca nie tylko mnie.

Mogę wykonać każdy ....

Jeszcze nie zapowiedzieli .... tego samolotu.

.... krzyżówek to moja pasja.

Długie .... skraca dzień.

SAMOOCENA

>[9] bdb • [9] + db • [8] db • [7] +dst • >[6] dst • <[6] ndst

Jeśli w zadaniu testowym jest więcej niż dziesięć jednostek — przelicz sam!

RZECZOWNIKI ODPRZYMIOTNIKOWE

ZADANIE 349

Copyright by S. Mędak

Proszę wpisać w miejsce kropek (kolumna B) właściwe formy rzeczowników utworzone od przymiotników podanych w kolumnie A.

WZÓR

lękliwy   <u>Lękliwy</u> człowiek — człowiek odczuwający <u>lęk</u>.

A.   **B.**

1. *dziennikarski*   Kaczka <u>dziennikarska</u> — to fałszywa informacja ....

2. *kapryśny*   <u>Kapryśna</u> kobieta — to kobieta miewająca ....

3. *kasztanowy*   <u>Kasztanowe</u> włosy — to włosy przypominające barwę owocu

    ....

4. *mieszczański*   Literatura <u>mieszczańska</u> — literatura związana z ....

5. *mleczny*   Bar <u>mleczny</u> — to niewielka restauracja z daniami przygotowanymi na bazie produktów otrzymywanych z ....

6. *muzealny*   Eksponat <u>muzealny</u> — to eksponat stojący w ....

7. *pomidorowy*   Zupa <u>pomidorowa</u> — to zupa zrobiona z ....

8. *sędziowski*   Zespół <u>sędziowski</u> to grupa osób składająca się z ....

9. *światowy*   <u>Światowy</u> kryzys ekonomiczny — to kryzys dotyczący całego

    ....

10. *złoty*   <u>Złoty</u> odcień — to odcień przypominającą barwę ....

SAMOOCENA

> [9] bdb • [9] + db • [8] db • [7] +dst • >[6] dst • <[6] ndst

Jeśli w zadaniu testowym jest więcej niż dziesięć jednostek — przelicz sam!

SKRÓTY I SKRÓTOWCE

ZADANIE 350

Copyright by S. Mędak

Proszę wpisać pełnymi wyrazami w miejsce kropek (kolumna B) skróty i skrótowce podane w kolumnie A.

WZÓR

0. **im.**   0. Byliśmy w Teatrze imienia Juliusza Słowackiego.

A.   **B.**

1. **itd.**   1. Bo to teraz tak jest: jedni się bogacą, drudzy umierają z głodu, w sejmie się kłócą, w prasie oskarżają **(itd.)** ....

2. **itp.**   2. Rezerwacje, hotele, bilety, dowóz do lotniska **(itp.)** .... — wszystko zapięte na ostatni guzik, panie profesorze!

3. **m.in.**   3. Na przyjęciu byli znakomici goście, **(m.in.)** .... minister edukacji.

4. **mgr**   4. Tego pana **(mgr)** .... nikt nie lubi.

5. **PKP**   5. .... **(PKP)** — moim zdaniem — to najużyteczniejsza instytucja państwowa.

6. **p.n.e.**   6. Ajschylos na pewno urodził się **(p.n.e.)** ....

7. **ul.**   7. Collegium Novum Uniwersytetu Jagiellońskiego w Krakowie znajduje się przy **(ul.)** .... Gołębiej.

8. **IPN**   8. .... **(IPN)** — to część oficjalnej nazwy głównej Komisji Badania Zbrodni przeciwko Narodowi Polskiemu.

9. **UE**   9. Polska również należy do **(UE)** ....

10. **RP**   10. Oficjalna nazwa Polski to — **(RP)** ....

SAMOOCENA

>[9] bdb • [9] + db • [8] db • [7] +dst • >[6] dst • <[6] ndst

Jeśli w zadaniu testowym jest więcej niż dziesięć jednostek — przelicz sam!

SYNONIMY CZASOWNIKÓW || POŁĄCZENIA BLISKOZNACZNE

ZADANIE 351

Copyright by S. Mędak

Proszę połączyć grupy wyrazów z kolumny A z właściwymi synonimami podanymi w kolumnie B. Połączenie oznaczone symbolem zero (0) jest przykładem.

WZÓR

0. ['obsługiwać coś, stosować coś, umieć się czymś
posługiwać, używać czegoś']   0. obchodzić się z czymś

A.	B.
1. [anulować coś, zawieszać coś]	a. oburzać się
2. [drwić z kogoś, naigrywać się z kogoś, wyśmiewać kogoś]	b. odwoływać
3. [gniewać się na kogoś, protestować przeciw czemuś]	c. I otwierać coś
4. [informować, oświadczać, komunikować, donosić]	d. II otwierać coś
5. [jeść ponad miarę, spożywać dużo pokarmu]	e. ośmieszać kogoś
6. [kłamać, mówić nieprawdę, zmyślać coś]	f. odprowadzać kogoś
7. [kłamać, stwarzać pozory, udzielać błędnych informacji]	g. opuszczać kogoś
8. [kwalifikować, wystawiać ocenę uczniom]	h. oznajmiać
9. [nie brać udziału w czymś, nie przychodzić na coś / gdzieś]	i. oceniać
10. [osądzać, opiniować, wydawać wartościującą opinię o kimś]	j. oznajmiać coś komuś
11. [podawać coś do wiadomości, oświadczać coś, informować]	k. oszukiwać
12. [rozchylać coś, rozsuwać coś, rozwierać coś]	l. opuszczać coś
13. [towarzyszyć komuś, prowadzić kogoś pod przymusem]	ł. objadać się
14. [uruchamiać coś, tworzyć coś, zakładać coś]	m. oceniać kogoś / coś
15. [zostawiać kogoś, porzucać kogoś, rozstawać się z kimś]	n. oszukiwać kogoś

Powyższe zadanie testowe opracowano na podstawie *Praktycznego słownika łączliwości składniowej czasowników polskich* autorstwa S. Mędaka, Universitas, Kraków 2005.

Miejsce do wpisania właściwych połączeń:

[1 .....]   [2 .....]   [3 .....]   [4 .....]   [5 .....]   [6 .....]   [7 .....]   [8 .....]   [9 .....]   [10 .....]
11 ....]   [12 .....]   [13 .....]   [14 .....]   [15 .....]

SAMOOCENA

>[9] bdb • [9] + db • [8] db • [7] +dst • >[6] dst • <[6] ndst

Jeśli w zadaniu testowym jest więcej niż dziesięć jednostek — przelicz sam!

ZADANIE 352

Copyright by S. Mędak

Proszę wybrać odpowiednie synonimy (wyrazy bliskoznaczne) do podkreślonych czasowników i wpisać je w miejsce kropek.

<u>Wyrazy bliskoznaczne do wyboru:</u> *całowali się, cieszył się, donosi, łamią się, potrafię, przechodził, przepadał za, wysłać, zaczynali się, zastanawiała się.*

WZÓR

Lubił <u>bawić</u> dowcipami swoich przyjaciół.

Lubił <u>rozśmieszać</u> dowcipami swoich przyjaciół.

1. Przed egzaminami studenci <u>brali się</u> do nauki.

   Przed egzaminami studenci .... uczyć.

2. <u>Obcałowywali się</u> codziennie.

   .... codziennie.

3. <u>Chorował</u> każdej jesieni na grypę.

   .... każdej jesieni grypę.

4. Ten artysta od lat <u>miał</u> powodzenie.

   Ten artysta od lat .... powodzeniem.

5. Od lat <u>wahała się</u>, czy wyjść za mąż.

   Od lat .... nad małżeństwem.

6. Prasa <u>informuje</u> o katastrofach w kraju.

   Prasa .... o katastrofach w kraju i na świecie.

7. Ponad wszystko <u>kochał</u> piłkę nożną.

   .... piłką nożną.

8. W Wigilię Polacy <u>dzielą się</u> opłatkiem.

   W wigilijny wieczór Polacy .... opłatkiem.

9. <u>Mogę</u> naprawić to zepsute radio.

   .... naprawić to zepsute radio.

10. Muszę <u>nadać</u> coś na poczcie.

    Muszę .... coś pocztą lotniczą.

SAMOOCENA

> [9] bdb • [9] + db • [8] db • [7] +dst • > [6] dst • < [6] ndst

Jeśli w zadaniu testowym jest więcej niż dziesięć jednostek — przelicz sam!

ZGADYWANKI

ZADANIE 353

Copyright by S. Mędak

Proszę odgadnąć właściwe odpowiedzi, a następnie wpisać je w miejsce kropek w kolumnie B.

WZÓR

«kiedy wypiję więcej niż cztery, źle się czuję; jestem senna» — <u>piwo</u>

A.   **B.**

1. «jedzą go wszyscy, bo jest związany z Krakowem» — ....

2. «ma kolor niebieski i krąg 12 złotych gwiazd» — ....

3. «mam go pod ręką, kiedy się uczę języków obcych» — ....

4. «następuje cyklicznie po każdej niedzieli» — ....

5. «nie lubię czerstwego, wolę świeży» — ....

6. «nigdy nie jem białego; uwielbiam żółty, z dużymi dziurami» — ....

7. «nigdy nie jem na twardo ani na miękko» — ....

8. «nigdy nie piję wieczorem, bo potem nie mogę spać» — ....

9. «w języku polskim nie odmienia się go, ale się wymienia» — ....

10. «zawsze kiedy kroję, płaczę» — ....

SAMOOCENA

>[9] bdb • [9] + db • [8] db • [7] +dst • >[6] dst • <[6] ndst

Jeśli w zadaniu testowym jest więcej niż dziesięć jednostek — przelicz sam!

ZADANIE 354

Copyright by S. Mędak

Proszę odgadnąć na podstawie krótkich definicji nazwy jednego z dziesięciu produktów naturalnych (najczęściej chodzi o owoce) i wpisać je we właściwe miejsca pod definicjami (opisami).

Dla ułatwienia podajemy nazwy owoców i produktów naturalnych:

ananas / ananasy, arbuz / arbuzy, awokado, banan / banany, borówka / borówki*, brzoskwinia / brzoskwinie, grejpfrut / grejpfruty, kiwi, miód, truskawka / truskawki, winogrona.

WZÓR

Zawierają dużo cukru, wapnia i żelaza, fosforu, potasu itd. Wyjątkowy wpływ na organizm człowieka mają także suszone owoce, czyli rodzynki. Francuzi produkują z nich znakomite wina. **Nazwa** — winogrona.

1. *Jest doskonałym źródłem witaminy C. Jego olbrzymia głowa jest koloru zielonego. Środek owocu wypełnia czerwona masa z dużą ilością pestek. Uwielbiamy go jeść na plaży. Zastępuje każdy rodzaj napoju w gorące dni wakacji.* **Nazwa** — ....

2. *Pochodzi z Ameryki Południowej. Ma specyficzny, aromatyczny miąższ. Kiedy kupujemy ten owoc, powinniśmy go powąchać. Aby go zjeść, najpierw odcinany jego pióropusz, a potem kroimy go na plastry. Dopiero później kroimy go na ćwiartki i obieramy. Aby kawałki tego owocu nie zbrązowiały, przetrzymujemy je w lodówce.* **Nazwa** — ....

3. *Ten owoc zawiera cały zestaw witamin — od A, przez C do K. Obniża poziom cholesterolu w organizmie. Dojrzały owoc poznajemy po tym, że łupina lekko ugina się pod naciśnięciem palca. W domu owoc ten osiąga pełną dojrzałość, kiedy jest zawinięty w papier i położony w dość ciepłym miejscu. Łupina tego owocu jest zawsze zielona lub ciemnozielona.*
   Nazwa — ....

4. *Owocami tymi żywili się mędrcy. Najczęściej jemy je na surowo. Jeden większy owoc dostarcza organizmowi około 100 gramów kilokalorii. Owoce te pomagają w niestrawności. Działają przeciwbakteryjnie. Mają kształt źle uformowanego rogalika i piękny odcień żółtego koloru. Niektóre rodzaje małp zajadają się tymi owocami.* **Nazwa** — ....

5. *Ilość zawartych w tym owocu substancji odżywczych jest tak wysoka, że zaspokaja dobowe zapotrzebowanie organizmu na niektóre witaminy i sole mineralne. Niedojrzałe owoce są bardzo kwaśne. Nazywany niekiedy agrestem chińskim. Zielone, owłosione i smaczne, wydłużone do 6 centymetrów jagody.* **Nazwa** — ....

---

* Również: czarne jagody, jagody, *(reg.)* czernice; z języka łacińskiego — vaccium myrtillus

6. *W niektórych regionach Polski nazywana również czarną jagodą. Jej czarne (niebieskie) jagody pokryte nalotem zbiera się w lasach. Polacy uwielbiają pierogi z tymi jagodami. Niektórzy mówią, że smak tego owocu mógł wymyślić tylko Bóg. Po zjedzeniu pierogów z tymi owocami mamy niebieskie zęby i czarny język.* **Nazwa** — ....

7. *Najpiękniejsze, jeśli chodzi o urodę. Owoce te są tak piękne jak jabłka. Są soczyste. Według światowego eksperta żywieniowego Eari Mindell — jeden owoc to 3 gramy błonnika, 470 jednostek betakarotenu, trochę potasu, odrobina słodyczy i zero tłuszczu! W języku łacińskim — prunus persica albo pomum persicum. Owoc ma omszoną, żółtoróżową skórkę.* **Nazwa** — ....

8. *Produkt naturalny o kolorze złocistym. Bardzo słodki. Znajduje się w nim około 47 biopierwiastków oraz inhibina — substancja hamująca rozwój drobnoustrojów. Pijemy go lub jemy z pieczywem na śniadanie tylko i wyłącznie dzięki niezmordowanej pracy pszczół. W języku polskim dodajemy do jego nazwy przymiotnik „pszczeli".* **Nazwa** — ....

9. *Czerwony, piękny owoc otrzymany ze skrzyżowania poziomki wirginijskiej i chilijskiej. Znakomity na surowo oraz na cieście francuskim. Ma duże liście, najczęściej składające się z trzech listków. Największymi producentami tego owocu są; Japonia, Polska, Hiszpania, Włochy. Hiszpański owoc jest sprzedawany w Europie prawie przez cały rok. Hiszpańska tr..................., sprzedawana np. w marcu nie ma smaku. Ma wyłącznie kolor właściwy temu owocowi i fabryczny kształt. Lubimy dżemy lub konfitury z t.....................wek.* **Nazwa** — ....

10. *Najwięcej tego owocu uprawia się w Kalifornii i na Florydzie oraz w Izraelu. Przeciwdziała sklerozie i pobudza apetyt. W gorące dni gasi pragnienie. Zawiera dużo soli mineralnych. Rośnie na wiecznie zielonych drzewach cytrusowych. W języku łacińskim — citrus paradisi. Jest prawdopodobnie mutacją pompeli i słodkiej pomarańczy. Środek owocu soczysty, słodkawo–kwaśny, z gorzkim posmakiem. Rośnie na wiecznie zielonych drzewach cytrusowych.* **Nazwa** — ....

SAMOOCENA

>[9] bdb • [9] + db • [8] db • [7] +dst • >[6] dst • <[6] ndst

Jeśli w zadaniu testowym jest więcej niż dziesięć jednostek — przelicz sam!

IV. IDIOMY ORAZ KONSTRUKCJE SKŁADNIOWE Z PODRĘCZNIKÓW DLA POZIOMU PODSTAWOWEGO

Zadania testowe 355–374

(wyboru idiomów dokonano na podstawie podręczników opublikowanych w latach 1996–2011)

Chcę mówić po polsku — autor: Stanisław Mędak, WSiP, Warszawa 1996.

Cześć, jak się masz? — autor: Władysław Miodunka, Universitas, Kraków 2005.

Dzień dobry — autorki: Aleksandra Janowska, Magdalena Pastuchowa, Śląsk, Katowice 1999.

Ludzie, czas, miejsca. Język polski na co dzień — autorka: Joanna Ciechorska, Pro Schola, Gdańsk 2001.

Polish in 4 weeks — autor: Marzena Kowalska, Wydawnictwo REA, Warszawa 2003.

Hurra!!! Po polsku 1 — autorki: Małgorzata Małolepsza, Aneta Szymkiewicz, SJO Prolog, Kraków 2005.

Polski raz a dobrze — autor: Stanisław Mędak, Wydawnictwo Lingo, Warszawa 2011.

ZADANIE 355

Copyright by S. Mędak

Proszę podkreślić jedną z trzech odpowiedzi, która odpowiada znaczeniu konstrukcji składniowej / idiomu / wyrażenia pogrubionej (–ego) tłustym drukiem.

WZÓR

0. Coś jest nieczynne:

🗀 <u>zamknięte;</u>

🗀 włączone do obiegu;

🗀 nieuszkodzone.

0. Coś jest na końcu świata:

🗀 bardzo blisko;

🗀 w miejscu dość określonym;

🗀 <u>daleko, gdzie mało kto dotarł.</u>

1. Coś jest takie sobie:

🗀 znakomite;

🗀 przeciętne;

🗀 wyróżniające się.

2. Ktoś zależy od kogoś:

🗀 podlega komuś;

🗀 należy do kogoś;

🗀 wymyka się spod czyjejś władzy.

3. Być gotowym na wszystko:

🗀 być zdecydowanym na coś;

🗀 lekceważyć wszystko;

🗀 być dobrze przygotowanym.

4. *pot.* Co panu jest?:

🗀 co panu dolega?;

🗀 kim pan jest?;

🗀 co nowego u pana?

5. Być złotą rączką:

🗀 kimś, psującym wszystko;

🗀 kimś, kto wszystko naprawi;

🗀 kimś lubiącym złoto.

6. Co u ciebie słychać?:

🗀 jak się czujesz?;

🗀 czego słuchasz?;

🗀 co słyszysz?

7. *pot.* Leżeć w łóżku:

🗀 być chorym;

🗀 zasypiać;

🗀 przygotowywać się do snu.

8. Mieć czas dla siebie:

🗀 bezustannie pracować;

🗀 mieć czas na przyjemności, rozrywkę;

🗀 spieszyć się.

9. Mieć jakąś pasję:

🗀 robić coś z entuzjazmem, mieć jakieś zamiłowanie;

🗀 odczuwać silną złość;

🗀 gniewać się, złościć.

10. Mieć pechowy dzień:

🗀 dzień niefortunny;

🗀 dzień szczęśliwy;

🗀 dzień udany.

SAMOOCENA

>[9] bdb • [9] + db • [8] db • [7] +dst • >[6] dst • <[6] ndst

Jeśli w zadaniu testowym jest więcej niż dziesięć jednostek — przelicz sam!

ZADANIE 356

polecenie i wzór — jak w zadaniu testowym 355

1. Nie ma sprawy: *(pot.)*
- ☐ dana sytuacja jest błaha, łatwa do załatwienia, mało ważna;
- ☐ sytuacja jest nie do spełnienia;
- ☐ sprawa została już załatwiona.

2. Nie mam o tym zielonego pojęcia:
- ☐ nic o tym nie wiem;
- ☐ nie lubię tego koloru;
- ☐ nie mogę się z tym pogodzić.

3. Nie móc się czegoś doczekać:
- ☐ nie mieć czasu, aby czekać;
- ☐ czekać na coś z niecierpliwością;
- ☐ zrezygnować z czekania.

4. Niedobrze mi, bo:
- ☐ wykonałem coś źle;
- ☐ zjadłem coś nieświeżego;
- ☐ coś zapowiada się nieciekawie.

5. Płacę gotówką:
- ☐ płacę czekiem;
- ☐ płacę kartą;
- ☐ płacę pieniędzmi w banknotach.

6. Praca nie zając, nie ucieknie:
- ☐ praca jest czynnością wartościową;
- ☐ nie należy się przejmować pracą;
- ☐ czas w pracy ucieka tak szybko jak zając.

7. Pracować nad sobą:
- ☐ być sprawnym;
- ☐ być zatrudnionym;
- ☐ czynić siebie doskonalszym

.

8. *pot.* **Stawiać komuś coś:**
- ☐ zapraszać kogoś gdzieś i płacić np. za posiłek;
- ☐ umieszczać kogoś w jakimś miejscu;
- ☐ podnosić kogoś.

9. Umierać z ciekawości:
- ☐ umierać w bólach;
- ☐ mieć dość życia;
- ☐ być czymś bardzo zainteresowanym.

10. *pot.* **Wpaść do kogoś:**
- ☐ przyjść do kogoś na chwilę;
- ☐ zagłębiać się w czyjeś życie;
- ☐ osuwać się do wewnątrz.

SAMOOCENA

>[9] bdb • [9] + db • [8] db • [7] +dst • >[6] dst • <[6] ndst

Jeśli w zadaniu testowym jest więcej niż dziesięć jednostek — przelicz sam!

ZADANIE 357

Copyright by S. Mędak

polecenie i wzór — jak w zadaniu testowym 355

1. uparty jak osioł:

☐ podobny do osła;

☐ nieustępliwy;

☐ niewytrwały.

2. upiec dwie pieczenie przy jednym ogniu:

☐ załatwić dwie sprawy jednocześnie;

☐ spieszyć się przed wydaniem kolacji dla gości;

☐ bać się, że ognisko za chwilę wygaśnie.

3. uzbroić się w cierpliwość:

☐ cierpliwie czekać;

☐ przygotować się do walki;

☐ nie mieć cierpliwości.

4. urodzić się pod szczęśliwą gwiazdą:

☐ mieć szczęście, powodzenie w życiu;

☐ przyjść na świat podczas podróży matki;

☐ urodzić się w gwieździstą noc.

5. ktoś jest wierny jak pies:

☐ lojalny, oddany;

☐ nielojalny;

☐ bez charakteru.

6. wigilijny wieczór:

☐ wieczór, po którym następuje dzień świąteczny;

☐ każdy wieczór z przyjaciółmi;

☐ zmierzch.

7. wierzyć w przesądy:

☐ wierzyć w dziwne zjawiska, być zabobonnym;

☐ wierzyć w sprawiedliwość;

☐ mieć zaufanie do sądownictwa.

8. wolne od pracy (←dni):

☐ wakacje;

☐ sobota i niedziela;

☐ urlop.

9. wyjść za mąż (za kogoś)

☐ ukryć się za plecami męża;

☐ wyjść po męża na dworzec;

☐ poślubić mężczyznę.

10. wyglądać w czymś dobrze

☐ czuć się dobrze;

☐ sprawiać wrażenie dobrego człowieka;

☐ wyglądać korzystnie w jakimś ubiorze.

SAMOOCENA

>[9] bdb • [9] + db • [8] db • [7] +dst • >[6] dst • <[6] ndst

Jeśli w zadaniu testowym jest więcej niż dziesięć jednostek — przelicz sam!

ZADANIE 358

polecenie i wzór — jak w zadaniu testowym 355

1. mężczyzna w średnim wieku:
- ⬚ mężczyzna średniego wzrostu;
- ⬚ niski mężczyzna;
- ⬚ mężczyzna mający około 40 lat.

2. wynagrodzenie z dołu:
- ⬚ pensja po przepracowaniu jednego miesiąca;
- ⬚ niskie wynagrodzenie;
- ⬚ niewielka nagroda za coś.

3. nie potrafić żyć bez siebie:
- ⬚ nie lubić się wzajemnie;
- ⬚ nie umieć się odosabniać, być nierozłącznym z kimś;
- ⬚ uwielbiać samotność.

4. wystąpić w jakiejś roli:
- ⬚ zrezygnować z jakiejś roli;
- ⬚ zaprezentować swoje umiejętności w danej sytuacji;
- ⬚ wyłaniać się z ziemi.

5. syn marnotrawny:
- ⬚ człowiek, który ma apetyt;
- ⬚ człowiek, który lubi się bawić;
- ⬚ człowiek, który zawinił i się opamiętał.

6. założyć rodzinę:
- ⬚ zakładać się z rodzeństwem o coś;
- ⬚ zawrzeć związek małżeński;
- ⬚ przyjmować rodzinę.

7. złożyć komuś wizytę:
- ⬚ przyjechać do kogoś w gościnę;
- ⬚ zamówić wizytę;
- ⬚ zaprosić kogoś w odwiedziny.

8. (twoje) zdrowie!:
- ⬚ wykrzyknienie zachęcające do wzniesienia toastu;
- ⬚ życzenie wytrzymałości i siły;
- ⬚ życzenie powrotu do zdrowia.

9. zimno mi:
- ⬚ jestem zimny;
- ⬚ odczuwam niską temperaturę;
- ⬚ ogarnia mnie lęk.

10. życzyć (komuś) zdrowia!:
- ⬚ zachęcać kogoś do uprawiana sportu;
- ⬚ życzyć powrotu do zdrowia;
- ⬚ zachęcać kogoś do jedzenia.

SAMOOCENA

>[9] bdb • [9] + db • [8] db • [7] +dst • >[6] dst • <[6] ndst

Jeśli w zadaniu testowym jest więcej niż dziesięć jednostek — przelicz sam!

ZADANIE 359

Copyright by S. Mędak

polecenie i wzór — jak w zadaniu testowym 355

1. być skromnym człowiekiem:
- być niskiego wzrostu;
- być bardzo szczupłym;
- nie mieć nadmiernych ambicji.

2. być obywatelem świata:
- mieć kilka paszportów;
- być obeznanym z kulturą światową;
- bezustannie podróżować po świecie.

3. być sytym:
- zaspokoić swój głód;
- mieć dobry apetyt;
- odczuwać głód.

4. być zakochanym w czymś:
- uwielbiać jakiś sport, jakąś dziedzinę sztuki;
- zakochać się bez opamiętania w kimś;
- kochać inaczej.

5. mieć na coś ochotę:
- mieć na coś chęć, pragnąć czegoś;
- mieć pociąg do czegoś;
- żyć w ciągłym entuzjazmie.

6. mieć najczarniejsze myśli:
- dopatrywać się w życiu pozytywów;
- widzieć świat w różowych barwach;
- czuć się źle psychicznie.

7. udany wieczór:
- wieczór, który nas zawiódł;
- wieczór, który nam się udał, był przyjemny;
- wieczór, który nas rozczarował.

8. trzymaj się!:
- forma pożegnania kończącego dialog;
- zwrócenie uwagi pijanemu człowiekowi;
- nie łam prawa!

9. typowy dzień:
- znamienny dzień;
- przeciętny dzień; codzienność;
- dzień według określonego planu.

10. ubierać się na czarno:
- nosić ubrania koloru czarnego;
- ubrać się w czarną suknię na bal;
- nie cierpieć rzeczy o ciemnych barwach.

SAMOOCENA

>[9] bdb • [9] + db • [8] db • [7] +dst • >[6] dst • <[6] ndst

Jeśli w zadaniu testowym jest więcej niż dziesięć jednostek — przelicz sam!

ZADANIE 360

Copyright by S. Mędak

polecenie i wzór — jak w zadaniu testowym 355

1. reklama dźwignią handlu:

☐ handel jest podstawą reklamy;

☐ reklama pomaga handlować;

☐ reklama jest podstawą postępu.

2. robić coś aż do skutku:

☐ uskutecznić coś, realizować coś;

☐ (z)rezygnować z podjętych działań;

☐ zaczynać / zacząć coś i nie dokończyć.

3. raz a dobrze:

☐ uderzyć kogoś mocno;

☐ doprowadzić coś do skutku;

☐ działać pojedynczo a skutecznie.

4. reszta dla pana:

☐ pozostałość z kwoty większej niż wynosi
   należność oddawana np. klientowi, kelnerowi;

☐ ostatek jedzenia oferowany głodnemu;

☐ wynik otrzymywany z dzielenia.

5. reszty nie trzeba:

☐ proszę zatrzymać sobie drobne,
   proszę nie wydawać;

☐ proszę oddać mi wszystko,
   co do grosza;

☐ nie potrzebuję resztek.

6. robić dobrą minę do złej gry:

☐ grymasić, kaprysić, wybrzydzać;

☐ nagle się zdenerwować;

☐ udawać, że wszystko jest w porządku.

7. roczny dochód:

☐ jednoroczny zarobek;

☐ przychody za cały rok;

☐ dochód trwający jeden rok.

8. rozmienić pieniądze:

☐ wymienić pieniądze w kantorze;

☐ rozmienić się na drobne;

☐ wymienić banknoty np. na bilon, na drobne.

9. robić zakupy:

☐ pakować zakupy do toreb;

☐ kupować pożywienie w sklepie;

☐ kupować coś hurtem.

10. rozwiązywać jakąś zagadkę:

☐ domyślać się czegoś, trafnie odpowiadać;

☐ trudzić się bezcelowo;

☐ bawić się w zgadywanki.

SAMOOCENA

>[9] bdb   •   [9] + db   •   [8]   db   •   [7] +dst   •   >[6] dst   •   <[6] ndst

Jeśli w zadaniu testowym jest więcej niż dziesięć jednostek — przelicz sam!

ZADANIE 361

Copyright by S. Mędak

polecenie i wzór — jak w zadaniu testowym 355

1. patrzeć złym okiem:
⬜ mieć złe oczy;
⬜ być zdenerwowanym;
⬜ mieć nieprzychylne nastawienie.

2. *pot.* straszny korek:
⬜ duży korek w dużej butelce;
⬜ surowiec otrzymany z kory drzew(a);
⬜ setki samochodów zmuszonych do postoju na ulicy.

3. państwo młodzi:
⬜ nowopowstałe państwo;
⬜ nowi goście w wieku 18–25 lat;
⬜ nowożeńcy, kobieta i mężczyzna w dniu ich ślubu.

4. stracić panowanie nad kierownicą
⬜ denerwować się na niedoświadczonych kierowców;
⬜ spowodować wypadek samochodowy;
⬜ zapowiedzieć swoją dymisję.

5. pętla tramwajowa:
⬜ pętla przy drzwiach tramwaju;
⬜ ostatni, końcowy odcinek linii;
⬜ przedostatni przystanek.

6. pełny etat:
⬜ ustalona liczba żołnierzy;
⬜ stanowisko wypełnione nieustanną pracą;
⬜ stała posada w pełnym wymiarze godzin.

7. nie znosić czegoś:
⬜ nie gromadzić wielu rzeczy;
⬜ wytrzymywać coś cierpliwie;
⬜ nie wytrzymywać czegoś, nie cierpieć czegoś.

8. pracować na umowie — zleceniu:
⬜ mieć stałą pracę na pełny etat;
⬜ zlecić komuś jakąś pracę;
⬜ mieć pracę na czas określony.

9. mieć dobre serce:
⬜ mieć dobrze funkcjonujące serce;
⬜ być człowiekiem wrażliwym;
⬜ przejść pierwszy zawał.

10. nie przepadać za czymś:
⬜ nie chować się; działać otwarcie;
⬜ nie lubić czegoś;
⬜ nigdy niczego nie gubić.

SAMOOCENA

>[9] bdb • [9] + db • [8] db • [7] +dst • >[6] dst • <[6] ndst

Jeśli w zadaniu testowym jest więcej niż dziesięć jednostek — przelicz sam!

ZADANIE 362

Copyright by S. Mędak

polecenie i wzór — jak w zadaniu testowym 355

1. letnia sukienka:
- ⬜ sukienka ciepła jak lato;
- ⬜ sukienka pozbawiona wyrazu;
- ⬜ sukienka na lato.

2. liczyć na czyjąś pomoc:
- ⬜ oczekiwać, że ktoś nam pomoże;
- ⬜ sumować ilość dokonanych czynów;
- ⬜ pracować w organizacji charytatywnej.

3. list polecający od kogoś:
- ⬜ pisemna, dobra opinia o kimś;
- ⬜ zlecenie wykonania czegoś;
- ⬜ rozkaz.

4. emigracja za chlebem:
- ⬜ wyjazd za granicę w poszukiwaniu pracy;
- ⬜ poszukiwanie chleba w czasie wojny;
- ⬜ wyjazd za granicę z dużą ilością wyżywienia.

5. lot bezpośredni:
- ⬜ przelot samolotu z Berna do Tokio bez przesiadki;
- ⬜ przelot samolotu z Berna do Tokio z przesiadką;
- ⬜ kurs samolotu z Berna do Tokio przez Moskwę.

6. *pot.* **ktoś jest kochanym człowiekiem:**
- ⬜ serdecznym, uczynnym, miłym;
- ⬜ wybranym przez jedną osobę;
- ⬜ ktoś kocha wszystkich bez wyjątku.

7. *pot.* **ktoś jest w porządku:**
- ⬜ ktoś jest uczciwy;
- ⬜ ktoś lubi porządek;
- ⬜ ktoś, kto nie lubi bałaganu.

8. ktoś może sobie na coś pozwolić:
- ⬜ ktoś może robić to, czego inni nie mogą;
- ⬜ ktoś może wyrazić zgodę na coś;
- ⬜ ktoś może zachowywać się zbyt swobodnie.

9. *pot.* **ktoś stawia (coś) komuś:**
- ⬜ funduje, zaprasza kogoś i płaci np. za poczęstunek, bilet do kina;
- ⬜ buduje komuś dom;
- ⬜ dyktuje komuś warunki.

10. czas goi rany:
- ⬜ z czasem zapomina się o krzywdach;
- ⬜ po jakimś czasie czujemy się lepiej;
- ⬜ po upływie jakiegoś czasu rany się zabliźniają.

SAMOOCENA

>[9] bdb • [9] + db • [8] db • [7] +dst • >[6] dst • <[6] ndst

Jeśli w zadaniu testowym jest więcej niż dziesięć jednostek — przelicz sam!

ZADANIE 363

Copyright by S. Mędak

polecenie i wzór — jak w zadaniu testowym 355

1. silny jak koń:

- ❒ krzepki, mocny, pełen energii;
- ❒ biegły w jakichś sprawach;
- ❒ mocno działający.

2. *pot.* siedzieć w domu:

- ❒ nie wyjeżdżać nigdzie, nigdzie nie wychodzić;
- ❒ być chorym;
- ❒ nie lubić ludzi.

3. słyszeć (coś) o kimś:

- ❒ dowiadywać się o kimś czegoś;
- ❒ słuchać, jak ktoś mówi;
- ❒ wykonywać to, co ktoś każe.

4. stawiać / postawić na złego konia:

- ❒ stać obok nieokiełznanego konia;
- ❒ dokonać złego wyboru;
- ❒ kupić dzikiego konia.

5. stać kogoś na coś:

- ❒ stać i czekać na kogoś;
- ❒ mieć możliwości finansowe;
- ❒ być biednym.

6. spodziewać się dziecka:

- ❒ oczekiwać na wizytę dziecka;
- ❒ być w ciąży;
- ❒ obawiać się powrotu syna.

7. studentka prawa:

- ❒ studentka szlachetna;
- ❒ studentka studiująca prawo;
- ❒ studentka z prawej strony.

8. ślad po kimś zaginął:

- ❒ ktoś zgubił ślady;
- ❒ ktoś wyjechał i nie wiadomo, co się z nim stało;
- ❒ ktoś szuka śladów stóp człowieka.

9. szczęśliwy dzień:

- ❒ pechowy dzień;
- ❒ dzień nieudany;
- ❒ dzień pomyślny.

10. świat jest otwarty:

- ❒ świat nie ma końca;
- ❒ świat jest bezkresny;
- ❒ świat oferuje nam wiele możliwości.

SAMOOCENA

>[9] bdb • [9] + db • [8] db • [7] +dst • >[6] dst • <[6] ndst

Jeśli w zadaniu testowym jest więcej niż dziesięć jednostek — przelicz sam!

ZADANIE 364

polecenie i wzór — jak w zadaniu testowym 355

1. iść na lody:

☐ iść na ślizgawkę;

☐ iść do sklepu, aby kupić lody;

☐ wybierać się do kawiarni,
aby kupić, zamówić lody.

2. iść do kościoła z koszykiem:

☐ siedzieć przed kościołem i prosić o jałmużnę;

☐ wybierać się do kościoła przed Wielkanocą;

☐ ładnie ubrać się przed wyjściem do kościoła.

3. iść na piwo

☐ iść kupić piwo;

☐ iść po piwo;

☐ iść napić się piwa.

4. iść na uniwersytet:

☐ mieć ochotę rozpocząć studia;

☐ zwiedzać budynki uniwersytetu;

☐ wybierać się na konferencję w Collegium Maius.

5. iść po kogoś:

☐ odwiedzić kogoś;

☐ przekupić kogoś;

☐ iść odebrać kogoś skądś.

6. *pot.* jak ten czas leci!:

☐ czas nam się dłuży;

☐ nie możemy się doczekać następnego dnia;

☐ czas biegnie szybko, a nawet bardzo szybko.

7. jechać gdzieś na narty:

☐ wyjechać w góry zimą;

☐ wyjechać nad morze;

☐ jeździć gdzieś na nartach.

8. jechać gdzieś za darmo:

☐ kupić bilet i udać się w podróż;

☐ korzystać z jakiejś okazji i nic nie płacić za podróż;

☐ zapłacić dużo za jakąś podróż.

9. jechać pod prąd:

☐ płynąć pod prąd;

☐ płynąć z prądem;

☐ pomylić kierunek jazdy.

10. jechać w podróż poślubną:

☐ jechać na ślub kolegi;

☐ wybierać się na wesele;

☐ jechać np. na Karaiby z żoną tuż po ślubie.

SAMOOCENA

>[9] bdb • [9] + db • [8] db • [7] +dst • >[6] dst • <[6] ndst

Jeśli w zadaniu testowym jest więcej niż dziesięć jednostek — przelicz sam!

ZADANIE 365

Copyright by S. Mędak

polecenie i wzór — jak w zadaniu testowym 355

1. płakać jak bóbr:

□ płakać bardzo żałośnie;

□ płakać jak dziecko;

□ narzekać, skarżyć się na los.

2. pójść z kimś na kompromis:

□ załatwić coś drogą wzajemnych ustępstw;

□ załatwić coś po drodze;

□ chodzić własnymi drogami.

3. poważna choroba:

□ klasyczna choroba;

□ niebezpieczna choroba;

□ choroba wieku.

4. poprosić kogoś do telefonu:

□ chcieć komuś pokazać nowy telefon;

□ podsłuchiwać rozmowę przez telefon;

□ powiedzieć: *„ktoś dzwoni do ciebie"*.

5. pociąg bez przesiadki:

□ pociąg bezpośredni;

□ pociąg regionalny;

□ pociąg osobowy.

6. położyć coś na właściwym miejscu:

□ tam, gdzie poprzednio znajdował się ten przedmiot;

□ tam, gdzie jest miejsce dla innych rzeczy;

□ tam, gdzie ten przedmiot będzie przeszkadzał innym.

7. podano do stołu:

□ przyniesiono stół;

□ oddano stół do naprawy;

□ nakryto stół i zastawiono go talerzami z pachnącą zupą.

8. ktoś podobny do kogoś jak dwie krople wody:

□ przypominający do złudzenia drugą osobę;

□ bardzo związany z drugą osobą;

□ nierozłączny z drugą osobą.

9. podróżować po Europie:

□ być tylko w jednym kraju;

□ zwiedzić kilka krajów w Europie;

□ spędzić wakacje w Brukseli.

10. pomylić numer telefonu:

□ wybrać numer do osoby, której nie znamy;

□ skierować pretensje do niewłaściwej osoby;

□ zapomnieć włożyć okulary.

SAMOOCENA

>[9] bdb • [9] + db • [8] db • [7] +dst • >[6] dst • <[6] ndst

Jeśli w zadaniu testowym jest więcej niż dziesięć jednostek — przelicz sam!

ZADANIE 366

Copyright by S. Mędak

polecenie i wzór — jak w zadaniu testowym 355

1. nikt nie jest doskonały:
- ▢ każdy ma swoje wady i zalety;
- ▢ wszyscy są źli;
- ▢ tylko niektórzy nie mają wad.

2. nosić dżinsy:
- ▢ ubierać się w dżinsy;
- ▢ przemieszczać się z dżinsami w torbie;
- ▢ oddawać dżinsy do pralni.

3. obchodzić imieniny / urodziny:
- ▢ zapominać o swoim święcie;
- ▢ lekceważyć swoje święto;
- ▢ wydawać przyjęcie dla gości z okazji imienin / urodzin.

4. obchodzić się bez czegoś:
- ▢ obchodzić coś dookoła;
- ▢ omijać coś systematycznie;
- ▢ radzić sobie, nie mając czegoś.

5. obchodzić święta:
- ▢ zapominać o świętach;
- ▢ traktować święta jak weekend;
- ▢ świętować, jeść i odpoczywać.

6. od myślenia głowa nie boli:
- ▢ myślenie powoduje ból głowy;
- ▢ głowa nie boli bezmyślnych;
- ▢ warto czasami się zastanowić nad czymś.

7. od przybytku głowa nie boli!:
- ▢ wzrost (przyrost, mnożenie się) czegoś nie ma negatywnego wpływu na życie człowieka.
- ▢ trzeba oszczędzać swój mózg;
- ▢ wzrost człowieka nie ma nic wspólnego z jego inteligencją.

8. odbywać służbę wojskową:
- ▢ pracować w wojsku;
- ▢ służyć w wojsku;
- ▢ uczestniczyć w działaniach wojennych.

9. odległe czasy:
- ▢ bardzo dawne czasy, dalekie od teraźniejszości;
- ▢ bliskie współczesności;
- ▢ leżące gdzieś daleko.

10. okazyjna sprzedaż:
- ▢ sprzedaż wynikająca z dobrej okazji;
- ▢ niekorzystne nabycie czegoś;
- ▢ dumpingowa sprzedaż czegoś.

SAMOOCENA

> [9] bdb • [9] + db • [8] db • [7] +dst • > [6] dst • < [6] ndst

Jeśli w zadaniu testowym jest więcej niż dziesięć jednostek — przelicz sam!

ZADANIE 367

polecenie i wzór — jak w zadaniu testowym 355

1. ktoś pracowity jak mrówka:

🗇 ktoś wyjątkowo pracowity;

🗇 ktoś, kto pracuje czasami;

🗇 ktoś, kto pracuje bezmyślnie.

2. prognoza pogody:

🗇 zapowiedź przyszłych faktów;

🗇 zapowiedź przyszłych zdarzeń;

🗇 przewidywany układ cyrkulacji powietrza.

3. przeciętny Polak:

🗇 pan Kowalski;

🗇 niepospolity Polak;

🗇 nietypowy Polak.

4. prosić kogoś o rękę:

🗇 prosić kogoś o podanie ręki;

🗇 proponować mężczyźnie małżeństwo;

🗇 oświadczać się kobiecie.

5. przedział dla niepalących:

🗇 wyznaczona w restauracji sala;

🗇 wyznaczony w pociągu wagon;

🗇 jedno z pomieszczeń wagonu.

6. przyjąć obywatelstwo:

🗇 stać się obywatelem danego kraju;

🗇 stać się obywatelem świata;

🗇 opanować cały świat.

7. przychylić komuś nieba:

🗇 spełnić wszystkie zachcianki
drugiej osoby (kogoś);

🗇 modlić się, aby „iść do nieba";

🗇 obiecywać komuś coś.

8. przywracać odległe czasy:

🗇 zapominać o przeszłości;

🗇 powracać myślami do przeszłości;

🗇 wstydzić się przeszłości.

9. prezenty pod choinkę:

🗇 prezenty z okazji urodzin;

🗇 prezenty z okazji imienin;

🗇 prezenty z okazji Świąt
Bożego Narodzenia.

10. prosić o podwyżkę:

🗇 ustalić należną kwotę;

🗇 starać się o wyższe wynagrodzenie;

🗇 zamawiać coś lepszego.

SAMOOCENA

>[9] bdb • [9] + db • [8] db • [7] +dst • >[6] dst • <[6] ndst

Jeśli w zadaniu testowym jest więcej niż dziesięć jednostek — przelicz sam!

ZADANIE 368

Copyright by S. Mędak

polecenie i wzór — jak w zadaniu testowym 355

1. wręczyć komuś coś:
☐ podać komuś rękę;
☐ uścisnąć komuś dłoń;
☐ oddać coś do (własnych) rąk.

2. wyglądać kobieco:
☐ mieć podejrzany wygląd;
☐ mieć wygląd, powierzchowność, delikatność kobiety;
☐ zachowywać się jak kobieta.

3. wyglądać nie najlepiej:
☐ być wymizerowanym;
☐ być zamyślonym;
☐ być zdenerwowanym.

4. wyborny bigos:
☐ wybrana porcja bigosu z wielu innych porcji;
☐ bardzo smaczna potrawa z kapusty kiszonej z kawałkami mięsa, z grzybami;
☐ niesamowite kłopoty.

5. wybiec skądś jak strzała:
☐ wyjść skądś i nigdy nie powrócić;
☐ opuścić jakieś miejsce szybko;
☐ wybiec, skacząc.

6. wszystko po staremu:
☐ nic w życiu się nie zmieniło;
☐ same odwieczne kłopoty;
☐ wszyscy się starzeją.

7. wstawać skoro świat:
☐ wstawać szybko;
☐ wstawać lewą nogą;
☐ budzić się bardzo wcześnie rano.

8. wsadzać nos w nie swoje sprawy:
☐ interesować się cudzymi sprawami;
☐ węszyć wszędzie intrygi;
☐ opowiadać wszystkim o swoich kłopotach.

9. wrócić przed świtem:
☐ wrócić bardzo wcześnie;
☐ wrócić nad ranem;
☐ zrezygnować z powrotu.

10. wspominać stare, dobre czasy:
☐ wypominać komuś przeszłość;
☐ żyć przeszłością;
☐ powracać do czasów dzieciństwa, młodości.

SAMOOCENA

>[9] bdb • [9] + db • [8] db • [7] +dst • >[6] dst • <[6] ndst

Jeśli w zadaniu testowym jest więcej niż dziesięć jednostek — przelicz sam!

ZADANIE 369

polecenie i wzór — jak w zadaniu testowym 355

1. namówić kogoś na coś:

☐ obmawiać kogoś;

☐ przemówić do kogo;

☐ nakłonić kogoś do czegoś.

2. nakrywać do stołu:

☐ zakrywać stół obrusem;

☐ kłaść na stół sztućce, talerze, serwetki;

☐ przykrywać stół ceratą.

3. mieszkać u kogoś kątem:

☐ nie mieć swojego mieszkania;

☐ wynajmować mieszkanie;

☐ odnajmować część pokoju u kogoś.

4. mieszkać dwa kroki od czegoś:

☐ mieszkać bardzo blisko;

☐ chodzić gdzieś pieszo;

☐ mieszkać od czegoś trzy kilometry dalej.

5. mówić bzdury:

☐ mówić o czymś interesująco;

☐ mówić niedorzeczności;

☐ wystrzegać się banałów.

6. mówić komuś dobranoc:

☐ żegnać się z kimś o siódmej rano;

☐ żegnać się z kimś późnym wieczorem;

☐ witać się z kimś w południe.

7. mówić sobie (komuś) na ty:

☐ mówić do siebie ty;

☐ być dla kogoś kolegą;

☐ być źle wychowanym.

8. mówić półgłosem:

☐ krzyczeć;

☐ wrzeszczeć;

☐ szeptać.

9. mieć stałe dochody:

☐ otrzymywać pensję co miesiąc;

☐ chodzić gdzieś codziennie;

☐ przynosić zyski instytucji.

10. nabrać wody w usta:

☐ płukać gardło;

☐ mieć pragnienie;

☐ milczeć, nie zdradzać tajemnicy.

SAMOOCENA

>[9] bdb • [9] + db • [8] db • [7] +dst • >[6] dst • <[6] ndst

Jeśli w zadaniu testowym jest więcej niż dziesięć jednostek — przelicz sam!

ZADANIE 370

polecenie i wzór — jak w zadaniu testowym 355

1. komuś coś się nie udaje:
- ☐ ktoś się gdzieś udaje;
- ☐ ktoś się wydaje za kogoś;
- ☐ ktoś nie ma szczęścia.

2. komuś zależy na czymś:
- ☐ komuś coś się należy;
- ☐ ktoś na czymś leży;
- ☐ ktoś silnie pragnie coś osiągnąć.

3. komuś wiedzie się źle:
- ☐ komuś się nie szczęści;
- ☐ komuś się darzy;
- ☐ komuś się powodzi.

4. komuś powodzi się dobrze:
- ☐ komuś się nie darzy;
- ☐ komuś się nie szczęści;
- ☐ komuś układa się w życiu, pracy i w rodzinie.

5. komuś głowa pęka od czegoś:
- ☐ kogoś bardzo boli głowa;
- ☐ ktoś ma dużo problemów;
- ☐ ktoś ma słabą głowę do czegoś.

6. komuś usta się nie zamykają:
- ☐ ktoś ma nieznaną chorobę ust;
- ☐ ktoś bez przerwy ziewa;
- ☐ ktoś bez przerwy mówi, coś opowiada.

7. komuś jest głupio:
- ☐ ktoś jest głupi;
- ☐ ktoś udaje głupca;
- ☐ ktoś czuje się niezręcznie.

8. komuś coś idzie dobrze:
- ☐ ktoś ma dobry samochód;
- ☐ ktoś nie ma żadnych kłopotów;
- ☐ ktoś lubi spacery po parku.

9. komuś nie starcza pieniędzy:
- ☐ ktoś nie lubi wydawać pieniędzy;
- ☐ ktoś jest bardzo skąpy;
- ☐ ktoś zarabia za mało.

10. komuś się nudzi:
- ☐ ktoś nudzi innych;
- ☐ ktoś się sam nudzi;
- ☐ ktoś jest bardzo nudny.

SAMOOCENA

> [9] bdb • [9] + db • [8] db • [7] +dst • >[6] dst • <[6] ndst

Jeśli w zadaniu testowym jest więcej niż dziesięć jednostek — przelicz sam!

ZADANIE 371

Copyright by S. Mędak

polecenie i wzór — jak w zadaniu testowym 355

1. zakaz parkowania:

⬜ można tutaj zostawić auto;

⬜ wolno tutaj zostawić auto;

⬜ nie wolno ustawiać samochodów.

2. zakaz kąpieli:

⬜ zabrania się używania wanny;

⬜ zabrania się używania prysznica;

⬜ zabrania się wchodzenia do wody.

3. zakaz palenia:

⬜ nie wolno palić lasów;

⬜ nie wolno palić papierosów;

⬜ nie wolno palić kawy.

4. zrealizować czek:

⬜ wydrukować czek na drukarce;

⬜ zamienić czek na pieniądze w banku;

⬜ wprowadzić w życie obrót czekami.

5. zakaz wjazdu:

⬜ można tutaj wjeżdżać;

⬜ można tędy przejeżdżać;

⬜ nie wolno wjeżdżać.

6. zakaz wstępu:

⬜ wejście dla wszystkich;

⬜ przejście dla wszystkich;

⬜ wstęp tylko dla upoważnionych.

7. zapraszać kogoś do stołu:

⬜ prosić o przesunięcie stołu;

⬜ proponować wspólny posiłek;

⬜ wypraszać kogoś z kuchni.

8. zaraz, zaraz...:

⬜ proszę poczekać;

⬜ proszę wyjść stąd!;

⬜ zrób to niezwłocznie!

9. zasypiać nad kierownicą:

⬜ być zmęczonym podczas jazdy;

⬜ nie lubić jazdy;

⬜ być znudzonym długą jazdą.

10. zażywać lekarstwo/-a:

⬜ używać lekarstwa do innych celów;

⬜ połykać przepisane przez lekarza lekarstwo;

⬜ najadać się lekarstwami.

SAMOOCENA

>[9] bdb • [9] + db • [8] db • [7] +dst • >[6] dst • <[6] ndst

Jeśli w zadaniu testowym jest więcej niż dziesięć jednostek — przelicz sam!

ZADANIE 372

Copyright by S. Mędak

polecenie i wzór — jak w zadaniu testowym 355

1. czuć się kimś, np. Polakiem:
- ⬜ czuć się kimś wyjątkowym;
- ⬜ czuć się, jak każdy Europejczyk;
- ⬜ czuć się sobą.

2. czuć się młodym człowiekiem:
- ⬜ odczuwać trudy młodego wieku;
- ⬜ marzyć o dojrzałości;
- ⬜ być dojrzałym i jednocześnie młodym.

3. czuć się jak w siódmym niebie:
- ⬜ uwielbiać podróże samolotem;
- ⬜ być pilotem samolotu;
- ⬜ być w stanie upojenia.

4. czuć się jak ryba w wodzie:
- ⬜ pływać jak ryba w wodzie;
- ⬜ oddychać jak ryba w wodzie;
- ⬜ czuć się bardzo swobodnie, dobrze.

5. czuć się jak u siebie w domu:
- ⬜ czuć, że w domu coś pachnie;
- ⬜ czuć się gdzieś dobrze;
- ⬜ czuć, że to jest inny dom.

6. czuć się gdzieś obco:
- ⬜ czuć się nieswojo, inaczej niż u siebie w domu;
- ⬜ tak samo, jak u siebie w domu;
- ⬜ tak samo, jak zwykle.

7. mieć własny kąt:
- ⬜ mieć własne mieszkanie;
- ⬜ mieć ulubiony kąt w pokoju;
- ⬜ mieć przyrząd geometryczny.

8. mieć wrażliwy żołądek:
- ⬜ mieć żołądek, który trawi wszystko;
- ⬜ mieć zdrowy żołądek;
- ⬜ mieć żołądek reagujący na nieodpowiednie jedzenie.

9. mieć drobne:
- ⬜ mieć mało pieniędzy;
- ⬜ mieć bardzo dużo pieniędzy;
- ⬜ dysponować monetami.

10. bilet tam i z powrotem:
- ⬜ bilet w jedną stronę;
- ⬜ bilet w dwie strony;
- ⬜ bilet powrotny.

SAMOOCENA

>[9] bdb • [9] + db • [8] db • [7] +dst • >[6] dst • <[6] ndst

Jeśli w zadaniu testowym jest więcej niż dziesięć jednostek — przelicz sam!

ZADANIE 373

Copyright by S. Mędak

polecenie i wzór — jak w zadaniu testowym 355

1. coś jest w promocji
- coś jest tańsze w sklepie;
- coś jest droższe;
- coś jest wyjątkowej wartości.

2. coś się zbliża:
- coś mija;
- coś nadchodzi;
- coś odchodzi.

3. coś dolega komuś:
- coś kogoś boli;
- coś kogoś irytuje;
- ktoś dokucza komuś.

4. coś kogoś boli:
- coś komuś przeszkadza;
- ktoś nad czymś boleje;
- coś komuś dolega.

5. coś komuś snuje się po głowie:
- ktoś ma pająka na głowie;
- ktoś ma nieuczesane włosy;
- ktoś o czymś rozmyśla / myśli.

6. coś nie ma znaczenia:
- coś jest błahe, obojętne;
- coś jest wartościowe;
- coś jest bezwartościowe.

7. coś nie działa:
- coś nie pasuje do czegoś;
- coś jest zepsute;
- coś nas nie drażni.

8. coś nie ma sensu:
- coś jest wartościowe;
- coś jest ważne;
- coś nie jest zgodne z logiką.

9. coś pełni jakąś rolę:
- pojawia się w jakiejś funkcji;
- coś gra w teatrze;
- coś jest uprawiane na roli.

10. coś na pamiątkę:
- rzecz, o której należy pamiętać;
- przedmiot coś przypominający;
- rzecz, o której zapomnieliśmy.

SAMOOCENA

>[9] bdb • [9] + db • [8] db • [7] +dst • >[6] dst • <[6] ndst

Jeśli w zadaniu testowym jest więcej niż dziesięć jednostek — przelicz sam!

ZADANIE 374

Copyright by S. Mędak

polecenie i wzór — jak w zadaniu testowym 355

1. być wdową:
☐ nigdy nie mieć męża;
☐ nie chcieć męża;
☐ być kobietą, której umarł mąż.

2. być zgraną paczką:
☐ być dobrze działającym zespołem rockowym;
☐ być dobrze przygotowaną paczką;
☐ być grupą przyjaciół o wspólnych zainteresowaniach.

3. być kawalerem:
☐ uprawiać jazdę konną;
☐ jeździć na koniu;
☐ nie być żonatym.

4. być gdzieś przed zmierzchem:
☐ wcześnie rano;
☐ późno rano;
☐ przed zapadnięciem zmroku.

5. być wolnym jak ptak:
☐ latać jak ptak;
☐ być nieograniczonym w działaniu;
☐ nie mieć mieszkania.

6. być złym na cały świat:
☐ obrażać wszystkich;
☐ obrazić się na wszystkich;
☐ zachowywać się źle podczas podróży.

7. być wielbicielem kogoś:
☐ ubóstwiać kogoś;
☐ być uwielbianym przez kogoś;
☐ mieć wielu przyjaciół.

8. być zupełnie łysym:
☐ mieć kilka włosów na głowie;
☐ mieć czaszkę pozbawioną włosów;
☐ mieć białą perukę.

9. być na emeryturze:
☐ pracować jak koń;
☐ być chorym;
☐ osiągnąć wiek poprodukcyjny.

10. być na diecie:
☐ być posłem w Sejmie;
☐ dużo jeść;
☐ jeść tylko niektóre potrawy.

SAMOOCENA

>[9] bdb • [9] + db • [8] db • [7] +dst • >[6] dst • <[6] ndst

Jeśli w zadaniu testowym jest więcej niż dziesięć jednostek — przelicz sam!

V. LISTA WYBRANYCH KONSTRUKCJI SKŁADNIOWYCH Z PODRĘCZNIKÓW DLA POZIOMU PODSTAWOWEGO

(zob. VI — Cytowane pomoce dydaktyczne)

oraz

ŹRÓDŁA POCHODZENIA IDIOMÓW, KONSTRUKCJI SKŁADNIOWYCH ORAZ PORÓWNAŃ WYKORZYSTANYCH W ZADANIACH TESTOWYCH 351–370

SKRÓTY:	TYTUŁ PODRĘCZNIKA		
[ChMPP]	— *Chcę mówić po polsku*	[LCzM]	— *Ludzie, czas, miejsca*
[CzJM]	— *Cześć, jak się masz?*	[PI4W]	— *Polish in 4 weeks*
[DzD]	— *Dzień dobry*	[PRAD]	— *Polski raz a dobrze*
[HPP]	— *Hurra!!! Po polsku 1*		

A

a to ciekawe?! [PRAD]

a u ciebie? [DzD]

B

biegać po okolicy [DzD]

bilet na autobus [PRAD]

bilet tam i z powrotem [PRAD]

bilet ulgowy / zniżkowy [PRAD / HPP]

boczna ulica [LCzM]

brać / wziąć ślub z kimś [PRAD]

brać lekarstwa *(pot.)* [PRAD]

brać pracę do domu *(pot.)* [HPP]

brać prysznic [HPP]

brać udział w powstaniu [LCzM]

brakuje komuś siły [DzD]

być dumnym z kogoś [DzD]

być gdzieś przed zmierzchem [PRAD]

być głodnym [PRAD]

być gotowym na wszystko [PI4W]

być kawalerem [ChMPP]

być na czymś w teatrze [PRAD]

być na diecie [PRAD]

być na emeryturze [LCzM]

być obywatelem świata [PRAD]

być pewnym czegoś [PRAD]

być pewnym siebie [DzD]

być przekonanym [PRAD]

być skromnym człowiekiem [DzD]

być sytym [PRAD]

być ubranym w coś [DzD]

być uchodźcą [LCzM]

być w kontakcie (z kimś) [PRAD]

być wdową [DzD]

być wielbicielem kogoś [PRAD]

być wolnym jak ptak [ChMPP]

być zakochanym w czymś [PRAD]

być zgraną paczką [LCzM]

być złotą rączką [PI4W]

być złym na cały świat [PRAD]

być zupełnie łysym [DzD]

C

cecha narodowa [PRAD]

chce mi się pić / jeść [PRAD]

chodzić z kimś pod ramię [ChMPP]

ciasto z śliwkami [DzD]

cierpieć na coś [PRAD]

cierpliwy człowiek [ChMPP]

co cię / pana / panią boli? [PRAD]

co grają w teatrze / w kinie? [PRAD]

co nowego? [PRAD]

co panu / pani jest? *(pot.)* [PI4W]

co panu / pani dolega? [PI4W]

co się stało? [PI4W]

co się dzieje? [PI4W]

co słychać? [PRAD]

co ty na to? [PRAD]

co u ciebie słychać? [PI4W / PRAD]

co u was? [PRAD]

co z tobą? [PRAD]

(coś) boli kogoś od czegoś [PRAD]

coś chroni od nieszczęścia [HPP]

coś jest do czyjejś dyspozycji [HPP]

coś jest na końcu świata [PI4W]

coś jest nieczynne [PI4W]

coś jest nie najlepsze [LCzM]

coś jest podobne do czegoś [DzD]

coś jest takie sobie [PI4W]

(coś) jest tanie jak barszcz [PRAD]

coś jest w promocji [HPP]

(coś) kogoś boli [PRAD]

(coś) dolega komuś [PRAD]

coś komuś snuje się po głowie [PRAD]

coś ma / nie ma znaczenie /– a [PRAD]

(coś) mija [PRAD]

coś na pamiątkę [PRAD]

coś nie działa [DzD]

coś nie ma sensu [PI4W / DzD]

coś pełni jakąś rolę [HPP]

coś pod biało–czerwoną flagą [HPP]

coś się dzieje (u kogoś) [LCzM]

coś się komuś śni [PRAD]

coś się stało [DzD]

coś się zbliża [DzD]

coś szkodzi na zdrowie [ChMPP]

coś wpływa na coś [HPP]

coś wychodzi na coś, np. na ulicę [ChMPP]

coś zapowiada się optymistycznie [ChMPP]

(coś) znajduje się dwa kroki od... [PRAD]

(coś) znajduje się przy czymś [PRAD]

coś źle świadczy o kimś [ChMPP]

czas biegnie tak szybko [DzD]

czas dostawy [HPP]

czas goi rany [DzD]

czas miejscowy [PRAD]

czas stoi w miejscu [DzD]

czas wolny *a.* wolny czas [PRAD]

czekać na kogoś z niecierpliwością [PRAD]

czekać na pierwszą gwiazdkę [DzD]

człowiek z żelaza [PRAD]

czuć się gdzieś obco [LCzM]

czuć się jak ryba w wodzie [PRAD]

czuć się jak sardynka [PRAD]

czuć się jak u siebie w domu [PRAD]

czuć się jak w siódmym niebie [PRAD]

czuć się kimś, np. Polakiem [PRAD]

czuć się młodym człowiekiem [ChMPP]

czuć się w czymś jak ... [PRAD]

czym mogę służyć? [DzD]

czytać (coś) na głos [PRAD]

D

dać komuś słowo honoru [PRAD]

daj Boże! [PRAD]

daleka rodzina [PRAD]

dania odgrzewane [HPP]

dawać / dać sobie radę [DzD]

dni wolne od pracy [ChMPP]

do jutra [PRAD]

doba hotelowa [LCzM / PI4W]

dobrze trafić [PRAD]

dodać gazu *(pot.)* [PRAD]

dojrzały mężczyzna [PI4W]

dokonywać przelewów przez Internet [PRAD]

dom opieki [PRAD]

dorośli ludzie [LCzM]

dostać spadek po kimś [DzD]

droga wylotowa [PRAD]

duszno mi [PI4W]

dzielić się jajkiem [HPP]

dzielić się opłatkiem [ChMPP]

dziękować za coś, np. za radę [PRAD]

dzikie miejsca [HPP]

dzisiejsza gazeta [LCzM]

dziura ozonowa [HPP]

dzwonić na pogotowie [DzD]

E

emigracja za chlebem [LCzM]

G

gadać do rana *(pot.)* [LCzM]

gorące dni dla kogoś [LCzM]

Gość w dom, Bóg w dom [PRAD]

góry jedzenia [HPP]

gwiazda dwóch kontynentów [LCzM]

I

iść do kościoła z koszykiem [HPP]

iść na coś, np. na film [PRAD]

iść na lody [LCzM]

iść na piwo [DzD]

iść na uniwersytet [HPP]

iść na zakupy *a.* po zakupy [PRAD]

iść pieszo [PRAD]

iść po kogoś [DzD]

iść spać [PI4W]

J

jak się masz? [PRAD]

jak się pani / pan ma? [HPP]

jak ten czas leci! [PRAD]

jaka szkoda! [PRAD]

(ja) stawiam [PRAD]; *zob.* stawiam

jechać gdzieś na narty [LCzM]

jechać gdzieś za darmo [HPP]

jechać pod prąd [PRAD]

jechać starym gratem *(pot.)* [PRAD]

jechać w odwiedziny do kogoś [PRAD]

jechać w podróż poślubną [PRAD]

jest komuś zimno [PRAD]

jest zimno [PRAD]

jeździć konno [LCzM]

K

kaczka z owocami po polsku [LCzM]

karta stałego pobytu [LCzM]

kochający mąż [ChMPP]

kogoś stać / nie stać na coś [PRAD]

kogoś zebrało na wspominki [PRAD]

kominiarz przynosi szczęście [DzD]

komuś brakuje czegoś / kogoś [PRAD]

komuś chce się pić [PRAD]

komuś coś idzie dobrze / źle [PRAD]

komuś coś się nie udaje [DzD]

komuś coś się podoba [PRAD]

komuś głowa pęka od czegoś [PRAD]

komuś jest miło / źle / głupio itd. [PRAD]

komuś jest zimno [PRAD]

komuś nie starcza pieniędzy [DzD]

komuś nie starcza sił na coś [DzD]

komuś powodzi się źle / dobrze [PRAD]

komuś przybywa czegoś [ChMPP / DzD]

komuś przybywa lat [PRAD]

komuś się nudzi [PRAD]

komuś się spieszy [PRAD]

komuś śni się / śniło się coś [PRAD]

komuś usta się nie zamykają [PRAD]

komuś wiedzie się źle / dobrze [PRAD]

komuś zależy na czymś [ChMPP / PRAD]

koniec życia [PRAD]

kot zawsze spada na cztery łapy [PRAD]

kraj kwitnącej wiśni [PRAD]

ktoś (jest) gruby jak beczka [PRAD]

ktoś jest dobrze wychowany [ChMPP]

ktoś jest kochanym człowiekiem *(pot.)* [DzD]

ktoś jest podobny do kogoś [DzD / PRAD]

ktoś jest silny jak koń [DzD]

ktoś jest w porządku *(pot.)* [LCzM]

ktoś kocha się w kimś [LCzM]

ktoś może sobie na coś pozwolić [PRAD]

ktoś nie jest już taki młody [DzD]

ktoś potrzebuje odnowy *(pot.)* [HPP]

ktoś stawia (coś) komuś [PRAD]

ktoś zależy od kogoś [PI4W]

L

lecznicza woda [ChMPP]

lekarstwo przeciwko czemuś [PRAD]

letnia sukienka [DzD]

leżeć w łóżku *(pot.)* [PI4W / PRAD]

liczyć na czyjąś pomoc [PRAD]

liczyć na kogoś w każdej sytuacji [HPP]

linia kredytowa [PRAD]

linie prywatne [PRAD]

list polecający od kogoś [HPP]

lot bezpośredni [HPP]

Ł

łatwiej powiedzieć niż zrobić [ChMPP]

M

mężczyzna w średnim wieku [HPP]

mieć anginę [PRAD]

mieć bilet na coś [PRAD]

mieć bóle żołądka [PRAD]

mieć coś zrobić [PRAD]

mieć czas dla siebie [PI4W]

mieć debet [PRAD]

mieć dobrą / złą passę [PRAD]

mieć dobre serce [DzD]

mieć dość czegoś [PRAD]

mieć doświadczenie zawodowe [LCzM]

mieć drobne [PRAD / LCzM]

mieć gościa [LCzM]

mieć grypę [PRAD]

mieć humor || nie mieć humoru [PRAD]

mieć imieniny / urodziny [PRAD]

mieć jakąś pamiątkę skądś [PRAD]

mieć jakąś pasję [PI4W]

mieć jakąś potrzebę; *(pot.)* [PRAD]

mieć miejscówkę / rezerwację [PRAD]

mieć mocny charakter [PRAD]

mieć na coś ochotę [PI4W]

mieć na imię [PRAD]

mieć nadzieję, że ... [PRAD]

mieć najczarniejsze myśli [DzD]

mieć obowiązki [DzD]

mieć ochotę na coś [PRAD / CzJM]

mieć pecha [PRAD]

mieć pechowy dzień [PI4W]

mieć poważny wypadek [LCzM]

mieć pracowity dzień [ChMPP]

mieć prawo jazdy [DzD]

mieć problemy z czymś [PRAD]

mieć rację || nie mieć racji [PRAD]

mieć silny akcent *(pot.)* [LCzM]

mieć stałe dochody [PRAD]

mieć swoje przyzwyczajenia [ChMPP]

mieć szczęście [PRAD]

mieć własny kąt [PRAD]

mieć wolny czas [LCzM]

mieć wrażenie [PRAD]

mieć wrażliwy żołądek [DzD]

mieć wykład [DzD]

miejsce /–a siedzące [PRAD]

miejsce /–a stojące [PRAD]

mieszkać dwa kroki od czegoś [PRAD]

mieszkać u kogoś kątem [PRAD]

miłego dnia [PRAD]

miło cię widzieć [PRAD]

mistrz świata [PRAD]

mocne strony czegoś / kogoś [HPP]

mogło być gorzej [PRAD]

mówić bzdury [ChMPP]

mówić komuś dobranoc [ChMPP]

mówić półgłosem [PRAD]

mówić sobie (komuś) na ty [PRAD]

myśleć o założeniu rodziny [ChMPP]

N

nabrać wody w usta [PRAD]

nakrywać do stołu [DzD]

nalać czegoś do pełna *(pot.)* [DzD]

namówić kogoś do czegoś / na coś [DzD]

nauczyć się pisać [DzD]

nic dwa razy się nie zdarza [PRAD]

nic nie szkodzi [HPP / PRAD]

nie czas na (coś)... [PRAD]

nie jest tak źle [DzD]

nie ma sprawy *(pot.)* [PI4W]

nie mieć własnego zdania [DzD]

nie mieć zielonego pojęcia (o czymś) [PI4W]

nie móc się czegoś doczekać [PI4W]

nie potrafić żyć bez siebie [PRAD]

nie przepadać za czymś [DzD]

nie szkodzi [DzD]

nie tracić humoru [PRAD]

nie znosić czegoś [DzD]

niedobrze mi [PI4W]

nikt nie jest doskonały [DzD]

no nie?! [PRAD]

nosić dżinsy [DzD]

nosić okulary [DzD]

O

obchodzić imieniny / urodziny [PRAD]

obchodzić się bez czegoś [PRAD]

obchodzić święta [HPP]

od myślenia głowa nie boli [PRAD]

od przybytku głowa nie boli [PRAD]

odbywać służbę wojskową [ChMPP]

odległe czasy [PRAD]

odnaleźć skarb [DzD]

odpoczynek przy kawie [ChMPP]

odpowiedzieć na e–mail [PRAD]

okazyjna sprzedaż [PRAD]

opłata miesięczna [ChMPP]

opowiadać coś (komuś) sto razy [PRAD]

osiągnąć sukces [LCzM]

ożenić się z kimś [PRAD]

P

państwo młodzi [PRAD]

patrzeć na kogoś z uśmiechem [DzD]

patrzeć złym okiem [PRAD]

pełny etat [DzD]

pętla tramwajowa [PRAD]

płacić czekiem [PI4W]

płacić gotówką [PI4W]

płacić kartą [PI4W]

płacić za kogoś [PI4W]

płacić za wszystko [PRAD]

płakać jak bóbr [PRAD]

po pierwszych zajęciach [HPP]

pociąg bez przesiadki [HPP]

poczta elektroniczna [PRAD]

podano do stołu [PRAD]

podobny /–a jak dwie krople wody [PRAD]

podpisać umowę o pracę [PRAD]

podróż poślubna [ChMPP / PRAD]

podróżować po Europie [HPP]

położyć coś na właściwym miejscu [ChMPP]

pomóc komuś w czymś [PRAD]

pomylić numer telefonu [ChMPP]

poprosić kogoś do telefonu [DzD]

poprosić kogoś o wywiad [DzD]

porozmawiać z kimś spokojnie [DzD]

poważna choroba [PI4W]

pójść z kimś na kompromis [PI4W]

praca nie zając, nie ucieknie [PI4W]

pracować na (umowie) zleceniu [PRAD]

pracować nad sobą [PI4W]

pracować w różnych miejscach [DzD]
pracowity jak mrówka [DzD]
prawdę mówiąc [PI4W]
prawdziwe życie [PRAD]
prezenty pod choinkę [ChMPP]
prognoza pogody [HPP]
prosić kogoś o rękę [PRAD]
prosić o podwyżkę [LCzM]
prowadzić dział mody [DzD]
przechodzić obok kogoś [DzD]
przeciętny Polak [LCzM]
przedstawić się z klasą *(pot.)* [HPP]
przedział dla niepalących [LCzM]
przekroczyć dozwoloną szybkość [PRAD]
przepraszać na chwilę [PRAD]
przeprowadzić się skądś — dokądś [PRAD]
przybywa mi lat [DzD]
przychodzić / przyjść po coś [DzD]
przychylić komuś nieba [PRAD]
przyjąć obywatelstwo [LCzM]
przywracać odległe czasy [PRAD]
R
ratunku! / pomocy! [PI4W]
raz a dobrze [PRAD]
reklama dźwignią handlu [PRAD]
reszta dla pana [HPP]
reszty nie trzeba *(pot.)* [LCzM]
robi się ciepło [DzD]
robić coś aż do skutku [ChMPP]
robić coś przynajmniej dwa razy [HPP]
(robić coś) ze łzami w oczach [PRAD]
robić dobrą minę do złej gry [PRAD]
robić miny [PRAD]
robić pierogi [PRAD]
robić zakupy [PRAD]
roczny dochód [LCzM]
rozmieniać / rozmienić pieniądze [LCzM]
rozwiązywać jakąś zagadkę [PRAD]
S
sala dla niepalących [PI4W]
siedzieć przy choince [DzD]
siedzieć w domu *(pot.)* [LCzM]
siedzieć w szpitalu [DzD]
silny jak koń [DzD]
składać komuś życzenia [ChMPP / PRAD / DzD]
słabo mi [PI4W]
słowo się rzekło [PRAD]
słuchać kogoś [DzD]
słyszeć (coś) o kimś [PRAD]
smacznego [PRAD]

spadać / spaść na cztery łapy [PRAD]
spiesz się powoli [PRAD]
spodziewać się dziecka [HPP]
spróbować wszystkiego po trochu; *(pot.)* [PRAD]
stać / nie stać kogoś na coś [PRAD]
stać się kimś [ChMPP]
stać w korkach *(pot.)* [PRAD]
starać się być kimś [PRAD]
starać się o coś [PRAD]
stawiać / postawić na złego konia [PRAD]
stawiać komuś coś, np. drinka [PI4W / LCzM]
stawiam; *zob.* (ja) stawiam [PRAD]
stracić panowanie nad kierownicą [PRAD]
straszny korek *(pot.)* [LCzM]
strona internetowa [PRAD]
studentka prawa [HPP]
syn marnotrawny [PRAD]
szczęście w nieszczęściu [PRAD]
szczęśliwy dzień [DzD]
szukać dobrego podręcznika [DzD]
szukać pracy / zajęcia [PRAD / DzD]
szukać swoich korzeni [LCzM]
Ś
ślad po kimś zaginął [PRAD]
świat jest otwarty [LCzM]
świat stoi (przed kimś) otworem [PRAD]
świąteczne potrawy [DzD]
T
tabletka przeciw bólowi [ChMPP]
tablica rejestracyjna [PRAD]
tak czy inaczej [PRAD]
tak, słucham... [PRAD]
takie jest życie [PI4W]
to miło z twojej strony [PRAD]
to na razie wszystko [PRAD]
to nie do wytrzymania [PRAD]
to nie do zniesienia [PRAD]
trudno powiedzieć [PRAD]
trzymaj się! [PRAD]
typowy dzień [DzD]
U
ubierać się na czarno [ChMPP]
uchodzić za mistrza świata [PRAD]
udany wieczór [ChMPP]
umierać z ciekawości [PI4W]
umowa o pracę [PRAD]
umówić kogoś z kimś [PRAD]
uparty jak osioł [DzD]
upiec dwie pieczenie przy jednym ogniu [PRAD]
urodzić się pod szczęśliwą gwiazdą [PRAD]

uzbroić się w cierpliwość [PRAD]
używać broni [DzD]

w

wesołych świąt! [PI4W]
wierny jak pies [DzD]
wierzyć w przesądy [DzD]
wigilijny wieczór [ChMPP]
wino wytrawne [ChMPP]
wizyta lekarza z dojazdem [PRAD]
wolne od pracy (←–dni) [PRAD]
wolny czas; *zob.* czas wolny
wpaść do kogoś [PI4W]
wpaść na jakiś pomysł [DzD]
wpisać pin [PRAD]
w przeciwieństwie do kogoś [DzD]
wręczyć komuś coś [ChMPP]
wrócić przed świtem [DzD]
wrzucić piłkę do kosza [HPP]
wsadzać nos w nie swoje sprawy [DzD]
wspominać stare, dobre czasy [PRAD]
wspólne wyjście [PRAD]
wstawać skoro świat [PRAD]
wszystkie drogi prowadzą do ... [PI4W]
wszystkie koty są czarne [PI4W]
wszystko (jest) przed kimś [PI4W]
wszystko po staremu [PRAD]
wszystko w porządku [PRAD]
w telewizji mówili *(pot.)* [HPP]
wybiec skądś jak strzała [PRAD]
wyborny bigos [ChMPP]
wybrać między czymś a czymś [DzD]
wyglądać kobieco [PI4W]
wyglądać nie najlepiej [PI4W]
wyglądać trochę inaczej [DzD]
wyglądać w czymś dobrze [LCzM]
wyjść za mąż (za kogoś) [LCzM / PI4W / CzJM]
wykorzystać warunki fizyczne [HPP]
wymijać na trzeciego *(pot.)* [PRAD]
wynagrodzenie z góry / z dołu [PRAD]
wynająć mieszkanie [PRAD]
wypełniać / wypełnić formularz [PRAD]
wyprzedzanie na trzeciego *(pot.)* [PI4W]
wysłać list polecony [PI4W]
wysłać samochód z szoferem [HPP]
wystąpić w jakiejś roli [ChMPP]
wysunąć się na pierwsze miejsce [HPP]

wyścig z czasem [DzD]
wziąć sok pomidorowy *(pot.)* [LCzM]
wziąć taksówkę *(pot.)* [PI4W]

z

z kim mam przyjemność? [PRAD]
zabezpieczyć linię kredytową [PRAD]
zachęcać kogoś do czegoś [ChMPP]
zachować coś na pamiątkę [PRAD]
zaczyna padać [DzD]
zadzwonić na pogotowie [PRAD]
zajmować się czymś [PRAD / LCzM]
zakaz kąpieli [PI4W]
zakaz palenia [PI4W]
zakaz parkowania [PI4W]
zakaz wjazdu [PI4W]
zakaz wstępu [PI4W]
zakładać / założyć konto w banku [PRAD]
założyć adres e–mail [PRAD]
założyć rodzinę [PRAD]
zapisać się do kogoś [PI4W]
zapraszać / zaprosić kogoś na coś [PI4W]
zapraszać kogoś do stołu [PRAD]
zaraz się przewrócę [DzD]
zaraz, zaraz... [PRAD]
zastanawiać się nad czymś [PRAD]
zasypiać nad kierownicą [PRAD]
zażywać lekarstwa [PRAD]
zdrowie! [PI4W]
zgubić się w lesie [DzD]
zimno mi [PI4W]
złościć się na kogoś [DzD]
złożyć komuś wizytę [ChMPP]
zły jak pies [DzD]
znać kogoś (dość) dobrze [DzD]
znaleźć pracę [DzD]
zostać z kimś do końca życia [PRAD]
zostawiać / zostawić swoją pracę [PI4W]
zrealizować czek [PRAD]
zwracać się o pomoc do kogoś [PRAD]
zwracać się z uprzejmą prośbą o coś [HPP]

ż

żegnać się z czymś / z kimś [PRAD]
życie jest pełne niespodzianek [PRAD]
życie prywatne [DzD]
życzyć komuś czegoś, np. zdrowia [PRAD]
żyć wśród kogoś [PRAD]

VI. CYTOWANE POMOCE DYDAKTYCZNE
PODRĘCZNIKI • ZBIORY TEKSTÓW • ZBIORY TESTÓW • SŁOWNIKI • MATERIAŁY

PODRĘCZNIKI

Chcę mówić po polsku (wersja angielska, niemiecka oraz francuska) — autor: Stanisław Mędak, WSiP, Warszawa 1996, 1997.

Dzień dobry (wersja polska) — autorki: Aleksandra Janowska, Magdalena Pastuchowa, Śląsk, Katowice 1999.

Ludzie, czas, miejsca. Język polski na co dzień (wersja polska) — autorka: Joanna Ciechorska, Pro Schola, Gdańsk 2001.

Oto polska mowa (wersja polska) — autor: P. Lewiński, Wydawnictwo Uniwersytetu Wrocławskiego, Wrocław 2001.

Polish in 4 weeks (wersja angielska) — autor: Marzena Kowalska, Wydawnictwo REA, Warszawa 2003.

Hurra!!! Po polsku 1 (wersja polska) — autorki: Małgorzata Małolepsza, Aneta Szymkiewicz, SJO Prolog, Kraków 2005.

Cześć, jak się masz? (wersja angielska) — autor: Władysław Miodunka, Universitas, Kraków 2005.

W świecie polszczyzny — autor: S. Mędak, Wydawnictwo Pedagogiczne ZNP, Kielce 2007.

Polski raz a dobrze (wersja angielska i rosyjska) — autor: Stanisław Mędak, Wydawnictwo Lingo, Warszawa 2011.

ZBIORY TEKSTÓW

Apprendre le polonais par les textes (wersja francuska) — autorzy: S. Mędak, B. Biela, C. Bruley--Meszaros, L'Harmattan, Paris 2005.

ZBIORY TESTÓW

Język polski à la carte (wersja polska) — autor: S. Mędak, Wydawnictwo Uniwersytetu Jagiellońskiego, Kraków 1995.

SŁOWNIKI

A co to takiego? Obrazkowy słownik języka polskiego — autorka: A. Seretny, UJ, Kraków 1993.

Praktyczny słownik łączliwości składniowej czasowników polskich — autor: S. Mędak, Universitas, Kraków 2005.

MATERIAŁY

fragmenty niepublikowanego pamiętnika nauczycielki języka chińskiego

VII. SKRÓTY

SKRÓTY

a. — albo

cz. — część

dk — czasownik dokonany

itd. — i tak dalej

ndk — czasownik niedokonany

np. — na przykład

p. — punkt

pl. — liczba mnoga

pot. — potocznie

reg. — regionalnie

rzad. — rzadko

sg. — liczba pojedyncza

str. — strona

zob. — zobacz

M. — mianownik

D. — dopełniacz

C. — celownik

B. — biernik

N. — narzędnik

Msc. — miejscownik

VIII. INDEKS

t. — numer testu
z. — numer zadania testowego

TEST 1

ZADANIE 1
(1) John od 2008 roku (dwa tysiące ósmego) mieszka w Warszawie, w Polsce.
(2) Chce założyć tu firmę, chce też odwiedzić wujka Adama. (3) John cały dzień jest bardzo zajęty.
(4) Zwykle rano czyta gazety, potem załatwia różne sprawy. (5) W południe je obiad, a po południu ma spotkania z klientami.
(6) Wieczorami ogląda telewizję. (7) Jego kolega też mieszka w stolicy. (8) Teraz mieszka sam, bo jego żona jest za granicą. (9) Sam musi sprzątać mieszkanie, robić zakupy, pranie.
(10) Ale nie narzeka, bo szybko i dobrze gotuje.

ZADANIE 2
1. Krakowa
2. mi
3. mogę
4. środę
5. dwa
6. w
7. mną
8. się ... zastanowić
9. do
10. dać

ZADANIE 3
1. nie piszę, jestem
2. Mam
3. muszę
4. jest
5. Leży
6. chodzę
7. Przygotowuję się
8. Jesteśmy
9. chodzimy
10. Rozmawiam, śpiewam, tańczę
11. gramy, oglądamy
12. Jest
13. uczysz się
14. masz
15. spotykam się
16. szuka
17. nie spotykam,
18. Pracuję, rozmyślam, marzę

ZADANIE 4
1. prędzej
2. głośniej
3. ciszej
4. lepiej
5. więcej

ZADANIE 5
1. wrócił, Otworzył, przywitał się
2. Przeszedł, poszedł
3. Usiadł
4. wszedł
5. Zadzwonił
6. wyszedł, odebrał
7. Rozmawiał
8. zaczął
9. nie było
10. Pomyślał
11. lubiła
12. Otworzył
13. usłyszał
14. Powiedział
15. Zamknął
16. Wziął, zawołał
17. wybiegł a. lepiej: wybiegli

ZADANIE 6
1. niej
2. jej
3. go
4. niej
5. jej
6. nią
7. mu
8. nią
9. wam, was

ZADANIE 7
1. g
2. a

3. i
4. f
5. j
6. e
7. c
8. b
9. h
10. d

ZADANIE 8
1. interesujący
2. co dzień
3. potrawa
4. posiłek spożywany wieczorem
5. skarżyć się
6. składać wizytę
7. potrawa
8. preferować
9. doprowadzać coś do końca
10. zazwyczaj

ZADANIE 9
1. nie ma żadnych kłopotów
2. od tygodnia
3. nie pracuje
4. tylko w jednym kinie
5. Beata
6. umówili się na godzinę czwartą po południu
7. blisko kościoła Mariackiego
8. trzy godziny
9. przyjaciółmi
10. mówią sobie do widzenia.

ZADANIE 10
1. w drodze na wakacje
2. sam tego chciał
3. nie będzie musiał zamykać okien
4. jedynie pamiętać o zamykaniu drzwi na klucz
5. kupili namiot
6. niesprecyzowany
7. będzie się długo zastanawiał
8. tylko przez tydzień
9. albo sami, albo z ciocią Martą
10. wyjechał ojciec wraz z mamą

ZADANIE 11
1. Dwa piwa i koreczki z sera.
2. Kartą
3. Proszę, oto mój paszport.
4. Od roku nie mam pracy.
5. Nad morzem albo w górach.
6. Na kanapie w salonie.
7. Nazywam się Wacław Sznurek.
8. Nie. Teraz mam ćwiczenia.
9. O niczym.
10. Z docentem Wacławem Sznurkiem.

TEST 2

ZADANIE 1
1. Może, Twój
2. młody, biura
3. mój
4. Dzień, Cieszę się, jesteście
5. koleżanka
6. Cieszymy się
7. samochód, zmęczeni, podróżą
8. smaczne
9. podróżnych
10. miała
11. małe, centrum
12. mieszkać
13. najdroższej
14. reżyser
15. słynny twórca
16. zapamiętać
17. nazwę
18. Dobrze, nazwę
19. przybytku

ZADANIE 2
1. uciekać
2. razy

3. mniejsza
4. kupił
5. Poznania
6. lat
7. wyjechała
8. nas
9. żadnych
10. dziadka
11. rodziną

ZADANIE 3
1. kupić
2. zaprosić
3. zrobić
4. zjeść
5. zamówić
6. przeczytać

ZADANIE 4
1. jeżdżę
2. chodzi
3. jeździmy
4. chodzić
5. jeździmy

ZADANIE 5
1. uczyłbym się
2. mieszkałbym
3. jechałbym a. jeździłbym
4. uczyłabym
5. zatrzymałby
6. mogłabym

ZADANIE 6
1. goręcej
2. piękniej
3. ładniej
4. wcześniej
5. szybciej
6. więcej
7. pewniej
8. bardziej
9. bezpieczniej
10. lepiej

ZADANIE 7
1. dziesięć
2. dwa
3. trzy
4. trzydzieści jeden
5. sto
6. jednego
7. jednego
8. cztery
9. trzynaście

ZADANIE 8
1. czekaj
2. czytaj
3. leż
4. mów
5. dzwoń
6. wstawaj

ZADANIE 9
1. Polacy / Polki
2. Francuzi / Francuzki
3. Hiszpanie / Hiszpanki
4. Niemcy / Niemki
5. Szwajcarzy / Szwajcarki
6. Węgrzy / Węgierki
7. Włosi / Włoszki

ZADANIE 10
1. e
2. a
3. f
4. b
5. d
6. c

ZADANIE 11
1. oddech
2. sznurek
3. brzeg
4. krew
5. papieros
6. guzik
7. zapałka
8. podeszwa
9. pomidor
10. mapa

ZADANIE 12
1. Edgar, Magda i Bogdan
2. małe prosię, zupę, kopytka i jesiotra
3. polskie piwo
4. dobrze
5. pierogi z mięsem i kapustą
6. Edgar

7. najlepsza restauracja w mieście
8. we wrześniu
9. lato
10. on czuje się wspaniale

ZADANIE 13
1. nieprawda
2. prawda
3. nieprawda
4. prawda
5. nieprawda
6. nieprawda
7. nieprawda
8. nieprawda

ZADANIE 14
1. 1 a
2. 2 c
3. 3 c
4. 4 c
5. 5 c
6. 6 a
7. 7 c
8. 8 a
9. 9 a
10. 10 b

TEST 3

ZADANIE 1
A. Utrzymywanie prawidłowej wagi.
B. Regularne ćwiczenia i uprawianie sportu.
C. Jedzenie zdrowej żywności.
D. Niepicie alkoholu.
E. Niepalenie tytoniu.
F. Regularne wizyty u lekarza.

ZADANIE 2
1. imieninach Adama
2. wycieczkę ... Amsterdamu
3. koncert ... Berlina
4. sklepu ... kawę
5. kina ... Obywatela Kane'a
6. mecz ... stadionie
7. muzeum ... wystawę
8. Nowego Jorku ... konferencję
9. Paryża ... zakupach
10. szkoły ... lekcje

ZADANIE 3
1. ich
2. -
3. nas
4. mnie, mną, mi, mnie
5. mnie, mi
6. nas
7. nam
8. ich, im
9. nich
10. nimi

ZADANIE 4
1. zszedł ... pobiegł
2. nadjechał
3. wsiadł
4. wysiadł
5. podszedł
6. Powiedział
7. odpowiedziały / rozeszły się a. się rozeszły
8. rzucił

ZADANIE 5
1. przestanie padać
2. jest łatwiejszy od języka japońskiego a. Język japoński jest trudniejszy od języka polskiego.
3. moimi byłymi znajomymi

ZADANIE 6
1. licz
2. oszukuj
3. Bądź
4. płacz
5. płać

ZADANIE 7
1. smutniejsi
2. chłodniejsze
3. mniej
4. krótsze
5. piękniejsza

ZADANIE 8
1. żeby jej kupił sok jabłkowy i pączki
2. że jest zmęczona
3. że nikogo nie chciała obrazić
4. żeby się nie martwiła o mnie
5. że też chce iść do kina

ZADANIE 9
1. w wygodnych adidasach.
2. po ścieżce rowerowej
3. kiedy ratownik wywiesił zieloną flagę.
4. na jeziorach.
5. do Marsylii.
6. podróżując.
7. w centrum lingwistyki stosowanej.
8. w górach.
9. pracując przy zbiorze truskawek.
10. statkiem handlowym

ZADANIE 10
1. b; W antykwariacie można kupić książki.
2. g ; W aptece można kupić aspirynę.
3. h; W cukierni można kupić pączki.
4. c; U jubilera można kupić pierścionek.
5. e; W kiosku można kupić gazety.
6. i; W piekarni można kupić chleb i bułki.
7. a; W sklepie meblowym można kupić biurko.
8. d; W sklepie mięsnym można kupić kiełbasę.
9. f; W sklepie obuwniczym można kupić buty.
10. j; U zegarmistrza można kupić budzik.

ZADANIE 11
1. załamana
2. prosząc redakcję o pomoc
3. to mąż matki
4. to jej ojczym ma 30 lat
5. pół roku temu
6. kobietą pracującą
7. żyje w zupełnej nieświadomości
8. ma więcej czasu niż matka Marioli
9. odczuwa strach przed matką.
10. są rzadkością

ZADANIE 12
A.
1. badawczy, ostry i czujny
2. określać po ruchach jego łba
3. pozostają przy stołach bez ruchu
4. zdać się na łaskę losu
5. nie może się zdecydować na atak
6. śledzone z wyjątkową uwagą przez narratora
7. w nocy
8. miejscowi wieśniacy zamieszkujący ubogie afrykańskie chatki

B.
1. c
2. a
3. c
4. b

C.
1. b
2. a
3. c
4. c

ZADANIE 13
Przykładowe odpowiedzi:
1. b / g / j
2. b / e / g / j
3. b / e / g / j
4. f / h / i
5. h / i
6. f / i

7. h
8. b / g / j
9. c
10. a

I. POPRAWNOŚĆ GRAMATYCZNA
Zadania testowe 1 – 286

ZADANIE 1
1. D. te Chiny
2. A. ten chłop
3. D. te Czechy
4. D. te drzwi
5. D. te dzieje
6. D. te dżinsy
7. B. ta gospodyni
8. A. ten gość
9. A. ten idiota
10. D. te imieniny
11. C. to imię
12. B. ta jesień
13. D. te Karpaty
14. D. te Katowice
15. A. ten kierowca
16. B. ta kość
17. C. to lato
18. A. ten liść
19. C. to marzenie
20. A. ten mężczyzna
21. B. ta miłość
22. C. to muzeum
23. B. ta myszka
24. B. ta nienawiść
25. B. ta noc

ZADANIE 2
1. D. jedne nożyce
2. C. jedno oko
3. A. jeden ojciec
4. B. jedna ość
5. B. jedna pani
6. B. jedna papryka
7. B. jedna podróż
8. A. jeden poeta
9. C. jedno ramię
10. D. jedne sanie
11. B. (–) sól
12. D. jedne spodnie
13. C. jedno spotkanie
14. A. jeden sprzedawca
15. B. jedna dozorczyni
16. D. jedne Sudety
17. A. jeden tato
18. A. jeden tata
19. D. jedne urodziny
20. B. jedna wiadomość
21. B. jedna wieś
22. D. (jedne) Węgry
23. D. (jedne) Włochy
24. B. jedna zebra
25. C. jedno zwierzę

ZADANIE 3
1. ćwiczeń
2. kanapek
3. kin
4. kobiet
5. koleżanek
6. listów
7. nauczycieli
8. przyjaciół
9. studentów
10. teatrów

ZADANIE 4
1. nie ma ... grzybów
2. nie ma ... ryb
3. nie będzie ... lodów
4. nie będzie ... pierogów
5. nie było ... egzaminów
6. nie było ... strajków
7. nie ma .... spotkań
8. nie ma ... zawodów
9. nie ma ... wykładów
10. nie ma ... ćwiczeń

ZADANIE 5
1. dobrych artystów
2. europejskich technokratów
3. młodych przestępców
4. niedoświadczonych dentystów
5. nieostrożnych kierowców
6. śmiejących się rowerzystów
7. świetnych akrobatów
8. uczciwych komunistów
9. współczesnych poetów
10. znakomitych tenisistów

ZADANIE 6
1. dzieci
2. dni
3. kobiet
4. miesięcy
5. nauczycieli
6. osób
7. pieniędzy
8. przyjaciół
9. lat
10. tygodni

ZADANIE 7
1. dużych mrówek
2. dziwnych osób
3. jadowitych węży
4. języków obcych
5. kwaśnych jabłek
6. małych żmij
7. małych krokodyli; rzad.. krokodylów
8. miękkich gruszek
9. nieuleczalnych chorób
10. pikantnych potraw

ZADANIE 8
A.
1. jest ... moich kolegów
2. jest ... moich uczniów
3. jest ... błędów składniowych
4. jest ... starych kobiet
5. jest ... młodych kasjerek
6. jest ... młodych profesorów
7. jest ... roześmianych dzieci
B.
8. było ... pięknych drzew
9. było ... czeskich piw
10. było ... zaproszonych widzów

ZADANIE 9
1. kawy
2. czekolady
3. szynki
4. sałatki
5. wódki
6. sernika
7. chleba
8. wina
9. mleka
10. śmietany

ZADANIE 10
1. żmij
2. papierosów
3. kotów
4. psów
5. zup
6. jabłek
7. gruszek
8. papug
9. mrówek
10. kursów

ZADANIE 11
1. cukru
2. fiołków
3. kart
4. lodów
5. mleka
6. piwa
7. soli
8. wina
9. ziemi
10. marchwi

ZADANIE 12
1. kart
2. mocnej kawy bez cukru
3. dżemu
4. burgunda
5. chleba
6. dorszy a. dorszów
7. wódki
8. fiołków
9. margaryny
10. piwa z beczki
11. zapałek
12. jedwabiu
13. czosnku
14. świeżych jaj
15. mąki ... konfitur

ZADANIE 13
1. ich
2. chorób
3. dzieci
4. głupców

5. kartek
6. much
7. pomidorów
8. tygodnia
9. turystów
10. miesięcy

ZADANIE 14
1. język polski ... języka duńskiego
2. młodą kapustę ... kapusty kiszonej
3. polską poezję ... poezji amerykańskiej
4. literaturę hiszpańską ... literatury norweskiej
5. piwo niemieckie ... piwa francuskiego
6. poranną toaletę ... porannego golenia się
7. słodkie truskawki ... słodkich jabłek
8. sok pomidorowy ... soku wiśniowego
9. długie spacery ... długich rozmów telefonicznych
10. polskie potrawy ... potraw orientalnych

ZADANIE 15
1. różnych samochodów
2. agresywnych kibiców
3. pięknych jabłek
4. nowych klientów
5. nieprzekupnych sędziów
6. wybitnych naukowców
7. głodnych turystów
8. znanych profesorów
9. zmęczonych pasażerów
10. pięknych prawdziwków

ZADANIE 16
1. młodych ... pięknych panienek
2. młodych dziewcząt
3. zmęczonych robotnic
4. nowych pływaczek
5. pięknych śpiewaczek
6. głodnych turystek
7. wybitnych tenisistek
8. znanych artystek
9. zdolnych amatorek
10. dobrych nauczycielek

ZADANIE 17
1. okropnych błędów
2. genialnych braci
3. złośliwych ludzi
4. upalnych dni
5. dobrodusznych księży
6. mroźnych miesięcy
7. polskich muzeów
8. alzackich psów
9. wiernych przyjaciół
10. fatalnych wypadków

ZADANIE 18
1. Chcę .... spokoju
2. Domyślam się zdrady.
3. dostarczają witamin
4. dowiaduję się plotek
5. Oczekuję dziewczyny.
6. odmawia przyjęcia
7. pilnować wnuczki
8. Pragnę ... szczęścia.
9. Próbuję tej zupy.
10. skąpili hołdów
11. słuchają koncertu
12. starcza ... zapału
13. drobnych
14. Uczę się języka japońskiego.
15. Unikam twojej sąsiadki.
16. Używam drogiego kremu.
17. zabrania ... picia
18. zakazuje ... palenia
19. Zazdroszczę ... powodzenia
20. Żądam ... posłuszeństwa!

ZADANIE 19
1. bratu
2. chłopu
3. chłopcu
4. diabłu

5. katowi / katu
6. kotu
7. księdzu
8. księciu
9. lwu
10. łbu
11. ojcu
12. orłowi
13. osłu; rzad. osłowi
14. panu
15. psu
16. telewidzowi

ZADANIE 20
1. Joannie
2. Biednemu człowiekowi
3. Temu dziecku
4. Każdemu młodzieńcowi
5. Naszemu dyrektorowi
6. Jemu
7. Jej
8. Siostrze
9. Staszkowi
10. Wackowi

ZADANIE 21
1. Dziękuję twojej mamie.
2. Dziwię się Staszkowi.
3. Kłaniam się sąsiadom.
4. Mówię mamie prawdę.
5. Nudzi się dziecku.
6. Obiecałem ... synkowi
7. Odmawiam ... kolegom
8. odpowiadam ... babci
9. Opowiadam ... rodzeństwu
10. otwiera ... klientom
11. Płacę ... właścicielowi
12. Pochlebiam swojej narzeczonej.
13. Powtarzałam ... córce
14. pozwalają ... mojemu braciszkowi
15. pożyczam ... przyjaciołom
16. Przedstawiłem się Joli.
17. przeszkadzam ojcu
18. przydaje się każdemu
19. Przyglądamy się wróblom
20. Przysłuchuję się szumowi
21. radzić wnuczkom
22. robić ... teściowej
23. składamy solenizantowi
24. służyłem ... panu
25. smakował ... dziadkowi
26. sprzeciwiać się wszystkim
27. Sprzedajemy ... bogaczom
28. wszystkim
29. tłumaczę koleżance
30. ucieka ... spóźnialskim
31. Ufam ... swojej matce
32. ustępować ... starszym ludziom
33. Wierzę ... panu Bogu
34. wybaczyłbym ... żonie
35. Życzę ... moim wrogom

ZADANIE 22
1. cmentarz
2. Litwę
3. Majorce
4. Maltę
5. peron
6. Słowacji
7. spotkanie
8. stadion
9. Syberię
10. Ukrainie

ZADANIE 23
1. amerykańskiego prezydenta
2. amerykański pogląd
3. mały dom
4. małego kota
5. pięknego psa irlandzkiego
6. piękny obraz irlandzki
7. polskiego aktora
8. polski film
9. szwajcarskiego ambasadora
10. szwajcarski ser

ZADANIE 24
1. talię

2. filiżankę
3. słoiczek
4. butelkę
5. bochenek
6. filet
7. litr
8. bukiecik
9. kostkę
10. kufel
11. pudełko
12. tuzin
13. metr
14. główkę
15. osełkę

ZADANIE 25
1. basen
2. dyskotekę
3. grzyby
4. kolację
5. konferencję
6. obiad
7. pocztę
8. spacer
9. Węgry
10. wystawę

ZADANIE 26
1. Badam chorą pacjentkę.
2. Budzę brata.
3. Całuję moją babcię.
4. Chcę mocną kawę.
5. Czekam ... przyjaciółkę.
6. Czytam powieść
7. Dostaję ... pieniądze.
8. Gotuję zupę rybną.
9. Gram ... piłkę nożną.
10. Jem bigos.
11. Kocham ojca ... matkę.
12. Kupuję warzywa.
13. Lubię najstarszą siostrę.
14. Maluję pejzaż.
15. Myję brudne okno.
16. Oglądamy retransmisję
17. Proszę ... starszego brata.
18. Przygotowuję wykład.
19. Pytam uczniów.
20. Rozumiem ojca.
21. Sprzedaję owoce.
22. Widzimy piękne wzgórze.
23. Witamy prezydenta.
24. Wybieramy nowego dyrektora.
25. Wysyłam paczkę.
26. Zapraszam ... narzeczonego
27. Zbieram stare znaczki.
28. Znam ... miłego pana.
29. Znajduję ... ładne grzyby.
30. Żegnamy rodzinę ...

ZADANIE 27
1. całą złość
2. jedwabną nić
3. piękną łódź rybacką
4. tę nieznaną ... postać
5. tę ciemną noc polarną
6. nową baśń
7. ostrą ość
8. starą przystań
9. twoją szalejącą miłość
10. sztuczną kość

ZADANIE 28
1. bukiety
2. róże
3. pióro
4. rower
5. komputery
6. maszynę
7. kanapy
8. biurka
9. samochody
10. ciężarówki

ZADANIE 29
1. moi nauczyciele
2. moje ćwiczenia
3. imiona
4. ważne ... lata
5. duże kosze
6. nasze panie
7. prawdziwi mężczyźni
8. moje ręce
9. cenne rzeczy
10. moje uszy

ZADANIE 30
1. Anglicy
2. Czesi
3. Francuzi
4. Grecy
5. Hiszpanie
6. Holendrzy
7. Niemcy
8. Norwegowie a. Norwedzy
9. Rosjanie
10. Włosi

ZADANIE 31
1. ambasadorowie
2. dziadkowie
3. mężowie
4. mężowie
5. mnisi
6. panowie
7. profesorowie
8. Skowronkowie
9. synowie
10. wujkowie

ZADANIE 32
1. Ci dziennikarze są inteligentni i doświadczeni.
2. Moi bracia są wysocy i przystojni.
3. Nasi profesorowie są mądrzy i dowcipni.
4. Moi dziadkowie są serdeczni i gościnni.
5. Ci studenci są zdolni i pracowici.
6. Ci aktorzy są utalentowani i przystojni.
7. Te dziewczyny a. dziewczęta są ładne i zgrabne.
8. Moje kuzynki są wysokie i szczupłe.
9. Te aktorki są zdolne i piękne.
10. Moje koleżanki są serdeczne i uprzejme.

ZADANIE 33
1. starzy, głupi i brzydcy
2. głusi, chorzy i nieszczęśliwi
3. obcy, dziwni i nieprzystępni
4. weseli, zadowoleni i uśmiechnięci
5. grubi, niezgrabni i źle ubrani
6. zadowoleni, wyzwoleni i szczęśliwi
7. kochani, lubiani i pożądani
8. otyli, powolni i ślamazarni
9. zazdrośni, mściwi i niedouczeni
10. wykształceni, zadbani i błyskotliwi

ZADANIE 34
1. inteligentni Amerykanie
2. ambitni Niemcy
3. kłótliwi Polacy
4. mili Rosjanie
5. pracowici Hiszpanie
6. piękni Brazylijczycy
7. krzykliwi Włosi
8. dumni Belgowie
9. dokładni Szwajcarzy
10. zdolni Czesi

ZADANIE 35
1. starzy
2. mali
3. biedni
4. pracowici
5. zarozumiali
6. źli
7. grubi
8. młodzi
9. wyjątkowi
10. zdolni

ZADANIE 36
1. Afganistanu
2. kawy
3. kolegi
4. koleżankę
5. lodówki
6. miesiąc
7. ojcu
8. przyszłości
9. spotkanie
10. znajomego

ZADANIE 37
1. aktorkę
2. Japonii
3. Japonką
4. psa
5. pracy
6. samochodem
7. szkole
8. tablicy
9. wazonie
10. wina

ZADANIE 38
1. aktorki
2. Japonkami
3. Katowic
4. pieniędzy
5. psy
6. samochodami
7. sklepach
8. uczniami
9. wazonach
10. win

ZADANIE 39
1. krzesło
2. dom
3. Balaton
4. morze
5. Kraków
6. budynek
7. Warszawę
8. bloki
9. sklep
10. jezioro

ZADANIE 40
1. trudnymi językami
2. przystojnymi mężczyznami
3. pięknymi kobietami
4. tymi panami
5. nich
6. szczęśliwych Cyganów
7. źli ludzie
8. złe psy
9. kolejne skały
10. wspaniałe miejsca

ZADANIE 41
1. dalekiej
2. drogiej
3. najmłodszym
4. olbrzymią
5. ostrej
6. smakowity
7. szybkimi
8. tanich
9. ulubioną
10. zielonych

ZADANIE 42
1. czerwcu
2. lipcu
3. sierpniu
4. wrześniu
5. październiku
6. listopadzie
7. grudniu
8. styczniu
9. kwietniu
10. maju
11. zimie
12. lecie
13. jesieni
14. wiosnę
15. przedwiośniu

ZADANIE 43
1. U kogo?
2. Dokąd? a. pot. Gdzie?
3. Gdzie?
4. Od kogo?
5. Dokąd? a. pot. Gdzie?
6. Kiedy?
7. Czyje?
8. Ile?
9. Kiedy?
10. Gdzie?

ZADANIE 44
1. tymi ludźmi
2. łatwymi pieniędzmi
3. serdecznymi przyjaciółmi
4. polskimi księżmi
5. posiwiałymi skroniami
6. pożółkłymi liśćmi
7. starymi końmi
8. ważnymi gośćmi
9. najgrzeczniejszymi dziećmi
10. wszystkimi kośćmi

ZADANIE 45
1. bawię rozmową
2. się bawić lalkami
3. Chodzę do szkoły tą samą trasą.
4. chwali się powodzeniem
5. Cieszymy się dzieckiem ...
6. się cieszy ... popularnością
7. czeszę się grzebieniem
8. częstuję ... ciastem
9. czuje się kobietą
10. czyszczę gąbką
11. Ćwiczą ... batami
12. Przejmuję się złośliwymi uwagami.
13. Denerwuję się plotkami.
14. dojeżdżam autem
15. dopomaga ... radami
16. dorabia stolarstwem
17. Dotykam ... uszczypliwymi słowami
18. dowozimy ... mikrobusem
19. dyryguje ... zespołem
20. Gardzę egoistami.

ZADANIE 46
1. dziękować uśmiechem
2. Golę się francuskimi żyletkami.
3. hamować ... nartami
4. handlują świeżymi owocami
5. jeść drewnianą łyżką
6. kopie ... lewą nogą
7. Kroję ... ostrym nożem
8. lata samolotem
9. Lecę ... prywatnym helikopterem
10. leczą antybiotykami
11. łamiemy się opłatkiem
12. machała chusteczką
13. Maluję pastelami
14. martwi ... zachowaniem
15. Martwię się ciężką chorobą ...
16. Martwię się najmłodszą córką.
17. mierzę ... taśmą mierniczą
18. Myję się tanim mydłem.
19. naprawiam kluczem francuskim
20. Niepokoję się ciągłymi długami.

ZADANIE 47
1. notować wiecznym piórem
2. Nudzę się monotonnym życiem.
3. objada się słodyczami
4. Objeżdżam ... rowerem
5. Oddycham ustami.
6. Odkurzam nowym odkurzaczem ...
7. odlatuje samolotem
8. odróżnia się ... usposobieniem
9. Opiekuję się chorą babcią.
10. Opiekujemy się zwierzętami.
11. osiąga się ciężką pracą
12. Otwieram ... szwajcarskim nożykiem
13. Pasjonuję się piłką nożną.
14. pisze tępym ołówkiem
15. ... płaci gotówką
16. podróżować pociągami
17. pokazywać palcem
18. poprawiam czerwonym długopisem
19. porozumiewają się gestami
20. posyłamy specjalnym kurierem

ZADANIE 48
1. pracował rękami a. rękoma

ZADANIE 49 *(continued)*
2. Piorę ... szarym mydłem
3. Prasuję ... gorącym żelazkiem
4. Przejmuję się kalectwem ...
5. Przesyłam ... pocztą
6. Przyjeżdżają tutaj drogimi samochodami.
7. Przyjmuję ... wystawnymi obiadami.
8. puka się ... palcem wskazującym
9. Ratowali się szybką ucieczką.
10. Robię ... szydełkiem
11. rozczarowuję się wynikami.
12. rysował węglem
13. rządzą zadłużonym krajem
14. Rzeźbię ostrym dłutem.
15. rzucali .... małymi kamieniami
16. służyć dobrą radą
17. Smucę się kłopotami.
18. Straszę ... karą
19. tłumaczy się brakiem ...
20. Trzymaj się rękami a. rękoma
21. uderza pięścią
22. walczyli mieczami a. na miecze
23. Wjeżdżam szybką windą.
24. Wypływamy kajakami.
25. wracam autostopem
26. wychodzi małym oknem a. przez małe okno
27. Wycieram ... ściereczką
28. Wysyłamy ... pocztą elektroniczną
29. Zabawiam ... śmiesznymi dowcipami
30. Zabawiamy się dowcipną rozmową.
31. zachęca ... obietnicami
32. zajmuje się ... wielkim domem
33. Zarządzam olbrzymim majątkiem.
34. zwraca ... urodą
35. żyje ... teatrem

ZADANIE 49
1. Ten pan zachowuje się ...
2. Jakiś pan patrzył ...
3. On śmieje się ...
4. Mój brat jest ... mały
5. Niejeden człowiek żyje ...
6. odniósł swój bagaż
7. To dziecko krzyczy ...
8. Ta pani zachowuje się ...
9. Twoja siostra jest piękna.
10. Wybitny naukowiec pracował ...

ZADANIE 50
1. nowoczesny dworzec kolejowy
2. piękna, polska jesień
3. ładna lampka nocna
4. przystojny, zdrowy mężczyzna
5. odległy przystanek tramwajowy
6. krótka rozmowa telefoniczna
7. nocny sklep spożywczy
8. kwaśny sok grejpfrutowy
9. gęsty sos pieczarkowy
10. „twarda" waluta amerykańska

ZADANIE 51
1. ciekawy artykuł
2. dobrych liceów
3. języka rosyjskiego
4. męczącą podróż
5. miłych braci
6. pierwszych chrześcijanach
7. pięknym Amerykaninie
8. polski bigos
9. tani samochód
10. wspaniałych ludzi

ZADANIE 52
1. tanim hotelu, małego mieszkania
2. języka polskiego, szkole prywatnej
3. moim ulubionym pubie, wspaniałą dziewczynę, wsi, licencjat
5. katedrze, studenckiego zespołu
6. pobliskich wsi, polskie tańce ludowe
7. oberka, polkę ... krakowiaka
8. ślicznego psa
9. psy
10. kotów
11. właściciela
12. tym mieście, pensjonacie
13. miastem
14. właściciel
15. ci

ZADANIE 53
1. znani ministrowie, popularni dziennikarze
2. szefowie
3. przybysze, eleganckich strojach
4. panie, drogie kapelusze, najmodniejsze torebki
5. eleganccy mężowie, narzeczeni, olbrzymie bukiety
6. niecierpliwi fotografowie
7. cyfrowe aparaty fotograficzne
8. trąbek myśliwskich
9. wiejskich kogutów
10. par
11. wiejskie koguty
12. dźwięki

ZADANIE 54
1. zdolne Francuzki
2. wybitne Niemki
3. wyjątkowe Polki
4. nieśmiałe Rosjanki
5. energiczne Hiszpanki
6. piękne Brazylijki
7. rozmowne Włoszki
8. bezpretensjonalne Chinki
9. genialne Szwajcarki
10. miłe Czeszki

ZADANIE 55
1. wspaniałe paryskie muzea
2. doskonali profesorowie a. profesorzy
3. doświadczeni lekarze
4. nieznośne dzieci
5. genialne zabawki
6. znani obywatele
7. zdolni uczniowie
8. przystojni mężczyźni
9. beznadziejni piosenkarze
10. najlepsi sąsiedzi

ZADANIE 56
1. moi ulubieni pisarze
2. nasi najlepsi przyjaciele
3. Moi synowie ... mali
4. Twoje decyzje były słuszne.
5. Którzy chłopcy grają ...
6. Twoi bracia ... gościnni
7. Jakie piękne widoki ...
8. Jacy ... ci nowi klienci
9. Jakie ładne dziewczyny a. dziewczęta!
10. Jakie łatwe ćwiczenia!

ZADANIE 57
1. byłego opiekuna
2. koloru czarnego
3. dworcu kolejowym
4. filmy kryminalne
5. masłem orzechowym
6. przystanku autobusowym
7. szybką pomoc
8. świeżego chleba
9. ulewnym deszczu
10. ulicę Floriańską

ZADANIE 58
1. biedny / biednym emigrantem

2. chory / chorym staruszkiem
3. dumny / dumnym Białorusinem
4. mądra / mądrą asystentką
5. pracowity / pracowitym studentem
6. samotna / samotną staruszką
7. troskliwy / troskliwym ojcem
8. trudny / trudnym językiem
9. zazdrosna / zazdrosną kobietą
10. zdolny / zdolnym uczniem

ZADANIE 59
1. we wtorek, w lutym, w zimie
2. w środę, w czerwcu, na wiosnę
3. w czwartek, w lipcu, w lecie
4. w piątek, w sierpniu, latem
5. w sobotę, we wrześniu, jesienią
6. w niedzielę, w grudniu, na zimę
7. we wtorek, w styczniu, w zimie
8. w grudniu, w marcu, w czerwcu, we wrześniu
9. w marcu, w czerwcu, we wrześniu, w grudniu
10. Najcieplejszy jest sierpień / Najbrzydszy jest luty / Najpiękniejszy jest maj.

ZADANIE 60
1 W Krakowie
2 We Francji
3 W Niemczech
4 W Budapeszcie
5 W Chinach
6 W Pradze
7 W Paryżu
8 W Kairze
9 w Katowicach
10 w Bernie

ZADANIE 61
1. b
2. c
3. c
4. c
5. b
6. c
7. a albo b
8. a
9. a
10. c

ZADANIE 62
1. dokładniejsza / dokładniejsza ... Marii / najdokładniejsza ... wszystkich kasjerek
2. droższy / droższy ... twojego komputera / najdroższy ... ... wszystkich komputerów
3. większy / większy ... Polski / największy ... wszystkich krajów
4. łatwiejsze / łatwiejsze ... języka polskiego / najłatwiejszym ... wszystkich języków
5. mądrzejszą / mądrzejszą ... twojej córki / najmądrzejszą matką ... wszystkich matek
6. piękniejszy / piękniejszy ... tamtego / najpiękniejszy ... wszystkich obrazów
7. szybszy / szybszy ... twojego / najszybszy ... wszystkich samochodów
8. trudniejszy / trudniejszy ... polskiego / najtrudniejszy ... wszystkich języków
9. gorszy / gorszy ... twojego dyrektora / najgorszy ... wszystkich złych ludzi
10. bardziej znany / bardziej znany ... Kra-

szewskiego / najbardziej znanym polskim pisarzem ... wszystkich pisarzy

ZADANIE 63
1. bielsza
2. cięższa
3. głupsza
4. krótszym
5. łatwiejsze
6. mniejszy
7. mądrzejsza
8. piękniejsze
9. trudniejszy
10. gorszy

ZADANIE 64
1. jednym z najsmaczniejszych owoców
2. jednym z najsłynniejszych kompozytorów
3. jednym z najpiękniejszych miast
4. jednym z najpracowitszych owadów
5. jednym z najcenniejszych zabytków
6. jednym z najtrudniejszych języków
7. jednym z największych państw
8. jednym z najkrótszych miesięcy
9. jednym z najtragiczniejszych momentów
10. jedną z najgorszych chwil

ZADANIE 65
1. najtrudniejszym
2. najmniejszą
3. najbogatszym
4. najmniej melodyjnym
5. najgorszym
6. najkrótszą
7. najmniej tolerancyjnym
8. najlepszym
9. najmniej górzystym
10. najkrótszą

ZADANIE 66
1. bogatszy
2. cieplejszy
3. dłuższa
4. lepsze
5. jaśniejsze
6. lżejsza
7. ładniejszy
8. pilniejszy
9. młodszy
10. piękniejszy
11. smaczniejsze
12. weselsza
13. ważniejszy
14. wyższy
15. gorszy

ZADANIE 67
1. najgrubsza, najdłuższa, najstarszy, najbogatszy, największy, najmniejszy
2. najdziwniejszych
3. najdłuższa
4. najniebezpieczniejszą a. najbardziej niebezpieczną
5. Najwyższy
6. Najwięcej
7. Najszybsza
8. Najdłużej
9. Najdłuższy
10. Najkrótszy

ZADANIE 68
1. najżyczliwszy
2. najbardziej zaangażowany
3. najleniwsza a. najbardziej leniwa
4. najmilsza
5. najodważniejszy
6. najpiękniejszy
7. najsmaczniejszy
8. najspokojniejsze
9. najuczciwszy / najbardziej uczciwy
10. najszczerszy / najbardziej szczery

ZADANIE 69
1. brzydszego
2. bardziej fenomenalnego

3. bardziej gorzkiego
4. mocniejszego
5. obskurniejszego a. bardziej obskurnego
6. przyjemniejszego
7. słodszego
8. świeższego
9. twardszego
10. znakomitszego a. bardziej znakomitego

ZADANIE 70
1. swoje, swoich, swoje
2. swoje, swojego, swoje
3. swoim, swoich
4. swoim, swoich, swoich
5. swojego, swoją, swojego
6. swoim, swoim
7. swoim, swoim, swoim
8. swojego, swojej, swojego
9. swoim, swojej, swoim
10. swój, swój, swoje

ZADANIE 71
1. swojego
2. swoje
3. swoim
4. swoje
5. swojej
6. swoje
7. swoje
8. swoje
9. swojego
10. swoim

ZADANIE 72
1. swoim
2. swojego
3. swoich
4. swoich
5. swoje
6. swoim
7. swojego
8. swoje
9. swoje
10. swoje

ZADANIE 73
1. moje
2. swoje
3. swoje
4. swoje
5. swoim
6. swój
7. swoim
8. swoje
9. swoim
10. swoją

ZADANIE 74
1. mój
2. swojego
3. swoich
4. swoich
5. swoich
6. swoim
7. swojego
8. moje
9. swoje
10. swoje

ZADANIE 75
1. moją
2. moja, twoja, twojej, swoją
3. jego
4. swojej
5. swojej
6. swoją ... moją a. moją ... swoją
7. jego, twojej
8. swoją
9. swoją
10. swoją, swoją, swoją
11. jego
12. jej
13. moja, jej, jego
14. moja, ich
15. swojej

ZADANIE 76
1. swój
2. swoją
3. mój
4. jego
5. swojego
6. jego
7. swoją
8. mój
9. mój

10. Jego
11. swoich

ZADANIE 77
1. swoim / Mój
2. swój / Mój
3. swoim / Mój
4. swoim / mój
5. swoje / Moje
6. swoją / Moja
7. swoim / Mój
8. swoje / Moje
9. swoje / Moje
10. swoje / Moje

ZADANIE 78
1. b. jego, c. Mój
2. b. ich, c. Mój
3. b. jego, c. Moja
4. b. Jego, c. Mój
5. b. Jego, c. Moja

ZADANIE 79
1. mój / Jej
2. moi / Jej
3. moja / Jego / jego
4. swoje / Mój / swoje
5. moich / Jej

ZADANIE 80
1. swoje / jego
2. swoje / jego
3. swoją / jego
4. swój / jego
5. swoje / jej
6. swoją / jej
7. swój / jej
8. swoje / ich
9. swój / ich
10. swoje / ich

ZADANIE 81
1. moją / swoją
2. moje / swoje
3. moje / swoje
4. moją / swoją
5. mojego / swojego
6. moim / swoim
7. moim / swoim
8. moje / swoje
9. moimi / swoimi
10. moimi / swoimi

ZADANIE 82
1. moją / swoją
2. moim / swoim
3. moim / swoim
4. moim / swoim
5. moim / swoim
6. moich / swoich
7. moje / swoje
8. moich / swoich
9. moich / swoich
10. moich / swoje

ZADANIE 83
1. swoim / Jej
2. swoim / Jego
3. swoimi / Ich
4. swojego / Jego
5. swoją / Jego
6. swoich / ich
7. swojej / Jego
8. swoją / Jej
9. swoje / Ich
10. swoimi / Ich

ZADANIE 84
1. mnie
2. nas
3. jego
4. nim
5. niego
6. niej
7. je
8. nich
9. nich
10. ich
11. nie
12. ich
13. ciebie
14. was
15. was

ZADANIE 85
1. ten, to, ci, te, ten, to
2. ta, ten, ci, te, te, to
3. ta, ten, te, te, te, to
4. ten, ten, te, te, te, to
5. ta, ten, ci, ten, ci, to
6. to, ten, ci, ci, te, to

7. to, te, ten, te, ci, ten
8. to, ten, to, ten, ta, ta
9. ta, ci, ci, ten, ci, te
10. ta, ci, ci, te, ta, te

ZADANIE 86
1. mną
2. mi
3. nim
4. nią
5. jej
6. je
7. nimi
8. nimi
9. tobą
10. ciebie

ZADANIE 87
1. mną
2. go
3. niemu
4. nim
5. niego
6. niej
7. nimi
8. tobą
9. Tobie
10. was

ZADANIE 88
1. Tamten
2. Tamci
3. Tamta
4. Tamta
5. Tamto
6. Tamto
7. Tamte
8. Tamto
9. Tamte
10. Tamte
11. Tamte
12. Tamte
13. Tamte
14. Tamci
15. Tamci

ZADANIE 89
1. Te aktorki ... są zdolne.
2. Te sałatki ... są smaczne.
3. Ci chłopcy ... są grzeczni.
4. Te konie ... są silne.
5. Te liście ... są pożółkłe.
6. Te psy ... są złe.
7. Ci przyjaciele ... są serdeczni.
8. Ci starcy ... są chorzy.
9. Te dzieci ... są spokojne.
10. Te imiona ... są ładne.

ZADANIE 90
1. to
2. to
3. tym
4. to
5. tego
6. tym
7. tego
8. tym
9. to
10. tego

ZADANIE 91
1. was
2. niego
3. jego
4. nią
5. ją
6. nimi
7. nich
8. ich
9. tobie
10. was

ZADANIE 92
1. jego
2. jego
3. jego
4. jej
5. jej
6. jej
7. Ich
8. ich
9. ich
10. ich

ZADANIE 93
1. Nie ma mnie, nie będzie mnie, nie było mnie...
2. Nie ma go, nie będzie go, nie było go ...

3. Nie ma jej, nie będzie jej, nie było jej ...
4. Nie ma go, nie będzie go, nie było go ...
5. Nie ma pana, nie będzie pana, nie było pana ...
6. Nie ma nas, nie będzie nas, nie było nas ...
7. Nie ma was, nie będzie was, nie było was ...
8. Nie ma ich, nie będzie ich, nie było ich ...
9. Nie ma ich, nie będzie ich, nie było ich ...
10. Nie ma panów (ich), nie będzie panów (ich), nie było panów (ich) ...
11. Nie ma pań (ich), nie będzie pań (ich), nie było pań (ich) ...
12. Nie ma państwa (ich), nie będzie państwa (ich), nie było państwa (ich) ...

ZADANIE 94
1. Dokąd a. pot. Gdzie
2. Na kogo
3. Ile
4. Na czym
5. O czym
6. Czym
7. Czego
8. Czego
9. Kim
10. Skąd
11. Na kogo
12. Jak
13. O której
14. Czyj
15. O czym
16. Z kim
17. Kiedy
18. Z czego
19. O kim
20. Dzięki komu

ZADANIE 95
1. Czyja to jest odpowiedź
2. Czyj to jest brat
3. Czyja to jest powieść
4. Czyja to jest sprawa
5. Czyi to są studenci
6. Czyi to są synowie
7. Czyje to są rzeczy
8. Czyje to są siostry
9. Czyje to są słowniki
10. Czyje to są dzieci

ZADANIE 96
1. Którą a. Jaką
2. Jaką
3. Jakiego a. Którego
4. Które
5. którą
6. Któremu
7. Której
8. Który
9. Którego
10. którym

ZADANIE 97
1. którym
2. których
3. której
4. którego
5. którym
6. których
7. który
8. którą
9. którego
10. którego

ZADANIE 98
1. Ilu
2. Którędy
3. Jak
4. Jacy
5. Co
6. Ile
7. Jakie
8. Gdzie
9. Kiedy
10. Dokąd a. pot. Gdzie

ZADANIE 99
1. żadnego pięknego kwiatu a. żadnych pięknych kwiatów
2. żadnego oryginalnego obrazu a. żadnych oryginalnych obrazów

3. żadnego naszego studenta a. żadnych naszych studentów
4. żadnych kandydatek na casting a. żadnej kandydatki na casting
5. żadnych gości a. żadnego gościa
6. żadnych Polaków a. żadnego Polaka
7. żadnego pięknego samochodu a. żadnych pięknych samochodów
8. żadnego ślicznego dziecka a. żadnych ślicznych dzieci
9. żadnego dużego psa a. żadnych dużych psów
10. żadnego przystojnego mężczyzny a. żadnych przystojnych mężczyzn

ZADANIE 100
1. Jakie
2. Jakie
3. Jaką
4. Jakie
5. jakich
6. Jakiego
7. Jakie
8. Jakie
9. Jaki
10. Jakie

ZADANIE 101
1. Ile
2. ilu a. iloma
3. Ilu
4. Ilu
5. Ile
6. Ilu
7. ile
8. Ile
9. ilu
10. Ilu

ZADANIE 102
1. Czyi
2. Czyje
3. Czyje
4. Jakie
5. Jakie
6. Jacy
7. Jakie
8. Które
9. Które
10. Które
11. Którzy
12. Moje
13. Moje
14. Moi
15. Nasi
16. Nasze
17. Nasze
18. Te
19. Te
20. Ci

ZADANIE 103
1. Nikogo
2. Niczego
3. nikim
4. niczym
5. nic a. niczego
6. nikim
7. Nikomu
8. Nic a. Niczego
9. Nikogo
10. Nikogo

ZADANIE 104
1. na
2. po
3. u
4. sprzed
5. od
6. do albo z
7. pod ... za
8. przez
9. po
10. za

ZADANIE 105
1. do
2. przy
3. po
4. na
5. od
6. na
7. przed a. pod
8. na

9. po
10. na a. w czasie a. podczas a. w trakcie

ZADANIE 106
1. na
2. po
3. za
4. po
5. przez
6. na
7. w
8. z
9. przed
10. w

ZADANIE 107
1. z
2. w
3. nad a. ponad
4. nad
5. z
6. nad
7. z
8. znad
9. ode
10. wzdłuż

ZADANIE 108
1. za Kraków
2. na drzewo
3. między domy
4. przed kościół
5. nad Balaton
6. za dom
7. przed biuro
8. pod ... drzewo
9. pod parasol a. pod parasole
10. nad morze

ZADANIE 109
1. o a. po, po, na
2. z
3. po
4. z, do, o, na
5. wśród , z
6. z
7. ze, na
8. po
9. na
10. Zza
11. po
12. po
13. na
14. po
15. o
16. Po, na
17. w a. na
18. w
19. zamiast
20. o
21. Przez, z

ZADANIE 110
1. niż
2. niż
3. od
4. z
5. z
6. niż
7. ode
8. niż
9. niż
10. od

ZADANIE 111
1. cenę
2. chorobę a. choroby
3. głowę
4. mocnym głosie
5. moich imieninach
6. ścianę a. ściany
7. świcie
8. tym człowieku
9. wielkich oknach
10. wyrozumiałość

ZADANIE 112
1. a. kogo, rodziców
b . co, konsekwencje
2. a. kogo, dziadków
b. czego, dworca
3. a. kogo, narzeczonej
4. b. czego, pisania
a. kogo, babci
5. a. kogo, swojej wychowawczyni
b. czego, piaskownicy
6. b. czego, własnej osi
7. a. komu, tobie

b. czemu, starannej opiece
8. b. czego, wystawy
9. b. czemu, jezioru
10. b. czego, pracę
b. co, koła

ZADANIE 113
1. a. kim, zawodnikami
b. czym, stoiskami
2. a. kogo, narzeczoną
b. co, wystawę
3. a. kim, babci
b. czym, szezlongu
4. b. co, miasto
5. b. czym, miastem
6. b. czego, ustawy sejmowej
7. b. czego, donosów
8. a. komu, rodzicom
9. b. czego, pomocy
10. b. czego, stołu

ZADANIE 114
1. b. czego, wzajemnej współpracy
2. b. czego, aresztu śledczego a. cmentarza
3. b. czego, aresztu śledczego a. autostrady
a. kogo, tłumu ludzi a. ciebie
4. b. czego, aresztu śledczego a. cmentarza
5. b. czego, pomnika Adama Mickiewicza w Krakowie
6. a. kogo, własne dzieci a. tego chłopca
b. co, małą jałmużnę
7. a. kim, niej (dziewczynie)
b. czym, zdradzie
8. a. kogo, tego chłopca
b. czego, aresztu śledczego a. autostrady a. cmentarza
9. b. czego, poprzedniej decyzji
10. b. ilu, pięćdziesiątki

ZADANIE 115
1. b. czego, płatnego parkingu
2. a. kogo, cioci
b. szpinaku
3. a. kogo, zaproszonego gościa
b. co, wędlinę
4. a. kim, mnie
b. czym, pyszczku
5. b. co, biurko
6. b. czym, pierzyną
7. a. kogo, mojej żony
8. b. czego, wojny
9. b. czego, braku
10. b. czego, rzucenia

ZADANIE 116
1. a. kogo, żony
b. czego, alkoholu
2. b. czego, urody
3. b. czego, tytułów
4. a. kogo, ludzi
b. co, okno ... biurko
5. a. kim, dziewczynami
b. czym, szkołą ... kościołem
6. b. czego, biedy
7. b. co, góry, doliny ... lasy
8. b. czym, różnymi krajami
9. b. czego, zera
10 b. co, zeschnięte liście

ZADANIE 117
1. b. czym, lodem
2. b. co, pola, łąki, lasy
3. b. czego, klombu
4. b. czego, wapiennych wzgórz
5. b. czego, kolan
6. b. co, ogrodzenie
7. a. kim, swoją dziewczyną
b. czym, starymi domami
8. b. chleba
9. a. komu, ojcu
b. czemu, gruźlicy
10. a. komu, Chorwatom
b. czemu, decyzji

ZADANIE 118
1. b. co, piwiarnię
2. a. kim, wierzycielami
b. czym, obrazem świętym
3. a. kogo, sąsiada
b. co, płotki
4. a. kim, dzieciach
b. czym, biurku
5. a. kogo, zwolenników
b. czego, komputera
6. b. czego, nieporozumienia
7. b. czego, łóżka
8. a. kogo, elit politycznych
b. czego, starych kartek
9. b. czego, płonącego lasu
10. a kogo, nas
b. czego, wielu

ZADANIE 119
1. b. czego, chmur
2. b. sali
3. a. kogo, profesora
4. b. co, kałuże
5. a. kim, młodym chłopcu
b. czym, Gazecie Wyborczej
6. b. podjęcia
7. a. kogo, gościa
8. b. choroby
9. b. wakacji
10. b. sportu

ZADANIE 120
1. a. kogo, wszystkich
2. b. czego, upływu lat
3. b. czego, decyzji unijnych
4. b. czego, klęski głodu
5. b. czego, prawa
6. b. czego, dworca
7. b. czego, rynku
8. b. czym, zeszłym kwartałem
9. b. czego, konstytucyjnych uprawnień
10. b. czego, porażki

ZADANIE 121
1. b. czego, zamrożenia płac
2. a. kogo, mediatora
3. b. czego, usług turystycznych
4. a. kogo, wszystkich
5. b. czego, przystanku
6. b. czego, paczki
7. b. czego, zebrania
8. b. czego, terapii
9. b. czego, nauki ... kultury
10. b. co, wykazaną serdeczność

ZADANIE 122
1. a. komu, swoim rodzicom
b. czemu, etyce
2. a. kogo, moich kolegów
b. czego, francuskiej mody
3. b. czego, gotyckiego kościoła
4. a. kogo, znajomych
b. czego, nieprzewidzianych trudności
5. b. czego, stadionu
6. a. kogo, mnie
7. b. czego, odniesionych ran
8. a. kogo, ludzi mądrych
9. a. kogo, dyrektora
10. b. czym, likwidacją

ZADANIE 123
1. a. kogo, tego chłopca
b. czego, dachu
2. a. kim, swoim narzeczonym
b. czym, bukietem
3. b. okupacji
4. a. kogo, Eskimosa
b. co, głowę
5. a. kim, swoim panem
b. czym, robotą
6. b. czego, ochoty
7. b. czego, tego okropnego lekarstwa
8. b. czego, cyrkla ... linijki
9. a. kogo, hurtowników

10. a. kogo, swoją żonę
b. co, zły stan
11. b. czym, planem
12. b. czego, okularów
13. b. czego, urodzin
14. b. czego, choroby
15. b. czego, dorobku naukowego
16. a. kogo, pełnomocnika
17. b. czego, ustawy sejmowej
18. b. co, bezpieczeństwo
19. b. wtorku
20. b. czego, chmur

ZADANIE 124
1. czy
2. kiedy
3. czy
4. czy
5. jak
6. czy
7. kiedy
8. kiedy
9. jak
10. czy

ZADANIE 125
1. Chociaż a. Choć
2. czy ... czy
3. ani
4. ani
5. bo a. dlatego że a. ponieważ a. gdyż
6. więc
7. aż
8. aby a. by a. żeby
9. jakoby
10. jakbym

ZADANIE 126
1. toteż
2. i
3. bądź
4. bowiem
5. mimo że
6. ale
7. jeśli
8. a
9. ile
10. aczkolwiek

ZADANIE 127
1. brzydko
2. często
3. dawno
4. dokładnie
5. drogo
6. dużo
7. ładnie
8. łatwo
9. mało
10. Ostatnio
11. późno
12. rzadko
13. serdecznie
14. spokojnie
15. szybko
16. tanio
17. Trudno
18. uczciwie
19. źle
20. zupełnie

ZADANIE 128
1. znakomicie
2. Wyraźnie
3. dokładnie
4. dawno
5. tanio
6. serdecznie
7. agresywnie
8. szybko
9. mądrze
10. dużo

ZADANIE 129
1. I. brzydziej ... kolega
II. brzydziej ... swojego kolegi
III. najbrzydziej ... naszej grupy
2. I. dokładniej ... polskie
II. dokładniej ... polskich
III. najdokładniej
3. I. więcej ... Ameryka
II. więcej ... Ameryki
III. najwięcej rzek
4. I. bardziej elegancko ... mama

II. bardziej elegancko... swojej mamy
III. najbardziej elegancko ... całej rodziny
5. I. bardziej interesująco ... koledzy
II. bardziej interesująco ... swoich kolegów
III. bardziej interesująco ... nas
6. I. ładniej ... inne Europejki
II. ładniej ... innych Europejek
III. najładniej ... wszystkich kobiet
7. I. łatwiej ... dorośli
II. łatwiej ... dorosłych
III. najłatwiej
8. I. rzadziej ... brat
II. rzadziej ... swojego brata
III. najrzadziej ... wszystkich uczniów
9. I. szerzej ... drugie
II. szerzej ... drugiego
III. najszerzej
10. I. wyżej ... Janek
II. wyżej ... Janka
III. najwyżej ... wszystkich chłopców

ZADANIE 130
1. II. dalej
III. najdalej
2. II. gładziej
III. najgładziej; lepiej: najbardziej gładko
3. II. głębiej
III. najgłębiej
4. II. niżej
III. najniżej
5. II. prędzej
III. najprędzej
6. II. rzadziej
III. najrzadziej
7. II. szerzej
III. Najszerzej
8. II. szybciej
III. najszybciej
9. II. węziej
III. najwęziej
10. II. wyżej
III. Najwyżej

ZADANIE 131
1. tak samo wspaniale jak ja
2. coraz pewniej
3. coraz swobodniej
4. coraz czyściej
5. coraz ładniej
6. coraz szybciej
7. tak samo źle jak ojciec
8. tak samo niewyraźnie jak ja
9. tak samo daleko jak stąd
10. tak samo cudownie jak im

ZADANIE 132
1. wierze
2. gazecie
3. rybie
4. operze
5. ranie
6. szkole
7. zimie
8. kasie
9. kozie
10. wodzie

ZADANIE 133
1. pieluszе
2. rózdze
3. gwieździe
4. nodze
5. Polsce
6. bluzce
7. monarsze
8. kawie
9. szafie
10. rzece

ZADANIE 134
1. „Idiocie"
2. maszyniście
3. humaniście
4. pianiście
5. astronaucie

6. artyście
7. koledze
8. komuniście
9. rowerzyście
10. iluzjoniście

ZADANIE 135
1. przekazie
2. kocie
3. serze
4. nosie
5. lodzie
6. dymie
7. ośle
8. Janie
9. dębie
10. obrazie

ZADANIE 136
1. oknie
2. piwie
3. prawie
4. drzewie
5. cieście
6. mieście
7. filozofie
8. zajeździe
9. gnieździe
10. objeździe

ZADANIE 137
1. garderobie
2. rybie
3. mięsie
4. piśmie
5. górze
6. stadzie
7. dyktandzie
8. maśle
9. kotlecie
10. żelazie

ZADANIE 138
1. profesorzy
2. bracia
3. fryzjerzy
4. Hiszpanie
5. kasjerzy
6. poeci
7. Polacy
8. przechodnie
9. Szwedzi
10. wujkowie

ZADANIE 139
1. Polacy
2. błaźni
3. flisacy
4. szpiedzy
5. Chińczycy
6. Egoiści
7. koledzy
8. chłopcy
9. Czesi
10. Włosi

ZADANIE 140
1. bliscy
2. drodzy
3. dalecy
4. nieustraszeni
5. niscy
6. cisi
7. duzi
8. mili
9. starsi
10. głusi

ZADANIE 141
1. słownikiem
2. językiem
3. mlekiem
4. ołówkiem
5. Irakijczykiem
6. chłopczykiem
7. słownikiem
8. dzieckiem
9. kanarkiem
10. wilkiem

ZADANIE 142
1. księdza
2. księży
3. księdza
4. księżom
5. księdza
6. księży
7. księdzem
8. księżmi
9. księży
10. księżach

ZADANIE 143
1. wodzem
2. aniele
3. gwieździe
4. wozy
5. gołębi
6. cieście
7. słów
8. obiedzie
9. kwiecie
10. mieście

ZADANIE 144
1. stole, stołu
2. wieczoru, wieczorze
3. pokoju, pokoju
4. ogrodem, ogrodzie
5. dołu, dole
6. boru, borze
7. potworze, potwora
8. dworze
9. Krakowie, Krakowa
10. powodzi, powodzi

ZADANIE 145
1. swoje, swoje
2. swoją, swoich
3. moja, moje
4. moja, moje
5. twoja, twoi

ZADANIE 146
1. nóg
2. sobót
3. stóp
4. śród
5. apoteoz
6. brzóz
7. dróg
8. słów
9. kóz
10. głów

ZADANIE 147
1. kręgu
2. gałęzi
3. żołędzi
4. męża
5. błędy
6. księcia
7. węża
8. zajęcy
9. pieniędzy
10. dębie

ZADANIE 148
1. cieląt
2. bliźniąt
3. ocząt
4. mąk
5. przysiąg
6. ksiąg
7. rąk
8. kurcząt
9. zwierząt
10. źrebiąt

ZADANIE 149
1. widelca
2. handlu
3. kwietniu
4. cukru
5. czwartku
6. wtorku
7. chłopca
8. Niemca
9. rynku
10. palca

ZADANIE 150
1. marchwi
2. brukwi
3. krwi
4. alabastru
5. bunkrze
6. chorągwi
7. rzodkwi
8. szwagra
9. majstra
10. kubła

ZADANIE 151
1. książek
2. kartek
3. łyżek
4. klatek
5. pralek
6. bluzek
7. chatek
8. kurtek
9. matek

10. szafek

ZADANIE 152
1. źródeł
2. haseł
3. żeber
4. czółen
5. dzieł
6. piekieł
7. porzekadeł
8. prawideł
9. krzeseł
10. okien

ZADANIE 153
1. nadszedł / nadeszła
2. odszedł / odeszła
3. poszedł / poszła
4. przeszedł / przeszła
5. przyszedł / przyszła
6. rozszedł się / rozeszła się
7. wszedł / weszła
8. wyszedł / wyszła
9. podszedłeś / podeszła
10. zszedł / zeszła

ZADANIE 154
1. doróbć
2. krój
3. odrób
4. połóż się
5. rozłóż
6. stój
7. włóż
8. wyłóż
9. złóż
10. naróbć

ZADANIE 155
1. chciały / chcieli
2. krzyczały / krzyczeli
3. musiały / musieli
4. należały / należeli
5. patrzały / patrzeli
6. rozumiały / rozumieli
7. siedziały / siedzieli
8. umiały / umieli
9. widziały / widzieli
10. wiedziały / wiedzieli

ZADANIE 156
1. się cieszę, cieszysz się a. się cieszysz
2. darzę, darzysz
3. dręczę, dręczysz
4. się leczę, leczysz się a. się leczysz
5. lekceważę, lekceważysz
6. liczę, liczysz
7. marzę, marzysz
8. tańczę, tańczysz
9. tworzę, tworzysz
10. uczę, uczysz

ZADANIE 157
1. barwię, barwisz
2. czyszczę, czyścisz
3. jeżdżę, jeździsz
4. się kłócę, się ... kłócisz
5. mówię, mówisz
6. potrafię, potrafisz
7. proszę, prosisz
8. się rumienię, rumienisz się
9. tęsknię, tęsknisz
10. się wstydzę, się ... wstydzisz

ZADANIE 158
1. się wyprowadzać
2. przeglądać
3. naprawiać
4. się ... uczyć
5. oglądać
6. wygłaszać
7. podpisywać
8. tłumaczyć
9. gotować
10. robić

ZADANIE 159
1. podpisał
2. przetłumaczył
3. wygłosiła
4. przejrzałam
5. przygotowałam
6. się ... nauczyłam
7. naprawiłem
8. skończyłam
9. obejrzeliśmy
10. się ... wyprowadziliśmy

ZADANIE 160
1. bywam
2. miewam
3. namawiam
4. wylewam
5. zrywam
6. się spotykam
7. sprzątam
8. umieram
9. wybaczam
10. zwiedzam

ZADANIE 161
1. przerwali
2. wylałem
3. wymówił
4. wypłynęli
5. wyrwałem
6. przeczytałam
7. się dorobiłam
8. napisałem
9. zrobiłem
10. posprzątałam

ZADANIE 162
1. Weź / bierz
2. kąp / Wykąp
3. otwieraj / Otwórz
4. Zrób / rób
5. Zaczekajmy / czekajmy
6. Kupmy / kupujmy
7. Podpiszmy się / podpisujmy się
8. Wytrzyjcie / wycierajcie
9. Przepiszcie / przepisujcie
10. Wyślijcie / wysyłajcie

ZADANIE 163
1. Weź
2. Wyczyść
3. Przeczytaj
4. Połóż
5. Odwiedź
6. Pomóż
7. Ubierz się
8. Wyjdź
9. Zamknij
10. Zaproś

ZADANIE 164
1. rób
2. kupuj
3. mów
4. powtarzaj
5. przepraszaj
6. gotuj
7. wyłączaj
8. wysyłaj
9. zapalaj
10. zdejmuj

ZADANIE 165
1. czekam
2. czytasz
3. gotuje
4. je
5. kończymy
6. pakujemy
7. pomagam
8. przygotowuję
9. zaczynają
10. zamykamy

ZADANIE 166
1. zdania, które ... przetłumaczyłam
2. zdjęcie, które ... zrobiłem
3. dom, który ... wybudowaliśmy
4. błędy, które ... popełniłeś
5. obiad, który ... przygotowałam
6. słownik, który ... opracowałem
7. ciasto, które ... upiekłyśmy
8. rower, który ... naprawiliśmy
9. obraz, który ... namalowałam
10. dorosły syn, którego ... wychowałem

ZADANIE 167
1. wziąłem / wzięłam
2. dostałem / dostałam
3. ugotowałem / ugotowałam

4. zjadłem / zjadłam
5. skończyłem / skończyłam
6. kupiłem / kupiłam
7. przyszedł
8. zrobiłem / zrobiłam
9. zacząłem / zaczęłam
10. zamknęliśmy / zamknęłyśmy

ZADANIE 168
1. się zdecydować
2. policzyć
3. namalować
4. wyzdrowieć
5. naostrzyć
6. się napatrzyć
7. wypić
8. posprzątać a. wysprzątać
9. się ... nauczyć
10. wytrzeć

ZADANIE 169
1. zgubiłeś
2. opowiadał
3. oznajmił
4. przechodziły a. przeszły
5. przyjeżdżała
6. Spotkaliśmy się
7. zobaczyłem a. widziałem
8. wyszli
9. wyjeżdżali
10. zapomniała

ZADANIE 170
1. Podziękuj
2. Omów
3. Obejrzyj
4. Zapłać
5. Poleć
6. Powtórz
7. Przeproś
8. Zapytaj a. Spytaj
9. Porozmawiaj
10. Zobacz się

ZADANIE 171
1. czekałem a. czekałam
2. kupiłem a. kupiłam
3. zamówiłem a. zamówiłam
4. chodzę
5. kończę
6. jeździmy
7. wychodzę
8. wypija
9. palę
10. robi

ZADANIE 172
1. będzie myć a. będzie myła
2. będzie się opalać a. będę się opalał a. będę się opalała
3. będę pisać a. będę pisał a. będę pisała
4. będzie poszukiwać a. będzie poszukiwała
5. będzie przyjmować a. będzie przyjmował
6. będę robić a. będę robił a. będę robiła
7. będę rysować a. będę rysował a. będę rysowała
8. będę sprawdzać a. będę sprawdzał a. będę sprawdzała
9. będziemy sprzątać a. będziemy sprzątali a. będziemy sprzątały
10. będą zbierać a. będą zbierały

ZADANIE 173
1. Przeczytam
2. Wykąpię się
3. Przepiszę
4. Zrobię
5. Rozniosę
6. Roześlemy
7. Sprawdzę
8. posprzątać
9. Wygłosi
10. Zmyję

ZADANIE 174
1. powiedział
2. zrobił

3. siadł a. usiadł
4. otworzył
5. popatrzył
6. zaprotestował
7. zapłakał
8. zapukał
9. ruszył
10. strzelił

ZADANIE 175
1. B. tupać C. tupnął
2. B. płakać C. zapłakało
3. B. kichać C. kichnął
4. B. kopać C. kopnął
5. B. mrugać C. mrugnął
6. B. się śmiać C. się zaśmiała
7. B. popychać C. popchnął
8. B. skakać C. skoczył
9. B. strącać C. strącił
10. B. wrzeszczeć C. wrzasnął

ZADANIE 176
1. wziąłem
2. dałem
3. zjadłem
4. pokroiłem
5. kupiłem
6. powiedziałam
7. wypiłam
8. napisałam
9. zrobiłam
10. zebrałam

ZADANIE 177
1. upiekłam
2. naprawiłem
3. ubrałam
4. uprasowałem
5. odpocząłem
6. wymalowałem a. pomalowałem
7. przygotowałem
8. rozwiązałem
9. posprzątałem
10. sprzedałem

ZADANIE 178
1. karmić
2. obcinać
3. oglądać
4. omawiać
5. opowiadać
6. kroić
7. myć
8. kąpać
9. podpisywać
10. roznosić

ZADANIE 179
1. Zagrzmiało
2. Krzyknąłem / Krzyknęłam
3. Kupiłem / Kupiłam
4. Wypaliłem / Wypaliłam
5. Poznałem
6. Przepisałem / Przepisałam
7. Przyszedłem
8. Rzuciłem / Rzuciłam
9. Umówiłem się / Umówiłam się
10. Zamówiłem / Zamówiłam

ZADANIE 180
1. zadzwonić
2. zagrać
3. zjeść
4. skosztować
5. polecieć
6. naprawić
7. opowiedzieć
8. spróbować
9. porozmawiać
10. zdać

ZADANIE 181
1. obudziłem się / obudziłam się
2. poszedłem / poszłam
3. ogoliłem się
4. pojechałem / pojechałam
5. przejrzałem / przejrzałam
6. spędziłem / spędziłam
7. umówiłem się / umówiłam się
8. włożyłem / włożyłam

9. wyjechałem / wyjechałam
10. zamówiłem / zamówiłam

ZADANIE 182
1. przygotuje
2. zrobię
3. przyjmie
4. się ... pokłóci
5. pokroję
6. naprawię
7. napiszę
8. poznam
9. zrozumiem
10. się zdenerwuję

ZADANIE 183
1. poszedłem / poszłam
2. umyłem się / umyłam się
3. odrobiłem / odrobiłam
4. obejrzałem / obejrzałam
5. wypaliłem / wypaliłam
6. uprałem / uprałam
7. posprzątałem / posprzątałam
8. ubrałem się
9. wróciłem / wróciłam
10. wyszedłem / wyszłam

ZADANIE 184
1. odrabiać
2. opowiadać
3. podpisywać
4. kroić
5. liczyć
6. sprzątać
7. przygotowywać
8. czesać
9. wyjmować
10. układać

ZADANIE 185
1. nagrywam
2. odrabiam
3. opowiadam
4. sprzątam
5. przymierzam
6. smażę
7. wkładam
8. czyszczę
9. suszę
10. płacę

ZADANIE 186
1. Pochodziłem
2. Najeździłem się
3. odeszła
4. podejść
5. przejść
6. przejść
7. wjechać
8. zejść
9. schodzić
10. wyjechać

ZADANIE 187
1. przyjdzie
2. wyjedźmy
3. pojechać
4. podjechać
5. wjechać
6. odjechać
7. zejść
8. przejechał
9. najedzać
10. wjechałeś

ZADANIE 188
1. zejdę
2. pojechać
3. wejdę
4. podjechać
5. dojechać a. pojechać
6. zjechać
7. odjechać
8. zaszło
9. przejedźmy
10. nachodzi

ZADANIE 189
1. schodzi
2. odchodzi
3. obchodzę
4. zachodzi
5. wschodzi
6. rozchodzą się
7. rozchodzą się
8. nachodzą
9. wchodzić
10. przechodzić

9. wyjechałem / wyjechałam
10. zamówiłem / zamówiłam

ZADANIE 190
1. Przebiegłem
2. wypracowałem
3. Przepracowałem
4. Odsiedziałem
5. Odsiedział
6. obsłużyli
7. zasłużyłem
8. odespałem a. odespałam
9. Przespałem się
10. wysypiać się

ZADANIE 191
1. bierzesz
2. boisz się
3. złościsz się
4. możesz
5. jedziesz
6. jesz
7. jeździsz
8. nosisz
9. pomożesz
10. pierzesz

ZADANIE 192
1. powinniście
2. powinny
3. powinni
4. powinien
5. powinni
6. powinno
7. powinien
8. powinienem
9. powinna
10. powinna

ZADANIE 193
1. powinniście byli
2. powinny były
3. powinni byli
4. powinien był
5. powinni byli
6. powinno było
7. powinien był
8. powinienem był
9. powinna była
10. powinna była

ZADANIE 194
1. wjechać
2. podjechać
3. przejechać
4. wjechać
5. zajechał
6. wjechał
7. zjechali
8. rozjechałem
9. wyjechali
10. rozjadą się

ZADANIE 195
1. popisywałaś się
2. opisywał
3. odpisywałem
4. zapisywała
5. podpisywała
6. dopisywała
7. przepisywała
8. wpisywała się
9. przypisywał
10. zapisywałem się

ZADANIE 196
1. A. siedzą, siedzą
   B. siedziały, siedziały
2. A. śpią, śpią
   B. spały, spały
3. A. stoją, stoją
   B. stały, stały
4. A. strzelają, strzelają
   B. strzelały, strzelały
5. A. śpiewają, śpiewają
   B. śpiewały, śpiewały
6. A. terroryzują, terroryzują
   B. terroryzowały, terroryzowały
7. A. tańczą, tańczą
   B. tańczyły, tańczyły
8. A. wzbudzają, wzbudzają
   B. wzbudzały, wzbudzały
9. A. zakłócają, zakłócają
   B. zakłócały, zakłócały
10. A. żyją, żyją
    B. żyły, żyły

ZADANIE 197
1. A. siedzi, siedzi
   B. siedziało, siedziało
2. A. śpi, śpi

B. spało, spało
3. A. stoi, stoi
   B. stało, stało
4. A. strzela, strzela
   B. strzelało, strzelało
5. A. śpiewa, śpiewa
   B. śpiewało, śpiewało
6. A. śmieje się, śmieje się
   B. śmiało się, śmiało się
7. A. terroryzują, terroryzują
   B. terroryzowały, terroryzowały
8. A. tańczą, tańczy
   B. tańczyło, tańczyło
9. A. wzbudza, wzbudza
   B. wzbudzało, wzbudzało
10. A. żyje, żyje
    B. żyło, żyło

ZADANIE 198
1. A. są
   B. byli
2. A. jest
   B. było
3. A. są
   B. były
4. A. jest
   B. było
5. A. są
   B. były
6. A. jest
   B. było
7. A. są
   B. były
8. A. jest
   B. było
9. A. są
   B. byli
10. A. jest
    B. było

ZADANIE 199
1. czekało / czekały
2. szli / szło
3. miały / miało
4. odpowiedzieli / odpowiedziało
5. oglądali / oglądało
6. podpisały się / się ... podpisało
7. pracowały / pracowało
8. słuchali / słuchało
9. śpiewali / śpiewało
10. wzięły się / wzięło się

ZADANIE 200
1. A. atakują / atakuje
   B. atakowali / atakowało
2. A. dyskutują / dyskutuje
   B. dyskutowali / dyskutowało
3. A. grają / gra
   B. grali / grało
4. A. idą / idzie
   B. szli / szło
5. A. kopią / kopie
   B. kopali / kopało
6. A. oczekują / oczekuje
   B. oczekiwali / oczekiwało
7. A. rozmawiają / rozmawia
   B. rozmawiali / rozmawiało
8. A. prowadzą / prowadzi
   B. prowadzili / prowadziło
9. A. trzymają się / trzyma się
   B. trzymali się / trzymało się
10. A. uczą się / uczy się
    B. uczyli się / uczyło się

ZADANIE 201
1. można
2. Trzeba
3. wolno
4. Nie wypada
5. trzeba
6. można
7. nie sposób
8. Nie sposób
9. wolno
10. Warto

ZADANIE 202
1. Nie można
2. powinno się
3. nie wolno

4. trzeba
5. musimy
6. nie wolno
7. nie powinno się
8. nie należy
9. powinno się
10. należy

ZADANIE 203
1. Mogłem ... mogła
2. Mogliśmy a. Mogłyśmy ... mogłyście
3. mogły ... mogła
4. mogło ... mogło
5. mógł ... mogła
6. mogli ... mogły
7. mogli ... mogły
8. mogły ... mogli
9. mogłeś a. mogłaś ... mogło
10. mógł

ZADANIE 204
1. może ... musi
2. może ... musi
3. mogą ... muszą
4. mogę ... muszę
5. możemy ... musimy
6. mogę ... muszę
7. możemy ... musimy
8. możecie ... musicie
9. mogą ... muszą
10. mogą ... muszą

ZADANIE 205
1. ma
2. ma
3. ma
4. ma
5. ma
6. ma
7. mamy
8. ma
9. ma
10. masz

ZADANIE 206
1. b
2. c
3. a
4. b
5. c
6. a
7. a
8. a
9. a
10. a

ZADANIE 207
A.
1. dwadzieścia pięć
2. nauczaniem, chińskiego, Pekinie
3. latach, jedną
4. kilku, bruk
5. Szopena
6. krótkiej, zarządzającym, poczułam się, trędowata
7. płakałam
8. szukać, mną
9. miesiącach, sąsiedniego
10. Tajwan
11. zrozumienie
12. tego zawodu, przyjaciele, wychowankowie
13. im
14. ucząca się
15. latach, Pekinie
16. panował
17. mi, nauczycielki
18. razy
19. swoich
20. koledzy, mnie
21. mną
22. pracowitością, wiedzą
23. mnie, moim kraju
24. na
25. całą prawdę, ludziach
26. mojego pamiętnika
27. wewnętrzna potrzeba
28. człowiekowi
29. mnie, przyjaciół
30. milionów, jednego

B.
1. dać
2. docenić
3. nosić się
4. odznaczyć
5. poczuć się
6. rozpłakać się

7. strzec
8. zacząć
9. zajmować się
10. znaleźć

ZADANIE 208
1. chcą
2. jedzą
3. mogą
4. muszą
5. potrafią
6. rozumieją
7. umieją
8. wiedzą
9. wolą
10. znają

ZADANIE 209
A.
1. Ci, miły list
2. co
3. domu akademickim, języka polskiego
4. poznałem, ładną dziewczynę
5. studiuje, przygotowuje się
6. czasu, soboty i niedziele
7. cały tydzień
8. modą i dziennikarstwem
9. do, dyskusje i kłótnie polityczne, polityków
10. dwoje
11. dziećmi
12. lata, starsza
13. dni temu
14. psy, psami
15. czuję się
16. wspaniale
17. dłużej, perspektyw
18. Cię, Twój
19. Cię
20. mnie

B.
1. chodzić
2. interesować się
3. kupić
4. lubić
5. poznać
6. przygotowywać się
7. studiować
8. ucałować
9. uczyć się
10. uwielbiać

ZADANIE 210
1. zdecydowałem się, decydowała się
2. kieruje, kierowali się
3. kocha się, kocha
4. męczę się, męczyła
5. uważa się, uważa
6. wybiera, wybieram się
7. wyrwał, wyrwało się
8. zajmuje się, zajmują
9. Założę się, założył
10. palę, pali się

ZADANIE 211
1. wiedział
2. znał
3. znał
4. znać
5. Znam
6. Znam
7. wiesz
8. wiedzieć
9. wie
10. wie
11. zna
12. zna
13. Znam
14. wiem
15. zna
16. wie
17. wiedzą
18. wiem
19. wiem
20. znali

ZADANIE 212
1. Znam ... wiem
2. Znam ... wiem
3. Znam ... wiem
4. Znamy ... wiemy
5. Zna ... wie
6. Zna / Wie
7. Znają ... wiedzą
8. Znasz ... wiesz
9. Zna się ... wie
10. znam ... wiem

ZADANIE 213
1. wiem
2. zdołałem
3. zechce
4. wiesz
5. mogę
6. musi
7. umiesz
8. potrafi
9. zna
10. chce

ZADANIE 214
1. lubię a. podobają mi się
2. lubimy
3. kocham
4. podoba mi się
5. podoba mi się
6. podoba mi się
7. podoba mi się
8. podoba nam się
9. lubi
10. podoba nam się

ZADANIE 215
1. budzą się
2. chodzą
3. się chwalą
4. gardzą
5. golą się
6. się ... kłócą
7. kształcą
8. się modlą
9. się mylą
10. palą
11. pędzą
12. płacą
13. robią
14. tracą
15. twierdzą

ZADANIE 216
1. bałaganią
2. się ... bawią
3. się bronią
4. bronią
5. cenią
6. chronią
7. dzwonią
8. łowią
9. mówią
10. się...przyjaźnią
11. tkwią
12. trudnią się
13. trwonią
14. winią
15. się żenią

ZADANIE 217
1. wiedziały
2. zapomniały
3. rozumiały
4. umiały
5. widziały
6. patrzały
7. miały
8. chciały
9. nieruchomiały
10. musiały

ZADANIE 218
1. Nie ma jej, jest
2. Nie ma go, jest
3. Nie ma go, jest
4. To nie jest
5. To nie jest
6. To nie jest
7. To nie jest
8. To nie jest
9. To nie jest
10. To nie są
11. To nie są
12. Nie ma ich
13. Nie ma jej
14. Nie ma jej
15. Nie ma ich
16. Nie ma go
17. go nie ma, jest
18. Nie ma naszej mamy a. Nie ma jej
19. Nie ma go / Jest
20. Nie ma jej / Jest

ZADANIE 219
1. nie było jej ... jej nie będzie
2. nie było go ... go nie będzie
3. nie było go ... go nie będzie
4. nie było jej ... jej nie będzie

5. nie było ... nie będzie
6. nie było ... nie będzie
7. nie miałem ... nie będę miał
8. nie miałem a. nie miałam ... będę miał a. miała
9. nie miał
10. nie było jej ... jej nie będzie

ZADANIE 220
1. A. Nie ma ciebie a. cię /
   B. Nie było ciebie a. cię /
   C. Nie będzie ciebie a. cię ...
2. A. Nie ma go / B. Nie było go / C. Nie będzie go ...
3. A. Nie ma jej / B. Nie było jej / C. Nie będzie jej ...
4. A. Nie ma pana (go) /
   B. Nie było pana (go) /
   C. Nie będzie pana (go) ...
5. A. Nie ma pani (jej) /
   B. Nie było pani (jej) /
   C. Nie będzie pani (jej) ...
6. A. Nie ma nas / B. Nie było nas / C. Nie będzie nas ...
7. A. Nie ma was / B. Nie było was / C. Nie będzie was ...
8. A. Nie ma ich / B. Nie było ich / C. Nie będzie ich ...
9. A. Nie ma ich / B. Nie było ich / C. Nie będzie ich ...
10. A. Nie ma państwa (ich) / B. Nie było państwa (ich) / C. Nie będzie państwa (ich) ...

ZADANIE 221
1. nie chce mi się biec a. biegnąć
2. nie chce mi się jeść
3. nie chce mi się klaskać
4. nie chce mi się ... nosić
5. nie chce mi się ... prać
6. nie chce mi się ... pisać
7. nie chce mi się śmiać
8. nie chce mi się spać
9. nie chce mi się tańczyć
10. nie chce mi się ... walczyć

ZADANIE 222
1. powinieneś a. powinnaś
2. chce
3. kazała sobie
4. poprosić
5. możesz
6. potrafisz
7. żąda
8. musi
9. będzie ... mógł
10. wymaga

ZADANIE 223
1. choruję, chorujesz
2. się interesuję, się ... interesujesz
3. myję, myjesz
4. piję, pijesz
5. piekę, pieczesz
6. podróżuję, podróżujesz
7. pracuję, pracujesz
8. prasuję, prasujesz
9. stosuję, stosujesz
10. się zajmuję, zajmujesz się

ZADANIE 224
1. się czuje
2. Myślę ... jestem
3. Wygląda
4. mam ... mogę
5. chodzi
6. nudzi
7. spędzam
8. wstaje
9. wydaje
10. spędza
11. śpię ... oglądam ... kładę się ... czekam ... zajdzie
12. śpię ... jem
13. je ... waży
14. zważy
15. Radzę
16. siedzi ... pospaceruje ... odwiedzi ... żyje

17. płacę
18. wydam
19. przejdę
20. Widzi ... określa
21. się ... podejmuje

ZADANIE 225
1. Cieszy / Cieszę się
2. denerwować / Denerwuję się
3. kocham / Kocham się
4. oglądam / oglądam się
5. żegna się / Żegnamy
6. przekona / przekonać się
7. przygotować / przygotujemy się
8. zamykasz / zamyka się
9. decyduje się / decyduje
10. znam / zna się

ZADANIE 226
1. słuchania
2. spełnienia
3. zaakceptowania
4. jedzenia
5. wytrzymania
6. rozwiązania
7. pobicia
8. oglądania
9. czytania
10. wykonania

ZADANIE 227
1. Wzrost
2. Rozwój
3. Dojazd
4. Druk
5. dyżur
6. Płacz
7. Handel
8. import
9. Kontakt
10. lot

ZADANIE 228
1. tłok
2. niepokój
3. Objazd
4. oddech
5. odpowiedź
6. opis
7. Pomoc
8. powrót
9. praca
10. protesty

ZADANIE 229
1. Przedruk
2. Przejazd
3. Przekład
4. przyjaźń
5. Przyjazd
6. odlot
7. Przylot
8. Spacer
9. szept
10. śpiew

ZADANIE 230
1. uśmiech
2. Taniec
3. domysły
4. wyjazd
5. wypowiedź
6. Hałas
7. Zakaz
8. zapał
9. pamięć
10. zazdrości

ZADANIE 231
1. Jeden
2. Jeden
3. Jeden
4. Jeden
5. Jeden
6. Jednemu
7. jeden
8. jeden
9. jeden
10. jeden
11. jeden
12. jednym
13. jednego
14. jeden
15. jednego

ZADANIE 232
1. Jeden
2. jeden

3. jednym
4. jeden
5. jeden
6. jeden
7. jednego
8. jednego
9. jednym
10. jednemu
11. jednym
12. jednym
13. jednym
14. jeden
15. jeden

ZADANIE 233
1. Jedna
2. Jedna
3. Jedna
4. Jedna
5. Jedna
6. Jedna
7. jedną
8. jedna
9. jedną
10. jedną
11. jedną
12. jedna
13. jedną
14. jednej
15. jedną
16. jedną
17. jedną
18. jedna
19. jedną
20. jedna
21. jedna
22. jedna
23. jedna
24. jedna
25. jedną

ZADANIE 234
1. Jedno
2. Jedno
3. jedno
4. jedno
5. jedno
6. jednym
7. jedno
8. jedno
9. jedno
10. jedno

ZADANIE 235
1. Jedni
2. Jedni
3. Jedne
4. Jedne
5. Jedni
6. Jednych
7. jedne
8. jednymi
9. jedni
10. jednymi
11. jedni
12. jednych
13. jednych
14. jedni
15. jednymi

ZADANIE 236
1. Jeden
2. jeden
3. jednego
4. jednego
5. jednego
6. jeden ... jednego
7. jednego
8. jednym
9. jednego ... jeden
10. jeden ... jednego

ZADANIE 237
1. Jeden
2. Jeden ... jeden
3. jeden
4. jeden
5. jeden
6. jeden
7. jeden
8. jednego
9. jeden
10. jeden

ZADANIE 238
1. dwaj panowie
2. dwoma a. dwu panami
3. dwaj panowie
4. dwóch a. dwu panów
5. dwóch a. dwu panów
6. dwóch a. dwu panach

7. dwoma a. dwu panami
8. dwom a. dwu a. dwóm panom
9. dwóch a. dwu panach
10. dwóch a. dwu panów

ZADANIE 239
1. dwie panie
2. dwiema a. dwoma a. dwu paniami
3. dwie panie
4. dwie panie
5. dwóch a. dwu pań
6. dwóch a. dwu paniach
7. dwiema a. dwoma a. dwu paniami
8. dwom a. dwu a. dwóm paniom
9. dwóch a. dwu paniach
10. dwie panie

ZADANIE 240
1. trzech panów ... trzy panie
2. czterech panów ... cztery panie
3. pięciu panów ... pięć pań
4. sześciu panów ... sześć pań
5. siedmiu panów ... siedem pań

ZADANIE 241
1. dwóch a. dwoje ludzi
2. dwóch a. dwu dni
3. dwoma a. dwu Francuzami
4. dwa samochody
5. dwiema a. dwoma a. dwu studentkami
6. Czterech żołnierzy
7. pięć kopert
8. sześć wypracowań
9. dziesięciu dolarów
10. osiemdziesiąt cztery lata

ZADANIE 242
1. Dwóch a. dwu || jednego
2. Jednego || czterech
3. Trzech || trzech
4. Czterech || ośmiu
5. Pięciu || dwóch a. dwu
6. Dziesięciu || dziesięciu
7. Dziewięciu || pięciu
8. Ośmiu || sześciu
9. Siedmiu || siedmiu
10. Sześciu || dziewięciu

ZADANIE 243
1. jednego przyjaciela
2. dwoma a. dwu alpinistami
3. dwom a. dwu a. dwóm chłopcom
4. dwoma a. dwu kolegami
5. dwom a. dwu a. dwóm kuzynom
6. trzech mężów
7. czterema klientami
8. czterem pracownikom
9. pięciu a. pięcioma synami
10. pięciu korespondentów
11. sześciu kuzynów
12. siedmiu a. siedmioma studentami
13. ośmiu ucznióm
14. dziesięciu a. dziesięcioma lokatorami
15. dziesięciu wychowankom

ZADANIE 244
1. dwa krzesła
2. dwa piwa
3. trzema przedmiotami
4. trzech firmach
5. cztery bułki
6. czterech gazet
7. pięć godzin
8. pięciu jajek
9. pięć forintów
10. pięć okien

ZADANIE 245
1. czterech piątek
2. dwóch a. dwu bukietów
3. dwóch a. dwu pralek
4. dziesięciu książek
5. dwojga dzieci

6. trzech pudli
7. dwóch a. dwu stypendiów
8. sześciu ciast
9. dwustu złotych
10. dwóch a. dwu krzeseł

ZADANIE 246
1. dwoje
2. dwoje
3. dwoje
4. dwoje
5. trojgiem
6. czworo
7. czworo
8. pięciorgiem
9. sześciorga
10. dziesięciorgiem

ZADANIE 247
1. tysiąc dziewięćset siedemdziesiątym ósmym
2. tysiąc dziewięćset osiemdziesiątego dziewiątego
3. tysiąc dziewięćset dwunastym
4. tysiąc dziewięćset dziewiętnastym
5. tysiąc dziewięćset sześćdziesiąty ósmy
6. tysiąc dziewięćset czterdziestego drugiego, tysiąc dziewięćset czterdziestego trzeciego
7. czterdzieści sześć
8. tysiąc dziewięćset sześćdziesiąty
9. tysiąc dziewięćset sześćdziesiątym dziewiątym
10. tysiąc dziewięćset osiemdziesiątym

ZADANIE 248
1. Dwudziestego pierwszego .... tysiąc dziewięćset dziewięćdziesiątego czwartego
2. Czwartego ... tysiąc osiemset dziewięćdziesiątego dziewiątego
3. Trzydziestego ... dwutysięcznego
4. Dwudziestego piątego ... tysiąc dziewięćset dziewięćdziesiątego szóstego
5. Dwudziestego dziewiątego ... tysiąc dziewięćset dziewięćdziesiątego
6. Pierwszego ... dwudziestego drugiego ... tysiąc osiemset dziesiątego
7. Siedemnastego ... tysiąc osiemset czterdziestego dziewiątego
8. Osiemnastego ... tysiąc dziewięćset trzydziestego trzeciego
9. Pierwszego ... dwa tysiące czwartego
10. Szóstego ... tysiąc dziewięćset piętnastego

ZADANIE 249
1. tysiąc dziewięćset dziewięćdziesiątym piątym roku
2. dziewiętnastym
3. trzydziestego pierwszego grudnia dwa tysiące szóstego
4. tysiącznym a. tysięcznym
5. dwutysięcznym

ZADANIE 250
1. tysiąc dziewięćset dziewięćdziesiątego czwartego
2. drugiego października
3. dwudziestego pierwszego marca
4. trzeciego lutego tysiąc dziewięćset trzydziestego dziewiątego
5. tysiąc czterysta dziewięćdziesiątego drugiego
6. dwa tysiące piętnastego
7. pierwszym stycznia
8. dziewiątego ... dziesiątego marca

9. trzydziestym pierwszym grudnia
10. pierwszym maja

ZADANIE 251
1. za kwadrans siódma a. za piętnaście siódma a. szósta czterdzieści pięć
2. kwadrans po piątej a. piętnaście po piątej a. piąta piętnaście
3. dwadzieścia po drugiej a. druga dwadzieścia
4. wpół do czwartej a. trzecia trzydzieści
5. za dwadzieścia druga a. pierwsza czterdzieści
6. kwadrans (piętnaście) po siedemnastej
7. ósma
8. ósma
9. pięć minut
10. za piętnaście druga a. za kwadrans druga a. pierwsza czterdzieści pięć

ZADANIE 252
1. pachnące
2. śpiącej
3. odjeżdżającym
4. pijące
5. płaczących
6. szczekających
7. przejeżdżające
8. Padający
9. wzbijającego się
10. płynące

ZADANIE 253
1. peklowana
2. gotowane
3. skasowana
4. odrestaurowany
5. odmrożona
6. Zamówiona
7. Odgrzany
8. Przetłumaczony
9. Wymyte
10. Podpisana

ZADANIE 254
1. Mając
2. Gloryfikując
3. Oskarżając
4. Ośmieszając
5. Utrzymując
6. Działając
7. Rządząc
8. Siedząc
9. Wypytując
10. Umierając

ZADANIE 255
1. Chodzenie
2. Dokuczanie
3. Czytanie
4. Jedzenie
5. Obdarowywanie
6. Oglądanie
7. Powrót
8. Robienie
9. Pływanie
10. Zazdrość

ZADANIE 256
1. a
2. a
3. c
4. b
5. b

ZADANIE 257
1. Pyszne ciasta są pieczone przez babcię.
2. Pacjenci są przyjmowani przez tych lekarzy tylko po południu.
3. Małe psy są bardzo kochane przez dzieci.
4. Zakupy są zawsze robione przez Kowalskich w sobotę.
5. Śniadania dla całej rodziny są przygotowywane przez mamę.
6. Podróż na Litwę jest organizowana przez nasz uniwersytet.
7. Zajęcia prowadzone przez niego są bardzo interesujące.

8. Wszystkie zabawki są psute przez Pawła.
9. Rano buty są czyszczone i pastowane przeze mnie. a. Rano buty są przeze mnie czyszczone i pastowane.
10. Mieszkanie jest sprzątane przez nas dwa razy w tygodniu. a. Mieszkanie jest przez nas sprzątane dwa razy w tygodniu.

ZADANIE 258
1. Zostaliśmy podwiezieni do domu przez znajomego.
2. Drzwi do kuchni zostały zamknięte na klucz przez gosposię.
3. Chleb został pokrojony przez kolegów, a kanapki (zostały) zrobione przez studentki.
4. Mój projekt został zaakceptowany przez komisję.
5. Nagroda została wręczona przez ministra najlepszemu architektowi. a. Nagroda została wręczona najlepszemu architektowi przez ministra.
6. Niektóre drzewa zostały zniszczone przez silny wiatr.
7. Podczas powodzi mieszkanie zostało zalane przez wodę.
8. Okna i podłogi w szkole zostały umyte przez sprzątaczki.
9. Wszystkie cukierki zostały zjedzone przez babcię.
10. Znakomity referat o bilingwizmie został wygłoszony przez niego.

ZADANIE 259
1. Chorego będzie leczył najlepszy lekarz a. Najlepszy lekarz będzie leczył chorego.
2. Publiczność będzie zawsze oklaskiwała tych aktorów.
3. Pielęgniarka będzie dziś szczepiła dzieci.
4. Jutro napiszę ten tekst.
5. Urzędnik przyjmie każdego petenta.
6. Moje garnitury szyje najlepszy krawiec a. Najlepszy krawiec szyje moje garnitury.
7. Przyjęcie przygotuje znany kucharz a. Znany kucharz przygotuje przyjęcie.
8. Senatorów rozliczy specjalna komisja a. Specjalna komisja rozliczy senatorów.
9. Miliony telewidzów będą oglądały ten serial. Ten serial będą oglądały a. będzie oglądało miliony telewidzów.
10. Wszystkie prace będzie sprawdzała druga osoba a. Druga osoba będzie sprawdzała wszystkie prace.

ZADANIE 260
1. Czy samochód musi być prowadzony przez ciebie nerwowo?
2. Dzisiaj sklep został otwarty przez zegarmistrza o jedenastej.
3. Niektórzy studenci zostali skreśleni z listy ubiegających się o stypendia.
4. Zamówienia zostaną zrealizowane przez niego w ciągu kilku godzin.
5. Piękny album o papieżu został podarowany przeze mnie bibliotece a. Piękny album o papieżu został podarowany bibliotece przeze mnie.
6. Te dokumenty zostaną podpisane przez szefa.
7. Ten obraz został namalowany przez nieznanego artystę.
8. Te produkty są sprzedawane przez nas wyłącznie przez Internet.
9. Ta książka została przetłumaczona z japońskiego na polski przeze mnie a. Ta książka została przetłumaczona przeze mnie z japońskiego na polski.
10. To pismo zostało dostarczone przez specjalnego posłańca.

ZADANIE 261
1. Gdybym miał szczęście, wygrałbym milion w totolotka.
2. Gdyby nauczyła się gramatyki, nie miałaby ciągle a. ciągłych kłopotów z odmianą.
3. Gdyby oddał książkę do biblioteki w terminie, bibliotekarka nie wysłałaby do mnie ponaglenia.
4. Gdyby pamiętał, że ona ma dzisiaj urodziny, zadzwoniłbym do niej.
5. Gdybym przyszedł na spotkanie, moja dziewczyna nie obraziłaby się na mnie.
6. Gdybym usłyszał dzwonek telefonu, podniósłbym słuchawkę.
7. Gdybym wziął parasol, nie przemókłbym do suchej nitki.
8. Gdybym wzięła prawo jazdy, nie zapłaciłabym mandatu.
9. Gdybym zażył dzisiaj lekarstwo, nie czułbym się teraz źle.
10. Gdybym nie wyszedł za późno z domu, zdążyłbym na zajęcia.

ZADANIE 262
1. Kiedy mógłbyś a. mogłabyś przyjść?
2. Mógłbym a. mogłabym ci pomóc.
3. Można by to zrozumieć.
4. Musiałbyś a. musiałabyś zmienić swoje postępowanie.
5. Należałoby o tym pomyśleć.
6. Nie sposób było pozbyć się tej dyrektorki.
7. Powinni byli odpocząć.
8. Trzeba by się nauczyć.
9. Wypadałoby to zrobić.
10. Zrobiłbyś a. Zrobiłabyś mi kanapkę?

ZADANIE 263
1. Gdybym, miałbym
2. wykupiłbym, zapisałbym
3. Chodziłbym
4. Piłbym, grałbym
5. by, stałaby
6. musiałbym
7. chodziłbym
8. bym, dostawałbym
9. Zatrudniłbym
10. zwracałaby, zechciałby
11. podjeżdżałby, by
12. byłoby, miałbym
13. Jeślibym, by
14. publikowałbym
15. rozpocząłbym
16. gdybym, by
17. by, by
18. byłbym
19. czułbym
20. by, szalałbym, oglądaliby

ZADANIE 264
1. oddałbym mu w dwójnasób

2. szef nie zwolniłby ich z pracy
3. nie musiałby pan płacić mandatu
4. ojciec kupiłby mu obiecany komputer
5. nie kręciłaby się wokół słońca
6. nie leżałbym ciągle w łóżku
7. kupiłbym sobie mieszkanie własnościowe w bloku
8. na pewno bym jej pomógł
9. miałabyś na pewno łatwiejsze życie
10. jeździlibyśmy w każdą niedzielę za miasto

ZADANIE 265
1. jeślibyś jej mąż zarabiał krocie
2. jeśliby komisja odrzuciła mój projekt
3. jeśliby książki były trochę tańsze
4. jeślibym je zrozumiał
5. jeśliby świat był trochę mniejszy
6. jeśliby pan był na moim miejscu
7. jeśliby wygrał w wyborach
8. jeśliby ona była mi wierna
9. jeśliby miał odrobinę przyzwoitości
10. jeśliby pan uczestniczył bezpośrednio w życiu obywateli

ZADANIE 266
1. Gdybym miał a. miała czas, przyszedłbym a. przyszłabym do ciebie.
2. Gdyby nie było przeszkód, pojechalibyśmy a. pojechałybyśmy na ryby.
3. Gdybyś się nauczył a. się nauczyła wszystkich znaków drogowych, zdałbyś a. zdałabyś egzamin.
4. Gdybyś poszedł a. poszła wcześniej spać, czułbyś się a. czułabyś się dobrze rano.
5. Gdybyś był uprzejmy w stosunku do ludzi, wszyscy by cię lubili.
6. Gdybyś to zrobił a. zrobiła, dostałbyś a. dostałabyś nagrodę.
7. Gdybyśmy zrezygnowali a. zrezygnowały z wakacji, moglibyśmy a. mogłybyśmy zaoszczędzić trochę pieniędzy.
8. Gdybyśmy wyjechali a. wyjechały wcześniej, zdążylibyśmy a. zdążyłybyśmy dojechać do domu przed zmierzchem.
9. Gdyby była grzeczna, kupiłbym a. kupiłabym ci obiecany rower.
10. Gdyby państwo chcieli, wykonalibyśmy a. wykonałybyśmy to na jutro.

ZADANIE 267
1. Byłoby mi głupio
2. Byłoby mi lekko na duszy
3. Byłoby mi nieprzyjemnie
4. Byłoby mi tutaj komfortowo
5. Byłoby mi w tym do twarzy
6. Byłoby jej smutno
7. Byłoby mi dobrze w tym kolorze
8. Byłoby mi wygodnie
9. Byłoby nam dobrze
10. Byłoby nam źle

ZADANIE 268
1. Mógłbym ... a. Mógłbym ... mógłbyś a. mogłabyś

2. Moglibyśmy ... a. Mogłybyśmy ... moglibyście a. mogłybyście
3. Mógłby ... mógłby
4. Mogłaby ... mógłby
5. Mogliby ... mogłyby
6. mogłaby ... mogłyby
7. mogłoby ... mogłyby
8. mogłoby ... mógłby
9. Mógłbyś a. Mogłabyś ... mogłoby
10. Moglibyście a. Mogłybyście ... mógłby

ZADANIE 269
1. Gdyby nie był wyrozumiały, nie tolerowałby braku kompetencji swoich przełożonych.
2. Gdybym nie dowiedział się o nowej książce, nie kupiłbym jej natychmiast.
3. Gdybym nie kupił nowego samochodu, nie pojechałbym na wycieczkę po Europie.
4. Gdyby mnie bardzo nie ceniła, nie byłaby przekonana, że może zawsze na mnie liczyć.
5. Gdybym jej bardzo nie kochał, nie ożeniłbym się z nią.
6. Gdybym jej nie poznał, moje życie nie miałoby sensu.
7. Gdyby nie pracował od rana do nocy, nie zapewniłby swojej rodzinie dobrobytu.
8. Gdybyśmy nie mieli wspólnych zainteresowań, nie przyjaźniłabym się ze mną.
9. Gdyby studenci nie poszli na konferencję, nie uczestniczyliby w ciekawej dyskusji.
10. Gdybyśmy nie zostali w domu, nie zobaczylibyśmy wspaniałego filmu w telewizji.

ZADANIE 270
1. byś chciał
2. byście się napili
3. byś została
4. byśmy mogli
5. byście chcieli
6. byś miał
7. byśmy odwiedzili
8. byście pojechali
9. bym miała
10. byś się wybrał

ZADANIE 271
1. Napisałbym ... gdybym
2. Nauczyłbym się ... gdybym
3. Obejrzałbym ... gdybym
4. Pomoglibyśmy ... gdyby
5. Przejechałbym ... gdyby
6. Wpadłbyśmy ... gdybyś
7. Wybaczyłybyśmy ... gdyby
8. Zadzwoniłabym ... gdybym
9. Zobaczyłabym się ... gdyby
10. Podrzuciłabym ... gdybym

ZADANIE 272
1. jeśliby była
2. jeśliby był
3. jeśliby był
4. jeśliby wiało
5. jeślibym ... pocałowała
6. jeślibyś ... zadzwonił
7. jeślibym .... zmieniła
8. jeślibym .... zrobiła
9. jeśliby ... kupiła
10. jeślibym ... powiedziała

ZADANIE 273
1. Jeśli będziesz więcej wydawał, będziesz musiał więcej zarabiać.

2. Jeśli przeznaczą państwo środki na reklamę, będą państwo sprzedawali więcej.
3. Jeśli będziesz miał więcej oszczędności, pojedziesz na narty do Austrii.
4. Jeśli będziesz się więcej uczył, zdasz egzaminy na ocenę bardzo dobrą.
5. Jeśli będziecie więcej trenować, będziecie się lepiej czuli.
6. Jeśli będziesz lubił ludzi, będziesz miał więcej przyjaciół.
7. Jeśli zaciągniesz pożyczkę w banku, uruchomisz jakąś firmę.
8. Jeśli będziesz bardziej pracowity, osiągniesz dobre wyniki w pracy.
9. Jeśli będziecie większymi strategami, zrobicie karierę.
10. Jeśli będzie pan miał większe doświadczenie, obejmie pan wyższą funkcję.

ZADANIE 274
1. zdradzę || Jeślibyś zdradził ... bym zdradził
2. zaśpiewamy || Jeślibyście zaśpiewali ... byśmy zaśpiewali
3. wyrażę || Jeśliby ... wyraził ... byśmy wyrazili
4. zaprosimy || Jeśliby ... zaprosiły ..., byśmy zaprosiły
5. posprzątam || jeślibyś posprzątała ... bym posprzątała

ZADANIE 275
1. Jeśliby ... zadzwonił ... byśmy nie zadzwonili
2. Jeśliby... rozpłakał się ... bym się nie rozpłakał
3. Jeśliby ... obraził ... bym nie obraził
4. Jeśliby ... wyszedł ... bym nie wyszedł
5. Jeśliby ... zaprosiła ... bym nie zaprosiła
6. Jeśliby ... zrobiła ... bym nie zrobiła
7. Jeśliby ... zwierzyła się ... bym się nie zwierzyła
8. Jeśliby ... wykazała ... by nie wykazała
9. Jeśliby ... uwierzyła ... bym nie uwierzyła
10. Jeślibyś ... zrezygnowała ... by nie zrezygnowała

ZADANIE 276
1. jeślibyś ... zrobił
2. jeślibyś ... była
3. jeślibyś ... była
4. jeślibyś ... kupiła
5. jeślibyś ... przyszła
6. jeślibyś ... miał
7. jeśliby ... podpisała
8. jeślibyście ... przepłynęli
9. jeśliby ... rzucili
10. jeśliby ... wyjechał

ZADANIE 277
1. Napiję się, się napijesz
2. Nauczę się, się nauczysz
3. Napiszę, napiszesz
4. Odpowiem, odpowiesz
5. Opowiem, opowiesz
6. Powiem, powiesz
7. Przestanę, przestaniesz
8. Wyjdę, wyjdziesz
9. Wypełnię, wypełnisz
10. Zmienię, zmienisz

ZADANIE 278
1. b.
2. a.
3. a.
4. a.
5. a.
6. a.
7. c.

8. a.
9. b.
10. a.

ZADANIE 279
1. Niech ... zamówi ||
Niech ... zamówią
2. Niech ... wskaże ||
Niech ... wskażą
3. Niech ... narysuje ||
Niech ... narysują
4. Niech ... obudzi || Niech
... obudzą
5. Niech ... zaprowadzi ||
Niech ... zaprowadzą

ZADANIE 280
1. weź
2. bądźcie
3. wejdźcie
4. wytrzyjcie
5. miejcie
6. bijcie
7. zamknij
8. otwórz
9. przestań
10. śmiejcie się

ZADANIE 281
1. Anno, zadzwoń
2. Chłopcy, wyłączcie
3. Córeczko, zdejmij
4. Dziadku, nałóż
5. Ewo, zaczekaj
6. Janku, kup
7. Marku, bądź
8. Mario, wypierz
9. Piotrku, idź
10. Wujku, kup

ZADANIE 282
1. posprzątaj
2. Zrób, rób
3. krzycz
4. Bądź, ucz się, umyj, jedz
5. Daj, gniewaj się
6. przestań, Obejrzyj
7. odrywaj
8. wyłącz, upiecz
9. zamów, idź
10. Zamów, idź, powtarzaj
11. zaczekaj

ZADANIE 283
1. żebyśmy się przygo-
towali
2. żebyśmy wyjechały
3. żebym ubrał się
4. żebyście się spóźnili
5. żeby... poszedł
6. żeby przeczytali
7. żeby ... zrobiła
8. żeby ... lekceważyli
9. żeby .... wyszedł
10. żebyśmy ... pojechali

ZADANIE 284
1. żeby
2. żebyś
3. żeby
4. żeby
5. żeby
6. żeby
7. żebyś
8. żebyśmy
9. żebyście
10. żebyśmy

ZADANIE 285
1. żebyś ... oddał
2. żebyś ... pojechał
3. żeby .... decydowała
4. żebyś ... przyjęła
5. żebyś zrobiła
6. żeby przyszli
7. żebyście ... zabierali
8. żeby się ... spotykały
9. żebyście się ... zgłosiły
10. żebyście ... kończyły

ZADANIE 286
1. żebym się stawił jutro
do pracy na godzinę piątą
2. żebyśmy zrobili te ćwiczenia na poniedziałek
3. żebyśmy zostali z nimi
jeszcze trochę
4. żebym do niego za-
dzwonił
5. żeby chłopcy nie draż-
nili psa

6. żeby Magdalena odwie-
dziła ją w czasie świąt
7. żebyśmy na nich
zaczekały
8. żebym nie była taka
złośliwa
9. żeby się z nim nie
spotykała
10. żebym przeszła na
emeryturę

**II. ŁĄCZLIWOŚĆ
SKŁADNIOWA
CZASOWNIKÓW
Zadania testowe numer
287 – 304**

ZADANIE 287
1. a
2. h
3. b
4. f
5. e
6. j
7. g
8. d
9. i
10. c

ZADANIE 288
1. g
2. j
3. a
4. i
5. c
6. h
7. b
8. f
9. e
10. d

ZADANIE 289
1. b
2. a
3. c
4. a
5. a
6. b
7. a
8. a
9. b
10. b

ZADANIE 290
1. a
2. b
3. a
4. a
5. b
6. b
7. b
8. a
9. a
10. b

ZADANIE 291
1. c
2. a
3. a
4. a
5. a
6. a
7. a
8. a
9. a
10. b

ZADANIE 292
1. sprawia
2. pracował
3. wyrządzają
4. przyrządzała
5. wyczyniała
6. produkuje
7. wykonuję
8. To dobrze na mnie
wpływa.
9. powodować
10. Zawsze była przyczyną
wielkiego zainteresowania
mężczyzn.

ZADANIE 293
1. zachowywać pozycje
pionową
2. odznaczać się czymś
3. sterczeć
4. rosnąć
5. wystawać przed czymś
6. trwać nieruchomo
7. być położonym

8. przebywać
9. być przedmiotem czy-
ichś myśli
10. znajdować się

ZADANIE 294
1. hamburgera
2. walca
3. taksówkę
4. na pogotowie ratun-
kowe
5. opla
6. tulipan
7. na tyfus
8. na grypę
9. w płaszcz
10. z przeciwnikiem

ZADANIE 295
1. b
2. g
3. h
4. i
5. d
6. f
7. e
8. j
9. c
10. a.

ZADANIE 296
1. nad
2. za
3. przed
4. z
5. po
6. ze
7. za
8. nad
9. z
10. na

ZADANIE 297
1. koło
2. po
3. przed
4. po
5. do
6. po
7. po
8. do
9. z
10. przez

ZADANIE 298
1. za
2. przez a. u
3. w
4. w
5. na
6. dla
7. za
8. pod
9. u
10. na

ZADANIE 299
1. kraść
2. zadawać
3. podziękować
4. zrozumieć
5. jeździć
6. myśleć
7. pozwalać
8. przyjść
9. wychodzić
10. zmienić

ZADANIE 300
1. leżą na Dalekim
Wschodzie
2. leżą na tym cmentarzu
3. leży nad Wisłą
4. leżał u nóg a. u nogi
5. leżą na półce
6. leży między Morzem
Bałtyckim ... Karpatami
7. leży na podłodze
8. leży na chodnikach ...
na ulicach
9. leżał przy .... panu.
10. leży w łóżku

ZADANIE 301
1. Marzyła o wypoczynku.
2. Narzekał na ciągły ból
głowy.
3. Obawialiśmy się ośmie-
szenia (nas).
4. Obiecywał nam pomoc.
5. Oskarżał kolegę o kra-

dzież pieniędzy.
6. Ostrzegała mnie przed
przegraną.
7. Ostrzegali nas
o powodziach a. przed
powodziami.
8. Podejrzewam go o za-
zdrość.
9. Podejrzewam ją o dono-
szenie a. donosicielstwo
do dyrektora.
10. Posądzałem go
o współpracę z policją.

ZADANIE 302
1. łapczywie
2. surowo
3. bezpośrednio
4. Szczerze
5. rzadko
6. masowo
7. dogłębnie
8. umysłowo
9. punktualnie
10. powoli

ZADANIE 303
1. d
2. c
3. b
4. e
5. f
6. g
7. a
8. i
9. h
10. j

ZADANIE 304
1. postępować według
czegoś
2. spodziewać się czegoś
3. uważać się za kogoś
4. łapać kogoś na gorącym
uczynku
5. przynosić coś komuś
6. poddawać się jakimś
działaniom
7. służyć komuś / czemuś
8. oswajać kogoś z czymś
9. wykonywać
10. powstawać

**III. SŁOWNICTWO
Zadania testowe numer
305 – 354**

ZADANIE 305
1. społeczeństwo
2. partner
3. pochlebstwo
4. nienawiść
5. dymisjonowanie kogoś
6. bezrobocie
7. walka
8. nuda
9. przeciwnik
10. klęska

ZADANIE 306
1. pasywny
2. tępy
3. bezkrytyczny
4. rozwlekły
5. poprzedni
6. tchórzliwy
7. leniwy
8. wrogi
9. bezwyznaniowy
10. miękki

ZADANIE 307
1. być osobistością
2. dominować
3. rozwijać się
4. urynkowić ceny
5. oszukiwać
6. być grubianinem
7. jąkać się
8. dziękować
9. mówić
10. pilnować

ZADANIE 308
1. świetnie
2. niechętnie
3. powoli
4. tanio
5. ciekawie
6. burzliwie
7. dobrze

8. głupio
9. wystawnie
10. schludnie

ZADANIE 309
1. poważać kogoś
2. psuć
3. trwonić coś
4. zapominać o kimś
5. urażać kogoś
6. umierać
7. gasić coś
8. uniewinniać kogoś
9. żegnać kogoś
10. wstępować do czegoś

ZADANIE 310
1. Zepsułem
2. Wyjechał a. Odjechał
3. Pożegnaliśmy
4. zaszło
5. Rozpakowaliśmy
6. wyłączyła
7. Wypłaciłem
8. Weszliśmy
9. Odkręcił
10. znalazł

ZADANIE 311
1. mięsne
2. gotowane
3. słodką
4. surowego
5. bezalkoholowe a. nieal-
koholowe
6. chłodne a. zimne a.
schłodzone
7. czerstwym
8. ciemnego
9. wytrawne
10. niegazowana

ZADANIE 312
1. wyprowadzać kogoś
2. wchodzić gdzieś / na
coś
3. wstawać z czegoś
4. radować się
5. przegrywać w coś
6. przyjeżdżać dokądś
7. wlewać coś
8. zapominać o czymś
9. wypisywać się
10. podnosić coś

ZADANIE 313
1. b
2. a
3. b
4. b
5. a
6. b
7. a
8. c
9. b
10. a

ZADANIE 314
1. kamienica
2. pokój z wieloma
oknami
3. gabinet
4. wynajmować część
jakiegoś pomieszczenia
5. bardzo blisko kogoś
6. mieszkać poza grani-
cami administracyjnymi
miasta
7. mieszkać w sąsiednim
pokoju / mieszkaniu
8. służbowe
9. mieszkanie składa-
jące się z trzech pokoi
i łazienki
10. mieszkać na peryfe-
riach

ZADANIE 315
1. głowie
2. wniosku
3. przewodnika
4. języka
5. kawę
6. piątką
7. pytanie
8. spóźnienie
9. mąż
10. lekturę prasy

ZADANIE 316
1. rozstrzygali

2. ogłosił
3. ostrzegał
4. domagają się
5. głosuję
6. wypowiadają się
7. uchwalił
8. odwołał
9. ustąpił
10. odbędzie się

ZADANIE 317
1. kilka puszek
2. dziesięć
3. bochenek
4. torebkę
5. litr
6. kostkę
7. duży kawałek
8. dwie główki
9. osełkę
10. bukiet
11. dwa jajka sadzone
12. czarną kawę ze śmietanką
13. bieżący program telewizji
14. dwa kilogramy tanich jabłek
15. wytarte dżinsy za kilka euro

ZADANIE 318
1. aptekach
2. wykłady
3. walizki
4. peronie
5. zniżkowy
6. piętrze
7. odrabiamy
8. pasty, golenia
9. skasować
10. róż

ZADANIE 319
1. dzwonić
2. wysyłać
3. odprowadzać
4. otrzymać
5. płacić
6. połykać
7. wpisać się
8. wypisywać
9. wzywać
10. zakładać

ZADANIE 320
1. państwo I / c.; państwo II / b; państwo III / a
2. przypadek I / b; przypadek II / a
3. rola I / a; rola II / b
4. król I / a; król II / c; król III / d; król IV / b
5. marynarka I / a; marynarka II / b
6. pismo I / a; pismo II / c; pismo III / b
7. pokój I / b; pokój II / a
8. rząd I / a; rząd II / b
9. wyraz I / a; wyraz II / b
10. zdanie I / b; zdanie II / a

ZADANIE 321
1. iść / pójść
2. wchodzić / wejść
3. wychodzić / wyjść
4. wchodzić / wejść
5. dochodzić / dojść
6. odchodzić
7. przechodzić / przejść
8. wychodzić / wyjść
9. wychodzić / wyjść
10. przychodzić

ZADANIE 322
1. b
2. c
3. a
4. b
5. c
6. b
7. b
8. c
9. c
10. c

ZADANIE 323
1. c a. j
2. e
3. j a. c

4. h
5. f
6. b
7. g
8. d
9. a
10. i

ZADANIE 324
1. a
2. d
3. j
4. b
5. e
6. f
7. g
8. i
9. h
10. c.

ZADANIE 325
1. kiwamy, kręcimy
2. oblizujemy coś
3. kopiemy piłkę a. machamy
4. oddychamy a. wciągamy powietrze a. wydychamy
5. kiwamy, pokazujemy, pukamy się w czoło
6. wzruszamy
7. chwytamy przedmioty, machamy, trzymamy się czegoś
8. całujemy, oddychamy a. wciągamy powietrze a. wydychamy
9. podsłuchujemy, słuchamy
10. gryziemy, ogryzamy, szczękamy

ZADANIE 326
1. nowoczesne
2. nieuprzejme
3. wierni
4. fałszywe
5. groźni
6. niekompetentna
7. zadbane
8. słodkie
9. usychające
10. wegetariańskie

ZADANIE 327
1. g
2. f
3. e
4. a
5. i
6. b
7. d
8. h
9. c
10. j

ZADANIE 328
1. j
2. b
3. g
4. h
5. f
6. e
7. c
8. d
9. i
10. a

ZADANIE 329
1. h
2. d
3. b
4. g
5. a
6. e
7. c
8. f
9. j
10. i

ZADANIE 330
1. wuj a. wujek
2. teściowa
3. zięć
4. szwagier
5. teść
6. ciotka
7. bratanek
8. siostrzeniec
9. wnuk a. wnuczek
10. synowa

ZADANIE 331
1. rodzeństwo
2. dziadkowie
3. kuzyni a. rzad. kuzynowie
4. małżeństwo
5. teściowie
6. ubranie (–a)
7. tkaniny
8. narzędzia
9. sztućce
10. przybory toaletowe

ZADANIE 332
1. mięso
2. ciastka
3. pieczywo
4. wędlina (–y)
5. przybory toaletowe
6. nabiał
7. zboże
8. tkaniny
9. ubrania
10. sztućce

ZADANIE 333
1. a. nieuleczalna; b. nowotworowa
2. a. kobieta; b. mężczyzna
3. a. kotlet schabowy; b. zupa
4. a. iglaste; b. owocowe
5. a. flet; b. gitara
6. a. młotek; b. nożyczki
7. a. gołąb; b. wróbel
8. a. Bóg; b. wynalazca
9. a. miłość; b. nienawiść
10. a. dyktator; b. monarcha

ZADANIE 334
1. ksiądz a. kapłan
2. kibic a. sportowiec
3. dziennikarz a. dziennikarka
4. pisarz a. pisarka
5. poeta a. poetka
6. bezrobotny a. bezrobotna
7. sprzedawca a. sprzedawczyni || ekspedient a. ekspedientka
8. fotograf
9. prezydent a. premier
10. lektor a. lektorka

ZADANIE 335
1. urzędzie celnym
2. księgowości
3. magazynie
4. tramwaj
5. kancelarii
6. na roli a. w polu
7. sądzie
8. sklepie
9. urzędzie
10. wyższej uczelni

ZADANIE 336
1. g
2. j
3. i
4. c
5. d
6. f
7. e
8. h
9. b
10. a

ZADANIE 337
1. Aktorka
2. Fryzjerka
3. Handlarka
4. Kelnerka
5. Pielęgniarka
6. Piosenkarka
7. Poetka
8. Sędzia (kobieta) a. pot. sędzina
9. Sprzedawczyni
10. Urzędniczka

ZADANIE 338
1. dentysta / dentystka
2. księgowy / księgowa
3. motorniczy
4. lektor / lektorka; wykładowca; profesor
5. chirurg
6. notariusz
7. sprzedawca /sprze-

dawczyni; ekspedient / ekspedientka
8. fryzjer / fryzjerka
9. sędzia; pot. sędzina
10. rolnik

ZADANIE 339
1. plotkarka
2. dyrygent
3. piłkarz
4. szachista
5. laryngolog
6. okulista
7. rybak
8. myśliwy
9. pilot
10. filatelista

ZADANIE 340
1. b.
2. a
3. d
4. e
5. j
6. g
7. f
8. i
9. h
10. c

ZADANIE 341
1. makowiec, sernik, babka, sękacz, keks, mazurek
2. kaczka, kurczak, perliczka, gęś, indyk
3. cielęcina, wołowina, wieprzowina, konina, kurczak
4. patelnia, garnek, rondel, sitko, mikser, robot kuchenny
5. maliny, truskawki, wiśnie, jabłka, gruszki, pomarańcze
6. barszcz z uszkami, kapusta z grzybami, karp po żydowsku a. w galarecie, kutia, kompot z suszu
7. sól, pieprz, ziele angielskie, goździki, cynamon
8. cukierki, czekolada, ptasie mleczko, chałwa, owoce kandyzowane
9. proszek do prania, płyn do zmywania, płyn do mycia okien, płyn do czyszczenia
10. szynka, kiełbasa, salami, pasztet, boczek wędzony, parówki

ZADANIE 342
1. g
2. j
3. f
4. h
5. d
6. e
7. b
8. c
9. a
10. i

ZADANIE 343
1. słowo / słowa do wykreślenia: paznokieć, kostka
2. słowo / słowa do wykreślenia: spinacz
3. słowo / słowa do wykreślenia: żołądź
4. słowo / słowa do wykreślenia: olimpiada
5. słowo / słowa do wykreślenia: sonda
6. słowo / słowa do wykreślenia: brak
7. słowo / słowa do wykreślenia: krew
8. słowo / słowa do wykreślenia: pajęczyna
9. słowo / słowa do wykreślenia: pestka, ogryzek, ogonek
10. słowo / słowa do wykreślenia: rachunek
11. słowo / słowa do wykreślenia: rtęć
12. słowo / słowa do wykreślenia: ogon
13. słowo / słowa do wykreślenia: weka

14. słowo / słowa do wykreślenia: błyskawica
15. słowo / słowa do wykreślenia: brak
16. słowo / słowa do wykreślenia: bomba
17. słowo / słowa do wykreślenia: skarpetka
18. słowo / słowa do wykreślenia: okulary, laska, podeszwa
19. słowo / słowa do wykreślenia: nać, korzeń
20. słowo / słowa do wykreślenia: bat

ZADANIE 344
A.
1. kuchenka gazowa
3. stół
4. środki czystości
5. taboret
7. zlewozmywak
8. ława
9. lodówka itd.

B.
1. biblioteczka
2. biurko
3. dywan
4. etażerka
5. fotel
6. kanapa
7. krzesło
8. łóżko
9. popielniczka
10. regał
11. telewizor
12. magnetowid
13. szafka itd.

C.
1. prysznic
2. przybory toaletowe
3. ręcznik
4. suszarka do włosów
5. umywalka
6. wanna
7. małe lustro
8. pralka itd.

ZADANIE 345
1. ł
2. f
3. e
4. h
5. g
6. b
7. c
8. d
9. n
10. m
11. k
12. a
13. l
14. j
15. i

ZADANIE 346
1. poselska
2. narodową
3. malinowy
4. uniwersytecki
5. grochową
6. klasztorny
7. zamkowy
8. szkolne
9. domowa
10. robotniczej

ZADANIE 347
1. ciężką
2. częsty
3. dawny
4. dokładny
5. drogie
6. duża
7. ładna
8. mały
9. ostatnią
10. późny
11. rzadkie
12. serdeczny
13. spokojny
14. szybkie
15. tani
16. trudny
17. uczciwy
18. wilgotne
19. zupełnej
20. zły

ZADANIE 348
1. odjazdem
2. wędrówka
3. marzenia
4. przesiadki
5. odlot
6. śpiew
7. skok
8. przylotu
9. Rozwiązywanie
10. spanie

ZADANIE 349
1. dziennikarzy
2. kaprysy
3. kasztana
4. mieszczaństwem
5. mleka
6. muzeum
7. pomidorów
8. sędziów
9. świata
10. złota

ZADANIE 350
1. i tak dalej
2. i tym podobne
3. między innymi
4. magistra
5. Polskie Koleje Państwowe
6. przed naszą erą
7. ulicy
8. Instytut Pamięci Narodowej
9. Unii Europejskiej
10. Rzeczpospolita Polska

ZADANIE 351
1. b
2. e
3. a
4. h
5. ł
6. k
7. n
8. i
9. l
10. m
11. j
12. d
13. f
14. c
15. g

ZADANIE 352
1. zaczynali się
2. Całowali się
3. Przechodził
4. cieszył się
5. zastanawiała się
6. donosi
7. Przepadał za
8. łamią się
9. Potrafię
10. wysłać

ZADANIE 353
1. obwarzanek; rzadziej: precel
2. flaga Unii Europejskiej
3. słownik
4. poniedziałek
5. chleb
6. ser
7. jajko
8. kawa
9. euro
10. cebula

ZADANIE 354
1. arbuz / arbuzy
2. ananas / ananasy
3. awokado
4. banan / banany
5. kiwi
6. borówka / borówki
7. brzoskwinia / brzoskwinie
8. miód
9. truskawka / truskawki
10. grejpfrut / grejpfruty

IV. IDIOMY, KONSTRUKCJE SKŁADNIOWE ORAZ PORÓWNANIA
Zadania testowe numer 355–374

ZADANIE 355
1. przeciętne

2. podlega komuś
3. być zdecydowanym na coś
4. co panu dolega?
5. kimś, kto wszystko naprawi
6. jak się czujesz?
7. być chorym
8. mieć czas na przyjemność, rozrywkę
9. robić coś z entuzjazmem, mieć jakieś zamiłowanie
10. dzień niefortunny

ZADANIE 356
1. dana sytuacja jest błaha, łatwa do załatwienia, mało ważna
2. nic o tym nie wiem
3. czekać na coś z niecierpliwością
4. zjadłem coś nieświeżego
5. płacę pieniędzmi w banknotach
6. nie należy się przejmować pracą
7. czynić siebie doskonalszym
8. zapraszać kogoś gdzieś i płacić np. za posiłek
9. być czymś bardzo zainteresowanym
10. przyjść do kogoś na chwilę

ZADANIE 357
1. nieustępliwy
2. załatwić dwie sprawy jednocześnie
3. cierpliwie czekać
4. mieć szczęście, powodzenie w życiu
5. lojalny, oddany
6. wieczór, po którym następuje dzień świąteczny
7. wierzyć w dziwne zjawiska, być zabobonnym
8. sobota i niedziela
9. poślubić mężczyznę
10. wyglądać korzystnie w jakimś ubiorze

ZADANIE 358
1. mężczyzna mający około 40 lat
2. pensja po przepracowaniu jednego miesiąca
3. nie umieć się odosabniać, być nierozłącznym z kimś
4. zaprezentować swoje umiejętności w danej sytuacji
5. człowiek, który zawinił i się opamiętał
6. zawrzeć związek małżeński
7. przyjechać do kogoś w gościnę
8. wykrzyknienie zachęcające do wzniesienia toastu
9. odczuwam niską temperaturę
10. życzyć powrotu do zdrowia

ZADANIE 359
1. nie mieć nadmiernych ambicji
2. być obeznanym z kulturą światową
3. zaspokoić swój głód
4. uwielbiać jakiś sport, jakąś dziedzinę sztuki
5. mieć na coś chęć. pragnąć czegoś
6. czuć się źle psychicznie
7. wieczór, który nam się udał, był przyjemny
8. forma pożegnania kończącego dialog
9. przeciętny dzień; codzienność
10. nosić ubrania koloru czarnego

ZADANIE 360
1. reklama pomaga handlować

2. uskuteczniać coś, realizować coś
3. doprowadzić coś do skutku
4. pozostałość z kwoty większej niż wynosi należność oddawana np. klientowi, kelnerowi
5. proszę zatrzymać sobie drobne; proszę nie wydawać
6. udawać, że wszystko jest w porządku
7. przychody za cały rok
8. wymienić banknoty np. na bilon, na drobne
9. kupować pożywienie w sklepie
10. domyślać się czegoś, trafnie odpowiadać

ZADANIE 361
1. mieć nieprzychylne nastawienie
2. setki samochodów zmuszonych do postoju na ulicy
3. nowożeńcy, kobieta i mężczyzna w dniu ich ślubu
4. spowodować wypadek samochodowy
5. ostatni, końcowy odcinek linii
6. stała posada w pełnym wymiarze godzin
7. nie wytrzymywać czegoś, nie cierpieć czegoś
8. mieć pracę na czas określony
9. być człowiekiem wrażliwym
10. nie lubić czegoś

ZADANIE 362
1. sukienka na lato
2. oczekiwać, że ktoś nam pomoże
3. pisemna, dobra opinia o kimś
4. wyjazd za granicę w poszukiwaniu pracy
5. przelot samolotu z Berna do Tokio bez przesiadki
6. serdecznym, uczynnym, miłym
7. ktoś jest uczciwy
8. ktoś może robić to, czego inni nie mogą
9. ktoś funduje, zaprasza kogoś i płaci np. za poczęstunek, bilet do kina
10. po jakimś czasie czujemy się lepiej

ZADANIE 363
1. krzepki, mocny, pełen energii
2. nie wyjeżdżać nigdzie, nigdzie nie wychodzić
3. dowiadywać się o kimś czegoś
4. dokonać złego wyboru
5. mieć możliwości finansowe
6. być w ciąży
7. studentka studiująca prawo
8. ktoś wyjechał i nie wiadomo, co się z nim stało
9. dzień pomyślny
10. świat oferuje nam wiele możliwości

ZADANIE 364
1. wybierać się do kawiarni, aby kupić / zamówić / zjeść lody
2. wybierać się do kościoła przed Wielkanocą
3. iść napić się piwa
4. mieć ochotę rozpocząć studia
5. iść odebrać kogoś skądś
6. czas biegnie szybko, a nawet bardzo szybko
7. wyjechać w góry zimą
8. korzystać z jakiejś okazji i nic nie płacić za podróż
9. pomylić kierunek jazdy

10. jechać np. na Karaiby z żoną tuż po ślubie

ZADANIE 365
1. płakać bardzo żałośnie
2. załatwić coś drogą wzajemnych ustępstw
3. niebezpieczna choroba
4. powiedzieć: "ktoś dzwoni do ciebie"
5. pociąg bezpośredni
6. tam, gdzie poprzednio znajdował się ten przedmiot
7. nakryto stół i zastawiono go talerzami z pachnącą zupą
8. przypominający do złudzenia drugą osobę
9. zwiedzić kilka krajów w Europie
10. wybrać numer do osoby, której nie znamy

ZADANIE 366
1. każdy ma swoje wady i zalety
2. ubierać się w dżinsy
3. wydawać przyjęcie dla gości z okazji imienin / urodzin
4. radzić sobie, nie mając czegoś
5. świętować, jeść i odpoczywać
6. warto się czasami zastanowić nad czymś
7. wzrost (przyrost, mnożenie się) czegoś nie ma negatywnego wpływu na życie człowieka
8. służyć w wojsku
9. bardzo dalekie czasy, dalekie od teraźniejszości
10. sprzedaż wynikająca z dobrej okazji

ZADANIE 367
1. ktoś wyjątkowo pracowity
2. przewidywany układ cyrkulacji powietrza
3. pan Kowalski
4. oświadczać się kobiecie
5. jedno z pomieszczeń wagonu
6. stać się obywatelem danego kraju
7. spełnić wszystkie zachcianki drugiej osoby (kogoś)
8. powracać myślami do przeszłości
9. prezenty z okazji Świąt Bożego Narodzenia
10. starać się o wyższe wynagrodzenie

ZADANIE 368
1. oddać coś do (własnych) rąk
2. mieć wygląd, powierzchowność, delikatność kobiety
3. być wymizerowanym
4. bardzo smaczna potrawa z kapusty kiszonej z kawałkami mięsa, z grzybami
5. opuścić jakieś miejsce szybko
6. nic w życiu się nie zmieniło
7. budzić się bardzo wcześnie rano
8. interesować się cudzymi sprawami
9. wrócić nad ranem
10. powracać do czasów dzieciństwa, młodości

ZADANIE 369
1. nakłonić kogoś do czegoś
2. kłaść na stół sztućce, talerze, serwetki
3. odnajmować część pokoju u kogoś
4. mieszkać bardzo blisko
5. mówić niedorzeczności
6. żegnać się z kimś póź-

nym wieczorem
7. mówić do siebie ty
8. szeptać
9. otrzymywać pensję co miesiąc
10. milczeć, nie zdradzać tajemnicy

ZADANIE 370
1. ktoś nie ma szczęścia
2. ktoś silnie pragnie coś osiągnąć
3. komuś się nie szczęści
4. komuś układa się w życiu, pracy i w rodzinie
5. ktoś ma dużo problemów
6. ktoś bez przerwy mówi, coś opowiada
7. ktoś czuje się niezręcznie
8. ktoś nie ma żadnych kłopotów
9. ktoś zarabia za mało
10. ktoś się sam nudzi

ZADANIE 371
1. nie wolno ustawiać samochodów
2. zabrania się wchodzenia do wody
3. nie wolno palić papierosów
4. zamienić czek na pieniądze w banku
5. nie wolno wjeżdżać
6. wstęp tylko dla upoważnionych
7. proponować wspólny posiłek
8. proszę poczekać
9. być zmęczonym podczas jazdy
10. połykać przepisane przez lekarza lekarstwo

ZADANIE 372
1. czuć się jak każdy Europejczyk
2. być dojrzałym i jednocześnie młodym
3. być w stanie upojenia
4. czuć się bardzo swobodnie, dobrze
5. czuć się gdzieś dobrze
6. czuć się nieswojo, inaczej niż u siebie w domu
7. mieć własne mieszkanie
8. mieć żołądek reagujący na nieodpowiednie jedzenie
9. dysponować monetami
10. bilet w dwie strony

ZADANIE 373
1. coś jest tańsze w sklepie
2. coś nadchodzi
3. coś kogoś boli
4. coś komuś dolega
5. ktoś o czymś rozmyśla / myśli
6. coś jest błahe, obojętne
7. coś jest zepsute
8. coś nie jest zgodne z logiką
9. pojawia się w jakiejś funkcji
10. przedmiot, coś przypominający

ZADANIE 374
1. być kobietą, której umarł mąż
2. być grupą przyjaciół o wspólnych zainteresowaniach
3. nie być żonatym
4. przed zapadnięciem zmroku
5. być nieograniczonym w działaniu
6. obrazić się na wszystkich
7. ubóstwiać kogoś
8. mieć czaszkę pozbawioną włosów
9. osiągnąć wiek poprodukcyjny
10. jeść tylko niektóre potrawy

Tego samego autora

1. Jean Ziegler, *La Suisse lave le plus blanc*, Edition du Seuil; przekład S. Mędak, *MIL-CZĄCY SEJF*, Wydawnictwo Literackie, Kraków 1990, s. 164.

2. *JĘZYK POLSKI À LA CARTE*. Wybór testów z języka polskiego dla obcokrajowców, Uniwersytet Jagielloński, Kraków 1995, s. 462.

3. *CHCĘ MÓWIĆ PO POLSKU*

    — wersja francuska: *Je veux parler polonais. Le polonais pour les débutants*, Wydawnictwa Szkolne i Pedagogiczne, Warszawa 1996, s. 254.

    — wersja niemiecka: *Ich will polnisch sprechen. Polnisch für Anfänger.* Wydawnictwa Szkolne i Pedagogiczne Warszawa 1996, s. 252.

    — wersja angielska: *I Want to Speak Polish. Polish for the Beginners*, Wydawnictwa Szkolne i Pedagogiczne, Warszawa 1997, s. 254.

4. *SŁOWNIK FORM KONIUGACYJNYCH CZASOWNIKÓW POLSKICH*. Dictionary of Polish Verb Patterns. Dictionnaire de la conjugaison des verbes polonais, Universitas, Kraków 1997, s. 1056.

5. *DICTIONNAIRE DE LA DÉCLINAISON DES SUBSTANTIFS POLONAIS. A Dictionary of Polish Declensions*. Odmiana rzeczowników polskich, Presses Universitaires du Mirail, Toulouse 2001 (France), s. 370.

6. *CO Z CZYM?* Ćwiczenia składniowe dla grup zaawansowanych, Universitas, Kraków 2002, s. 196.

7. *SŁOWNIK ODMIANY RZECZOWNIKÓW POLSKICH* — reedycja polska wydania francuskiego, Universitas, Kraków 2003, 2011, s. 321.

8. *PRAKTYCZNY SŁOWNIK FORM KONIUGACYJNYCH CZASOWNIKÓW POLSKICH* — wersja nowa i skrócona, Universitas, Kraków 2004, s. 364.

9. *LICZEBNIK TEŻ SIĘ LICZY!* Gramatyka liczebnika z ćwiczeniami, Universitas, Kraków 2004, 2010, s. 249.

10. *PRAKTYCZNY SŁOWNIK ŁĄCZLIWOŚCI SKŁADNIOWEJ CZASOWNIKÓW POLSKICH*, Universitas, Kraków 2005, 2011 s. 773.

11. *APPRENDRE LE POLONAIS PAR LES TEXTES*, (wspólnie z: B. BIELA, C. BRULEY — MESAROSZ), L'Harmattan, Paris 2005, Francja, s. 412.

12. *W ŚWIECIE POLSZCZYZNY*, Podręcznik dla zaawansowanych; poziom C2, Wydawnictwo Pedagogiczne ZNP, Kielce, 2007, s. 398.

13. *ŚWIAT POLSZCZYZNY. Sprawdź się*, płyta kompaktowa z ćwiczeniami, Wydawnictwo Pedagogiczne ZNP, Kielce, 2007.

14. *POLSKI RAZ A DOBRZE*. Podręcznik dla poziomu podstawowego A1, A2 i B1, Wydawnictwo LINGO, Warszawa 2011; wersja angielska, s. 317 i rosyjska, s. 341.

15. *POCKET POLISH*. Polski dla obcokrajowców, Wydawnictwo LINGO, Warszawa 2012, s. 237.

ISBN 978-83-7892-447-0

9 788378 924470

CPSIA information can be obtained
at www.ICGtesting.com
Printed in the USA
BVOW07s1235210817
492639BV00015B/66/P

9 788378 924470